식습관의
인문학

FIRST BITE
: HOW WE LEARN TO EAT
Copyright @ Bee Wilson 2015

All rights reserved.
This korean edition was published by Munhakdongne Publishing Group in 2017
by arrangement with Bee Wilson in care of United Agents through Milkwood Agency, Seoul.

이 책의 한국어판 저작권은 Milkwood Agency를 통해
저작권자와 독점 계약한 ㈜문학동네에 있습니다.
저작권법에 의해 한국 내에서 보호를 받는 저작물이므로
무단 전재 및 복제를 금합니다.

이 도서의 국립중앙도서관 출판예정도서목록(CIP)은 서지정보유통지원시스템 홈페이지(http://seoji.nl.go.kr)와
국가자료종합목록 구축시스템(http://kolis-net.nl.go.kr)에서 이용하실 수 있습니다.
(CIP제어번호: CIP2017029789)

우리는 먹는 법을 어떻게 배우는가

식습관의
인문학

First Bite
How We Learn to Eat

Bee Wilson

비 윌슨 지음
이충호 옮김

문학동네

First Bite
How
We Learn
to Eat

차례

머리말

음식 먹는 일은 어떤 사람에게는 아주 쉬운 반면, 어떤 사람에게는 아주 어렵다. 이렇게 양분된 세계에서 나는 한동안 잘못된 쪽에 서 있었지만, 어떻게 하여 다른 쪽으로 건너갈 수 있었는데, 그것은 개인적으로 참 놀랍고도 다행한 일이었다. 이 책은 그러한 전환이 어떻게 일어났는지 탐구하려는 시도에서 썼다.

주변 세상에서 음식과의 관계가 혼란스러운 방식으로 망가진 각양 각색의 사람들을 만나려면 그렇게 멀리까지 갈 필요도 없다. 혼란스러운 방식은 강박적 과식, 절식, 지나친 편식 등 다양한 형태로 나타난다. 자기 입 속에 들어가는 음식의 청결에 지나치게 신경 쓴 나머지 함께 식사를 하자는 친구의 초대에 응하지 못하는 사람도 있다. 현실에서건 상상 속에서건 먹을 것이 사방에 널려 있는 현대인의 삶을 고려할 때, 음식에 대한 반응을 통제하려고 애쓰는 것은 외로움을 자초하는 일이다. 마트나 슈퍼마켓에서는 간식거리들이 우리를 괴롭히고, 광고판과 신문, 텔레비전의 요리 프로그램에서는 환상적인 음식들이 우리를 유혹한다.

나는 완전한 섭식 장애를 겪은 적은 전혀 없지만(비록 가까이 간 적은 있지만), 중학교 때부터 20대 초반까지 10여 년의 세월 중 대부분을 음식과 불행한 관계로 지냈다. 겉으로는 아무 문제가 없어 보였을 것이다. 약간 과체중이긴 했지만 심한 편은 아니었으니까. 하지만 나와 음식의 관계는 각별했다. 그것은 연애를 하는 듯한 스릴을 약간 느끼게 했지만(특히 달콤한 브리오슈 반죽 덩어리를 들고 부엌에 서 있을 때), 안정적이거나 지속적인 종류의 사랑이 아니었다. 우리는 어쩔 수 없이 '탐닉하게 되는' 음식을 역겨운 듯이 이야기하지만, 그런 음식에 강박적으로 의존하는 습관에 빠지면 그 음식이 특별한 만족을 준다는 기분이 들지 않는다. 나도 한때 먹으면서 죄책감이 드는 음식에 탐닉한 적이 있었다. 그런가 하면 내가 절대로 용납할 수 없는 음식들로 자신을 조롱하면서 아무것도 먹지 않고 지낸 때도 있었는데, 그것은 더욱 좋지 않은 행동이었다.

다행히도 그런 단계는 이제 아득한 옛날 이야기가 되었다. 잘 먹는 것(이것은 깨끗하고 건강에 좋은 음식 섭취나 생즙 단식을 뜻하는 게 아니라, 맛있는 진짜 음식을 규칙적으로 먹는 것을 뜻한다)은 이제 더 이상 내게 복잡한 문제가 아니다. 이제 완전히 반대편으로 건너온 나는 내가 한때 절대로 터득할 수 없을 것이라고 여겼던 일련의 기술들을 몇 년은 아니더라도 몇 달 만에 터득했다는 사실을 안다. 나는 배가 고플 때에는 음식

식습관의 인문학

을 배불리 먹어도 괜찮고, 배가 부를 때에는 음식을 그만 먹어도 괜찮다는 것을 알게 되었다. 과자를 먹고 싶은 욕구는 줄어든 반면, 채소를 먹고 싶은 욕구는 늘어났다. 내가 염려하고 집착하는 일이 여전히 많이 있지만(정말이다!), 내 식사는 그런 것에 포함되지 않는다. 저녁 식사는 그냥 저녁 식사일 뿐이다. 그것은 하루 중 가장 즐거운 시간일 뿐, 그 이상도 그 이하도 아니다.

다른 집들과 마찬가지로 우리 집도 음식을 둘러싼 전쟁터는 아이들에게로 옮겨갔다. 세 아이에게 건강에 좋은 음식을 먹이려고 노력하는(하지만 강박적으로 매달리지는 않는) 부모인 나는 한때 나 자신의 식사에 대해 그랬던 것처럼 어찌할 바를 모르고 갈팡질팡할 때가 가끔 있다. 수유기 단계(이것도 결코 쉬운 건 아니지만)가 지나면, 음식을 먹는 기술이 자연적으로 생겨나는 것이 아니다. 당신은 반항심이 강한 10대 자녀에게 역효과를 일으키지 않으면서 채소를 먹으라고 권할 수 있는가? 집에 돌아온 딸에게서 친구들이 점심을 거르기 시작했다는 말을 들으면, 당신은 어떻게 하겠는가? 도처에 널린 가공 식품에 굴복하지 않고서 지방과 당분에 대한 균형 감각을 건전하게 유지하려면 어떻게 해야 할까?

학교에서 돌아와 잠자리에 들기 전까지 그 사이의 바쁜 순간에 나는 저녁 식사를 후딱 준비하면서 모두가 그 식사에 만족하길 바란다. 그런데 한 아이는 구운 가지 요리에 대해 불평을 하고, 또 한 아이는 아주 맛있다고 말하고, 세 번째 아이는 가지를 좋아하지만 닭고기 조각이 섞여 있어 먹을 수 없다면서 조용히 울고 있는 상황이 벌어진다면? 누가 저녁 식사 시간을 하루 중 가장 즐거운 시간이라고 말했던가? 하지만 다른 아이들에 비해 내 아이들이 먹는 행동에 특별히 문제가 있는 것은 아니다.

부모라면 누구나 아이에게(혹은 적어도 '자기' 아이에게) 음식을 잘 먹는 방법을 가르치는 것은 불가능하다는 생각이 드는 순간들이 있다. 많은 어른은 자신의 식습관을 바꾸는 능력에 대해서는 더 비관적으로 생각한다. 하지만 나는 이 책을 쓰면서 누구나 자신의 식습관을 개선할 수 있는 막대한 잠재력이 있다는 사실을 알게 되었다. 어떤 사람은 다른 사람보다 시간이 더 오래 걸릴 수 있지만, 음식을 잘 먹는 법(이것은 식이 요법을 시작하는 것과는 아주 다르다)은 누구나 터득하고, 실천할 수 있는 일이다. 음식을 먹는 법을 새로 배울 필요가 있다는 주장 중 가장 설득력이 강한 것은 음식에서 얻는 즐거움을 강조하는 주장일 것이다. 양분된 세계에서 내가 서 있는 이곳은 아주 즐겁고 행복하다. 당신도 이곳으로 합류하길 기대한다.

서론

프란시스는 "내가 잼 바른 빵을 좋아하는 한 가지 이유는
스푼에서 우스꽝스럽게 미끄러지며
떨어지지 않기 때문이야"라고 말했다.

_러셀 호번Russell Hoban, 『프란시스는 잼만 좋아해Bread and Jam for Frances』

식습관에 대해 우리가 느끼는 불안 중 상당 부분은 완전한 식품, 즉 우리
의 모든 병을 고쳐줄 식품을 찾는 것으로 변질돼 나타난다. 이걸 먹어!
저건 먹지 마! 우리는 단백질, 오메가 오일, 비타민 등 다양한 성분의 성
질에 강박적으로 집착한다. 하지만 이것은 지나치게 앞서나간 생각이
다. 영양분은 음식을 삼킨 이후에나 따져야 할 문제이다. 정말로 중요한
문제는 '어떻게' 먹느냐(음식물에 어떻게 다가가느냐) 하는 것이다. 식습
관을 바꾸려면, 먼저 먹는 기술을 다시 배워야 하는데, 이것은 영양에 관
한 문제일 뿐만 아니라 심리에 관한 문제이기도 하다. 건강에 좋은 음식
을 어떻게 먹을지 자신이 원하는 방법을 찾아야 한다.

　미각은 안도감을 주는 그림자처럼 늘 우리를 따라다닌다. 미각은 우

리가 어떤 사람인지 말해주는 것처럼 보인다. 사람들이 자신의 주요 식습관이 돌이킬 수 없도록 정해져 있다는 듯이 행동하는 이유도 아마 이 때문일 것이다. 우리는 먹는 음식을 바꾸려는 시도는 자주 하지만(다소 건성으로), 음식을 대하는 느낌―배고픔에 대처하는 태도, 단것에 애착을 느끼는 정도, 음식이 적을 때 느끼는 감정 등―을 바꾸려는 노력은 거의 하지 않는다. 우리는 채소를 많이 먹으려고 노력하지만, 채소를 더 즐기는 사람이 되려고 노력하지는 않는데, 이전의 미각을 버리고 새로운 미각을 배우는 것이 불가능하다는, 거의 보편적인 신념 때문일 것이다. 하지만 이것만큼 완전히 진실과 동떨어진 생각도 없다.

우리가 일상적으로 먹는 음식은 모두 다 우리가 먹는 법을 배운 음식이다. 모든 사람은 젖을 먹으면서 삶을 시작한다. 그 다음부터는 손에 잡히는 것이 무엇이냐에 따라 달라진다. 탄자니아의 수렵 부족들은 아기에게 처음 먹이는 가장 좋은 음식으로 야생동물의 골수를 꼽는다.[1] 반면에 동남아시아의 라오스에서는 젤리처럼 부드러운 쌀밥을 선호하는데, 어머니가 자기 입 속에서 씹은 뒤에 아기 입 속으로 넣어준다(이것을 가끔 키스 급식kiss-feeding이라 부른다).[2] 서양 아기들의 경우, 맨 처음 씹는 고형 음식물은 통에서 꺼낸 가루 형태의 시리얼이거나 병에서 꺼낸 퓌레일 수도 있고, 쪄서 물기를 뺀 다음 저자극성 스푼으로 떠먹이는 유기농 호박일 수도 있고, 부모가 먹는 음식 중에서 무작위로 집어든 것일 수도 있다. 젖 외에 보편적인 음식물 같은 것은 없다. 아기들에게조차도 말이다.

삶이 시작된 첫해부터 인간의 미각은 놀랍도록 다양하다. 잡식 동물인 우리는 어떤 음식이 좋고 안전한지 알려주는 지식이 전혀 없는 상태로 태어난다. 각자 자신의 감각을 사용해 구할 수 있는 음식 중에서 어떤 것이 먹을 수 있는 음식인지 알아내야 한다. 많은 점에서 이것은 우리에게 좋은 기회를 제공한다. 전 세계 각지의 조리법이 놀랍도록 다양하게 발전한 이유도 이 때문이다.

그런데 우리는 잡식 동물이라는 사실에서 유래하는 또 다른 결과에는 별로 주의를 기울이지 않았다. 그것은 먹는 법은 숨쉬기처럼 태어나면서부터 자연히 아는 것이 아니라는 사실이다. 먹는 법은 학습을 통해 익혀야 한다. 아기에게 음식을 먹이는 부모는 음식에서 어떤 맛을 느끼도록 훈련시키는 셈이다. 가장 기본적으로는 우리는 어떤 것이 음식이고 어떤 것이 독인지 배워야 한다. 배고픔을 달래는 방법뿐만 아니라, 언제 먹기를 멈춰야 하는지도 배워야 한다. 흰개미만 먹고사는 개미핥기와 달리 우리는 의지할 수 있는 자연적 본능이 거의 없다. 잡식 동물인

○ 젖조차도 복잡하다. 모유 수유 운동가들이 자주 환기시키는 것처럼 분유는 결코 모유와 똑같아지지 않을 것이다. 하지만 모유 역시 단일 물질이 아니다. 똑같이 모유를 먹고 자라더라도 에스파냐 아기들과 스웨덴 아기들은 장에 사는 세균의 다양성이 서로 다르다. 엄마가 섭취하는 음식에 따라 모유의 성분과 맛에 차이가 난다. 프랑스 여성의 모유는 마늘 맛이 날 수 있고, 중국 여성의 모유는 팔각八角(붓순나무) 열매 냄새가 날 수 있다. 약간 놀랍게 들리겠지만, 모든 사람이 모유가 신생아에게 이상적인 식품이라고 생각하는 것은 아니다. 누구나 젖을 먹으면서 삶을 시작한다고 한 내 말은 다시 생각할 필요가 있다. 이것은 완전한 진실이 아니다. 오지 마을 중에는 출산하고 나서 며칠 동안 나오는 노르스름하고 걸쭉한 초유가 아기에게 해롭다고 믿는 곳도 있다. 이들은 초유가 너무 '강해서' 갓 태어난 아기가 소화하기 어렵다고 믿기 때문에(틀린 생각이지만), 처음 3일 동안은 젖 대신에 꿀이나 달콤한 아몬드유를 먹이기도 한다.

우리 앞에 놓인 무수한 선택 중에서 어떤 음식이 마음에 들고, 어떤 음식이 아주 매력적이고, 어떤 음식이 혐오스러운지 알아내야 한다. 이런 선호도를 바탕으로 우리는 지문처럼 독특한 자신만의 식습관 패턴을 만들어나간다.

어쨌든 과거에는 그랬다. 오늘날의 음식 문화에서는 많은 사람들이 놀랍도록 균일한 미각을 가진 것처럼 보이는데, 과거에 비해 그 정도가 훨씬 심하다. 2010년, 두 소비자학자는 비만의 원인을 새로운 각도에서 바라보는 방법을 어린 시절의 미각 선호도에서 찾을 수 있다고 주장했다. 그들은 여기서 '자기 영속적 순환'을 지적했다. 식품 회사들이 당분과 지방과 소금 함량이 높은 식품을 적극 홍보하면, 어린이들은 그런 식품을 좋아하도록 배우고, 그러면 식품 회사들은 그런 식품을 더 많이 만들어 '건강에 좋지 않은 식습관을 빚어내는' 데 기여한다.[3] 어린이의 미각에 가장 큰 영향을 미치는 요소는 부모가 아니라 식품 회사들일지 모른다. 무한한 선택이 존재하는 듯한 환상에도 불구하고, 식품 회사의 제품들은 전통 요리의 다양한 맛과 달리 단조로운 맛을 전달한다.

얼마 전에 나는 아이와 함께 극장에 간 적이 있다. 우리는 아이스크림 가게 앞에 서 있었는데, 그때 나는 거의 모든 종류의 아이스크림 제품(단순한 바닐라 아이스크림만 제외하고)에 어떤 형태로건 초콜릿이 포함돼 있다는 사실을 깨달았다. 민트 초콜릿 덩어리나 체리 초콜릿 덩어리, 초콜릿 브라우니 조각을 뿌린 초콜릿 아이스크림, 캐러멜 초콜릿 조각을 뿌린 캐러멜 아이스크림 등 어떤 것을 선택하더라도 거기에는 초콜릿이 들어 있었다. 이렇게 설탕과 소금을 듬뿍 함유한 산업 제품에 둘

식습관의 인문학

러싸여 자라는 환경의 위험은 우리가 천성적으로 그런 식품을 거부하지 못한다는 데 있는 게 아니라, 그런 음식을 자주 먹을수록(특히 어린 시절에) 모든 음식의 맛이 그것과 비슷하길 기대하게끔 학습이 된다는 데 있다.

음식 선호가 학습을 통해 생긴다는 사실을 깨닫고 나면, 현재 우리가 음식을 먹는 많은 방법들은 다소 기이하게 보이기 시작한다. 일례로 아이들의 식사에서 채소를 보이지 않게 '숨기려고' 갖은 애를 쓰는 부모를 생각해보라. 브로콜리를 순진한 아이들의 눈에 띄지 않도록 숨겨야 할 정도로 그 맛이 정말로 그토록 끔찍하단 말인가? 이 불가사의한 목표를 이루려고 노력한 요리책들이 아주 많다. 이런 책들은 어린이는 천성적으로 채소를 싫어하고, 채소를 파스타 소스나 달콤한 요리로 만들었을 때에만 자기도 모르게 삼키며, 스스로 서양호박을 좋아하는 법을 절대로 배울 수 없다고 가정한다. 아이들의 성화에 시달리고 수면 부족으로 피곤한 부모들은 오랫동안 실랑이를 벌이기 어렵다. 그래서 케이크에 비트 조각을 몰래 집어넣으면서 자신의 묘책에 흐뭇해한다. 하! 자신도 모르게 뿌리채소를 먹었다는 건 꿈에도 모르겠지? 하지만 아이는 자신이 비트를 먹은 줄 전혀 모르기 때문에, 결국 케이크에 대한 선호가 단단히 자리잡는 결과를 낳는다. 그보다는 어린이에게 스스로 채소를 선택하는 어른이 되는 법을 배우도록 돕는 것이 더 현명한 방법이다.

식습관이 학습을 통해 뿌리를 내린다는 사실을 모르면, 현재 우리의 식습관이 봉착한 위기의 본질을 제대로 이해할 수 없다. 전문가들이 자주 지적하는 것처럼, 최근 수십 년 사이에 현대인의 식습관은 집단적으로 아주 잘못된 길로 들어섰다. 2010년 당시 전 세계의 사망 및 질병 발생 건수 중 약 10퍼센트는 그 원인이 부실한 식사와 신체 활동 부족에 있는 것으로 밝혀졌는데, 이것은 흡연(6.3퍼센트)과 실내 공기 오염(4.3퍼센트)을 능가하는 수치이다.[4] 부유한 나라들에서는 전체 인구 중 약 3분의 2가 과체중이거나 비만인데, 나머지 나라들도 빠르게 그 뒤를 따라오고 있다. 이런 통계 수치는 식품 회사들이 홍보하는 식품들, 곧 설탕과 소금과 지방을 잔뜩 포함한 식품들 앞에서 우리가 너무나도 무력하다는 교훈을 준다. 모든 음식은 베이컨을 곁들이면 더 맛있다! 이것은 세라 페리(Sara Perry)가 베이컨을 주 재료로 사용하는 레시피 70가지를 소개한 요리책 제목이다. 이 책에서 세라는 설탕과 베이컨을 결합한 조리법을 설명한다 저널리스트 마이클 모스Michael Moss가 2013년에 폭로한 것처럼, 거대 식품 회사들은 우리를 중독시키기 위해 화학적으로 계산한 '지복점至福點'을 이용해 식품을 설계한다.[5] 신문들은 가끔 전 세계의 거의 모든 사람이 비만이 될 때까지 비만 수준이 끝없이 증가하는 미래의 모습을 묘사한다.

하지만 현실에서는 이와 다른 일도 벌어지는데, 대부분의 사람들은 그것을 눈치채지 못하고 지나간다. 음식 공급의 역기능에 모든 사람이 똑같이 취약한 것은 아니다. 어떤 사람들은 설탕과 소금, 지방이 많이 든 음식을 조금만 섭취하고 적정 수준에서 멈춘다. 또 어떤 사람들은 거부하기 힘든 이 음식들을 더없는 행복을 주는 것이 아니라, 오히려 그 반대라고 생각한다. 전체 인구 중 3분의 2가 과체중 또는 비만이라면, 나머지 3분의 1은 그렇지 않다는 이야기이다. 오늘날 도넛을 먹을 기회가 사방에 널려 있다는 사실을 감안하면, 이것은 아주 놀라운 일이다. 우리 모두

식습관의 인문학

를 사정없이 폭격하는 식품들에 똑같이 노출되었는데도, 이 운 좋은 사람들은 다르게 반응하는 법을 배웠다. 어떻게 그럴 수 있었는지 그 방법을 살펴보는 것은 우리 모두를 위해 이로운 일이다.

　많은 운동가들은 조리가 답이라고 말할 것이다. 이들은 만약 어린이에게 조리를 하는 방법과 텃밭에 채소를 기르는 방법만 가르친다면, 자동적으로 더 건강해질 것이라고 주장한다. 이 주장은 아주 그럴듯하다. 학교 정원은 아주 멋진 곳이다. 하지만 이것만으로는 어린이가 음식과 건강한 관계를 맺는 데 충분하지 않다. 물론 이것도 중요하긴 하지만, 우리가 처한 어려움은 단지 조리를 하는 방법과 식량을 재배하는 방법을 배우지 않아서 생긴 게 아니다. 그 어려움은 우리가 건강과 행복에 도움이 되는 방식으로 음식을 '먹는' 법을 배우지 않아서 생긴 것이다. 세계 각지의 전통 요리들은 뛰어난 균형 감각을 자랑한다. 예컨대 어떤 음식들끼리 서로 잘 어울리는지, 그리고 하루 중 시간에 따라 식사량을 어떻게 배분해야 하는가 같은 개념이 그 바탕에 깔려 있다. 하지만 오늘날의 조리법은 그렇지 않은 게 대부분이다. 식품 전문 저널리스트로서 내가 경험한 바에 따르면, 셰프와 식품 전문 작가는 요리사가 아닌 사람보다 강박적 식사와 그 밖의 혼란스러운 음식 강박증에 빠지기가 더 쉽다. 조리가 우리가 처한 음식 위기의 해결책이 되려면, 먼저 음식에 대한 우리의 반응을 조절하는 방법을 배울 필요가 있다. 프라이드치킨과 나폴리 럼 바바rum baba, 럼주를 첨가해서 발효시키고, 휘핑 크림 등의 크림 따위로 채워 만든, 아주 축축하고 부드러운 소형 케이크, 치즈를 듬뿍 섞어 만든 으깬 감자 요리 프렌치 알리고를 좋아하는 사람이라면, 조리 기술만으로는 건강을 보장할 수 없다.

많은 사람들이 건강에 좋은 음식을 먹는 데 어려움을 겪는 이유는 여태껏 다른 방식으로 먹는 법을 배운 적이 없기 때문이다. 대부분의 사람들은 어린이와 마찬가지로 자신이 좋아하는 것을 먹고, 자신이 아는 것만 좋아한다. 칼로리가 높은 식품이 이토록 풍부하고, 식품의 크기와 식사 시간을 규제하는 규범이 거의 없는 환경에서 전체 인구 집단이 먹는 법을 배운(혹은 잘못 배운) 적은 이전에 한 번도 없었다. 현대의 풍요로운 문명 사회에서 골칫거리로 떠오른 문제는 과식뿐만이 아니다. 통계 수치에 따르면, 젊은 여성 중 약 0.3퍼센트가 거식증이 있고, 1퍼센트는 폭식증이 있으며, 남성들 사이에서도 그 비율이 증가하고 있다.[6] 하지만 통계 수치는 탄수화물이나 지방 함량을 두려워해 식사에서 순수한 즐거움을 느끼지 못하고 먹는 것에 늘 불안을 느끼는 사람들(과체중이건 저체중이건 간에)이 얼마나 많은지 제대로 알려주지 못한다. 2003년에 미국 대학생 2200명을 대상으로 조사한 결과는 체중에 대한 염려가 보편적임을 보여준다. 이 표본 집단에서 43퍼센트(남녀 모두)는 늘 체중을 염려했으며, 여성 중 29퍼센트는 체중에 '강박적으로 집착'한다고 말했다.[7]

우리는 햄버거를 선호하는 자신의 성향이 마치 선고받은 종신형인 양 자신의 식습관 문제를 운명론적인 용어로 이야기할 때가 많다. 그래서 식이 요법은 아무 효과가 없고, 설탕은 중독성이 있다는 식으로 이야기한다. 하지만 잡식 동물인 우리가 다른 환경에 적응하기 위해 먹는 방식을 바꾸는 데 아주 뛰어나다는 사실을 망각할 때가 많다. 오늘날 우리

식습관의 인문학

가 처한 식품 환경, 즉 유혹적인 포장지에 싸인 값싼 고칼로리 식품이 사방에 널려 있는 환경은 일찍이 인류가 경험한 적이 없는 종류의 환경이다. 이런 환경에서 살아남으려면, 구석기 시대의 수렵채집인에게 필요했던 것과는 아주 다른 기술들이 필요하다. 하지만 자신에게 조금만 기회를 준다면, 우리에게 그런 기술들을 습득할 능력이 있다고 가정할 만한 이유가 충분히 있다.

만약 우리의 식습관이 학습된 것이라면, 그것은 다시 학습할 수 있다. 당신이 태어나자마자 아주 멀리 떨어진 오지 마을의 부모에게 입양되었다고 상상해보자. 그러면 당신의 미각은 지금과는 아주 다를 것이다. 우리는 선천적으로 단 음식을 좋아하고 쓴 음식을 의심하는 성향을 타고 태어나지만, 우리가 결국은 채소를 싫어하고 퍼지^{fudge, 설탕, 버터, 우유}로 만든 연한 사탕를 좋아하는 사람이 될 것이라고 단언할 수 있는 요소는 눈을 씻고 봐도 우리의 생리에서 전혀 찾아볼 수 없다. 문제는 정작 우리 자신은 그렇게 생각하지 않는 경향이 강하다는 데 있다.

나는 많은 사람들의 식습관이 왜 그토록 잘못되었는가 하는 문제의 핵심은 우리가 먹는 법을 어떻게 배우느냐(개인적으로건 집단적으로건)에 있다는 전제를 바탕으로 이 책을 썼다. 현대의 가장 큰 공중 보건 문제는 어떻게 하면 사람들에게 음식 선택을 더 잘하도록 설득하느냐이다. 하지만 지금까지 우리는 엉뚱한 곳에서 답을 찾으려고 노력해왔다.

음식에 관한 논의는 대개 더 나은 정보를 바탕으로 진행된다. 수많은 기사와 책은 비만 위기의 원인이 잘못된 조언에 있다고 시사한다.

즉, 진짜 문제는 당분인데, 사람들은 지방을 피하라는 충고를 들어왔다는 것이다.[8] 이 말은 일리가 있다. 지난 수십 년 동안 건강에 좋은 식품이라고 대대적으로 홍보하면서 판매한 '저지방' 식품 중 상당수는 추가된 정제 탄수화물 때문에 섭취량을 줄이라고 조언한 지방보다 오히려 비만 효과가 더 커 분명히 역효과를 냈다.[9] 영양사들이 우리에게 버터와 크림, 고기에 포함된 것과 같은 포화 지방산 섭취를 피하라고 충고한 기간에도 비만율은 감소한 게 아니라 꾸준히 증가했다. 지방 섭취 자체가 비만이나 심장병의 직접적 원인이 아니라는 사실도 점점 분명하게 드러나고 있다.

하지만 혼란스러운 저지방 식품 섭취 조언을 현재의 나쁜 건강을 초래한 원인으로 비난하고 나서기 전에 지방을 피하라는 경고를 우리가 얼마나 충실히 따랐는지 살펴볼 필요가 있다. 대다수 사람들은 '식품 경찰food police'이 지방 문제를 경고하는 말을 듣고는 그냥 무시했다. 저지방 식품 섭취 주장이 정설로 위세를 떨치던 1998년에 세계적으로 유명한 일부 영양학자들은 공동으로 쓴 논문에서 일반 대중이 자신들의 지침을 따르지 않는다고 불평했다. 그들은 지방 섭취를 줄이라는 조언을 한 지 20년이 훨씬 지났는데도 사람들이 여전히 '거의 같은 양'의 지방을 섭취하고 있다는 사실에 낙담했다. 1976년부터 1991년까지 미국인의 식사에서 지방이 차지하는 칼로리 비율은 아주 약간 줄어들었지만(36퍼센트에서 34퍼센트로), 그것은 사람들이 섭취하는 전체 칼로리가 늘어난 결과였다. 절대적인 수치로 따지면, 사람들이 평균적으로 섭취하는 지방양은 거의 같은 수준에 머물렀다.[10]

예일대학교 예방연구센터에서 일하는 데이비드 캐츠David L. Katz는 시끄러운 영양학계에서 보기 드물게 건전한 목소리를 내는 사람이다. 그는 우리의 식습관이 잘못된 이유가 '최선의 음식'이 무엇인지를 놓고 혼란이 극심하기 때문이라는 보편적인 견해를 반박한다. 캐츠는 건강한 삶의 핵심 원리―다양한 진짜 자연 식품을 적당량 섭취하고, 규칙적으로 운동을 하는 것―는 수십 년 동안 잘 정립돼 있었다고 말한다. 의학적 증거에 따르면, 이 목표를 달성하기 위해 저지방 다이어트나 저탄수화물 다이어트(혹은 채식이나 구석기 다이어트나 전통적인 가정식) 중 어느 것을 택하건 아무 문제가 되지 않는다.[11] 캐츠는 이 모든 다이어트에서 건강에 좋은 최선의 식사 패턴은 식물을 주 재료로 하고 가공 처리를 최소한으로 한 음식임을 뒷받침하는 '증거 집단'이 아주 많다고 지적한다. 캐츠는 "우리의 문제는 호모 사피엔스를 기본적으로 돌보고 먹이는 것에 관한 지식이 부족한 데 있는 게 아니다. 우리의 문제는 놀랍고도 비극적으로 값비싼 대가를 치르는 문화적 저항, 즉 그러한 지식을 받아들이려 하지 않는 태도에 있다"라고 말한다.[12]

채소를 먹어라. 건강을 위해 채소를 많이 먹으라는 조언이 이보다 더 분명하게 전달된 적은 일찍이 없었다. 우리는 이 메시지를 다양한 형태로 아주 자주 들었다. 지방이나 당분의 경우와 달리 주류 영양학계에서 "채소를 많이 먹어라"라는 메시지에 대해서는 논란이나 말 뒤집기가 전혀 없었다. 하지만 1970년대 이후에 미국인이 채소에서 섭취하는 전체 칼로리는 3퍼센트나 줄어들었는데, 채소에 포함된 칼로리가 다른 식품에 포함된 칼로리에 비해 현저히 낮다는 점을 감안하면 생각보다 훨씬 큰 감소량이다.[13] 이러한 감소는 짙은 주황색 땅콩호박에서부터 옅은 초록색 로마네스코 브로콜리에 이르기까지 유혹적인 채소가 과거 그 어느 때보다도 다양하게 널려 있던 시기에 일어났다. 하지만 많은 사람들은 어린 시절부터 채소와 즐거움(그리고 더 일반적으로는 건강 식품과 즐거움)은 함께 손을 잡고 갈 수 없다는 교훈을 배우면서 자랐다. 미셸 오바마 같은 유명 인사가 용감하게 채소를 많이 먹어야 한다는 말을 했을 때 터져나온 그 반감의 물결을 보라. 소비자학자들은 신제품에 '건강에 좋은'이라는 수식어를 붙이면, '새로운'이라는 수식어를 붙였을 때보다 성공할 가능성이 훨씬 낮다는 사실을 발견했다.[14]

그리고 우리의 식습관 측면에서는 생각과 행동, 지식과 실천 사이에 큰 괴리가 있다. 영향력이 큰 식품 전문 작가 마이클 폴런Michael Pollan은 "음식을 먹되 너무 많이 먹지 마라. 주로 식물을 먹어라"라고 말한다.[15] 현명하면서 단순한 이 슬로건은 우리가 반복적으로 자주 듣는 말이다. 하지만 많은 사람들은 이것을 일상 생활에서 반드시 따라야 할 지침으로 여기지 않는다. 이 지침을 지키려면 "정말로 건강에 좋은 음식을 좋아하고, 지나친 포만감을 좋아하지 않아야 하며, 채소의 맛을 음미할" 필요가 있다. 머리가 좋거나 나이를 많이 먹어도 이 기술을 제대로 습득하지 못한 사람들이 많다. 한 가지 문제가 더 있다. 폴런의 조언 중 '너무 많이 먹지 마라'는 부분은 '너무 적게' 또는 적어도 적절한 음식을 충분히 먹지 않는 습관이 있는 사람들을 고려해 수정할 필요가 있다. 단지 체중 미달인 사람들을 생각해서 하는 이야기가 아니다. 오늘날 '영양실조'라는 용어는 굶주림뿐만 아니라 비만까지 포괄하는 의미로 쓰이고 있다. 전 세계의 비만 인구 집단이 미량 영양소 결핍(특히 비타민 A와 D, 그리고 아연과 철) 문제로 시달린다는 증거가 있다.[16] 좋은 식습관을 배우려면 전체적인 음식 섭취량만 줄이는 것만으로는 부족하다. 많은 음식(맨 먼저 떠오르는 것은 당분)은 분명히 덜 섭취할 필요가 있지만, 그것 말고도 다른 기술이 많이 필요하다. 먹는 기술(그중에는 "식욕을 잃지 마라"와 "음식을 게걸스럽게 먹지 마라"도 있다) 중에서 우리가 잃어버린 것이 많지만, 그중에서도 특히 자신에게 '자양분을 공급해야' 한다는 전통적인 개념을 잃어버린 것처럼 보인다.

비만 문제를 논의할 때 주관적 판단에서 성급한 주장이 튀어나올 때가 많다. 신문의 독자평에는 "이건 그렇게 어려운 일도 아니잖아?"라는 주장이 자주 올라오는데, 이런 말은 살아오면서 자신의 식습관을 바꾸려고 노력해본 적이 한 번도 없는 행운아들에게서 주로 나온다. 그러고는 상황을 개선하려면 그저 "덜 먹고 더 움직이면 된다는" 충고를 덧붙인다. 이 말에는 덜 먹고 더 움직이지 '않는' 사람은 정신력이나 뇌가 부족하다는 뜻이 내포돼 있다. 그렇지만 이걸 한번 생각해보라. 미국의 소방관들은 용기나 두뇌 회전이 특별히 부족한 사람들이 아닌데도 일반 인구에 비해 비만이나 과체중 비율(70퍼센트)이 더 높다.[17] 우리의 식습관은 개인의 자질에 관한 문제가 아니라, 살아오면서 형성된 습관과 선호에 관한 문제이다. 철학자 캐스퍼 헤어Caspar Hare가 말한 것처럼, "선호를 마음대로 습득하거나 버리기는 쉽지 않다."[18]

식습관이 학습 행동이라는 사실을 받아들이면, 이제 문제는 정보 습득이 아니라 새로운 습관을 배우는 것이라는 사실을 알 수 있다. 각국 정부는 선의로 권장 사항들을 제시하면서 비만 위기를 바로잡으려고 노력한다. 하지만 충고만으로는 어린이에게 좋은 식습관을 가르칠 수 없는데("그 양배추를 다 먹고 나서 추가로 우유 한 잔을 마시길 강력하게 추천합니다!"), 그렇다면 이 방법이 어른에게 효과가 있으리라고 생각하는 게 이상하다. 어린이에게 좋은 식습관을 가르치려면, 모범을 보이고, 열정을 가지고 지속적으로 좋은 음식을 접하는 게 좋다. 이 방법이 실패한다면, 거짓말을 사용하라. 헝가리에서는 당근을 먹으면 휘파람을 부는 능력이 생긴다고 이야기함으로써 어린이에게 당근을 좋아하게 가르친다. 요지는 당근을 먹는 사람이 되려면, 그 전에 먼저 당근을 좋아하는 사람이 되어야 한다는 것이다.

내 머릿속에 이 책의 구상이 떠오르기 시작했을 때, 나는 어린이 음식을 주제로 삼아야겠다고 생각했다. 그랬다가 어린이의 식사에 관련된 즐거움과 함정 중 많은 것이 어른에게도 여전히 남아 있다는 사실이 점점 눈에 보이기 시작했다. 어른이 되고 나서도 우리는 어린 시절에 부모님이 그랬듯이 여전히 특별한 음식으로 자신에게 보상을 하려고 하고, 감시하는 부모님이 없는데도 그릇을 '깨끗이 비우려' 한다. 그리고 혐오감을 느끼는 음식을 여전히 피하려 한다. 다만, 이제는 철이 충분히 들었기 때문에, 아무도 보지 않을 때 그것을 몰래 식탁 밑으로 숨기는 짓은 하지 않는다. 그리고 누구든지 촛불이 켜진 생일 케이크 앞에서는 다시 어린 시절로 돌아간다.

내가 탐구하려고 하는 한 가지 질문은 어린이가 선천적으로 가지고

식습관의 인문학

태어나는 음식 선호가 어느 정도인가 하는 것이다. 나는 도서관에서 수많은 논문들을 뒤지면서 필시 현대 과학자들 사이에서 이 문제에 대해 큰 이견이 있을 것이라고 예상했다. 한쪽에는 음식에 대한 호감과 혐오감이 선천적이라고 주장하는 사람들이, 반대쪽에는 모든 것은 학습을 통해 형성된다고 주장하는 사람들이 있을 것이다. 이것은 이른바 본성 대 양육의 싸움이다. 그런데 놀랍게도 실상은 그렇지 않았다. 심리학자와 신경과학자, 인류학자, 생물학자를 포함해 모든 과학자들은 이 문제에 대해 논란은커녕 거의 만장일치에 가까운 의견을 보였는데, 특정 식품에 대한 우리의 입맛은 학습된다는 것이었다.[19] 다만, 이렇게 광범위한 의견 일치가 이루어진 가운데 학문적 논란이 제기된 쟁점도 여러 가지 있다. 예를 들면, 우리와 방울다다기양배추처럼 쓴 채소 사이의 애증 관계에 유전적 요인이 있느냐 없느냐를 두고 벌어지는 논쟁이 있다. 또, 음식의 학습에 특정 유전자나 호르몬, 신경 전달 물질이 영향을 미치는 정도에 대해서도 서로 경쟁하는 이론들이 있다. 하지만 인간의 식습관이 학습 행동이라는 기본적인 통찰은 과학적으로 논란의 대상이 아니다.

과학계의 이러한 의견 일치는 다소 놀라운데, 우리가 일상 대화에서 식습관에 대해 이야기하는 것과는 정반대이기 때문이다. 우리는 생물학적으로 정크푸드에 끌릴 수밖에 없다는 것이 보편적인 가정이다(흥미롭게도 건강에 좋은 식품을 먹으려고 애쓰는 사람들이나 그런 사람들의 식습관을 개선하려고 애쓰는 많은 영양학자들이 모두 공통적으로 이런 가정을 믿는다). 흔히 이야기하는 시나리오는 다음과 같다. 우리 뇌는 수천 년 이상에 걸쳐 단것을 좋아하도록 진화했는데, 야생 자연에서 살아간 우리는 단맛이 나고 건강에 좋은 열매를 쓴맛이 나고 몸에 나쁜 독소와 구별하는 방법이 필요했기 때문이다. 그래서 설탕이 듬뿍 들어간 식품이 넘쳐나는 현대 세계에 와서도 우리는 자신의 생물학적 특성 때문에 '거부할 수 없는' 이들 식품을 뿌리칠 수가 없다는 것이다. 단것을 맛보면 뇌에서 즐거움 반응을 유발하는 부위가 활성화되며, 심지어는 약물이나 알코올처럼 진통 효과까지 있다는 사실이 알려져 있다. 구석기 시대의 뇌 + 현대 식품 = 재앙.

이 설명에 빠진 게 하나 있는데, 단것을 선호하는 기호는 모든 인류가 선천적으로 지니고 있고 모든 문화에 공통적이지만, 실제로 단맛이 나는 음식(그리고 그 밖의 건강에 좋지 않은 가공 식품)을 대할 때 우리는 아주 다양한 반응을 보인다는 사실이다. 2012년에 음식 선호를 조사한 한 연구에 따르면, 단것을 대하는 우리의 태도는 "지각, 애호, 욕구, 섭취 면에서" 차이가 난다.[20] 사람에 따라 각자 아주 다른 형태의 단것을 즐긴다. 단것은 한여름철의 옥수수숫대에 붙은 옥수수가 될 수도 있고, 신선한 모차렐라가 될 수도 있고, 짙은 갈색으로 변할 때까지 충분히 오래 조리한 회향이 될 수도 있다. 단것을 사랑하는 취향은 보편적일지 모르지만, 그것을 섭취하는 법을 배우는 방식에서는 개인차가 아주 크다. 달리 표현하면, 모든 사람이 다 프루트 룹스Foot Loops, 시리얼의 한 종류의 형태로 단맛을 즐기려고 하진 않는다.

영양학자들은 설탕과 소금, 지방 함량이 높은 식품을 묘사할 때 '구미에 맞는palatable'이란 단어를 사용한다. 마치 타히니 소스를 끼얹은 아

식습관의 인문학

삭아삭한 채소를 커다란 초콜릿 바보다 좋아하기는 불가능하다는 것처럼 말이다. 하지만 전체 인구 중 약 3분의 1(구석기 시대의 뇌를 가졌건 가지지 않았건)은 현대의 식품 세계를 자유롭게 돌아다니면서 구할 수 있는 것 중에서 균형 잡힌 식품들을 스스로 고를 수 있다.

나는 마른 체형이 반드시 건강하다고 말하지 않는다. 과체중이 아닌 사람들 중에 거식증이나 폭식증이 있는 사람도 있다. 담배와 약물을 통해 음식을 피하는 사람도 있고, 미친 듯이 열심히 운동을 함으로써 정크 푸드 선호 습관을 없애는 사람도 있다. 우리는 '비만 유행병'에 대해 이야기할 때, 체중을 줄이려고 노력하는 사람들의 기분을 더 상하게 할 뿐만 아니라, 마른 것 = 좋은 것, 뚱뚱한 것 = 나쁜 것보다 상황이 훨씬 복잡하다는 사실을 간과한다. 당분이 인체에 미치는 효과를 연구하는 로버트 러스티그Robert Lustig 교수는 정상 체중인 사람들 중에서 최대 40퍼센트는 "당뇨병, 고혈압, 고지혈증, 심혈관 질환……암과 치매" 등 비만과 관련이 있는 대사 기능 장애와 정확하게 똑같은 질환이 나타나는 반면, 비만인 사람들 중 약 20퍼센트는 이런 질환이 전혀 나타나지 않으며 정상적인 수명을 누린다고 지적한다.[21]

따라서 '정상 체중'이라고 해서 모두 다 음식과 건강한 관계를 맺고 있다고 가정할 수 없다(그건 그렇고, 이들이 소수라는 사실을 감안하면, 이들을 '정상'이라고 부르는 것을 그만둘 때가 되지 않았을까? 대신에 '예외적'이라고 부르는 게 어떨까?). 실제 상황은 수치가 보여주는 것보다 더 복잡하다. 하지만 나는 위험을 무릅쓰고 전체 인구 중에서 이 예외적인 3분의 1이 우리에게 알려줄 뭔가 중요한 게 있다고 가정하려고 한다. 기능 장애를 초래하는 현대의 식품 공급 물결을 거스르며 나아가 좋은 식습관을 몸에 붙인 사람들이 수십억 명이나 있다. 더운 날에 아이스크림을 먹고도 '나쁜 짓'을 한 자신에게 벌을 줄 필요를 느끼지 않고, 아직 점심시간이 되지 않았다는 이유로 샌드위치를 자동적으로 거부하고, 항상 배고프면 먹고 배부르면 멈추고, 채소가 없는 저녁 식사는 제대로 된 식사가 아니라고 생각하는 사람들이 있다. 이들은 이 풍요로운 환경에서 스스로를 보호하는 섭식 기술을 배워서 익혔다.

행동심리학의 렌즈를 통해서 보면, 식사는 대표적인 형태의 학습 행동이다. 식사 행동에는 자극(예컨대 살구 잼을 바른 사과 타르트)이 있고, 반응(그것을 먹고 싶은 식욕)도 있다. 마지막으로 강화(타르트를 먹는 것이 주는 감각적 즐거움과 포만감)가 있다. 이 강화는 기회가 있을 때마다 사과 타르트를 더 많이 찾도록 부추기며, (사과 타르트를 먹고 나서 얼마나 좋은 기분이 들었는지에 따라) 장래에 다른 식품보다 사과 타르트를 우선적으로 선택하도록 부추긴다. 실험실 조건에서 쥐들을 달콤한 음식 대신에 덜 달콤한 음식을 선호하도록 훈련시킬 수 있는데, 덜 달콤한 음식에 더 많은 에너지가 들어 있어 만족감을 더 많이 느끼는 경우에 그렇다. 이것을 '섭취 후 조건 형성post-ingestive conditioning'이라 부른다.[22]

이러한 음식 찾기 학습 중 많은 것은 뇌에서 동기 유발과 관련이 있는 신경 전달 물질인 도파민을 통해 일어나는 것으로 알려져 있다.[23] 도파민은 음식을 먹거나 키스를 하거나 브랜디를 홀짝이거나 하는 것처럼 신체가 보상 행동을 할 때, 뇌에서 자극을 받아 분비되는 호르몬이다. 도

식습관의 인문학

파민은 뇌에 자신이 즐거움을 느끼고 있다고 알려주기 위해 신경세포들 사이에 정보를 전달하는 화학 신호 중 하나이다. 도파민 분비는 우리의 맛 선호를 '각인'시켜 습관으로 전환시키는 한 가지 메커니즘이다. 동물에게 어떤 음식을 좋아하도록 훈련시키면, 단지 그 음식을 보기만 해도 뇌에서 도파민 반응이 일어날 수 있다. 노란 바나나 껍질을 본 원숭이에게 보상을 기대하는 도파민 반응이 일어난다.[24] 도파민 분비에 대한 기대는 실험실 쥐에게 레버를 누름으로써 선물을 또다시 받기 위해 더 열심히 노력하게 만드는 인센티브로 작용한다.

말할 필요도 없지만, 사람은 실험실 쥐가 아니다.* 음식을 둘러싼 자극-반응 행동은 우리가 먹는 행동을 배우는 사회적 세계만큼 아주 복잡하다. 계산에 따르면, 우리는 열여덟 번째 생일을 맞이할 때쯤 음식과 관련된 학습 경험을 약 3만 3000가지나 한다고 한다(하루에 식사와 간식을 합해 다섯 번 먹는다고 가정할 때).[25] 사람의 행동은 단순히 신호와 결과로 설명되지 않는데, 사람은 수동적인 대상이 아니라 사회성이 높은 존재이기 때문이다. 우리의 조건 형성은 간접적이거나 대리적으로 일어나는 경우가 많다. 우리는 자기 입 속에 직접 들어간 음식에서만 배우는 게 아니라, 집이나 학교, 텔레비전에서 다른 사람이 먹는 것을 보면서도 배운다.

어린이는 보고 배우면서 맛 외에도 음식에 관해 많은 것을 알게 된

---

* 사람의 경우, 기묘하게도 쥐와 달리 비만은 도파민 분비 증가가 아니라 감소와 연관이 있는 것으로 보이는데, 이것은 우리의 즐거움 반응이 얼마나 복잡한지 또 한 번 시사한다.

다. 설치류는 단것 보상을 얻으려고 레버를 누를 수 있지만, 먹는 일에 죄책감과 부끄러움 같은 감정을 결부시키려면 사람처럼 기묘하고 비뚤어진 동물이 필요하다. 어떤 음식을 처음으로 입 속에 집어넣기 전에 우리는 이미 마음속으로 여러 차례 그것을 먹는 연습을 했을 수 있다. 언제, 무엇을, 얼마나 많이 먹어야 하느냐에 대한 신호는 배고픔과 호르몬 같은 추동을 넘어서서 의식(아침에는 달걀)과 문화(야구 경기에는 핫도그), 종교(크리스마스에는 칠면조, 이드에는 양고기) 영역까지 뻗어 있다.

나는 더 광범위한 음식 환경을 탐구하지 않고서는 우리가 먹는 법을 어떻게 배우느냐 하는 질문에 대한 답을 얻을 수 없다는 사실을 분명히 알게 되었는데, 식품 환경은 식사 시간과 요리법, 부모의 보살핌과 성별뿐만 아니라 신경과학하고도 관련이 있다.

현대의 음식 환경은 모순으로 가득 차 있다. 종교적 죄책감의 부담은 개인적 삶에서 점점 사라져갔지만, 식사 영역에서는 더 강해졌다. 절제를 강조하는 위선적인 설교자처럼 우리는 탐욕스럽게 먹는 음식을 죄악시하여 자신의 식욕과 반목하는 상태에 이르게 된다. 한때 특별한 기념일을 위해 남겨두었던 많은 음식(고기에서부터 단것에 이르기까지)이 오늘날에는 일상적인 식품이 되었는데, 이것은 우리가 이런 음식을 과도하게 많이 먹을 뿐만 아니라, 이 음식들이 이전에 지녔던 축제의 즐거움을 상당 부분 잃었다는 것을 의미한다.[26] 이제 식간食間에 아무것도 먹지 말아야 한다는 생각은 집 밖으로 나갈 때에는 반드시 모자를 써야 한다는 생각만큼 낡은 것으로 보인다.

그런데 지난 50여 년 동안 우리의 음식에 포함된 영양에 큰 변화가 일어난 반면, 식사의 다른 측면들은 현대인의 생활과 보조를 맞출 만큼 충분히 빨리 변하지 않았다. 부모들은 항상 기아가 발생하던 상황에 맞게 고안된 온갖 전통적인 방법(아이에게 접시에 남은 것을 모두 비우라고 강요하는 것처럼)을 여전히 쓰고 있다. 나중에 보게 되겠지만, 이렇게 음식을 먹이는 방법은 중국과 쿠웨이트를 비롯해 다양한 문화에서 아이의 비만에 직접적인 영향을 미친다. 내가 이 책에서 다룬 주제 중에서 가장 많이 다시 돌아가 반복적으로 다루는 주제는 바로 가족이다. 음식에 대해 우리가 배우는 것 중 대부분은 식탁(만약 집에 그런 게 있을 정도로 운이 좋다면)에 앉아 부모가 음식을 먹여주는 어린 시절에 일어난다. 입 속에 음식이 한 입 들어갈 때마다 그것은 하나의 기억으로 저장되는데, 가장 강하게 남는 기억은 처음 먹은 음식들에 대한 기억이다. 이 식탁에서 우리는 음식과 사랑을 받았는데, 나중에 이 둘을 구별하는 데 어려움을 겪더라도 아무도 나무라지 않을 것이다. 열정과 혐오감이 발달하고, 음식을 남기는 것과 배고프지 않은데도 음식을 먹는 것 중 어느 쪽이 더 낭비인지 감이 생기는 것도 이 무렵이다.

　부모는 정부와 마찬가지로 우리에게 하는 말을 통해 우리가 음식에 대해 배우길 바라지만, 우리가 직접 보고 맛보는 것이 듣는 것보다 훨씬 중요하다. 많은 점에서 어린이는 식탁에서 무력하다. 자기 앞에 놓이는 음식이나 앉는 자리는 물론이고, 음식을 먹을 때 다정한 말을 들을지 무자비한 말을 들을지도 전혀 통제할 수 없다. 어린이가 가진 한 가지 큰 힘은 거부하거나 받아들이는 능력이다. 많은 어린이가 식탁에서 배우는 중요한 사실 중 하나는 자신이 먹거나 먹지 않거나 하는 선택이 가까운 어른들에게 큰 감정적 반응을 촉발한다는 것이다. 어린이는 단지 디저트를 거부하는 것만으로 부모를 기쁘게 하거나 화나게 할 수 있다는 사실을 발견한다. 그러면 어른들은 '우리'가 식사 시간에 까탈스럽다고 불평한다.

살면서 어느 시점이 지나면, 음식을 우리 입 안에 넣어주는 사람은 부모가 아니라 우리 자신이 된다. 그때부터 먹고 싶은 것을 무엇이건(예산이 허락한다면) 선택할 수 있는 영광스러운 해방을 누린다. 하지만 우리의 미각과 음식 선택은 여전히 어린 시절의 경험을 통해 형성된다. 다소 놀랍게도 만 두 살 때의 식습관(음식을 가지고 장난을 쳤건, 식성이 까다로웠건, 과일을 많이 먹었건 간에)은 스무 살이 되었을 때의 식습관을 상당히 정확하게 가늠할 수 있는 잣대가 된다.[27]

식습관 습득은 우리가 어린 시절에 배우는 다른 기술들, 예컨대 신발 끈을 맨다거나 수를 센다거나 자전거를 타는 것보다 훨씬 신비한 기술이다. 우리는 자신이 그것을 한다는 사실을 거의 알아채지 못하는 상태에서 먹는 법을 배운다. 문제가 있는 식습관을 습득할 때에도 마찬가지로 그 사실을 알아채지 못하는데, 그러한 습관이 너무나도 익숙한 자신의 일부가 되기 때문이다. 특이한 식성은 다른 사람들에게 자신이 특이하고 특별한 존재라는 신호를 보내는 한 가지 방법이다. 우리는 가족 사이에서 쓴 레몬 껍질을 우적우적 씹어먹길 좋아하거나 사과를 씨까지 먹어치우는 사람으로 알려진다.

당신은 특정 음식을 싫어하는 것은 대수로운 일이 아니며, 각자의

식습관의 인문학

개성이라고 말할지 모른다. 반숙한 달걀의 물컹한 흰자에 비위가 상하는 나를 참아준다면, 나도 솜털이 보송보송한 복숭아 껍질을 싫어하는 당신을 나무라지 않겠다. 문제는 당신이 전체 식품군을 싫어하는 상태로 자라면, 음식에서 필요한 영양을 얻지 못하게 된다는 점이다. 아동 비만 분야의 최전선에서 일하는 의사들은 지난 20년 사이에 유아들 중 상당수가 과일과 야채를 전혀 먹지 않는 것이 보편적인 현상이 되었다고 말한다. 이것은 서구 사회에서 큰 문제가 되고 있는(비록 별로 언급되진 않지만) 변비의 주요 원인 중 하나인데, 미국에서는 변비 때문에 의사를 방문하는 횟수가 연간 250만 건이나 된다.[28]

어떤 사람들은 어린이가 건강에 좋지 않은 식습관을 가졌다 하더라도 큰 문제가 아니라고 주장한다. 어차피 나중에 자라면 굵은 목소리와 성숙한 정치적 견해가 생기는 것과 함께 저절로 샐러드를 좋아하게 될 것이라고 생각한다. 실제로 그런 일이 일어나는 경우가 가끔 있다. 사랑과 여행은 둘 다 변화를 낳는 강력한 자극이다. 1970년대에는 1950년대의 어린이들이 흔히 먹던 단조롭고 물기가 많은 음식을 거부하고 녹두와 양념을 좋아하는 것이 보편적인 통과 의례였다. 많은 기호(예컨대 녹차나 보드카)는 어른이 되고 나서 생긴다. 쓰지만 사랑스러운 이 물질을 사랑하는 법을 배울 때, 우리는 고통이 즐거움으로 변하는 과정, 즉 심리학자들이 '쾌락 이동'이라고 부르는 것을 겪는다.[29] 당신은 전신을 각성시키고 일하고 싶은 욕망을 불러일으키는 에스프레소의 놀라운 후속 효과를 발견하고 나서 어린 시절에 에스프레소의 쓴맛에 가졌던 혐오감을 극복할지 모른다. 여기서 중요한 질문은 우리가 건강에 좋은 음식을 적당량 즐기도록 비슷한 '쾌락 이동'이 일어나려면 무엇이 필요한가 하는 것이다.

그 과정은 사람마다 다를 수밖에 없는데, 모든 사람은 각자 나름의 특별한 식습관을 습득했기 때문이다. 하지만 어디서 출발하건, 좋은 식습관을 습득하는 첫 단계는 자신의 미각과 습관이 고정된 것이 아니라 변할 수 있다는 사실을 인식하는 데 있다.

그런데 이렇게 말하면, 당신의 식습관을 좋게 변화시키는 과정이 쉽다는 인상을 줄 위험이 있다. 사실은 전혀 그렇지 않다. 특히 빠듯한 생활비로 살아가는 사람들에게는 쉬운 일이 아니다. 선진국에서 저소득층의 비만율이 특히 높다는 사실은 많은 조사에서 드러났다. 가난이 건강에 좋은 음식 섭취를 어렵게 만드는 이유는 여러 가지가 있다. 가공 처리를 많이 거친 탄수화물 식품보다 신선한 채소를 구입하는 비용(무게로 따졌을 때)이 더 많이 들기 때문만은 아니다. 어쩌면 당신은 영양분이 많은 재료를 구하기가 어려운 '식품 사막'에서 살거나 적절한 부엌이 없는 주거지에서 살지도 모른다. 가난한 환경에서 자라면 평생 동안 건강에 좋지 않은 식습관을 지닌 채 살아갈 수 있다. 어린 시절에 음식에 대한 선택의 폭이 좁았던 사람은 어른이 되어 소득이 높아지더라도 여전히 음식의 선택 폭이 좁기 때문이다. 흰 빵과 가공육의 맛은 기억 속에서 부모의 따뜻함과 권위, 그리고 형제의 동료애와 연결되기 때문에, 그런 음식을 피하는 태도는 배신처럼 느껴질 수 있다.

하지만 가난한 집안에서 자라는데도 다른 어린이들보다 훨씬 건강

식습관의 인문학

에 좋은 음식을 먹고, 때로는 부유한 집안의 어린이들보다 더 건강에 좋은 음식을 먹는 어린이들이 일부 있다는 사실에 주목할 필요가 있다. 현재 우리의 식습관 문제는 계층과 소득의 경계를 뛰어넘어 광범위하게 나타난다. 빠듯한 예산으로도 근사하고 건강에 좋은 음식(콩 굴라쉬, 푸타네스카 스파게티 같은)을 만드는 것이 가능하다. 그런가 하면, 살구버섯과 가자미를 살 돈은 있지만 그러려는 의욕이 없는 사람도 있다. 나와 대화를 나눈 섭식 장애 치료사들의 말에 따르면, 성공한 기업가들 중에는 좋아하는 정크푸드를 먹을 수 없을 때 낯선 음식을 삼키느니 차라리 책상에서 배고파 쓰러지는(문자 그대로) 쪽을 택하려는 사람들도 있다. 당신이 기아 상태에서 살아가지 않는다고 가정한다면, 좋은 식습관을 좌우하는 가장 큰 결정 요인은 음식을 대하는 태도를 배운 방식에 있다.

이 행동은 아주 복잡하게 나타나는 경우가 많다. 우리는 자라면서 최선의 선호뿐만 아니라 차선의 선호도 생긴다. 최선의 선호는 단순하다. 바삭바삭하게 구워 버터와 소금을 듬뿍 친 감자를 아주 좋아한다. 차선의 선호는 훨씬 복잡하다. 감자 대신에 당근을 먹길 '원할' 수도 있는데, 당근이 살도 덜 찌고 건강에도 더 좋다고 생각하기 때문이다. 실제로 당신은 적어도 가끔은 탄수화물 덩어리인 감자 대신에 생채소만으로 만족할 수 있을 것이다. 하지만 진짜 문제는 그 다음에 일어난다. 1998년, 사회심리학자 로이 보마이스터Roy Baumeister는 유명한 실험을 했다. 자기 파괴적 행동에 대한 연구로 유명한 보마이스터는 초콜릿이나 쿠키처럼 정말로 원하는 음식 대신에 무처럼 '올바른' 음식을 먹게 했을 때, 사람들은 이로 인한 의지의 싸움 때문에 '수확 체감'이라는 결과를 맞이한다는 사실을 발견했다.[30] 그들은 이 과제를 해결하기 위해 쏟아부은 노력 때문에 기력이 빠진 나머지 다른 어려운 과제(어려운 퍼즐을 푸는 것)에 맞닥뜨렸을 때 더 금방 포기하는 경향을 보였다. 쿠키를 먹지 않으려고 기울인 감정적 노력에는 '심리적 비용'이 따랐다.

식습관을 바꾸는 일은 우리가 할 수 있는 일 중 가장 어려운 축에 속하는데, 우리의 선호를 지배하는 충동은 자신에게조차 숨겨져 있는 경우가 많기 때문이다. 하지만 자신이 먹는 것을 조절하는 것은 충분히 가능하다. 우리는 늘 그렇게 한다. 그렇지 않다면, 매년 신제품을 출시하는 식품 회사들은 헛되이 돈만 낭비하고 말 것이다. 베를린 장벽이 무너진 후, 동독과 서독의 가정 주부들은 수십 년 만에 처음으로 상대방의 음식을 맛보았다. 얼마 지나지 않아 동독의 주부들은 서독의 요구르트를 동독의 요구르트보다 더 좋아하게 되었다.[31] 마찬가지로 서독의 주부들은 동독의 꿀과 바닐라 웨이퍼 비스킷을 좋아하게 되었다. 동독과 서독을 막론하고 전체 독일 주부들은 음식 선호에서 놀라운 유연성을 보여주었다.

우리가 음식을 먹는 패턴이 여전히 어린이와 같은 상태로 남아 있다는 사실은 염려스러우면서도 한편으로는 기대를 품게 한다. 까탈스러운 식성과 정크푸드를 좋아한다는 점에서 우리는 어린이와 같다. 하지만 우리는 새로운 기술을 배우는 능력이 있다는 점에서도 어린이와 같은데, 우리는 자신에게 이런 능력이 있다는 사실을 좀체 알아채지 못한다. 대부분의 사람들은 아주 어릴 때 습득한 미각을 가지고 있지만, 그것은 변할 수 있다.

나는 10대 시절에 작은 통에 담긴 아이스크림을 다 먹을 수 있었고, 또 모든 음식을 두세 접시 먹을 수 있었다. 어딜 가든지 음식이 내게 소리를 지르며 불렀다. 아마도 그것은 거식증이 있던 언니와 함께 살면서 생긴 반응일 것이다. 언니가 거식증이 있다는 이야기는 아무도 입 밖에 내지 않았는데, 우리 가족은 그런 일을 절대로 이야기하지 않았기 때문이다. 아니면, 그것은 감정적 대화를 금기시하는 가정에서 자란 결과일 수도 있다. 그것은 내가 열네 살 때 부모님이 이혼하면서 분명히 더 악화되었다. 과식하는 사람들은 흔히 자신의 감정을 삼킨다고 이야기한다.

스무 살 무렵에 어떤 변화가 일어났다. 나는 사랑에 빠졌고, 더 행복해졌으며, 식사는 더 체계가 잡혔다. 나는 특별히 다이어트를 하지도 않았는데, 신체 사이즈가 라지에서 미디엄으로 줄어들었다. 나는 채소를 많이 먹었는데, 그래야 한다고 생각해서 그렇게 한 게 아니라 채소가 맛있고 먹으면 기분이 좋아서 그렇게 했다. 그러고 나서 아기를 가졌다. 이제 나는 초콜릿 케이크를 통째로 구워 작은 조각 하나를 먹고 나머지를 남겨둘 수 있다. 얼마 전에는 요가의 즐거움을 발견했다. 10대 시절의 나는 현재의 나를 아주 재수 없는 사람으로 여겼을 것이다.

하지만 이상한 것은 이런 일이 일어난다는 사실을 특별히 눈치채지도 못한 채 내 행동이 변했다는 점이다. 의식적으로 자신을 바로잡으려는 방식으로 스스로에게 부과했던 청소년 시절의 음식과 달리, 건강에 더 좋은 이 새로운 생활 방식은 나도 모르게 나타났다. 그렇다고 해서 배불리 음식을 먹고 나서 한참 지난 뒤에 감자칩을 전혀 먹지 않는 것은 아니다. 특히 손에 와인 잔이 들려 있을 때에는 감자칩에 저절로 손이 갔다. 나는 초콜릿 케이크 주변을 안전하게 어슬렁거릴 수 있을지는 몰라도, 주방에서 바슈랭 몽 도르 치즈로 자신을 시험할 생각은 엄두도 내지 않는다. 하지만 나는 차선의 음식 선호(나는 푸른 채소를 좋아하고 싶다)와 최선의 음식 선호(나는 푸른 채소를 좋아한다)가 일치하는 지점에 분명히 이르렀다. 음식은 더 이상 내게 소리치지 않고 대신에 말을 건넨다. 최근에 들어 건강에 좋은 음식 개념이 닭고기와 병아리콩 수프, 메밀 팬케이크, 아보카도 토스트, 허브를 곁들여 버터로 조리한 스크램블드 에그처럼 큰 만족감을 주는 음식들을 포함하도록 확대된 것도 도움이 된다. 나는 이제 점심은 적게 저녁은 배불리 먹으면서 최상의 컨디션을 유지하는데, 양이 많건 적건 식사는 불안이 아니라 즐거움을 느끼는 시간이다. 이 느낌은 참 좋다. 나는 살아오면서 어느 시점에 내 아이들에게 보이는 배려를 내게도 약간 허락하면서 음식을 먹는 법을 다시 배운 게 분명하다.

우리가 어떤 음식들을 왜 선택하는지 수십 년 동안 연구한 행동심리학자 엡 쾨스터르Ep Köster는 식습관은 "오로지 경험을 통해 다시 배움으로써만 바꿀 수 있다"라고 말한다.[32] 즉, 만약 먹는 법을 다시 배우고자 한다면, 다시 어린이가 될 필요가 있다. 나쁜 식습관은 '건강에 좋은 음식'을 즐거움을 주는 것으로 만들어야만 바꿀 수 있다. 건강에 좋은 음식을 강요된 경험(의지력이 필요한 일)으로 기억한다면, 그 음식은 결코 맛있게 느껴질 수가 없다.

습관을 바꾸는 것은 쉬운 일이 아닌데, 가족과 어린 시절의 기억에 사로잡혀 있는 사람은 특히 더 어렵다. 하지만 놀랍게도 좋은 식습관은 나이에 상관없이 얼마든지 가르칠 수 있는 기술로 보인다. 그렇다고 해서 모든 사람이 결국은 똑같은 미각을 가져야 한다는 뜻은 아니다. 만약 모든 사람이 사츠마 귤을 클레멘타인 귤보다 좋아한다면, 인생이 몹시 따분할 것이다. 하지만 식습관에는 배워서 자신만의 고유한 열정과 필요에 맞게 조정할 수 있는 특정 측면들이 광범위하게 존재한다. 배워두면 누구나 큰 이익을 얻을 수 있는 원칙이 세 가지 있다. 첫째는 잘 조직된 식사 시간을 지키는 것이고, 둘째는 제공된 음식의 양과 같은 외부 신호에 의존하는 대신에 배고픔이나 배부름 같은 자신의 내부 신호에 반응하는 것이며, 셋째는 다양한 식품을 맛보는 것에 열린 자세를 보이는 것이다. 이 세 가지는 모두 어린이에게 가르칠 수 있으며, 따라서 어른 역시 얼마든지 배울 수 있다.

영양에 관한 지식을 습득하는 것에(거기다 스스로 요리하는 법을 배우는 것까지) 그치지 않고 식습관까지 바꾸려면, 처음에 우리를 이렇게 만든 음식의 경험을 다시 배울 필요가 있다. 그런 변화는 합리적 논의를 통해 일어나는 것이 아니다. 그것은 매번의 식사를 통해 일어나는 일종의 재조건 형성reconditioning이다. 그렇게 되면, 이제 배고프지 않으면 먹지 않는 것이 본능적이고 습관적인 행동이 되어 달리 행동하면 이상한 느낌이 드는 수준에 이르게 된다. 우리의 식습관을 바꾸는 데 정부가 큰 도움을 줄 수 있다. 그 많은 조언을 쏟아내는 대신에 식품 환경을 바꾸면, 우리가 스스로 더 나은 식습관을 배우는 데 큰 도움이 된다. 우리가 선택하는 식품이 쉽게 구할 수 있는 식품에 큰 영향을 받는다는 사실을 감안해 건강에 좋지 않은 식품 판매를 규제한다면, 자동적으로 많은 사람들의 식습관이 바뀔 것이다. 우선 학교 주변 거리와 병원에서 패스트푸드 가게를 몰아내는 것을 출발점으로 삼을 수 있다. 한 연구 조사에 따르면, 초콜릿을 원하는 사람에게 급식을 받는 줄과 따로 줄을 서게 하는 것만으로도 학생 식당에서 초콜릿 소비를 거의 0으로 감소시킬 수 있다고 한다.[33]

하지만 개인 차원에서는 초콜릿을 구하기 힘든 세상을 기다리는 것만으로는 큰 성과를 거둘 수 없다. 문제는 설탕과 소금이 듬뿍 들어간 음식이 도처에 널린 현대 세계에서 고통을 받거나 유혹을 받지 않고 살아가는 전체 인구 중 예외적인 3분의 1에 들어가려면 무엇이 필요한가 하는 것이다. 음식과 건강한 관계를 유지하는 습관은 비만을 유발하는 현대 세계의 부작용에서 자신을 보호하는 구명 조끼와 같다. 이제 당신은 기름투성이 미트볼 샌드위치를 보고도 그것을 먹고 싶다는 생각이 들지 않을 것이다. 이 책은 날씬해지는 방법을 알려주는 책이 아니다. 대신에 음식에 역겨움을 느끼거나 고통을 받지 않고, 음식에서 자양분과 행복을 얻는 상태에 이르는 방법을 알려준다. 그리고 훌륭한 부모처럼 당신에게 좋은 음식을 먹이려고 한다. 즉, 사랑과 다양성으로 당신에게 다가가지만, 거기에는 나름의 한계도 있다.

식습관을 바꾼다는 것은 결코 간단한 일이 아니지만, 불가능한 일도 아니라는 사실이 중요하다. 어쨌든 잡식 동물인 우리는 어떻게 먹어야

식습관의 인문학

하는지 전혀 모르고 태어난다. 우리 모두는 음식을 먹여주길 기다리면서 기대를 품고 앉아 있는 어린이처럼 그 방법을 배워야 한다.

1장

좋아하는 음식과
싫어하는 음식

사람은 누구나 내면에 하나의 세계가 있는데,
이 세계는 자신이 그때까지 보고 사랑한 것들로 이루어져 있으며,
다른 세계를 여행하거나 그 세계에서 살고 있는 것처럼
보일 때조차도 이 세계로 끊임없이 돌아간다.

_프랑수아−르네 드 샤토브리앙François-René de Chateaubriand,
『이탈리아 여행Voyage en Italie』(1828)

"애가 콘플레이크 말고는 아무것도 먹으려 하지 않아요." 평소에 나와 알고 지내던 여성이 자기 아들에 대해 이렇게 불만을 털어놓았다. 소년은 아침, 점심, 저녁을 모두 항상 콘플레이크와 우유로 때웠다. 다른 집에 가서도 마찬가지였다. 어머니에게 소년의 극단적인 식습관은 충분히 염려하고 분노할 만한 이유였지만, 우리에게는 흥미로운 사례 연구감이었다. 나는 내심 소년에게 약간 경외심을 느꼈다. 언니와 나는 먹는 것에 까탈을 부리는 것은 생각조차 해본 적이 없었다. 겉모습만 봐서는 지저분한 금발에 환한 웃음, 마르지도 뚱뚱하지도 않은 체격을 가진 이 소년에게 남다른 면이 있으리라곤 전혀 짐작할 수 없었다. 사교적으로도 내성적이거나 까다로운 면이 없었다. 이 기묘한 콘플레이크 집착은

어떻게 생겼을까? 그것은 그저 누구도 어떻게 할 수 없는 개성의 일부처럼 보였다.

어린이에게나 부모에게나 '좋아하는 음식과 싫어하는 음식'이라는 문제는 아주 큰 수수께끼이다. 인간의 미각은 놀랍도록 다양하며, 때로는 노새처럼 완강할 수 있다. 같은 가족 사이에서도 좋아하는 음식은 사람에 따라 큰 차이가 난다. 음식 재료들이 섞이지 않게 각각 따로 분리된 상태로 나오는 걸 좋아하는 사람이 있는가 하면, 그릇에서 여러 가지 맛이 섞여야 맛있다고 여기는 사람도 있다. 모든 사람을 만족시킬 수 있는 음식은 없다. 내 자식들 중에서도 반골 기질이 있는 맏이는 초콜릿을 좋아하지 않는 반면, 순응주의자인 막내는 초콜릿을 사랑한다. 이것이 각자가 실제로 느끼는 초콜릿의 다른 맛과 무슨 관계가 있으며, 주변 문화에서 중요하게 여기는 음식을 좋아하거나 싫어함으로써 얻는 사회적 보상과 무슨 관계가 있는지는 말하기 어렵다. 초콜릿을 좋아하는 사람은 거의 모든 사람이 특별한 음식으로 여기는 것을 함께 즐기는 보상을 얻는다. 그리고 그런 음식을 아주 많이 얻는다. 초콜릿을 좋아하지 않는 사람은 단것은 적게 얻지만, 자신의 괴상한 취향에 놀라는 사람들의 반응에서 짜릿한 흥분을 느낀다. 그는 초콜릿의 빈자리를 감초로 채운다.

하지만 초콜릿을 싫어하는 내 아들도 쿠키에 숨겨진 초콜릿 조각이나 코코아차에 녹은 초콜릿은 즐겁게 먹는다. 좋아하는 음식과 싫어하는 음식에 관한 많은 수수께끼 중 하나는 상황에 따라 그 취향이 어떻게 변하느냐 하는 것이다. 심리학자 폴 로진Paul Rozin은 "누가 바닷가재를 좋아한다고 말할 때, 그것은 그 사람이 바닷가재를 아침 식사로 좋아하거나 휘핑크림을 잔뜩 바른 바닷가재를 좋아한다는 뜻이 아니다"라고 말한다.[1] 같은 음식이나 음료라도 조리 방식과 시간과 장소에 따라 먹고 싶을 수도 있고 먹고 싶지 않을 수도 있다. 이것을 레치나retsina, 수지(樹脂)향을 첨가한 그리스산 와인 효과라고 부르기로 하자. 그리스 섬에서 마실 때에는 그토록 맛있었던 이 화이트 와인이 비 오는 날 집에서 마시면 페인트 제거제 맛이 나기 때문이다. 또, 우리가 이것이나 저것을 좋아한다고 말할 때, 비록 똑같은 단어를 사용하긴 하지만, 똑같은 뜻으로 말하지 않은 경우가 많다는 사실을 명심할 필요가 있다. '망고'를 싫어한다고 생각하는 사람은 사실은 섬유질이 많고 시큼하고 노란 종류의 망고만 맛보았기 때문에 그렇게 생각할 수 있다. 나는 망고를 아주 좋아한다고 말할 때, 오렌지 주스에 담긴 잘 익은 인도산 알퐁소 망고를 떠올리는데, 그 망고는 병 속에 넣어 향수로 쓸 수 있을 정도로 향기롭다.

우리가 가장 자주 먹는 음식이 항상 가장 좋아하는 음식은 아니다. 1996년에 심리학자 켄트 베리지Kent Berridge는 '원함wanting'(어떤 것을 먹고 싶은 동기)과 '좋아함liking'(그 음식이 실제로 주는 즐거움)을 구별함으로써 먹는 것에 대한 많은 신경학자들의 사고 방식을 바꾸어놓았다.[2] 베리지는 '원함'이나 욕구는 심리학적으로뿐만 아니라 신경학적으로도 '좋아함'과 분명히 다르다는 사실을 발견했다. 먹고 싶은 동기를 제어하는 뇌 지역은 '중격의지핵'사이막에 기댄 핵이란 뜻 전체에 걸쳐 뻗어 있는 반면, 우리가 음식을 먹을 때 즐거움을 주는 뇌 부분은 같은 지역 내의 작은 '열점'들에 위치한다. 베리지는 이 발견이 사람들을 괴롭히는 '욕구의 무질서'를 생각하는 데 유익한 방법을 제공한다고 보았다. 예를 들면, 폭식은

(다른 중독 행동과 마찬가지로) "그에 상응하는 '좋아함'이 없는 상태에서의 과도한 원함"과 관련이 있을지 모른다.[3] 당신은 실제로 먹을 때 느끼는 즐거움은 기대만큼 크지 않더라도, 아주 큰 사이즈의 값싼 나초를 사고 싶은 충동을 강하게 느낄 수 있다. 실제로 폭식을 하는 사람들은 자신이 원하는 음식이 먹을 때 맛이 좋지 않다고 자주 보고한다. 즉, 음식에서 얻는 즐거움보다 먹으려는 욕구가 더 큰 것이다.

하지만 여러 신경과학자들은 베리지의 이 주장에 대해 좋아함과 원함은 '서로 밀접하게 얽혀' 있다고 지적했다.[4] 베리지 자신도 어떤 음식을 좋아하는 정도가 줄어들면, 그것을 덜 원하는 결과가 나타난다는 것을 강하게 뒷받침하는 증거가 있다고 인정한다.[5] 설사 갈망하는 음식이 기대만큼 우리를 행복하게 해주지 못한다 하더라도, 애초에 그 음식을 갈망하는 이유는 한때 그 음식을 아주 좋아했기 때문이다.[6] 마약 중독자처럼 우리는 기억에 남아 있는 황홀감을 추구한다. 그래서 우리가 '좋아하는 음식'은 음식을 먹는 방식과 먹는 음식을 결정하는 핵심 원동력으로 남게 된다. 우리가 현재 자신이 먹는 음식을 왜 좋아하는가에 대해 더 자세한 내용을 밝혀내는 것은 자기 자신이나 가족에게 좋은 음식을 먹게 하는 데 관심을 가진 사람들에게 중요한 문제로 남아 있다. 자신의 미각이 어디서 왔느냐고 물으면, 대부분의 사람들은 개인적 기질에 따라 결정된다고 대답할 텐데, 이것은 '유전자'라고 대답하는 것과 같은 말이다. 초콜릿을 좋아하는(혹은 싫어하는) 기질은 자기상의 일부로 굳게 자리잡았기 때문에, 우리는 자신을 다른 모습으로는 상상할 수 없다. 우리는 가장 매운 고추를 찾으면서 모험심이 강하다는 것을 보여주고, 초대

식습관의 인문학

한 주인에게 '아무거나 잘 먹는다'라고 말함으로써 식성이 까탈스럽지 않음을 증명한다. 우리는 애국적인 붉은 고기를 먹음으로써 자신이 보수적임을 확인한다. 미각은 정체성이다. 여덟 살인 내 딸은 자신을 그릴 때면, 맨 위에 'prawns-peas-mushrooms(새우-완두콩-버섯)'라고 적으면서 가장 좋아하는 맛들로 자신을 에워싸곤 했다.

미각은 자신과 아주 밀접한 나의 일부이기 때문에 대부분 유전적인 것이라고, 즉 자신의 운명으로 받아들여야 하는 것이라고 생각하기 쉽다. 부모는 특정 음식에 대한 아이의 선호를 보고서 그런 기질이 어느 쪽에서 물려받은 것인지 자주 이야기하면서("까탈스러운 네 식성은 할아버지를 꼭 닮았어!") 마치 아이의 식성이 태어날 때부터 운명으로 정해져 있었다는 듯이 말한다. 셀러리를 의심스러운 눈으로 바라보거나 블랙베리를 아주 좋아하는 취향이 부모에게서 자식에게 어떻게 전해질 수 있었을까 하고 기묘한 느낌마저 들 때가 가끔 있다. 가족 간에 나타나는 이 패턴은 음식 선호가 유전자를 통해 유전된다는 견해를 확인해준다.

내가 만난 사람들에게 이 책의 논지를 설명했을 때, 가끔은 약간 화를 내는 반응을 보이는 사람들도 있었다. "우리가 먹는 법을 배워서 습득한다는 주장에는 동의할 수 없군요. 아무도 내게 씨 없는 건포도를 좋아하게 할 순 없어요." 그러면서 "유전자는 어떻게 설명할 건데요?"라고 말한다.

당신이 씨 없는 건포도를 좋아하지 않는다 하더라도 나는 괜찮다. 나는 음식과 우리 사이의 관계에 유전적 요소가 있다는 사실을 부인하지 않는다. 우리는 빈 서판으로 태어나는 것이 아니다. 어떤 맛(특히 쓴

맛)에 강한 유전적 민감성을 가진 사람이 있는가 하면, 그런 맛에 아주 둔감한 사람도 있다.[7] 개인적 식성과 음식을 먹는 속도, 실제로 먹는 것을 즐기는 정도에는 유전적 변이도 나타난다.[8] 음식을 씹는 법, 음식을 삼키는 법, 소화하는 법 등도 제각각 다르다. 구강-운동계 지연처럼 먹는 데 큰 어려움을 겪는 조건을 갖고 태어나는 사람도 있다. 나는 셋째 아이가 입천장갈림증을 갖고 태어나 식사 시간 때마다 둘 다 고초를 겪기 전까지는 접시에서 입으로 음식을 옮기는 간단한 문제가 얼마나 힘든 일이 될 수 있는지 전혀 이해하지 못했다. 그 애는 이제 다섯 살이 되었는데, 새로운 음식을 먹을 때면 아직도 가끔 눈물(대개는 아이의 것)을 짜내게 할 때가 있다. 후성유전학(즉, 자궁 속에서 우리가 겪은 경험)도 우리와 음식과 체중의 관계에 영향을 미친다. 생화학자 니컬러스 헤일스 C. Nicholas Hales와 역학자 데이비드 바커David Barker가 주장한 '절약 표현형 thrifty phenotype' 가설은 자궁 속에서 영양을 충분히 공급받지 못한 사람은 평생 동안 체중을 불리려는 경향이 있다고 주장하는데, 그토록 이른 시기에 그런 기질이 결정된다는 것은 매우 부당한 운명처럼 보인다.[9]

이러한 유전적 및 후성유전적 운명을 극복하고 새로운 미각을 배우는 능력이 어느 정도나 되는지는 아직 분명하게 밝혀지지 않았다. 어린이가 실험실 조건에서 먹는 법을 배우지 않는다는 사실을 감안하면, 이 수수께끼를 푸는 것은 불가능해 보일 수도 있다. 우리가 음식을 처음 먹을 때, 부모는 우리에게 본성(유전자)과 양육(요리법에서부터 가족 간의 역학, 종교, 나이프와 포크, 식탁 예절, 육식의 윤리, 딱 5초 동안 바닥에 떨어져 있었다면 그 음식을 먹어도 괜찮은가에 대한 견해에 이르기까지 모든 것을 포함하는 가장 넓은 의미의 환경)을 동시에 제공한다. 이 두 가지는 서로 밀접하게 얽혀 있기 때문에, 어느 한쪽이 끝나고 다른 쪽이 시작되는 경계 지점을 정확하게 파악하기 어렵다.

하지만 실험실 조건에서 어린이에게 먹는 법을 배우게 하는 실험을 한 적이 있다. 1920년대와 1930년대에 시카고 출신의 소아과 의사 클라라 마리 데이비스Clara Marie Davis는 어떤 것이 좋은 맛인지 선입견이 전혀 없는 상태에서 식성이 완전히 자유롭게 발달하도록 내버려두면 어린이의 식성이 어떻게 변하는지 연구하면서 6년을 보냈다.[10] 그 결과는 좋아하는 음식과 싫어하는 음식은 기본적으로 선천적인 본성으로 결정된다는 것을 분명히 시사하는 증거로 자주 받아들여졌다. 곧 보게 되겠지만, 데이비스 자신이 내린 결론은 그것과는 다소 달랐는데도 불구하고 말이다.

1926년, 클리블랜드의 마운트시나이병원에서 데이비스는 좋아하는 음식과 싫어하는 음식에 관한 문제를 파고든 실험 중 가장 큰 영향력을 떨치게 될 실험을 시작했다. 데이비스는 의사로 일하면서 섭식 문제가 있는 어린이(대부분 식사를 거부하는)를 많이 보았는데, 이들의 식성은 영양학적 필요와 일치하지 않았다. 데이비스는 좋아하는지 여부와 상관없이 시리얼과 우유처럼 영양분이 많은 음식을 먹으라고 강요하는 부모와 의사의 압력에서 해방되었을 때 어린이의 식성이 어떤 모습으로 나타날지 궁금했다. 그 당시 의학계의 일반적인 통념에 따르면, '유별난' 식성을 갖지 않도록 하려면 어린이에게 특별히 좋아하는 음식을 마음껏 먹게 해서는 안 된다고 여겼다. 데이비스는 우리가 좋아하는 음식을 마음껏 먹는 것이 과연 무조건 나쁜지 확신이 들지 않았다.

데이비스는 다수의 아기를 빌려와(그중에는 고아원에서 데려온 고
아도 있었고, 10대 엄마와 과부의 아기도 있었다) 자신의 병원에서 아기가
'스스로 선택한 음식'을 먹게 했다. 이전에 고형 음식을 한 번도 먹어본
적이 없는 생후 6~11개월의 이 아기들은 매일 다양한 자연 식품 중에서
자신이 원하는 것을 자유롭게 골라 먹을 수 있었다. 제공한 음식 명단은
다음과 같다.

1. 물	18. 감자
2. 달콤한 우유	19. 상추
3. 사워밀크(유산균 발효 우유)	20. 오트밀
4. 소금	21. 밀
5. 사과	22. 옥수수 가루
6. 바나나	23. 보리
7. 오렌지 주스	24. 라이크리스프 크래커
8. 신선한 파인애플	25. 소고기
9. 복숭아	26. 양고기
10. 토마토	27. 골수
11. 비트	28. 뼈 젤리
12. 당근	29. 닭고기
13. 완두콩	30. 췌장
14. 순무	31. 뇌
15. 꽃양배추(콜리플라워)	32. 간
16. 양배추	33. 콩팥
17. 시금치	34. 생선(해덕대구)[11]

식사 때마다 이 명단에 있는 음식 중 10여 가지를 으깨거나 갈거나 잘게 썰어서 아기들에게 내놓았다. 골수, 소고기, 완두콩, 당근 같은 일부 음식은 조리한 상태와 날것인 상태 두 가지로 제공했다. 각각의 음식은 그릇에 담아 내놓았고, 간호사들이 옆에 앉아서 아기들이 어떤 음식을 선택하는지 지켜보았다. 데이비스는 그 실험 과정을 다음과 같이 기술했다.

> 간호사는 숟가락을 든 채 미동도 하지 않고 조용히 앉아 있으라는 지시를 받았다. 아기가 어떤 음식을 향해 손을 뻗거나 가리킬 때에만 간호사는 그 음식을 숟가락으로 떠서 아기가 입을 벌리면 입 속에 넣어주었다. 간호사는 아기가 먹거나 먹지 않은 음식에 대해 어떤 말을 해서도 안 되고, 어떤 음식을 가리키거나 어떤 식으로건 아기의 주의를 특정 음식으로 향하게 해서도 안 되며, 아기가 원하는 음식을 거부해서도 안 되었다. 아기는 자신의 행동에 대해 무슨 말을 듣거나 그런 행동을 바로잡으려는 간섭을 전혀 받는 일 없이 자기 손으로건 다른 방식으로건 원하는 음식을 먹을 수 있었다.[12]

데이비스는 이 실험을 6년 동안 계속했는데, 처음에는 세 명의 아기로 시작했지만 나중에는 열다섯 명까지 규모를 늘렸다. 그 결과는 아주 극적이었고, 그 후 의사들 사이에서 열띤 논쟁의 대상이 되었다. 어떤 음식이 자신에게 적절한지 선입견이 전혀 없는 상태에서 아기들은 골수에서부터 순무에 이르기까지 모든 음식에 열정적인 반응을 보였다. 아기들은 자신이 비트나 내장을 좋아해서는 안 된다는 사실을 알지 못했다. 아기들은 딱 두 명만 뺀 전원이 서른네 가지 음식을 모두 다 맛보았다. 한 명은 상추를 전혀 거들떠보지도 않았고, 또 한 명은 시금치를 피했다.

며칠 안에 "아기들이 어떤 음식은 열렬히 원하는 반면, 어떤 음식은 소홀히 대하기 시작했는데, 따라서 우리가 보는 앞에서 분명한 미각이 발달했다"라고 데이비스는 지적했다.[13] 얼마 지나지 않아 데이비스의 눈에는 열다섯 명의 아기에게 "서로 다른 열다섯 가지 미각 패턴"이 발달한 게 분명히 보였다. 아기들은 '영양사의 악몽'처럼 보이는 아주 기묘한 음식들을 선택하기도 했다고 데이비스는 말했다. 아기들은 아주 흥미로운 '음식 잔치'를 벌였다. 어떤 날에는 간을 열심히 탐하거나 바나나와 달걀과 우유 외에는 아무것도 먹지 않았다. 도널드라는 남자아이는 드물게 오렌지에 큰 애착을 보였는데, 하루에 거의 1킬로그램을 먹은 적도 있었다.[14] 어떤 것이 맛있는지 찾기 위한 시행착오 과정에서 일부 아기들은 접시와 숟가락을 "기대어린 눈으로 씹은" 반면, 다른 아기들은 소금을 한 움큼 거머쥐었다. 새로운 음식을 시도한 아기들의 얼굴은 처음에는 놀란 표정을, 그 다음에는 무관심이나 즐거움이나 혐오감의 표정을 보였다.

우리가 보기에는 아기들이 좋아하는 음식과 싫어하는 음식이 아무리 기묘하고 불균형해 보이더라도, 그 음식들은 아기들의 건강에 도움을 주었다. 데이비스는 자신이 발견한 사실을 기술한 1928년 논문에 그중 한 아이인 에이브러햄 G. Abraham G.의 '이전'과 '이후' 사진을 포함시켰

식습관의 인문학

다. 처음 왔을 때 생후 8개월이었던 에이브러햄은 약간 창백해 보였지만, 그 후 1년 동안 그런 음식을 먹으면서 생후 20개월이 지난 뒤에는 천사처럼 귀엽게 변했고 통통하게 살도 쪘다.

아기들은 병원에 처음 왔을 때 일반적으로 건강이 좋지 않았다. 네 명은 심각할 정도로 체중 미달이었고, 다섯 명은 구루병이 있었다. 그런데 몇 달 만에 모든 아기가 혈색이 불그레해졌고 최적의 영양 상태를 유지했다. 구루병에 걸린 한 아이에게는 대구 간유를 주었는데, 그 아이는 가끔 그것을 꿀꺽꿀꺽 마셨다. 하지만 나머지 네 아이는 비타민 D와 칼슘을 충분히 섭취해 음식만으로 구루병이 나았다. 아이들은 감기에 걸렸을 때에는 당근과 비트, 소고기 회를 많이 먹음으로써 스스로 치료를 하는 것처럼 보였다. 몸에 어떤 것이 필요한지 아무 지침도 주지 않았는데도, 아이들의 칼로리 섭취 비율은 평균적으로 단백질 17퍼센트, 지방 35퍼센트, 탄수화물 48퍼센트로, 현대 영양학이 권장하는 것과 아주 비슷했다.

데이비스는 어린이의 식성에 관해 유례없는 정보를 얻었다(비록 그 정보는 제대로 분석된 적이 없었고, 1959년에 데이비스가 죽고 난 뒤에 원자료가 담긴 상자들은 모두 폐기되고 말았지만). 데이비스가 직장을 옮기자, 클리블랜드에 있던 원래의 실험 장치도 시카고로 옮겨졌는데, 이곳에서 데이비스는 '식사 실험 고아원'에 해당하는 것을 만들었다. 모두 합쳐 약 3만 6000건의 식사를 기록했고, 그와 함께 모든 아이의 키와 몸무게, 혈액과 소변, 장 운동, 골밀도까지 기록했다.[15] 아이들을 실험용 육아실에 그토록 오랫동안 감금하는 윤리적 문제 때문에 이제는 이처럼 자세한 데이터를 다시 얻을 가능성은 거의 없어 보인다. 아이들은 최소 6개월에서 최대 4년 6개월까지 실험용 음식을 먹으면서 살았고, 그 동안에는 늘 병원 안에서 머물렀다.

찾아오는 친구는 아무도 없었고, 고아가 아닌 아이들도 부모를 만날 기회가 거의 없거나 전혀 없었다. 병원 육아실에서 지내는 동안 아이들의 삶은 실험의 필요에 완전히 종속되었다. 비록 데이비스가 아이들을 나름의 방식으로 극진히 돌본 건 분명하지만, 오늘날이라면 이런 일이 허용되는 일은 절대로 없을 것이다. 혼자 살던 데이비스는 에이브러햄 G(통통하고 천사처럼 귀여운)와 도널드(오렌지를 매우 좋아한)를 자신의 자식으로 입양해 키웠다. 세월이 한참 지나 도널드가 죽은 후, 그의 아내는 도널드와 에이브러햄이 늘 "요리를 해주기에 편한 사람들이었고, 어떤 종류의 음식이든지 즐거이 먹었다"라고 회상했다. 그들은 평생 동안 충실한 잡식 동물로 살아갔다.[16]

데이비스가 시도한 실험은 이처럼 기묘하고 대담하면서 거의 정신 나간 계획이었다. 그것은 음식에 대한 어린이의 열정이 어디서 나오는지 진실을 찾기 위해 실시한 실험이었다. 그런데 안타깝게도 그 실험 결과는 잘못 해석하기가 아주 쉽다. 데이비스의 고아원은 식성은 대부분 유전으로 결정되며, 따라서 어린이가 좋아하거나 싫어하는 음식은 신체에 필요한 것이 무엇인지 알려주는 확실한 지침임을 보여주는 증거라는 주장이 반복적으로 제기되었다.[17] 데이비스의 음식 고아원은 자연 상태에서는 좋아하는 음식과 싫어하는 음식이 유전적이고 지문처럼 매우 개인적임을 뒷받침하는 증거로 받아들여졌다. 즉, 우리의 미각은 양

식습관의 인문학

육이 아니라 본성의 문제라는 것이다. 이 해석이 간과한 사실이 있는데, 데이비스가 한 일 중 가장 큰 일은 어린이의 음식 환경 구조를 극단적으로 바꾸어놓은 데 있었다.

　그 실험을 준비하는 방식에는 한 가지 '트릭'이 포함되었는데, 그것을 맨 먼저 지적한 사람은 데이비스 본인이었다. 진짜 비밀은 데이비스가 선택한 서른네 가지 음식에 있었는데, 이 음식들은 모두 가공하지 않은 자연 식품이었다. 아이들을 위해 이런 음식들을 미리 선택한 이상 아이들이 어느 날에 어떤 음식들에 끌리는가 하는 것은 별 문제가 되지 않았다. 매 끼니마다 여러 그릇에 담긴 음식을 먹는다고 가정할 때, 어떻게 먹건 훌륭한 영양 기준을 충족시키는 식사를 할 수밖에 없기 때문이다. 데이비스는 자신이 선택한 음식들은 '원시인'의 조건을 모방한 것이라고 말했다. 비록 많은 접시들에 담긴 음식은 어떤 수렵채집인의 식단보다 양과 영양 면에서 훨씬 나았겠지만 말이다. 이 실험은 선택할 수 있는 음식이 건강에 좋은 것밖에 없을 경우, 음식 선호 따위는 아무 상관이 없음을 입증했다. 바로 이런 실험 설계 때문에 '열다섯 가지 미각 패턴'은 모두 건강에 좋은 자연 식품 선호 식습관만 낳았다. 완전히 잡식성인 아이는 한 명도 없었지만, 정상적인 가정 생활에서 자주 문제가 되는 좋아하거나 싫어하는 음식은 이들에게는 전혀 문제가 되지 않았다. 건강에 좋지 않은 음식을 좋아하거나 건강에 좋은 음식을 싫어할 선택권 자체가 없었기 때문이다.

　데이비스는 자신의 실험이 어린이를 위한 음식 선택 권한을 "모두가 늘 그런 권한이 있다고 인정해온 어른들의 손"에 맡겨야 한다는 것을 보여준다고 결론 내렸다. 데이비스는 '몸의 지혜' 대신에 '너무나도 명백한 식성의 오류 가능성'을 이야기했다. 음식의 '선'과 '악'을 맹목적으로 가리키는 '본능' 같은 게 없다는 사실은 너무나도 명백해 보였다. 자신의 실험에서 가장 인기가 많았던 음식 두 가지는 가장 단 음식이기도 한 우유와 과일이었다. 만약 아이들에게 1930년대 식사의 주성분이던 '설탕과 흰 밀가루'를 자유롭게 선택해 먹게 했더라면, 아이들이 그렇게 좋은 건강 상태를 유지하기 힘들었을 것이다. 데이비스는 만약 아이들에게 '질 낮은 음식' 중에서 선택을 하게 한다면, 자기 선택은 거의 아무 가치가 없을 것이라고 결론 내렸다.

데이비스는 진짜 테스트는 젖을 막 뗀 아이들에게 자연 식품과 가공 식품 중에서 선택을 하게 하는 것이라는 사실을 깨달았다. 이것을 다음번 실험 계획으로 잡아놓았지만, 그때 불어닥친 대공황의 여파로 결정적 순간에 연구 자금 지원이 끊기는 바람에 이 계획이 무산되고 말았다. 데이비스는 자신이 살던 시대에 큰 인기를 끈 식품인 '페이스트리, 저장 식품, 그레이비, 흰 빵, 설탕, 통조림 식품'이 식성에 미치는 효과를 시험할 기회를 결코 얻지 못했다. 그런데 후대의 연구자들은 데이비스의 실험에서 중심에 자리잡고 있던 트릭을 전혀 고려하지 않는 경향을 보였다. 의사들(특히 미국의)은 아이들이 먹는 식품 환경을 변화시킨 방식에 아무런 주의도 기울이지 않은 채 그 실험이 어린이의 식성은 선천적으로 정해져 있고 유순하다는 것을 의미한다고 해석했다. 데이비스의 연구는 개인적 식성이 각자의 독특한 신체에 필요한 영양분으로 정확하게 암호화된 메시지임을 뒷받침하는 증거로 이용되었다. 그래서 만약 우

식습관의 인문학

리 몸에 단백질이 필요하면 닭고기가 먹고 싶은 생각이 든다는 식의 주장이 나왔다. 또 만약 구루병에 걸렸다면, 병이 나을 때까지 비타민 D를 실컷 먹고 싶은 생각이 자연히 든다거나, 건강에 좋도록 음식을 먹고 싶다면 그저 자신의 욕구에 귀를 기울이기만 하면 된다거나, 우리의 건강에 좋은 것은 어머니 자연이 가장 잘 안다는 주장이 나왔다. 데이비스 자신도 어린이가 서른 가지 이상의 필수 영양분을 성공적으로 "저글링하면서 균형을 잡는 것"은 "식성도 그 일부인…… 선천적이고 자동적으로 일어나는 어떤 메커니즘의 존재"를 시사한다고 말함으로써 그러한 견해를 조장한 측면이 있다.[18]

데이비스의 연구에 영향을 받아 소아과 의사들 사이에서 지배적으로 자리잡은 식성에 대한 견해는 '몸의 지혜'였는데, 이것은 '어린이 중심' 학습이라는 유행과 함께 나란히 손을 잡고 나아갔다. 2005년, 의학 박사이자 소아과 의사인 벤저민 샤인들린Benjamin Scheindlin은 데이비스의 연구가 1930년대부터 소아과 의학 분야에서 광범위한 태도 변화를 가져오는 데 기여했다고 말했다.[19] 이전 세대는 변하기 쉬운 어린이 식성의 까다로움에 대해 불평했지만, 이제 의사들은 어린이의 식성 변덕을 긍정적으로 환영했다. 1946년에 처음 출판되어 베스트셀러가 된『유아와 육아의 상식Common Sense Book of Baby and Child Care』의 저자 벤저민 스폭Benjamin Spock 박사는 이 책에서 열 페이지를 할애해 데이비스의 실험을 소개했다. 스폭의 견해에 따르면, "아이에게 합리적인 다양성과 균형을 갖춘 음식을 제공하는" 엄마는 "아이의 식성이 건강에 좋은 음식을 선택할 것이라고 신뢰할 수" 있다.[20] 아이가 일시적으로 채소를 싫어한다고 해도 문제가 되지 않는다고 보았는데, 아이의 욕구가 자연히 아이에게 필요한 모든 것을 주리라고 보았기 때문이다.

많은 육아 전문가는 아직도 이와 같은 생각을 갖고 있는데, 아이는 자신에게 가장 필요한 영양분을 원하는 특별한 식성을 갖고 태어나며, 만약 아이에게 좋아하는 것을 마음대로 먹도록 허용한다면 모든 것이 균형 잡힐 것이라는 가정을 바탕으로 문제에 접근한다. 아이의 섭식 문제 해결 방법을 다루어 1980년대와 1990년대에 여러 쇄를 찍은 책은 데이비스의 연구가 어린이에게 음식 선택에 대해 전권을 주어야 한다는 의미를 내포하고 있으므로, 어린이에게 콘플레이크를 먹이라고 주장했다.[21] 얼마 전인 2007년에는 어린이에게 음식을 먹이는 법을 주제로 다루어 큰 인기를 끈 웹사이트에서 데이비스에 대해 논의하면서 "어린이가 본능적으로 균형 잡힌 음식을 선택하리라는 주장은…… 생물학적으로 상당한 타당성이 있다"라고 결론 내렸다.[22]

'몸의 지혜'는 모성 본능과 그 밖의 생물학적 신화처럼 매혹적인 생각이다. 만약 우리 몸 내부에 각각의 순간에 어떤 것을 먹는 게 필요한지 알려주는 작은 메모들("비타민 C 비축량이 떨어져 가고 있어. 얼른 키위를 먹어!")이 들어 있기만 하다면, 먹는 것은 아주 간단한 문제가 될 것이다. 만약 우리가 몸에 좋은 것만 좋아하고, 불필요하거나 나쁜 것은 모두 싫어하기만 한다면 말이다. 우리는 몸이 원하는 음식 신호를 파악하는 데 능숙해지는 법을 분명히 배울 수 있지만, 이것은 나이와 경험이 쌓여야 제대로 배울 수 있다. 점심때 파스타를 먹으면 졸음이 온다거나 견과 한 움큼과 그리스 요구르트는 흰 토스트와 잼보다 포만감이 오래 간다는 사실처럼 작은 정보들이 누적되어야 하기 때문이다. 하지만 모유를 먹고 자라다가 젖을 뗀 후 스스로 음식 섭취를 조절해야 하는 때부터는 어린이의 잡식성 몸은 그렇게 현명하지 않다.

많은 어린이는 습관적으로 자신에게 가장 적절하지 않은 음식들을 찾는다. 이들은 설탕을 탐하고 푸른 채소를 피한다. 물도 충분히 마시려고 하지 않는다. 영양분이 풍부한 음식은 거부하고, 정크푸드를 좋아한다. 미취학 아동이 설탕이 듬뿍 든 최신 시리얼을 TV에서 보고 달라고 한다면, 과연 우리는 그 아이가 특정 비타민과 탄수화물을 원하는 몸의 필요에 반응하는 것이라고 믿을 수 있을까?

과학적 증거(사람과 쥐 모두에게서 얻은)는 '몸의 지혜' 이론이 아무리 잘 봐주어도 결함이 있는 이론임을 보여준다. 이 이론이 옳다면, 잡식 동물은 그 시점에서 몸에 필요한 필수 영양분을 원하는 식성을 가져야 할 것이다. 잡식 동물에게 필요한 영양분 명단이 그 동물이 사는 장소의 환경에 따라 아주 다양한 모습으로 나타난다는 사실을 감안할 때, 이것은 현실적으로 가능성이 희박한 주장이다. 까막까치밥나무 열매에 포함된 비타민 C를 선천적으로 좋아하는 식성이 있다고 해도, 만약 까막까치밥나무가 자라지 않는 장소에 산다면 그것은 아무 쓸모가 없을 것이다. 실험실 조건에서 쥐(우리와 같은 동료 잡식 동물)는 영양학적으로 자신에게 최선의 결과를 가져다주는 음식을 스스로 선택하는 능력이 아주 불규칙하게 나타났다 . 한 연구에서는 맛은 나쁘지만 단백질이 풍부한 음식과 맛은 좋지만 단백질이 부족한 음식을 쥐에게 주면서 스스로 선택하게 했다. 1주일이 지나는 동안 열여덟 마리 중에서 열네 마리는 자신에게 최선의 결과를 가져다줄 음식에 대한 선호가 발달하지 않았고 그 결과로 체중이 줄어들었다.[23] 다른 실험들에서는 쥐가 특정 비타민 결핍을 바로잡기 위해 '자기 선택'을 할 수 있는지 알아보려고 시도했는데, 많은 쥐는 그러지 못한다는 결론이 나왔다. 티아민이 부족한 쥐들의 경우, 티아민이 풍부한 음식을 좋아하도록 배우는 데에는 약 1주일이 걸렸고, 올바른 음식에 충분히 빨리 적응하지 못한 쥐들은 죽었다.[24] 인간 피험자의 경우, 해당 분야의 한 전문가는 특정 음식을 선호하는 선천적 식성이 존재함을 시사하는 자료가 없다고 말한다. 인간은 오랜 시간에 걸쳐 특정 영양 불균형을 바로잡기 위해 특정 식성(특히 나트륨이 부족할 때 소금을 섭취하려는 욕구)을 배우는 것이 가능해 보이지만, 그것은 다른 문제이다.[25]

데이비스의 실험이 있고 나서 90년이 지난 지금은 좋아하는 음식이 주로 선천적(혹은 유전적)으로 결정된다는 이론은 그 기반이 흔들리는 것처럼 보인다. 미각이 어떻게 생겨나는지 밝혀내려고 애쓰던 과학자들은 쌍둥이 연구에 자주 의존했다. 만약 이란성 쌍둥이 사이에서보다 일란성 쌍둥이 사이에서 좋아하는 음식이 일치하는 경우가 더 많다면, 유전적 요인이 작용할 가능성이 높다. 쌍둥이 연구 결과는 식사의 많은 측면에 실제로 유전적 요소가 다소 작용한다는 것을 시사한다. 체중(체질량 지수로 측정한)은 남녀 모두에서 유전성이 상당히 높은 것으로 나타난다.[26] 음식 욕구 '억제', 즉 먹고 싶은 음식을 먹는 데 저항하는 신비한 충동 역시 그렇다.[27] 하지만 좋아하는 음식과 싫어하는 음식을 살펴본 연구 결과는 그보다 훨씬 덜 결정적이다. 쌍둥이를 대상으로 한 여러 연구 결과는 일란성 쌍둥이가 이란성 쌍둥이보다 동일한 단백질 음식을 좋아할 가능성이 높다고 시사하지만, 간식이나 유제품, 녹말이 많은 식품의 경우에는 그 선호도가 이란성 쌍둥이의 경우보다 아주 약간 더 비슷했을 뿐이다.[28] 전체적으로 볼 때, 미각의 유전을 뒷받침하는 증거는 미약한 편으로, 실험에서 섭취한 다양한 식품 중에서 겨우 20퍼센트 정도에서만 그런 결과가 나왔다.[29]

우리가 어떤 음식을 왜 선택하는가 하는 질문에 유전자가 내놓을 수 있는 설명은 전체 중 일부에 불과하다. 비만 아동을 연구하는 의사가 내게 말한 것처럼, 심장병과 비만에 걸리기 쉬운 유전자를 모두 갖고 태어난 사람도 균형 잡힌 식습관을 통해 건강하게 자랄 수 있다. 그는 "그 모든 것을 되돌릴 수 있다"라고 말한다. 부모와 자식 사이에 좋아하는 음식이 일치하는 정도는 부부 사이보다 크지 않은데, 이것은 우리의 식습관을 결정하는 데에는 본성보다 양육(누구와 함께 음식을 먹느냐)의 영향력이 더 크다는 것을 시사한다.[30] 우리의 선천적 성향이 어떻건, 음식 경험은 그것보다 더 큰 영향력을 발휘할 수 있다. 부모가 싫어하는 셀러리를 당신도 싫어하는 이유는 부모가 식탁에서 셀러리를 먹길 꺼리는 모습을 보았기 때문일지도 모른다.[31] 연구자들은 세 미취학 아동 집단에 각각 다른 종류의 두부(첫 번째 집단은 두부를 그대로 먹었고, 두 번째 집단은 설탕과 함께 먹었으며, 세 번째 집단은 소금과 함께 먹었다)를 주었을 때, 아이들은 유전자하고는 상관없이 자신이 먹었던 종류의 두부를 금방 좋아하게 된다는 사실을 발견했다.[32] 우리는 유전적으로 사전에 정해진 미각을 갖고 태어나는 것이 아니라, 음식에 대한 반응이 놀랍도록 외부의 영향을 받기 쉬우며, 일단 형성된 미각은 평생 동안 계속 유지되는 것으로 밝혀졌다.

만약 어떤 사람이 좋아하거나 싫어하는 음식이 무엇인지 알고 싶을 때 딱 한 가지 질문만 던져야 한다면, 가장 중요한 질문은 "당신의 유전자는 어떤 것입니까?"가 아니라, "어디 출신입니까?"이다.[33] 만약 콘플레이크를 구하기 힘든 지역에서 살면서 콘플레이크를 좋아하는 소년은 자신의 부모를 짜증나게 하려면 다른 방법을 찾아야 할 것이다. 대체로 어린이는 자기 앞에 놓인 것을 먹고(특히 음식이 부족한 시절에는), 따라서 그것을 좋아하게 된다. 경기 불황 때 어려운 시절을 보낸 친구는 내게 "만약 아이들이 음식에 덜 까다롭게 굴길 원한다면, 가난을 추천하고 싶어"라고 말했다. 만약 당신이 중국 농촌에서 산다면, 주식인 쌀밥에 투정을 부릴 선택권이 없다.

유전자는 분명히 차이를 빚어내지만(어떤 음식을 좋아하고, 음식에서 어떤 맛을 느끼며, 심지어 먹는 것을 얼마나 즐기는가에 이르기까지), 우리가 먹는 법을 배우는 환경보다는 그 영향력이 훨씬 작다. 우리 자신과 자녀에 대한 깊은 믿음과는 반대로, 우리가 좋아하는 음식과 싫어하는 음식(어쨌든 채소를 충분히 먹는지 혹은 다양성과 균형처럼 중요한 점에서)은 본성보다 양육에 더 큰 영향을 받는다. 데이비스의 실험에는 아이의 음식 환경을 바꾸는 것 외에 큰 트릭이 하나 더 있는데, 데이비스가 그것을 굳이 언급하지 않은 이유는 아마도 그것이 너무나도 명백한 것이기 때문일 것이다. 데이비스는 아이들이 음식을 먹을 때 겪는 사회적 경험을 극단적으로 변화시켰는데, 외부의 사회적 영향을 일절 배제했다. 가족끼리 식사할 때의 왁

식습관의 인문학

자지껄한 분위기 대신에 아이들 앞에는 무표정한 간호사들만 있었고, 간호사들은 아이들의 선택에 어떤 식으로건 '관여하지 않으려' 했다. 이렇게 조용하고 무표정한 분위기에서 식사를 하면 기묘한 기분이 들었을 텐데, 특히 나이가 많은 아이들(고아원을 떠날 무렵에 다섯 살이 된 아이도 있었다)은 더욱 그랬을 것이다. 아이들은 자신이 먹는 것에 아무도 신경을 쓰지 않고, 마지막 파인애플 조각을 놓고 다투는 형제도 없고, 요리법에 대한 배경 개념도 없는 상황에서 식사를 했다.

만약 데이비스가 그런 방법을 사용해야 어린이 식성의 진정한 본질을 발견할 수 있다고 생각했다면, 그것은 틀린 생각이었다. 비록 영양학적 결과는 훌륭했지만, 그런 식의 식사는 인간적인 방식이 아니며, 실제 상황에서는 어떤 어린이도 경험하지 않는 방식이다. 일체의 사회적 영향을 배제한 상황에서는 식성에 대한 진실을 알아낼 수 없다. 식성은 사회적 자극에 큰 영향을 받는다. 대체로 좋아하는 음식과 싫어하는 음식은 우리가 음식을 먹는 환경에 대한 반응으로 나타난다. 아직 이가 나지 않은 시절에 처음 맛본 음식들에서 우리는 어떤 음식이 바람직하고 어떤 음식이 혐오스러운지 단서를 얻는데, 안타깝게도 혐오스러운 음식은 어른들이 우리가 먹길 간절히 원하는 것인 경우가 많다.

식습관을 공개적으로 논의하는 자리에서 나오는 주장들은 유혹과 바람직한 음식을 거부하는 개념에 초점을 맞추고 있다. 하지만 어린이의 눈으로 먹는 것을 바라본다면, 우리의 미각을 형성하는 데에는 욕구보다 혐오감이 훨씬 강하게 작용할지도 모른다는 사실을 깨닫게 된다.

이상 섭식 행동의 뿌리에는 구역질나는 음식을 피하려는 충동이 자리잡고 있는 경우가 많다. 우리는 먹으면 메스꺼울 것이라고 상상하는 음식을 피하려는 경향이 있기 때문이다. 음식이 혐오감을 불러일으키는 이유 중에서 가장 보편적인 것은 욕지기이다. 전에 먹었다가 위장에 한바탕 난리가 난 적이 있는 음식은 평생 동안 싫어할 수 있다. 혐오감에 관한 한 세계적인 전문가로 평가받는 심리학자 폴 로진Paul Rozin은 혐오감의 중심적 특징은 "전염으로, 먹을 만한 음식이 혐오감을 일으키는 음식에 닿으면, 그 음식 역시 영원히 먹을 수 없는 것이 되고 만다"라고 주장했다.[34] 하지만 많은 사람들이 혐오감을 느끼는 음식 중 대부분은 독소가 아니라 충분히 먹을 수 있고 건강에 좋은 음식이다. 예컨대 방울다다기양배추가 그렇다.

앵글로색슨 세계에서 사람들에게 개인적으로 싫어하는 음식을 하나 꼽으라고 한다면, 방울다다기양배추가 가장 많은 표를 얻는다. 많은 사람들은 이것은 선택의 여지가 없다고 생각한다. 그들은 그저 방울다다기양배추를 참을 수 없기 때문이다. 이들의 생각은 과연 옳을까? 위대한 셰프 요탐 오토렝기Yotam Ottolenghi는 "사람들이 이 작은 초록색 배추속 식물을 사랑하거나 싫어하는 데에는 유전적 이유"가 있다고 말했다.[35] 오토렝기는 방울다다기양배추를 싫어하는 사람은 특정 유전자(TAS2R38)를 가지고 있을 가능성이 높다고 주장하면서 이 유전자가 "만드는 단백질은 PTC(페닐싸이오카바마이드)라는 화학 물질과 반응하여 쓴맛 느낌을 만들어낸다"라고 했다. 이 주장은 과연 사실일까? 우리가 푸른 채소를 싫어하는 (혹은 좋아하는) 데에는 분자 차원의 이유가 있을까?**36**

어떤 사람들은 분명히 어떤 맛을 다른 맛보다 더 강하게 느낀다. 기묘한 예를 하나 든다면, 전체 인구 중 약 30퍼센트는 송로(알버섯)의 가치를 높이는 핵심 향기 중 하나인 안드로스테논androstenone을 물리적으로 감지하지 못한다. 만약 화려한 파파르델레pappardelle, 넓적한 리본 모양의 파스타에 송로 부스러기를 뿌려서 내놓으면, 이들은 송로가 왜 그토록 맛이 좋다고 하는지 전혀 이해하지 못할 것이다. 그보다 더 작은 집단의 사람들은 고수 잎의 맛에 과도하게 민감하여 거기서 신선한 허브 맛 대신에 역겨운 비누 맛을 느낀다. 그리고 오토렝기가 한 말처럼 쓴맛에 대한 사람들의 반응은 아주 다양하다. 모든 아기는 쓴맛을 다소 끔찍하게 여기는데, 이것은 아마도 야생 자연의 독성 물질이 쓴맛이 나는 경향이 있기 때문에 진화한 생존 메커니즘일 것이다. 갓난아기가 보이는 쓴맛 반응에는 입술을 동그랗게 구부리기, 혀를 쑥 내밀기, 화난 표정과 침뱉기 등이 있다. 이 신호들은 모두 아기가 쓴맛을 맛있게 여기지 않는다는 것을 분명히 보여준다. 하지만 시간이 지나면 쓴맛을 좋아하는 법을 배울 수가 있다. 세상에서 가장 인기 있는 음료 두 가지가 커피와 맥주라는 사실이 이를 증명한다.

어떤 사람들은 쓴맛을 사랑하는 법을 배우고, 어떤 사람들은 IPAIndia Pale Ale, 알코올 도수가 높고 호프 맛이 강한 영국산 맥주나 강한 카페티에르 커피가 주는 들뜬 기분이 좋기 때문에 쓴맛을 참으며, 어떤 사람들은 쓴맛이 나는 음식을 가능하면 입에 대려 하지 않는다. 예일대학교의 린다 바토슉Linda Bartoshuk은 1990년대 중엽에 특정 맛들에 과도하게 민감한 반응을 보이는 사람들을 가리키기 위해 '초미각자supertaster'라는 용어를 처음 사용했다(이 현상은 1930년대에 처음 관찰되었다). 바토슉과 그 동료들은 우리가 쓴맛을 지각하는 방식에는 큰 유전적 차이가 있다는 사실을 발견했다. PROP(6-n-프로필싸이오우라실)와 PTC라는 화학 물질은 그 맛을 느끼는 유전자가 있느냐 없느냐에 따라 아주 쓴 맛이 나거나 약간 쓴 맛이 나거나 아무 맛이 나지 않는다.[37] 전체 인구 중 약 절반은 이 물질들에서 약간 쓴맛을 느끼고, 약 4분의 1은 아무 맛을 느끼지 못하며, 나머지 4분의 1은 초미각자이다. 초미각자는 남성보다 여성이 더 많다. 바토슉은 PROP 초미각자는 미맹인 사람에 비해 혀에 맛봉오리가 더 많다는 사실을 발견했다. 자신이 초미각자인지 아닌지 아주 간단하게 자가 진단할 수 있는 방법이 있다. 파란색 식용 색소를 면봉에 묻혀 혀에 대고 문지른 다음, 펀치로 원 모양으로 구멍을 뚫은 종이 조각을 혀 위에 올려놓는다. 이제 원 안에 보이는 분홍색 돌기들(이것들은 버섯 모양의 유두로, 각각 3~5개의 맛봉오리를 포함하고 있다)의 수를 세면 된다. 그 수가 15개 미만이면 미맹이고, 15~35개이면 약간 쓴맛을 느끼는 사람이며, 36개 이상이면 초미각자이다.

심리학자들은 PROP 맛 테스트 개념에 흥분했는데, 이 테스트가 좋아하는 음식과 싫어하는 음식 뒤에 숨어 있는 유전적 열쇠를 드러내는 것처럼 보였기 때문이다. 일부 사람들이 채소를 거의 먹지 않고 건강에 나쁜 식습관을 가진 이유는 쓴맛 감수성 때문일까? 혹은 방울다다기양배추 맛을 좋아하는 유전자가 없기 때문일까? 맛의 세계는 PROP 초미각자와 미맹에게는 서로 아주 다른 세계인 게 분명하며, 이것이 서로 다

식습관의 인문학

른 식습관을 낳는다는 것은 아주 당연해 보인다. 여성 71명과 남성 39명에게 아스파라거스와 케일, 방울다다기양배추를 맛보게 했을 때, PROP 초미각자들은 실제로 이 채소들에서 쓴맛을 더 강하게 느낀 반면, 단맛은 더 약하게 느꼈다.[38]

하지만 많은 PROP 맛 테스트 연구에서 놀라운 사실이 한 가지 발견되었는데, 어린이나 어른 모두에게서 음식 선택을 결정하는 유전자가 있음을 뒷받침하는 증거가 거의 없다는 것이다.[39] 시간이 지나면, 그 사람의 PROP 지위는 좋아하는 음식과 싫어하는 음식이 어떤 것이 될지 잘 예측하는 지표가 되지 못한다. 오히려 PROP 미맹(방울다다기양배추에서 쓴맛을 전혀 느끼지 못하는 사람)이 PROP 초미각자보다 건강에 좋지 않은 식습관이 생기고 비만이 될 위험이 약간 더 높다.

PROP 초미각자가 고추의 매운 맛, 계피의 싸한 맛, 커피의 톡 쏘는 맛, 알코올의 자극적인 맛, 감미료와 그레이프프루트의 뒷맛(이 맛들은 모두 더 강하게, 그리고 흔히 불쾌하게 느껴진다)을 비롯해 특정 맛에 더 민감하다는 증거가 분명히 있다. 하지만 이것이 음식 선호에 어떤 영향을 미치는지는 예측하기 쉽지 않다. 초미각자가 알코올 음료를 더 쓰게 느낀다는 사실을 고려한다면, 이들이 술을 덜 마실 것이라고 예상할 수 있다. 실제로 일부 연구에서(다른 연구들에서는 그렇지 않았지만) 미맹은 알코올 중독의 위험 인자로 확인되었다. 만약 위스키 맛이 물처럼 느껴진다면, 얼마나 쉽게 들이켜겠는가! 하지만 청소년과 20대 초반 청년을 대상으로 한 연구 결과에서는 PROP에 쓴맛을 느끼는지 여부로는 맥주를 얼마나 많이 마시는지 예측할 수 없는 것으로 나타났다. 유명한 와인

저술가 잰시스 로빈슨Jancis Robinson은 수십 년 동안 전 세계의 훌륭한 테루아르terroir, 포도에 그리고 결과적으로는 와인의 향미에 각인되는 그 장소의 독특한 환경. 즉, 육지와 바다의 지형, 기후, 바람과 습도의 변화 패턴, 토양의 화학적 조성 등이 다 테루아르에 포함된다에서 생산된 와인을 수없이 즐긴 뒤에 자신이 초미각자라는 사실을 알게 되었다. 초미각자라면 이론상으로는 와인에서 불쾌하게 톡 쏘는 맛을 느껴야 할 텐데, 실제로는 그렇지 않았다. 로빈슨은 "만약 내가 나머지 사람들보다 와인의 즐거움을 덜 느낀다면, 여러분은 정말로 아주 운 좋은 와인 음주자이다"라고 말했다.[40]

어린이의 경우에 제기되는 중요한 질문은 만약 어린이가 PROP 미각자라면 모든 영양사가 많이 먹으라고 권하는 푸른 채소를 평생 동안 싫어하게 될까라는 것이다. 푸른 채소(특히 양배추과 채소)에는 쓴맛이 나는 글루코시놀레이트 화합물이 들어 있다. 한 연구는 PROP의 쓴맛을 느끼는 어린이는 생브로콜리를 싫어할 가능성이 더 높지만, 조리한 브로콜리는 그렇지 않다고 시사한다. 또 다른 연구에서는 블랙 올리브와 오이와 생브로콜리를 주었을 때, PROP 미맹 어린이는 미각자보다 이것들을 더 많이 먹었다.[41] 하지만 어린이가 연구자들 앞에서 잘 먹는 음식 대신에 실제로 선호하는 음식에 초점을 맞춘 연구에서는 PROP의 쓴맛을 느낀다고 해서 반드시 쓴 채소를 싫어하는 것은 아님을 시사하는 결과들이 나왔다. 7~13세의 아일랜드 어린이 525명을 대상으로 3일 동안 양배추, 콜리플라워, 방울다다기양배추, 브로콜리의 섭취량과 선호 여부를 기록하게 한 실험에서는 미각자와 미맹 사이에 유의미한 차이가 거의 나타나지 않았다.[42] 초미각자는 방울다다기양배추에 대한 선호가

식습관의 인문학

아주 조금만 낮았고, 미맹은 콜리플라워를 가장 좋아했다. 하지만 쓴 채소의 전체 섭취량을 합해 평균을 구하자, PROP 미각자와 미맹 사이에 아무 차이가 없었다. 이 연구에서 PROP 미각자라는 조건은 아일랜드 어린이가 남자냐 여자냐 하는 단순한 조건보다 중요하지 않았다. 여자아이는 쓴 채소를 더 좋아하는 경향을 보였다. 혹은 적어도 좋아하는 척할 만큼 공손했다.

2013년에 대학생을 대상으로 실시한 조사에서도 비슷한 결과가 나왔다. 방울다다기양배추, 브로콜리, 양배추, 시금치, 고춧가루, 할라페뇨고추, 레드 와인, 맥주, 샐러드 드레싱, 마요네즈를 좋아하거나 싫어하는 성향에서 초미각자와 미맹 사이에 뚜렷한 차이가 나타나지 않았다.[43] PROP 미각자에게 유의미한 부정적 영향력을 나타낸 물질은 다크 초콜릿과 커피와 고추(쓴맛 스펙트럼에서 어둡고 얼얼한 맛이 나는 쪽 끝부분에 위치한)뿐이었다. 연구팀은 음식 선호의 결정에는 유전자보다 환경이 더 중요한 역할을 한다는 결론을 내렸다. 이들은 미국에서는 많은 사람들이 "직접 한 입 맛보기도 전에…… 자신이 시금치나 두부, 간, '건강에 좋은 식품'을 좋아하지 않으리란 것을 알며, 패스트푸드 햄버거와 청량음료, 달콤한 시리얼이 맛있다는 사실을 배운다"라고 말했다.[44]

지금까지 PROP 미각자를 대상으로 실시한 일부 중요한 연구는 유전자가 어린이가 자란 음식 환경과 어떻게 상호작용하는지 살펴보았는데, 미각을 형성하는 데에는 초미각자라는 사실보다는 가계 소득과 좋은 음식에 대한 접근이 더 중요하다는 사실을 확인했다. 2005년부터 2010년까지 5년 동안 연구자들은 4~6세의 뉴욕 어린이 120명을 조사했다. 이들의 PROP 지위를 측정한 뒤, 다소 조야한 방법이지만, 거주지에서 반경 800미터 이내 지역에서 건강에 좋은 음식을 판매하는 가게의 수를 건강에 좋지 않은 음식을 판매하는 가게의 수로 나눈 수치를 기준으로 각각의 어린이를 '건강에 좋은 음식 환경'과 '건강에 나쁜 음식 환경'에 사는 것으로 분류했다.[45] 건강에 좋은 음식 환경에서는 좋아하는 음식과 싫어하는 음식이 오토렝기(그리고 상식)가 제안하는 것과 비슷한 패턴을 따랐다. 이 실험에서는 위에서 언급한 아일랜드 실험과는 달리, 똑같이 건강에 좋은 음식 환경에 있는 어린이 중에서 쓴맛을 느끼지 못하는 PROP 미맹 어린이는 미각자 어린이보다 채소를 수용하는 비율이 더 높게(그리고 싫어하는 비율은 더 낮게) 나타났다. 여기서 미각자와 미맹이 좋아하는 음식과 싫어하는 음식은 크게 다르지 않았다. 큰 차이는 체질량 지수에서 나타났다. 건강에 나쁜 환경에서 미맹 어린이는 조사한 어떤 집단의 어린이보다 체질량 지수가 높았다. 이들의 평균 체질량 지수는 비만으로 간주되는 1.6을 넘어섰다.

자신의 미각이 건강한 것이 될지 아닐지 결정하는 데 가장 중요한 요소는 방울다다기양배추를 싫어하는 유전자를 가졌느냐 가지지 않았느냐가 아니라, 자신의 유전적 소질이 음식 환경과 상호작용하는 방식이다. 환경을 고려한다면, 음식이 풍부하고 정크푸드가 사방에 널린 현재 상황에서는 건강상의 위험은 초미각자보다는 미맹이 더 크다. 여러 연구에서 미맹(어린이뿐만 아니라 어른도)의 체질량 지수가 더 높은 경향이 있다는 결과가 나왔다. 이를 설명하는 이론은 미맹은 (특정 맛을 보통 사람과 똑같은 강도로 경험하지 않기 때문에) 좋은 것이건 나쁜 것이건

식습관의 인문학

주변의 영향에 더 반응하기 쉽다고 이야기한다. 이들은 초미각자보다 좋아하는 음식을 더 쉽게 배운다. 건강에 좋은 음식 환경에서는 이들은 건강에 좋은 미각을 쉽게 습득할 것이다. 채소를 주어도 이들은 초미각자보다 맛이 쓰다고 해서 거부할 가능성이 낮다. 하지만 건강에 좋지 않은 음식을 좋아하도록 배운다면, 이들 미맹은 여섯 살 무렵에 벌써 비만이 되고 만다(뉴욕의 어린이들처럼).

그러니 자신이 방울다다기양배추를 싫어한다고 해서 단순히 유전자 결함 탓으로 돌려서는 안 된다. 만약 모든 사람이 맨 처음 맛본 방울다다기양배추가 오토렝기가 캐러멜화된 마늘과 레몬 껍질과 함께 뜨거운 팬에서 가장자리가 검게 변할 때까지 가열해 직접 요리한 것이라면, 아마도 방울다다기양배추는 모든 채소 중에서 가장 인기 있는 식품이 될 것이다. 아마도 방울다다기양배추를 싫어하는 당신의 부모가 (그럴 의도는 없었겠지만) 당신 역시 그것을 싫어하도록 만들었을 것이다. 아니면 부모가 당신에게 방울다다기양배추를 많이 먹으라고 너무 강요했을지도 모른다. 나는 크리스마스의 기억 때문에 방울다다기양배추를 절대로 좋아할 수 없다고 말한 사람(우연히도 그녀는 PROP 초미각자였다)을 알고 있다. 그때, 부모는 그녀에게 싫어하는 방울다다기양배추를 네 조각으로 잘라 주면서 쓴 알약을 삼키듯이 씹지도 않고 삼키라고 강요했다. 어쩌면 당신은 방울다다기양배추를 한 번도 맛보지 않았을지도 모르는데, 자신이 절대로 그것을 좋아하지 않으리란 사실을 '알았기' 때문이다. 그 사실을 어떻게 알았을까? 그것은 우리 사회에서는 방울다다기양배추를 좋아하는 아이를 다소 이상한 아이로 보는 경향이 있기 때문이다. 식품 전문 작가 미셸 흄스^{Michele Humes}는 홍콩에서 미국으로 오고 나서 "어린이는 원래 채소를 좋아하지 않는다"라는 개념을 이해하는 데 시간이 한참 걸렸다.

좋아하는 음식과 싫어하는 음식은 분자나 유전자로 환원할 수 없다. 이것은 "비만 유전자의 정체가 밝혀지다"와 같은 선정적인 헤드라인으로 먹고사는 건강 잡지들에게는 나쁜 소식이다. 하지만 나머지 사람들에게는 (잠재적으로) 아주 유용한 정보이다. 이것은 우리의 식습관이 최종적이거나 고정돼 있는 게 아니라, 스스로에게 조금만 기회를 준다면 얼마든지 적응할 수 있고 열려 있음을 뜻한다. 우리는 날 때부터 쓴 채소를 싫어하도록 태어난 것이 아니다. 단지 환경을 통해 채소를 싫어하도록 배웠을 뿐이다. 미각은 정체성일지는 몰라도 운명은 아니다. 비록 우리는 유전자에 얽매인 몸이지만, 환경이 변할 수 있다는 사실은 희망적이다(하지만 현재로서는 채소를 싫어하고 정크푸드만 좋아하는 어린이에게는 희망이 없다는 것은 두말할 필요도 없다).

우리가 음식을 좋아하는 법을 배우는 주된 방법은 그것을 먹어보는 것이다. '단순 노출^{mere exposure}'이라는 용어는 로버트 자이언츠^{Robert Zajonc}가 1968년에 만들었다.⁴⁷ 자이언츠의 논지에 따르면, 좋아하는 것은 익숙함에서 생기고, 싫어하는 것은 반대로 새로운 것을 두려워하는 데에서 생긴다. 자이언츠가 초기에 한 일부 실험에서는 피험자에게 아주 짧은 시간 동안 복잡한 형태를 보여주었다. 피험자에게 열거한 다수의 형태들 중에서 좋아하는 형태들을 나중에 선택하라고 했을 때, 이미 접한 적이 있는 형태를 선호하는 경향이 뚜렷하게 나타났다. 자이언츠는 브리 치즈를 카망베르 치즈보다 좋아할 때에도 이와 비슷한 힘들이 작용한다고 주장했다.[48] 이러한 욕구들은 사전 경험의 함수로 나타낼 수 있다. 한 종류의 치즈나 다른 종류의 치즈는 우리가 말로 옮길 수 없는 것을 인식하게 하는 방아쇠가 될 수 있다. 자이언츠는 나중에 다양한 문화와 종 사이에서 이 '단순 노출' 현상이 성립한다는 사실을 확인했다.

우리가 자신이 좋아하는 것을 알고, 아는 것을 좋아한다는 것은 너무나 뻔한 이야기이다. 만약 아이들에게 어떤 음식을 가장 싫어하느냐고 묻는다면, 한 번도 맛본 적이 없는 음식(흔히 채소)을 이야기하는 경향이 있다. 어른에게는 이것이 말도 안 되는 소리처럼 들릴 것이다. 맛보지도 않은 것을 싫어하는지 어떻게 알 수 있단 말인가? "일단 먹어봐! 마음에 들지도 몰라!" 나는 식탁에서 스스로에게 이렇게 촉구하지만, 별로 효과는 없다. 하지만 아이는 "난 이것이 싫어. 한 번도 먹어본 적이 없는걸!"이라는 말에 아무 모순도 느끼지 못할 수 있다.[49] 여덟 살의 미국 어린이 70명이 꼽은 '한 번도 먹어본 적이 없는 음식' 명단에서 상위에 든 음식들에는 아보카도(49명), 비트(48명), 말린 자두(43명), 콜라드 그린스(49명), 호밀빵(43명), 리마콩(39명), 무(38명), 튀긴 간(55명)이 포함되었다.[50]

러셀 호번이 쓴 어린이 책 『프란시스는 잼만 좋아해』는 바로 이 딜레마를 다룬다. 프란시스(어린 오소리)는 잼을 바른 빵 외에는 아무것도 먹으려 하지 않는다. 그러자 아버지가 "먹으려고 하지도 않으면서 무엇을 좋아하는지 어떻게 알 수 있니?"라고 묻는다. 결국 부모는 오로지 잼 바른 빵만 달라는 프란시스의 요구에 굴복하고 만다. 프란시스는 기뻐한다. 하지만 시간이 지나자, 나머지 가족이 먹는 음식에서 배제된 프란시스는 슬픔에 빠지고, 다양성을 갈망한다. 어느 날 저녁, 프란시스는 스파게티와 미트볼을 좀 달라고 눈물을 흘리며 애원한다. 부모는 크게 놀라워하는데, 프란시스가 스파게티를 좋아할 것이라고는 생각도 하지 않았기 때문이다. 그러자 프란시스는 "내게 먹어보라고 하지도 않고서 내가 무엇을 좋아할지 어떻게 알 수 있어요?"라고 말한다.

만약 좋아하는 것이 익숙함의 결과라면, 어린이는 많은 음식을 맛본 경험이 없기 때문에 좋아하는 음식의 범위가 처음에는 어른보다 좁을 수밖에 없다. 부모가 이 일시적인 조심성을 영구적인 것으로 해석할 때 문제가 발생한다. 이것은 누구나 쉽게 저지르는 실수이다. 음식 선호를 습득하는 핵심 시기는 만 한 살부터 세 살까지의 유아기이다. 그런데 이 시기는 어린이의 생애에서 새로운 음식을 맛보는 걸 가장 싫어하는 시기와 일치한다. 모든 어린이는 어느 정도 새 음식 공포증neophobia을 겪는다. 공포를 느끼는 새 음식은 새로운 채소일 때가 많지만, 생선과 육류 같은 단백질 음식도 흔하다. 새 음식 공포증은 만 두 살에서 여섯 살 사이에 최고조에 이른다. 새 음식 공포증은 아마도 우리 조상이 야생 자연에서 먹이를 채집하며 돌아다닐 때 독소로부터 자신을 보호하기 위한 안전 메커니즘으로 진화했을 것이다. 하지만 지금은 안타깝게도 새 음식 공포증이 어린이에게 좋아하도록 배울 필요가 있는 음식(채소와 단백질)을 피하게 만들고, 위안을 주는 케이크와 흰 빵과 도넛을 좋아하도록 만든다.

이름이 시사하듯이, 새 음식 공포증은 단지 어떤 음식의 맛을 싫어하는 것이 아니다. 그 음식을 맛보는 것 자체를 적극적으로 두려워하는 것이다. 많은 경우, 새 음식 공포증은 단순히 아이에게 여러 번(최대 15번까지) 먹임으로써 극복하게 할 수 있다. 그 음식을 먹어도 아무 문제가 없다는 사실을 깨달을 때까지 말이다. 거 봐, 토마토 먹어도 안 죽잖아! 또 먹어도 아무 이상 없네! 이렇게 반감이 조금씩 줄어들다가 마침내 어느 날, 우스꽝스럽게도 이제 그 음식을 열광적으로 좋아하게 된다. 각각의 새 음식 성분에 대해 이와 같은 일이 반복적으로 일어나야 한다. 아이가 멜론을 좋아한다고 해서 당연히 수박도 좋아하리라고 기대해서는 안 된다.

어린이에게 '단순 노출'을 사용할 때 가장 큰 문제는 먼저 해당 음식을 먹도록 설득해야 한다는 점이다. 아이를 브로콜리에 여러 번 노출시키는 것은 말처럼 쉬운 일이 아니다. 저항하는 아이에게 음식을 먹이려고 시도해본 부모라면 누구나 알겠지만, 좋은 의도로 사용한 전략이 역효과를 낳는 경우가 흔하다. "채소를 먹으면 단것을 줄게"라는 식의 전략은 위험한데, 그러면 채소를 더 싫어하게 만들 수 있기 때문이다. 심리학자들은 이것을 '과잉 정당화' 효과라 부른다.[51] 어떤 행동에 대해 보상을 제시하면, 그 행동을 덜 중요한 것으로 여기게 된다. 결국 어린이는 단것을 더 좋아하게 되는데, 단것은 상으로 줄 만큼 귀한 것이라고 여기기 때문이다.

새 음식 공포증이 낯선 음식을 해로운 것으로 생각하는 뿌리 깊은 두려움에서 나온다는 점을 감안할 때, 어린이에게 다른 사람이 그 음식을 먹고도 아무 탈이 없다는 것을(심지어 그 음식을 맛있게 즐기는 것을) 보여주면 도움이 된다. 나는 내가 바로 이런 일을 했다는 것을 몰랐지만, 내 딸(그 당시 세 살)에게 오이 이외의 다른 채소를 먹게 하려고 여러 차례 시도했다가 실패한 뒤에 딸이 좋아하는 인형을 식탁에 데려와 함께 식사를 하게 하면 어떨까 하는 생각이 떠올랐다. 이 인형(얼굴이 지저분한 남자아이)은 식탁에 앉아 황홀감에 젖어 "와!" 또는 "아!" 등의 소리를 내면서(사실은 내가) 그린빈을 '먹기' 시작했다. 그것은 아주 조잡한 방법처럼 보였지만, 어느 날 딸이 자기에게도 인형이 먹는 그린빈을 달라고 하더니, 그 후로 그린빈을 아주 좋아하게 되었다. 성공률이 높은 또 한 가지 전략은 두려움을 느끼는 새 음식을 친숙한 음식과 결합하는 것이다. 아이나 어른이나 모두 새로운 음식을 친숙한 양념과 함께 내놓으면(예컨대 새 음식 위에 케첩을 듬뿍 치면, 먹어도 충분히 안전하다는 느낌을 줄 수 있다) 그것을 맛보려고 할 가능성이 높다. 하지만 식품심리학자 존 프레스콧John Prescott이 주장한 것처럼, 케첩을 아무리 듬뿍 치더라도, 대부분의 어린이는 거미 요리를 먹으려 하지 않을 것이다.[52]

대부분의 어린이는 6~7세 무렵이면 새로운 음식에 최악의 공포를 느끼는 단계에서 벗어난다. 이 나이가 되기 전까지는 새 음식 공포증은 아동 발달의 정상 단계로 간주된다. 새 음식 공포증을 극복하고 나면 새 음식 애착증이 나타날 수도 있다. 이것은 새로운 맛을 과도하게 좋아하는 것으로, 일부러 과시하기 위해 그러는 것이 아닌가 하는 의심을 받을 정도이다. 초콜릿을 좋아하지 않는 내 큰 애가 바로 이런 행동을 보인다. 가장 좋아하는 음식은 아주 변덕스럽게 자주 변하는데, 처음에는 어떤 음식을 좋아하다가 금방 싫증을 낸다. 이 애는 평범한 맛을 싫어하는데, 내가 저녁 식사로 항상 똑같은 음식을 만든다고 불평하고, 맛이 강한 양념에 마초적 기쁨을 느낀다. 큰 애가 여섯 살 때 나와 단 둘이서 로마에 간 적이 있었다. 내장 요리로 유명한 어느 레스토랑에서 아들은 '양염통과 그 주변의 모든 장기를 곁들인 아티초크'란 이름의 요리를 고르고는, 아주 맛있게 그것을 먹었다.

하지만 소수이긴 하지만 상당수 사람들은 새 음식(혹은 혼합 음식이나 이상한 음식, 양념 맛이 강한 음식, 냄새가 고약한 음식)에 대한 공포를 결코 극복하지 못한다. 그 수는 상당히 많다. 성인 중 많게는 약 4분의 1이 새 음식 공포증이 심각한 상태인 것으로 추정된다. 어린이가 음식에 까다롭게 굴면, 그냥 놀리거나 웃어넘길 수 있다. 콘플레이크만 고집하는 꼬마는 비극적인 인물보다는 희극적인 인물로 보였다(어쨌든 가족 외의 다른 사람들에게는).

하지만 어른이 새 음식 공포증을 떨치지 못하고 살아간다면, 이것은 그냥 웃어넘길 수 있는 문제가 아니다. 나는 채소를 전혀 먹을 수 없다고 살짝 고백한 성인 남녀를 다수 만났다. 한 사람은 냉동 요크셔 푸딩은 꼭 데워서 먹어야 안심이 된다고 말했는데, 그것은 알코올 중독자인 어머니가 그녀를 위해 요리해주는 주요 음식이었다. 이 여성은 지금도 채소를 보기만 해도 구역질을 한다. 이 여성은 결코 어리석지 않았다. 채소가 건강에 좋다는 사실을 충분히 이해했다. 이해는 했지만, 그 행동의 뿌리는 다른 곳, 과거의 어느 깊은 지점에 있었다.

이렇게 제한적인 식습관은 건강에 미치는 악영향 외에 사교적으로도 불편하다. 낯선 상황에서 마주치는 음식은 난처한 상황을 초래할 위험이 있다. 나는 새 음식 공포증이 있는 여성과 대화를 나눈 적이 있는데, 친구들이 외식을 하자고 할 때마다 반드시 사전에 레스토랑에 전화를 걸어 양념을 아무것도 넣지 말고 평범한 햄버거를 만들어줄 수 있느냐고 확인한다고 했다. 그 여성은 일부 과일을 좋아하도록 스스로를 훈련시키고 있긴 했지만, 채소는 아무것도 먹지 않았다. 왜 채소를 싫어하느냐고 묻자, 그녀는 슬픈 표정으로 웃으면서 "세 살 무렵에 어머니가 내가 음식에 너무 까탈을 부리는 것에 넌더리가 난 나머지 내가 좋아하는 것을 마음대로 먹도록 내버려둔 탓이에요"라고 말했다. 그 결과로 가공육과 감자칩만 주로 먹었고, 나머지 음식은 거의 먹지 않게 되었다.

　미각이 개성―혹은 유전자―의 한 측면이라는 믿음은 위험한 결과를 초래한다. 만약 아이가 좋아하는 음식과 싫어하는 음식이 정해진 채 태어난다고 생각한다면, 그 식성을 바꾸려고 해봤자 어차피 소용이 없을 테니 그런 노력을 적극적으로 기울이려 하지 않을 것이다. 2013년에 한 학술지에 "왜 어린이는 그것을 좋아하지 않을까? 이를 바로잡기 위해 내가 할 수 있는 일은 없을까?Why don't they like that? And can I do anything about it?"라는 제목으로 실린 논문에서 영양학자들은 자녀가 좋아하는 음식과 싫어하는 음식에 관해 오스트레일리아인 부모 60명과 인터뷰를 했다.**53** 건강에 좋지 않은 식습관을 가진 자녀를 둔 부모들은 자녀의 미각에 영향을 미치기 위해 부모가 할 수 있는 일이 거의 없다고 생각하는 경향이 훨씬 높았는데, 아이들은 태어날 때부터 먹는 것에 까다로운지 까다롭지 않은지 정해져 있다고 믿기 때문이었다.

건강에 좋은 식습관을 가진 자녀를 둔 부모들은 이와는 상당히 다른 말을 했다. 이들은 아이의 미각이 '고정돼' 있지 않다고 말했다. 한 어머니는 많은 음식에 노출시킴으로써 어린이의 맛봉오리를 '교육'시키는 게 가능하다고 말했다. 건강에 좋지 않은 식습관이나 새 음식 공포증을 가진 자녀를 둔 부모들과 달리, 건강에 좋은 식습관을 가진 자녀를 둔 부모들은 자녀가 좋아하는 음식과 싫어하는 음식에 영향력을 미치는 자신의 능력에 훨씬 강한 자신감을 갖고 있었다. 이들은 자신의 행동이 자녀에게 영향을 미친다고 믿기 때문에, 건강에 좋은 음식을 충분히 많이 좋아하는 식습관이 발달해 '균형 잡힌 식사'를 할 수 있는 음식 환경을 만들려고 최선을 다했다. 반면에 건강에 좋지 않은 식습관을 가진 자녀를 둔 부모들은 자신이 할 수 있는 일이 아무것도 없다고 생각했다. 그래서 주위들은 말을 믿고서 자녀의 식습관을 바로잡으려는 노력을 대체로 포기했다.

물론 이 연구를 다른 식으로 해석할 수도 있다. 모든 어린이가 음식을 먹이기가 똑같이 쉬운 것은 아니며, 새 음식 공포증에는 분명히 기질적(그리고 유전적) 측면이 있다. 어떻게 돌보든지 간에 일부 유아는 다른 유아보다 새 음식을 꺼리는 성향이 훨씬 강하다. 건강에 좋은 식습관을 가진 자녀의 부모들은 자녀의 좋은 식습관을 실제로는 그저 운(혹은 유전자) 때문인데도 자신의 영향 때문이라고 생각했을지도 모른다. 자녀가 음식을 잘 먹을 때에는 유전적 요인 때문에 음식을 가리는 일 같은 것은 없다고 생각하기 쉽다. 얼굴에 죽을 끼얹고 콜리플라워를 바닥에 내던지는 것을 참아가면서 식성이 지나치게 까다로운 아이와 매일 실랑이를 하다 보면, "우리 애는 뭐든 잘 먹어요. 특히 셀러리액^{celeriac. 셀러리의 한} 변종으로 셀러리와 비슷하나 뿌리가 무처럼 굵은 것을 가장 좋아하죠!"라고 우쭐대는 부모의 이야기를 들을 때 짜증이 날 수 있다. 어쩌면 새 음식 공포증이 있는 아이는 그런 공포증이 없고 건강에 좋은 음식을 잘 먹는 아이보다 주변의 영향을 잘 받지 않는 아이일지도 모른다.

그럼에도 불구하고, 드러난 증거들은 건강에 좋은 식습관을 가진 아이들의 부모가 옳다고 말해준다. 설사 일부 사람들이 다른 사람들보다 채소에 친근해지는 데 시간이 더 오래 걸린다 하더라도, 좋아하는 음식과 싫어하는 음식은 사전에 정해져 있지 않다. 대개의 경우, 채소를 먹도록 어린이를 설득하는 것이 가능할 뿐만 아니라, 심지어 사랑하도록 만드는 것도 충분히 가능하다.

루시 쿡^{Lucy Cooke} 박사는 채소를 싫어하는 어린이의 식성을 어떻게 하면 바꿀 수 있을지 궁리하면서 시간을 보낸다. 쿡은 자신의 연구(유니버시티 칼리지 런던의 동료들, 특히 그중에서도 제인 워들^{Jane Wardle}과 함께한 연구)[54]를 통해 음식 선호에 대한 우리의 유전적 소질은 충분히 극복할 수 있다는 기대를 갖게 되었다. 사실, 쿡 자신도 한때 채소를 싫어하는 어린이였지만, 지금은 건강에 좋은 음식을 적극적으로 즐기면서 날씬하고 자신감이 넘치는 사람이 되었다. 다만, 어느 날 노천 카페에서 날 만난 쿡은 티케이크와 민트 티를 앞에 놓고서, 자신이 먹을 수 있지만 먹지 않는 그 모든 음식을 생각하면 박탈감을 느낀다고 말했다. "하지만 절대로 그런 말을 하면 안 되죠!"

쿡의 견해에 따르면, 젖을 뗀 어린이에게 고형식을 먹이는 일은 건강에 좋은 식습관을 평생 동안 심어준다는 목표를 가지고 추진해야 한다. 어린이가 실제로 채소(거기다가 그 밖의 모든 영양소를 지닌 온갖 자연 식품)를 좋아하면, 식탁에서 먹는 것을 두고 벌어지는 싸움 중 절반은 사라진다. 대부분의 부모는 식사의 목표를 건강에 좋은 음식을 아이에게 많이 먹이는 것이라고 생각한다. 우리는 단기간의 양에 너무 집착하고(아이에게 밥을 충분히 먹여 만족시키면 잠을 아주 잘 잘 것이라고 착각하면서), 장기적인 미각을 만들어가는 것에는 관심을 덜 기울이는 경향이 있다. 쿡의 경험에 따르면, "아이의 미각을 발달시키는 것에 대해 이야기하는 엄마들은 프랑스인뿐이에요."

생후 4개월부터 7개월 사이에 맛에 특별히 감수성이 높은 창(시기)이 있는 것처럼 보이지만, 완전한 모유 수유를 권하는 현재의 지침을 따르다가 이를 놓치는 경향이 있다.[55] 이 시기에 채소를 먹인 아기는 음식에 좀더 열린 태도를 보인다는 연구 결과가 여러 건 있다. 더 적은 노출로도 새로운 맛을 좋아하도록 설득할 수 있고, 그 효과도 더 오래 지속된다. 독일에서 생후 7개월의 아기들에게 그들이 특히 싫어하는 채소 퓌레(예컨대 시금치나 그린빈)를 주는 실험을 했을 때, 단 일곱 번의 시도만으로 그 채소 퓌레를 한때 더 좋아했던 당근 퓌레만큼 좋아하게 만들 수 있었다.[56] 그로부터 두 달이 지나 이제 조심성이 훨씬 커진 시기에 이른 뒤에도 전체 아기들 중 10퍼센트를 제외한 나머지는 한때 싫어했던 채소를 여전히 즐겼다. 향미 창flavour window이라고 부르는 이 시기는 짧은 시간 동안만 완전히 열리고, 생후 4개월부터 6개월까지의 시기에도 점점 좁아지는 것으로 보인다. 2014년에 실시한 한 연구에서는 생후 6개월의 아기들을 단 한 가지 채소(완두콩 퓌레)에만 노출시키자, 이 아기들은 생후 4개월 시점에 다양한 퓌레를 맛본 아기들보다 그 채소를 훨씬 덜 먹었다.[57]

이런 이유 때문에 쿡은 세계보건기구(WHO)가 2010년에 생후 6개월 동안은 모유만 먹이고 고형식을 먹이지 말라고 한 지침에 동의하지 않는다. 생후 6개월 이전에 완전한 모유 수유를 중단할 경우 위험(위창자염 위험 증가와 성장 저하 같은)이 이점보다 큰 개발도상국에서 주로 수집한 자료를 바탕으로 나온 것인데도 불구하고, 세계보건기구의 이 보고서는 대부분의 나라들에서 산모들에게 권고하는 공식 지침의 근거가 되고 있다. 하지만 선진국에서는 일반적으로 대부분의 산모들이 6개월 이전에 모유 수유를 완전히 또는 부분적으로 중단한다. 영국에서 생후 6개월이 지났을 때 여전히 완전한 모유 수유를 하는 산모의 비율은 겨우 1퍼센트에 불과하다.[58] 미국에서는 그 비율이 18.8퍼센트이다.[59] 이 공식 지침은 분유를 먹이는 많은 아기에게 생후 4~6개월의 시기에 우유 외에 다른 맛을 경험하지 못하게 하는 결과를 초래한다. 그래서 아이들에게 제한적인 미각을 갖게 만들어 평생 동안 건강에 좋지 않은 식습관이 생기게 할 위험이 있다. 늘 그렇듯이, 우리는 장기적인 그림을 보는 데 실패한다.

생후 4개월의 아기에게 먹는 음식에 가끔 채소를 섞어준다고 해서 단기적으로 더 잘 성장하는 것은 아니다. 하지만 젖을 뗄 때는 생후 6개월까지 기다린다면 중요한 2개월을 잃게 되는데, 이 2개월은 매일 다른 채

식습관의 인문학

소를 맛봄으로써 훗날 이전에 맛본 채소를 알아보도록(그래서 좋아하도록) 준비 작업을 하는 데 소중한 시기이다.

부모들이 저지르는 두 번째 실수(이유식 안내서는 아기에게 처음 먹일 화려하고 체계적인 식품 도표를 보여주면서 부모들에게 그렇게 하라고 권한다)는 당근이나 땅콩호박, 고구마처럼 자극적이지 않고 달콤한 맛을 지닌 음식으로 이유식을 시작하는 것이다. 유아식에 관한 베스트셀러를 쓴 영국인 저자는 본래 달콤한 맛을 지닌 이런 채소로 이유식을 시작하고, 맛이 강한 채소는 뒤로 미루라고 권한다.[60] 하지만 정말로 유익한 조언은 아기에게 콜리플라워나 서양호박, 시금치, 브로콜리, 심지어 방울다다기양배추처럼 더 쓰거나 맛이 강한 채소에 익숙해지게 하라는 것이다. 이유식 안내서는 흔히 일주일 내내 한 가지 채소만 먹이다가 다른 걸로 바꾸라고 충고하지만(식품 알레르기를 우려하여), 쿡은 아이가 새 음식 공포증을 느끼는 나이가 되기 전에 노출을 최대화하기 위해 다양한 채소에 접하게 하고 매일 종류를 바꾸라고 권한다. 생후 6개월 된 아기에게 새로운 채소를 주면, 입과 코를 찡그리면서 공포와 고통이 극심한 표정을 자주 짓는다. 어른 얼굴에서 그런 표정을 보면 마치 고문을 받는 듯한 인상을 받을 것이다. 이런 상황에서 부모는 아기에게 음식을 먹으라고 계속 권하기가 아주 어렵다. 쿡은 "우리는 아기 얼굴을 무시하라고 어머니들을 설득해야 합니다"라고 설명한다. 부모에게 영향을 받지 않는 상태에서 아기가 음식을 어떻게 먹는지 보길 원했던 클라라 데이비스와 달리, 쿡은 부모가 음식 먹이기 과정의 일부라는 점을 인식하고서 실용적인 실험을 고안했다. 쿡은 부모가 아이에게 음식을 먹일 때 하는 일을 살펴보고, 그 일을 더 잘할 수 있도록 돕기 위해 근거 있는 기술을 발견하는 것을 출발점으로 삼았다.

만약 '향미 창'을 놓치고 나서 이제 채소라면 무엇이건 두려워하는 아기에게 음식을 먹이려고 시도한다면 어떻게 될까? 이제 희망은 모두 사라진 것일까? 쿡과 그 동료들은 초등학교 연령대의 어린이라 하더라도, 특정 음식을 싫어하게끔 고정된 식습관을 바로잡을 여지가 있다는 사실을 발견했다. 맨 먼저, 그들은 먹는 것에 까다롭게 구는 성향 중 상당 부분은 스트레스가 심한 식사 시간의 상황에 그 원인이 있음을 밝혀냈다. 어떤 음식이 나오건 식사 자체가 너무나도 '싫은' 것(압박감, 고조된 감정)이 되는 상황에 이를 수 있다. 쿡은 만약 부모가 식사 시간 외에 아이들과 음식을 맛보는 자리를 마련한다면, 식사에 감정이 개입하는 것을 막을 수 있다는 사실을 발견했다. 게다가 아이들에게 음식을 콩알만큼 아주 조금만 먹으라고 함으로써 압박감을 줄일 수 있었다. "아이에게 요구하는 것이 아주 적어야 합니다." 콜리플라워를 한 접시 먹으라고 하는 것은 그것을 좋아하지 않는 사람에게는 악몽과도 같은 일이다. 하지만 아주 작은 조각 하나만 먹는 것은 괜찮다.

쿡은 '조금씩 맛보기Tiny Tastes'라는 새로운 시스템을 만드는 일도 도왔는데, 이것은 채소를 '좋아하도록' 부추기는 방법이다.[61] 이 방법은 학교와 가정에서 시험하여 아이들에게 실제로 당근, 셀러리, 토마토, 피망, 오이 같은 생야채를 좋아하게 만드는 데 놀라운 효과가 있음이 입증되었다. 나도 내 막내아들(그 당시 만 네 살)에게 이 방법을 써보았는데, 양배추 소리만 들어도 "욱!" 하던 아이가 금방 생야채를 맛있게 씹어먹

식습관의 인문학

는 아이로 변하는 걸 보고 깜짝 놀랐다. 그 원리는 이렇다. 부모와 아이가 함께 상의하여 현재 아이가 좀 싫어하는(아주 싫어하는 것이 아니라) 채소를 하나 고른다. 10~14일 동안 매일 식사 시간이 아닌 시간에 아이에게 그 채소를 콩알만큼 작은 크기로 잘라 먹어보라고 한다. 만약 맛을 본다면(반드시 삼킬 필요는 없으며, 핥기만 해도 된다), 네모 칸에 체크를 하고 아이에게 스티커를 하나 준다. 맛을 보지 않더라도 괜찮다. 언제나 내일이 있으니까.

조금씩 맛보기의 유용성은 새로운 미각을 발달시키는 데 필요한 여러 차례의 노출을 스트레스를 전혀 주지 않고 일어나게 할 수 있다는 데 있다. 이 방법은 우리 집에서 식사 시간의 대화 자체를 스트레스와 불안감을 주던 것에서 더 긍정적이고 대체로 감미로운 것으로 바꾸어놓았다. 내 아이는 채소를 자신이 직접 선택했기 때문에, 덫에 빠졌다는 느낌을 덜 받았다. 게다가 내 아이는 스티커를 정말 좋아했다. 루시 쿡은 실험에 스티커를 사용하기 전에는 참여를 거부하는 어린이가 늘 몇 명은 있었다고 말했다. 그런데 스티커를 사용하자, 참여율이 100퍼센트로 올라갔다. 쿡의 실험은 먹는 행위에 보상을 제공하면 그 음식을 덜 좋아하게 된다는 이전의 통설을 뒤집었다. 쿡은 보상은 첫째로 그 자체가 음식이 아니어야 하고, 둘째로 아이가 그 음식이 자신에게 정말로 좋은 것이라고 느껴야만 효과가 있다고 생각한다. 만약 건강에 좋은 음식이지만 아이가 이미 좋아하고 있던 것을 먹는 것에 대해 보상을 제공한다면, 아이는 혼란을 느끼게 된다. 하지만 피망을 싫어하는 아이가 한 조각을 처음 입에 넣는 데에는 상당한 노력이 필요하며, 따라서 스티커를 받을 자격이 있다고 생각한다.

새로운 음식을 좋아하게 만드는 이 방법은 너무 좋은 것 같아서 (그리고 너무 단순해서) 곧이곧대로 믿어지지 않는다. 무엇보다도 이 방법은 출발점으로 삼기에 좋은 채소만 다루지만, 건강에 좋은 식품은 채소 말고도 많다. 많은 어린이의 경우, 가장 좋아하기 힘든 식품은 단백질 식품(달걀, 육류, 생선)이다. 또, 조금씩 맛보기는 스티커를 주겠다고 하면 어린이가 적극적으로 협력할 것이라고 가정한다. 강경하게 음식을 거부하는 아이는 어떻게 해야 할까? 어떤 사람들은 아주 분명하게 싫어하는 음식이 있고, 그 뿌리는 복잡한 조건에 있는데, 이런 경우에는 단순히 스티커로 문제를 해결할 수 없다는 것은 두말할 필요도 없다.

어린이에게 학습 장애나 그 밖의 장애가 있을 때, 매일 실랑이가 자주 벌어지는 문제 중 하나는 바로 식사이다. 말을 늦게 배우는 아이는 먹는 기술을 익히는 것도 느린데, 언어에 필요한 근육 조절 능력과 씹고 삼키는 데 필요한 근육 조절 능력 사이에 밀접한 연관 관계가 있기 때문이다. 장애 때문에 행동과 일상 태도가 경직된 사람도 먹는 것이 문제가 될 수 있다. 자폐 스펙트럼 장애가 있는 어린이는 다른 어린이보다 식사를 할 때 광범위한 문제에 직면할 가능성이 훨씬 높다. 자폐증 진단을 받은 어린이 중 약 75퍼센트는 심각한 섭식 문제가 있는 것으로 평가되었다.[62] 이들은 오로지 '노란색' 음식(감자칩, 옥수수, 비스킷, 팝콘, 프라이드 치킨)만 요구하거나 음식 성분들이 서로 닿지 않게 따로 분리돼 있지 않으면 먹기를 거부할 수 있다. 무엇보다도, 자폐아는 받아들일 수 있는 음

식의 범위가 아주 좁을 가능성이 높다.⁶³

펜실베이니아 주의 펜주립허시의료센터에 왔을 때 만 세 살 반이었던 짐●은 심각한 섭식 문제가 있는 남자 자폐아였다. 짐은 딱 두 가지 음식, 구운 치즈 샌드위치와 핫도그만 먹었고, 거기에 우유를 자주 곁들여 먹었다. 게다가 짐은 식사를 할 때 짜증을 내고 울고 볼썽사나운 짓을 하고, 심지어 자신의 제한적인 음식마저 먹길 거부하면서 말썽을 부렸다.⁶⁴

하지만 짐은 같은 병원에 있던 만 다섯 살의 여자 자폐아 킴에 비하면 나은 편이었다. 한동안 킴은 핫도그, 땅콩 버터, 베이컨, 초콜릿, 달걀, 토스트만 먹었다. 킴 역시 식사 시간에 울고 짜증을 내고 음식을 집어던졌다. 하지만 병을 앓고 나서 킴은 식사를 완전히 거부했고, 6개월 동안 위루관 ^{위에 구멍을 뚫어 음식을 공급하는 관}에 의존해 살아갔다.

대부분의 부모는 이런 아이에게 음식을 먹이고 그 범위를 넓혀가야 할 생각에 앞이 캄캄할 것이다. 나는 그 심정을 잘 안다. 아이의 음식 거부는 더 좋은 상황에서도 맥을 풀리게 하는 일인데, 자폐아를 돌보는 그 밖의 문제들까지 신경을 써야 하는 상황에서는 더욱 그렇다. 만약 아이가 눈물과 분노를 터뜨릴 정도로 대부분의 음식을 싫어한다면, 한숨을 쉬면서 다시 치즈 샌드위치를 만드는 것 외에 딴 방법을 생각하기 어렵다.

● 이름은 프라이버시 보호를 위해 바꾸었음.

짐과 킴은 전혀 희망이 없는 사례처럼 들린다. 하지만 그렇지 않았다. 펜주립허시의료센터에 온 지 2주일 만에 짐이 먹는 음식은 세 가지에서 65가지로 늘어났다. 한편 킴은 49가지 음식을 먹었고, 더 이상 영양 공급관이 필요하지 않았다. '좋아하는 음식'이 이렇게 크게 늘어난 것(그리고 '싫어하는 음식'이 줄어든 것)은 마술을 통해 일어난 것이 아니라, 루시 쿡의 조금씩 맛보기 시스템을 더 체계적이고 집중적으로 개선한 방법을 통해 일어났다.

의료센터의 치료사들은 아이들을 음식을 맛보는 여러 가지 활동에 반복적으로 참여시켰고, 콩알만큼 적은 양이더라도 매일 새로운 음식들에 노출시켰다. 이 치료사들은 조금씩 맛보기와는 달리 '도피 방지' 요소를 추가했다. 아이에게 "만약 음식을 먹는다면, 가서 놀아도 좋다"라고 말했고, 먹어야 할 것을 먹기 전에는 방에서 나가지 못하게 했다. 만약 소리를 지르거나 울면 무시했지만, 콩알만큼의 양이라도 먹으면 칭찬을 해주었다. '탐색 음식'이라는 것도 있었는데, 10분이라는 제한된 시간 동안 좀 더 많은 양(세 가지 음식으로 이루어진 세 숟가락 분량)의 새로운 음식을 주되, 꼭 먹어야 한다고 강요하진 않았다.

이 실험에서는 아주 놀라운 결과가 나왔다. 영양 공급관에 의지하며 살아가던 아이가 49가지나 되는 음식을 먹게 되자, 가족 전체의 삶이 확 달라졌다. 3개월간의 추적 조사 결과, 집에서도 짐과 킴은 새로 좋아하게 된 음식에 대한 식성을 대부분 잃지 않았다. 이들은 이전의 불행했던 식사 시간으로 되돌아가지 않았다. 음식은 더 이상 트라우마가 아니었다. 부모들은 식사 시간 외에 아이들에게 음식 맛을 보는 시간을 계속 따로 제공했다. 짐이 먹는 음식은 이제 53가지가 되었다. 이토록 긴 음식 명단은 짐의 부모가 개입을 시작하면서 채식주의자가 되기로 결정했다는 사실(자폐아를 불안하게 만들 수 있는 종류의 변화)을 감안하면 더욱 인상적이다. 킴이 먹는 음식은 47가지로 유지되었다. 이제 킴은 영양 공급관 대신에 다양한 맛과 질감을 즐겼으며, 눈물이나 분노를 보이는 일도 없었다. 자폐증의 주요 증상 중 하나는 사회적 상호작용의 제한이다. 하지만 킴은 새로 좋아하게 된 음식 덕분에 가족 식탁의 사교계로 돌아갈 수 있었다.

펜주립허시의료센터의 섭식 클리닉 원장인 키스 윌리엄스[Keith Williams]는 이 방법들은 표준적인 방법이 아니라고 말하긴 하지만, 세계 각지의 섭식 전문 클리닉에서 치료사들이 이와 비슷한 일을 하고 있다. 아주 많은 섭식 치료사들이 짐과 킴처럼 먹는 것이 제한적인 환자들을 치료하고 있는데, 싫어하는 음식을 가득 담아 제공하면서 그들이 갑자기 그것을 먹길 기대한다. 만약 이러한 개입이 성공한다면, 그것은 음식 환경의 변화를 통해 우리가 좋아하는 음식과 싫어하는 음식을 바꿀 수 있는 잠재력이 얼마나 큰지 보여준다. 오로지 치즈 샌드위치와 핫도그만 좋아해야 하는 운명을 타고난 사람은 아무도 없다. 자폐증이 심한 세 살 아이를 훈련시켜 53가지 음식을 좋아하게 만들 수 있다면, 나머지 사람들에게도 충분히 희망이 있다.

하지만 문제는 음식 환경 중 상당 부분이 우리에게 반대 방향으로 나아가도록 영향을 미친다는 데 있다. 매일 어린이들은 건강에 가장 해로운 음식을 좋아해야 한다고 반복적으로 말하는 메시지에 노출된다(거대한 광고판과 텔레비전 광고를 통해, 또는 친구들의 도시락을 봄으로써).

1930년대에 어린이가 좋아하는 음식과 싫어하는 음식에 관해 칼 덩커Karl Duncker가 한 실험은 클라라 데이비스와 그녀의 급식 고아원에 비해 잘 알려져 있지 않다. 하지만 이 실험은 미각이 우리의 의지와 상관없이 우리가 잘 모르는 힘들을 통해 어떻게 형성되는지에 대해 그에 못지않은 통찰을 제공한다. 데이비스는 정상적인 사회적 영향력이 배제된 상황에서 미각이 어떤 모습으로 나타나는지에 관심을 보인 반면, 덩커는 그러한 영향력들이 실제로 어떻게 작용하는지 정확하게 알아내려고 했다.

1936년에 덩커(1903년에 라이프치히에서 태어난)는 장래가 촉망되는 젊은 게슈탈트 심리학자였지만, 독일에서 추방당한(그의 부모는 유명한 공산주의자였다) 뒤 영국에서 연구를 계속했다. 덩커가 철학적으로 큰 관심을 가졌던 주제는 즐거움(쾌락)과 그것을 일어나게 하는 원인이었다. 그가 정의한 기대의 즐거움을 잘 보여주는 사례는 "곧 캔디를 얻게 될 것이라는 이야기를 듣고서…… 행복감이 온몸에 흘러넘치는" 아이였다. 논문에서 덩커는 맛있는 비프스테이크를 먹으면 왜 그러한 기쁨이 생길까 하고 물었다. 그는 배고픔의 고통이 사라져서 그런 것은 아니라고 결론내렸다. 그 답은 스테이크를 씹을 때 느끼는 감각적 즐거움이었고, 그리고 거기서 얻는 "삶은 멋지다는" 느낌이었다.[65]

영국에 도착하고 나서 덩커는 음식 선호 형성에서 사회적 암시가 담당하는 역할을 연구하기로 마음먹었다. 문화에 따라 좋아하는 음식과

식습관의 인문학

싫어하는 음식이 '놀라울 정도로' 큰 차이가 있다는 사실을 감안하여 덩커는 거기에는 사회적 영향력이 작용하는 과정이 반드시 관여할 것이라고 생각했다. 이제 해야 할 일은 좋아하는 음식이 생기는 심리적 과정을 알아내는 것이었다.

덩커의 실험은 그 당시 런던에서 가난한 지역이었던 런던 NW1에 위치한 소머스타운 유아원 아이들을 대상으로 삼았다.[66] 첫 번째 실험은 간단한 것이었다. 2~5세의 남녀 아이들에게 당근, 바나나, 견과, 사과, 빵, 포도 중에서 좋아하는 음식을 고르게 했다. 여기서 덩커는 어린이는 혼자 있을 때보다 다른 아이들과 함께 있을 때 다른 아이들과 같은 음식을 고르는 경향이 훨씬 높다는 사실을 발견했다. 생후 27개월 미만인 어린이에게서는 경이로운 '사회적 무관심'이 나타났다. "일단 마음을 정하고 나면, 다른 것은 아무것도 존재하지 않는 것처럼 보였다." 하지만 그 나이를 지나면, 다른 아이들이 좋아하는 것을 모방하려는 경향이 뚜렷하게 나타났는데, 특히 먼저 선택한 아이의 나이가 더 많으면 그런 경향이 더 강했다. 외향적인 다섯 살짜리 여자아이와 수줍음이 많은 네 살짜리 여자아이를 한 쌍으로 묶어 실험을 했더니, 음식을 고르기 전에 "B는 늘 마치 자신의 선택이 옳음을 확인하려는 듯이 A를 몰래 훔쳐보았다."

우리는 모두 이런 종류의 또래 영향이 작용하는 것을 보아왔다. 어린 여자아이들에게 간식을 줄 테니 원하는 것을 선택하라고 하면, 마음을 정하기 전에 다른 아이들이 어떤 선택을 할지 추측하느라 갈팡질팡하는 경우가 많다. 나머지 사람들이 모두 토스트를 선택했을 때 혼자 팝콘을 먹는 외톨이 신세가 되길 원치 않는다. 식사 문제에서 사회적 암시가 담당하는 역할에 대해 덩커가 알아낸 것은 그 후 적어도 69건의 별도 실험을 통해 확인되었다.**67** 이것은 아주 일관되게 나타나는 현상이다. 식사를 함께 하는 사람들의 영향력에 따라 우리는 더 빨리 먹거나 더 느리게 먹고, 다른 음식을 선택하며, 더 많이 먹거나 더 적게 먹는다.

덩커의 두 번째 실험은 더 극적인 결과를 보여주었다. 이 실험에는 두 가지 음식을 사용했다. 하나는 레몬 맛을 곁들인 화이트 초콜릿 가루였는데, 1930년대의 영국에서는 아주 사치스러운 제품이었고, '의심의 여지 없이 즐거움을 주는' 식품이었다. 또 하나는 갈색의 발레리안 슈거(쥐오줌풀당)이었다. 발레리안은 쥐오줌풀이라고도 하는데, 그 뿌리는 옛날부터 진통제로 사용되었다. 발레리안 슈거는 아주 쓴 약 같은 맛이 났고, 덩커는 그것을 '다소 불쾌한' 맛이라고 표현했다. 덩커는 유아원 교사에게 부탁해 어린이들에게 작은 들쥐 영웅인 미키 이야기를 읽어주게 했다. 이야기에서 미키는 한 가지 음식('독미나리')을 싫어하고, 다른 음식('단풍당')을 좋아했다. 나무에서 단풍당을 발견한 미키는 "이전에 그처럼 맛있는 것을 먹어본" 적이 없다는 사실을 깨닫는다. 하지만 독미나리 껍질은 "시큼하고 역겨운" 맛이 났다.

그 이야기를 읽어준 뒤에 어린이들에게 '독미나리'(사실은 화이트 초콜릿 가루)와 '단풍당'(사실은 불쾌한 맛이 나는 발레리안 슈거)을 조금씩 먹게 했다. 속임수는 제대로 통하지 않았다. 많은 어린이는 '독미나리'가 실제로는 초콜릿이라는 사실을 알아챘다. 하지만 어떤 것이 더 맛있었느냐고 묻자, 이야기의 긍정적 연상 때문에 67퍼센트가 불쾌한 맛이 나는 '단풍당'을 선택했다(이야기를 듣지 않은 대조군 중에서는 13퍼센트만 단풍당을 선택했다).

우리가 좋아하는 음식과 싫어하는 음식이 정말로 그토록 쉽게 영향을 받을 수 있을까? 겉보기에는 그렇다. 덩커의 실험은 단순한 이야기만으로도 어린이에게 자신이 초콜릿을 좋아한다는 사실을 잊어버리게 (잠깐 동안) 하기에 충분하다는 것을 보여준다. 히틀러가 권력을 잡는 것을 목격한 덩커 자신은 사람들이 '좋아하는 것'을 선택할 때 남의 영향에 쉽게 휘둘리거나 사회적 힘 때문에 자신의 충동을 억제할 수 있다는 사실이 전혀 놀랍지 않았다. 칼 덩커가 어린이와 초콜릿으로 평화로운 실험을 하고 있을 때, 남동생 볼프강Wolfgang은 모스크바에서 위태로운 망명 생활을 하고 있었다. 볼프강은 1938년의 대숙청 때 체포되어 강제 노동 수용소에서 사망했다. 덩커 자신은 전에 유대인 여성과 결혼한 적이 있다는 이유로 1935년에 베를린 학계에서 모든 지위를 잃었다.[68] 덩커는 "지도자가 그것과 반대되는 선호를 가졌다는 이유로 교양 있는 어른에게 뿌리 깊은 선호를 버리도록 만들 수 있다면, 왜 어린이에게 [영향을 미치기가 더 어려운 것으로] 드러나겠는가—심지어 음식처럼 아주 중요한 영역에서?"라고 썼다.[69]

덩커는 살아온 배경 때문에 권력을 쥔 자가 힘이 없는 자들을 어떻게 조종할 수 있는지 너무나도 잘 알았다. 그에게는 조종을 통해 뿌리 깊은 음식 선호가 바뀌는 어린이가 나치 독일 치하에서 살아가던 대중과 비슷한 처지에 있는 것으로 보였다.

덩커의 발견은 크게 우려할 만한 의미를 함축하고 있다. 만약 크게 감동적이지도 않은 들쥐 영웅에 관한 이야기만으로 어린이가 좋아하는 음식을 그렇게 바꾸어놓을 수 있다면, 매일 무수히 쏟아지는 광고 이야기들의 효과는 어떻겠는가? 많은 어린이가 우상으로 여기는 운동 선수들이 설탕이 잔뜩 든 음료나 영양분이 부족한 시리얼을 먹는 모습이 제품 포장지에 등장한다면 말이다. 나는 아들을 데리고 시리얼 제품들이 진열된 코너를 걸어갈 때면 "저 호랑이를 믿어서는 안 돼! 쟨 나쁜 호랑이야!"라고 말한다.

이러한 사회적 압력에 직면했을 때 우리는 어떻게 해야 할까? 덩커는 사회적 편견과 환경에도 불구하고 일종의 '내면 재조직'을 통해 새로운 것을 좋아하도록 개인이 스스로를 훈련시키는 방법을 보여주는 한 예로 자신을 들었다. 독일을 떠나 케임브리지에 도착했을 때, 덩커는 그곳 사람들이 '샐러드 크림'을 많이 먹는 것을 보고 기겁했다. 영국 사람들이 좋아하는 얼얼한 맛의 이 양념은 질감은 마요네즈와 비슷했지만, 알코올식초의 톡 쏘는 맛이 났다. 대량 생산되는 많은 식품과 마찬가지로 샐러드 크림 역시 그것을 먹고 자란 사람들 사이에서는 큰 인기가 있었지만, 그 맛에 전혀 준비가 되지 않은 덩커에게는 충격 그 자체였다.

개인적 경험을 한 가지 이야기하는 것만으로 충분할 것이다. 영국에 처음 왔을 때 나는 푸른 샐러드 생잎을 샐러드 드레싱이라는 부르는, 병에 든 노르스름한 물질을 사용해 '샐러드'로 만들 수 있다는 사실을 알게 되었다. 그것은 마요네즈처럼 보였다. 나는 마요네즈를 예상했다―그리고 크게 실망했다. 나는 그것이 마음에 들지 않았다. 하지만 나는 생잎도 좋아하지 않았기 때문에, 가장 호의적이고 모험적인 태도를 취해보고

식습관의 인문학

싶은 충동이 생겼다. 나는 다시 맛을 보았는데, 그것이 불쾌한 맛이 나는 마요네즈의 변종이 아니라 전혀 불쾌하지 않은 일종의 겨자라는 사실을 불현듯 깨달은 그 날이 아직도 기억에 생생하게 남아 있다. 그래서 겨자의 잠재력을 강조하고 마요네즈를 닮지 않은 측면을 무시함으로써 나는 그것을 좋아하게 되었다.[70]

루시 쿡과 마찬가지로 덩커는 우리가 좋아하는 음식과 싫어하는 음식을 바꿀 수 있는 잠재력이 아주 크다는 사실을 알게 되었다. 물론 전부다는 아니겠지만, 건강에 좋은 식습관과 건강에 나쁜 식습관을 바꾸어 놓을 만큼 충분히 많은 음식을 바꿀 수 있다. 당신이 PROP 미각자이건 아니건, 자폐증이 있건 없건, 새 음식 공포증이 있건 없건, 음식을 까다롭게 가리건 가리지 않건, 외국인이건 아니건, 유전자는 지금과 같은 특정 범위의 음식을 좋아해야 할 최종적인 이유가 결코 아니다. 소년이 콘플레이크 외에는 아무것도 좋아하지 않을 때, 그 사실은 소년 자신보다는 소년이 사는 세상에 대해 알려주는 것이 더 많다.

개인적 선호를 심오하고 의미 있는 자기 본질의 일부로 간주하는 태도를 버린다면 큰 도움이 될 수 있다. 자신의 습성이나 선호 중에는 바꿀 수 없는 게 많지만, 좋아하는 음식 중 대부분은 이런 범주에 속하지 않는다. 미각은 가족이나 친구, 혹은 음료수 병에 찍힌 활기찬 서체를 비롯해 무한한 사회적 영향의 맥락 속에서 학습을 통해 형성된다. 하지만 덩커가 보여주었듯이, 새로운 미각을 습득하는 것은 아직도 가능하다. 좋아하는 음식 취향이 외부의 영향에 쉽게 변하는 성격을 활용하면 된다. 만약 스스로를 충분히 다양한 음식에 충분히 자주 노출시킨다면, 우리는 덩커가 그랬던 것처럼 한때 싫어했던 맛이 놀랍게도 좋아하는 맛으로 변했다는 사실을 발견하게 될지 모른다.

그런데 덩커는 안타깝게도 음식은 '호의적이고 모험적인' 태도로 대할 수 있었지만, 자신의 삶은 호의적인 태도로 받아들이지 못했다. 어린이와 화이트 초콜릿으로 실험을 하던 무렵에 이미 그는 10여 년 동안 정신 건강 문제로 고통을 겪었는데, 상태가 점점 악화되었다. 덩커는 베를린에서 살던 시절을 그리워했지만, 나치가 권력을 잡고 있는 한 다시는 독일로 돌아갈 수 없다는 사실을 잘 알고 있었다. 샐러드에 대한 자신의 미각과 달리, 이 상황은 어떻게 해결할 방법이 없었다. 1938년, 덩커는 미국으로 건너가 스와스모어대학교에서 일자리를 얻었다. 그리고 그곳에서 37세이던 1940년에 스스로 목숨을 끊었다.[71]

비트

모든 문화에는 어린이가 처음 먹을 때(그리고 두 번째와 세 번째에도 마찬가지로) 좋아하기 힘든 채소가 있는 것처럼 보인다. 브라질에서는 오크라(끈적끈적한 질감)가, 프랑스에서는 순무(쓴맛)가 그런 채소로 보인다. 많은 나라에서는 비트(검붉은 색)가 그런 채소이다.

비트가 외면받는 이유는 여러 가지가 있다. 우선, 흙 맛과 피 맛을 연상시키는 기묘한 맛(지오스민geosmin이라는 화합물이 그 원인이다)이 있다. 그리고 조리했을 때 바삭바삭하지도 부드럽지도 않으면서 다육질인 질감이 불쾌감을 준다. 무엇보다도 접시에 있는 모든 것을 핏빛으로 물들이는 끔찍한 색이 거부감을 불러일으킨다.

하지만 세련된 어른들 사이에서 비트는 특별한 인기가 있다. 그래서 비트는 우리가 새로운 미각을 어떻게 배울 수 있는지 보여주는 사례를 제공한다. 사람들은 단지 비트의 불쾌한 측면을 참아내는 방법을 배우는 데 그치지 않는다. 이들은 비트를 아주 싫어하던 상태에서 찬미하는 수준으로 변한다. 1990년대 이래 비트는 레스토랑 메뉴에서 사랑받는 요리로 자리잡았다(흔히 염소 치즈와 함께 나오면서). 비트를 좋아하는 어른은 어린이가 끔찍하게 여기는 바로 그 속성들을 즐기는데, 흙 맛과 살이 많은 질감, 그리고 무엇보다도 리소토를 조리하는 팬 전체를 활기찬 분홍색으로 물이는 진홍색 색소가 그것이다.

비트를 싫어하는 사람들과 좋아하는 사람들 사이에는 아주 넓은 간극이 존재한다. (우리가 싫어하는 많은 음식과 마찬가지로) 일부 이유는 우리가 이 기묘한 자주색 채소를 처음 접했을 때 본 그 형태 때문이다. 식초에 절인 비트에 대한 어린 시절의 기억도 악영향을 끼친다. 비트를 좋아하는 법은 외식 등을 통해 비트를 새롭고 매력적인 형태로 맛보면서 배울 때가 많다. 예컨대 신선하고 생동감이 넘치는 비트와 오렌지 샐러드나 감칠맛이 나게끔 튀긴 비트 크리스프 같은 형태로 말이다.

하지만 비트처럼 강한 채소 맛에는 조리 방법과 상관없이 사람들이 익숙해지기까지 시간이 오래 걸리는 뭔가가 있는 것처럼 보인다. 한 연구에서는 7~8세의 네덜란드 어린이들에게 14일 동안 매일 순수한 비트 주스를 맛보게 했다. 이론상으로는 이런 종류의 '노출'을 경험한 어린이는 당연히 비트를 좋아해야 한다. 하지만 2주간의 실험이 끝난 뒤에도 이 어린이들은 비트 맛을 '너무 강렬하다고' 느꼈다.[72]

어쩌면 비트를 좋아하는 어른들이 비트 맛을 과도하게 찬미하는 이유는 혐오감을 정복했다는 성취감에 있는지도 모른다. 식도락가는 어린 시절에 싫어하던 채소를 좋아하게 되었다는 사실을 자랑스럽게 떠들어댄다. 콜리플라워와 방울다다기양배추가 저녁 파티에서 특별히 애호하는 음식이 되었다는 식으로 말이다. 하지만 비트를 좋아하는 사람들은 괜히 으스대는 것이 아니다. 비트의 복잡하고 쓴 맛이 으깬 감자의 단조로운 맛보다 더 많은 즐거움을 주는 단계에 이르는 것이 가능하다.

심리학자 쾨스터르는 '감각 교육'을 통해 더 광범위한 맛에 노출된 어린이가 얻는 한 가지 이로운 효과는 단순성에 싫증을 느끼고 복잡성을 좋아하게 된다는 데 있음을 보여주었다.[73] 충분한 시간을 주면서 충분히 많은 시도를 하게 하면, 사람들은 비트처럼 처음에는 그 매력을 분명하게 느낄 수 없는 음식들도 결국 적극적으로 좋아하게 된다.

2장

기억

여자들은 할 이야기가 많다.
자신이 살던 집과
자신이 만든 식사를 기억하니까.

_에바 스훌조바Eva Shulzova가 열두 살 때 체코의 테레진 강제 수용소에서 쓴 시

에이비 밀러드Abi Millard가 네 살 때, 어머니 돈Dawn은 에이비가 식사 때 이상한 행동을 한다는 걸 알아챘다. 에이비는 배고픔을 별로 느끼지 않는 것 같았고, 음식을 한두 입 먹고는 포크를 내려놓는 일이 잦았다. 에이비는 전반적으로 행복하게 지냈고 행동거지도 문제가 없었지만, 가족이 친구들과 함께 외식을 하러 가면 "미적거리고 음식을 전혀 먹지 않아" 그야말로 '악몽'과도 같았다고 돈은 말했다. 병원에 데려갔더니 의사는 선천성 후각상실증이라고 진단했다. 즉, 냄새를 맡지 못한다는 것인데, 이 때문에 음식 맛을 제대로 느낄 수 없었다. 우리가 '맛'이라고 부르는 것은 거의 다 코를 통한 향미 지각이기 때문이다.

후각상실증을 자세히 들여다보면, 먹는 법을 배우는 방식과 우리가

세상과 관계를 맺는 방식 모두에 음식의 기억이 얼마나 중요한지 알 수 있다. 나와 처음 만났을 때, 에이비는 아홉 살이었다. 거의 모든 점에서 에이비는 자신감이 넘치고 행복한 소녀였다. 수영과 태권도를 좋아했고, 농촌 마을에서 부모와 함께 살면서 그곳의 초등학교를 다녔다. 하지만 에이비가 경험하는 삶은 대부분의 사람들과 아주 달랐다. 냄새를 맡거나 향미를 지각하는 능력이 없는 에이비는 음식을 거의 순전히 질감으로만 경험했다. 눈을 가린 상태에서는 후무스병아리콩 으깬 것과 식용유, 마늘을 섞은 중동 지방 음식와 딸기 요구르트의 차이를 구별하지 못했다. 샐러드 잎은 목을 간질이고, 토마토는 끈적끈적한 느낌만 줄 뿐이었다. 그래도 에이비는 브로콜리와 당근과 완두콩을 먹었다. 에이비는 대부분의 사람들에게는 있는 좋아하는 특정 음식을 추구하게 만드는 충동을 느끼지 못했는데, 그런 음식에서 즐거움을 기대하게 만드는 기억이 없었기 때문이다. 돈은 에이비가 음식에서 실질적인 즐거움을 전혀 느끼지 못한다고 말한다. 딱 한 번의 예외는 어느 레스토랑에서 에이비가 훈제 햄 스테이크를 먹으면서 "아, 맛있다!"라고 말했을 때였는데, 아마도 훈제 햄 스테이크가 아주 짰기 때문일 것이다(에이비는 강한 짠맛이나 단맛은 혀로 느낄 수 있지만, 미묘한 향미의 뉘앙스는 전혀 느끼지 못한다). 돈은 에이비가 어른이 되었을 때 먹는 것을 잊어버리지 않을까 염려한다. 이 병이 있는 사람은 사회에서 고립되기 쉽다. 학교에서 친구들이 좋아하는 음식에 대한 이야기를 나눌 때, 에이비는 그 대화에 끼어들기 어렵다. 에이비는 따끈한 바닐라 쇼트브레드밀가루와 설탕에 버터를 듬뿍 넣고 두툼하게 만든 비스킷나 초콜릿 또는 마을에서 나는 냄새가 어떤 것인지 전혀 모른다. 어머니가 요리한 음식 맛에 대한 기억도 전혀 없다.

　에이비처럼 태어날 때부터 후각상실증에 걸리는 경우는 아주 드물다. 살다가 나중에 생기는 경우가 훨씬 흔한데, 머리에 손상을 입고 나서 일어나는 경우가 많다(주로 부비동염, 코폴립, 치매, 화학 요법, 뇌졸중, 간질환 때문에 일어나며, 때로는 분명한 이유가 없이 일어나는 경우도 있다). 후각상실증 환자 지원 단체인 피프스 센스Fifth Sense가 2014년 봄에 개최한 회의에서 후각상실증 환자들은 의사가 자신들의 상태를 무시할 때가 아주 많다고 이야기했다. 특히 "귀가 먹지 않은 걸 다행으로 여기세요"라는 말을 들었다는 불평이 많았다. 하지만 음식 기억을 차단하는 병을 다행으로 여기기는 어렵다. 음식 기억은 자신이 어떤 사람인지 정의하는 데 중요한 요소이다. 자전거 사고를 당한 적이 있는 한 여성은 후각상실증이 생기고 나서 결혼 생활이 파탄을 맞이했다고 이야기했다. 음식에서 얻는 즐거움을 남편과 함께 나눌 수 없게 되자 결혼 생활이 지속될 수 없었다. 사고 이전에 부부는 사람들을 초대해 저녁 파티를 열길 좋아했는데, 남편은 훌륭한 요리가 이제 아내에게 아무 의미가 없다는 사실을 이해할 수 없었다. 모든 식사는 그녀가 잃은 것이 무엇인지 잔인하게 상기시키는 일이 되었다. 에이비 밀러드처럼 태어날 때부터 후각상실증에 걸린 사람은 나머지 사람들이 가진 즐거운 음식 기억을 공유할 수 없다는 고충을 겪는다. 그리고 살아가다가 나중에 후각상실증에 걸린 사람은 음식 기억은 있지만 그것을 다시 느낄 방법이 없다는 고충을 겪는다. 이들은 자신의 과거와 단절된 것이다.

　2011년 어느 화창한 봄날, 스무 권 이상의 요리책을 쓴 식품 전문 작가 말레나 스필러Marlena Spieler는 샌프란시스코에서 횡단보도를 건너다가 차에 치이는 사고를 당했다. 양 팔이 부러지고 뇌진탕도 일어났다. 처음의 극심한 통증이 서서히 잦아들 때, 메릴린 먼로 스타일의 백금색 머리에 쾌활한 낙관주의자이던 말레나는 그 밖에 다른 손상도 입었다는 사실을 알아챘는데, 그것은 자신에게는 팔다리 골절보다 훨씬 심각한 것이었다. 머리 외상으로 후각망울과 연결된 신경(향미를 해석하는 뇌 부분)이 손상되어 더 이상 음식 맛을 제대로 즐길 수 없었다. 커피는 어릴 때부터 말레나에게 큰 즐거움을 준 음식 중 하나였다. 그런데 이제는 아무 맛도 느낄 수 없었다. 뉴욕 타임스에 쓴 글에서 말레나는 "어릴 때 좋아했던 계피 사탕은 쓰고 끔찍한 맛이 났다"라고 썼다. "타말레옥수수 가루와 다진 고기를 고추로 양념하여 옥수수 껍질에 싸서 찐 멕시코 요리는 포리지오트밀에 우유나 물을 부어 걸쭉하게 죽처럼 끓인 음식처럼 아무 맛이 없었다. 바나나는 파스닙과 비슷한 맛과 매니큐어 제거제 냄새가 났다." 초콜릿은 "흙처럼" 느껴졌다.[1]

나는 2002년에 프로시우토 디 파르마프로시우토(prosciutto)는 장조림하여 말린 햄을 말함 제조업체 컨소시엄이 언론인을 파르마로 초청한 여행에 나섰을 때 말레나를 처음 만났다. 사흘 동안 우리는 식사 때마다 리본처럼 생기고 짠맛이 강한 분홍색 햄을 먹었는데, 말레나는 캘리포니아 주민 특유의 쾌활함을 보이면서 가장 좋아한 음식들에 대해 이야기했다. 우리는 아주 긴 대화를 나누었다. 말레나는 아티초크와 레몬, 흙 냄새가 나는 말린 박하와 톡 쏘는 맛의 송로, 빵과 치즈에 대해 이야기했고, 그리고 세상에서 그 어느 곳보다 이탈리아에서 살고 싶다고 했다. 말레나는 한 입한 입 먹을 때마다 거기서 정수를 뽑아내려고 하는 것처럼 음미하듯이 천천히 먹었다.

사고 뒤에도 말레나는 겨자나 알레포고추, 계피처럼 자극적인 양념의 얼얼한 맛을 느낄 수 있었는데, 매운 음식을 먹을 때 얼얼함을 느끼는 신체 부위인 3차 신경은 손상을 입지 않았기 때문이다. 하지만 그것을 상쇄하는 향미를 느끼지 못해 이 얼얼한 감각은 불쾌하게 느껴졌다. 그토록 좋아하던 계피 맛도 거슬렸다. 한편, 말레나는 새로운 갈망이 생겼는데, 아주 단 디저트와 생선이 당겼다. 내가 말레나를 처음 만났을 때, 그녀는 디저트에 무관심했고 생선을 싫어했다. 그런데 갑자기 훈제 고등어와 안초비를 몹시 먹고 싶어했다. 단것도 아주 좋아했다. 향미와 뇌를 연구하는 한 과학자는 말레나의 식성이 이렇게 변한 이유는 전에 그토록 싫어하던 생선과 단것의 속성을 이제 감지하지 못하기 때문일지 모른다고 말했다. 즉, 전에 말레나가 이 음식들에서 거부감을 느끼던 그 속성을 인식하지 못하기 때문에 이 음식들이 먹음직스럽게 보일 것이라는 것이다.

가끔 사람들은 후각상실증을 '맛의 상실'이라고 이야기하지만, 실제로는 맛봉오리 자체가 손상된 경우는 아주 드물다. 맛과 관련된 장애 중 90퍼센트 이상은 냄새 감각(후각)의 약화 또는 상실을 수반한다. 입속의 맛봉오리는 우리가 '향미'로 경험하는 복잡한 즐거움 중에서 일부에만 관여할 뿐이다. 나머지는 코를 통해, 정확하게는 코 뒤쪽 후각(비후방 후각)을 통해 지각된다. 우리는 숨을 들이쉼으로써 커피 냄새를 맡는다. 막 볶아서 간 따뜻한 커피 가루보다 더 향기로운 냄새가 있을까? 하지만 우리는 잔에 담긴 커피 냄새를 '거꾸로', 즉 코 뒤쪽에서부터 느낀다. 특정 방식으로 볶고 혼합한 커피의 향미를 이루는 수백 가지 화합물은 입 뒤쪽으로 갔다가 거꾸로 코인두 통로를 지나 비강(코안)으로 간다.[2] 커피를 한 모금 마셔서 삼킬 때, 우리는 그 훌륭한 향미—볶은 커피의 풍미, 그리고 체리와 복숭아 향기—를 입이 아니라 코에서 느낀다는 사실을 인식하지 못한다. 하지만 후각상실증 환자는 코 뒤쪽 후각이 주는 이 풍부한 즐거움을 느끼지 못한다. 이들은 혀로만 감지할 수 있는 거칠고 기본적인 단맛과 짠맛, 쓴맛, 신맛만 느낄 수 있다. 짠 훈제 햄 스테이크만 좋아하는 에이비 밀러드처럼 후각상실증 환자는 향미 상실을 보충하기 위해 아주 짜거나 단 음식을 찾을 때가 많다.

후각상실증은 놀랍도록 보편적인 문제인데, 미국에서만도 최대 200만 명이 어떤 형태로건 냄새나 맛을 제대로 느끼지 못하는 장애가 있다.[3] 이것은 사소한 문제가 아니다. 에스프레소에서 재스민 향기를 감지하지 못하거나 그레이프프루트와 포멜로의 차이를 알아채지 못하는 문제는 식품 전문 작가가 아니라면 별로 중요하지 않을 것처럼 보인다. 하지만 의학과 신경과학은 후각상실증이 아주 심각한 외상 상태일 수 있다는 사실을 인식하기 시작했는데, 단지 긴급 상황에서 연기나 가스 냄새를 알아채지 못할 위험 때문만은 아니다. 후각상실증 환자는 우울증이나 영양실조에 걸릴 때가 많다. 향미를 느끼지 못하면, 먹으려는 동기도 사라진다. 냄새를 전혀 맡을 수 없으면, 익숙한 맛에 대한 갈망은 남지만 그것을 만족시킬 방법이 없다. 칠면조나 양념의 배경 향기를 전혀 느끼지 못한 채 크리스마스가 지나가고, 여름이 와도 딸기와 막 자른 잔디에서 나는 향기를 경험하지 못한다. 피프스 센스를 설립한 덩컨 보크

Duncan Boak는 머리에 부상을 입은 뒤에 후각상실증 환자가 되었는데, 마치 창유리를 통해 자기 삶을 바라보는 듯한 느낌이 든다고 말했다.[4]

후각상실증 환자가 상실하는 것 중 하나는 어린 시절의 안전한 장소인데, 나머지 사람들은 예전부터 계속 좋아해온 음식을 먹을 때마다 그곳으로 돌아갈 수 있다. 사고를 겪고 나서 2년이 지났을 때, 말레나 스필러는 향미에 대한 반응성이 희미하게 되살아나는 것을 느꼈다. 뇌에 입은 손상 정도에 따라 일부 후각상실증 환자는 회복할 수 있다. 말레나는 초콜릿을 다시 좋아하도록 자신을 천천히 훈련시켰는데, 처음에는 무덤덤한 맛의 밀크초콜릿으로 시작해 코코아 함량이 70퍼센트인 다크초콜릿까지 차례로 단계를 높여갔다. 가끔 모닝커피에서 무미건조한 맛 대신에 즐거움을 느낄 때도 있었다. 우리는 한 이탈리아 요리 레스토랑에서 만나 점심을 함께 했는데, 말레나는 칵테일에 담긴 검붉은 오렌지 조각에 환호하고 튀긴 샐비어 잎을 씹으면서 아무 이상이 없어 보였다. 하지만 그녀는 향미 지각이 나아지고 있긴 하지만 여전히 불안한 마음이 남아 있다고 말했다. 단지 음식 맛을 제대로 느끼지 못해서 그런 것이 아니었다. 그것은 마치 자신이 '말레나처럼' 느껴지지 않아서 그렇다고 했다. 말레나가 BBC 라디오 4의 〈푸드 프로그램Food Programme〉에 출연해 설명한 것처럼, 미각은 지금까지 자신을 어떤 사람이라고 생각하던 정체성에 자신을 결부시키는 요소이다. "각자의 세계는 어떤 맛이 있어요. 어머니는 어떤 음식을 특정 방식으로 요리하지요. 우리는 자기 인생에서 어떤 향미들에 익숙해져 있는데, 만약 그 향미들이 사라진다면 당연히 나는 누구인가 하는 의문이 들 수밖에 없지요."**5**

먹는 법을 배울 때 가장 강한 원동력을 제공하는 단일 요소는 바로 기억이다. 기억은 우리의 모든 갈망을 빚어낸다. 그 기억은 때로는 아주 단기적이다. 예컨대 방금 음식을 먹었는지 먹지 않았는지에 관한 기억처럼. 한 연구에서 1분 전에 식사를 마친 기억상실증 환자에게 식사를 다시 주었더니, 그는 기꺼이 그것을 먹었다.**6** 몇 분 뒤에는 세 번째 식사까지 했다. 그는 네 번째 식사를 제안했을 때에야 "배가 좀 부르다"라고 하면서 거절했다.**7** 이 사례는 음식을 먹는 양을 결정하는 데 마지막 식사에 대한 의식적 기억이 배고픔만큼 중요하다는 것을 시사한다.

하지만 대부분의 사람들에게 정말로 중요한 음식 기억은 그보다 훨씬 전으로 거슬러 올라간다. 당신은 지난 화요일에 점심으로 무엇을 먹었는지 기억이 나지 않을지 몰라도, 어린 시절에 일상적으로 먹던 식사와 주말에 특별히 준비한 아침 식사, 그리고 집에서 구워 먹던 빵 맛은 기억할 것이다. 이것들은 몇 년 혹은 몇십 년이 지난 뒤에도 큰 정서적 힘을 발휘하는 기억이다.

의식적인 것이건 무의식적인 것이건 그런 기억은 우리에게 옛날에 습관적으로 먹던 음식(특히 포장 식품)을 찾게 만든다. 객관적으로 그 맛이 아주 좋은 것이 아니거나 우리 몸에 좋지 않은 것이라도 그렇다. 보상을 지배하는 뇌 부위에 간섭하는 약물인 도파민 차단제를 쥐와 생쥐에게 투여하는 실험을 한 적이 있다. 도파민 차단제는 음식에서 얻는 화학적 보상을 대부분 없앤다. 하지만 도파민 차단제는 적어도 당장은 설치

식습관의 인문학

류가 음식을 추구하는 행동 자체를 없애지는 않는다. 처음에 동물들은 레버를 계속 누르면서(혹은 좁은 통로를 달려가거나 그 밖의 필요한 과제를 수행하면서) 알갱이 형태의 음식을 먹는데, 도파민 차단제 때문에 그 음식이 더 이상 동일한 만족을 주지 않는데도 그렇게 행동한다.[8] 그 다음에는 음식을 얻기 위해 레버를 계속 눌렀지만, 음식을 먹진 않았다. 결국에는 레버를 누르는 것도 멈추는데, 이것은 음식에 대한 갈망이 마침내 사라졌음을 나타낸다. 흥미로운 사실은 갈망이 사라지기까지 시간이 아주 오래 걸린다는 점이다. 신경과학자 로이 와이즈Roy A. Wise가 말한 것처럼, "경험을 통해 보상 기억이 감퇴한 뒤에야 욕구가 사라진다."[9] 음식에 대한 갈망은 그 맛보다는 기억의 작용으로 일어난다. 기억은 사람의 음식 충동 역시 거의 같은 방식으로 부추긴다. 무아지경 비슷한 상태에서 슈퍼마켓 통로를 지나가는 우리는 좁은 통로를 달려가는 쥐와 비슷하게 오래전에 사라진 보상 기억에 이끌려 이 식품이나 저 식품을 향해 나아간다.

많은 사람들이 미각이 학습을 통해 생겨난 게 아니라고 생각하는 한 가지 이유는 그 학습이 대부분 아주 이른 시기에 일어났다가 멈추기 때문이다. 개인적 발달을 믿는 사람들에게는 두 살 때 생긴 음식 '선호'로 스물 살 때의 미각을 대체로 예측할 수 있다는 사실이 실망스러운 소식으로 들릴 것이다. 2005년에 터키 연구자들이 700여 명의 대학생들과 그 어머니들을 대상으로 인터뷰를 했다.[10] 어머니들에게는 두 살이었을 때 자식의 식습관을 물었고, 대학생들에게는 지금 주로 먹는 음식들이 어떤 것인지 물었다. 양자 사이에서 놀라운 연속성이 발견되었다. 어릴 때 '식성이 까다로웠던' 학생들은 지금도 그렇다고 대답했다. 그리고 어릴 때 너무 많이 먹었던 학생들은 지금도 여전히 그랬다. 그리고 조사 대상 중 세 사람은 어린 시절에 채소를 '전혀' 먹지 않았는데, 지금도 역시 채소를 전혀 먹지 않는다고 했다. 그러니 어린 시절의 철없는 행동이라고 다 무시해서는 안 된다.

기억과 음식에 대해 이야기할 때, 우리는 향수가 일반적으로 나이를 많이 먹은 뒤에 일어나는 현상이라고 가정한다. 마르셀 프루스트가 라임꽃잎 차에 적신 마들렌을 먹다가 어린 시절의 기억으로 돌아가는 것처럼. 하지만 음식 기억은 처음부터 존재한다. 심지어 아기에게도 향수가 있다! 부모가 아기에게 주는 음식은 강한 기억을 심어주며, 그 기억은 특정 향미에 영속적인 반응을 촉발한다. 이 과정은 태어나기 전부터 시작된다. 우리는 모두 어머니가 먹던 음식의 메아리를 가지고 태어나는데, 따라서 향미에 관한 한 완전히 빈 서판으로 태어나는 사람은 아무도 없다. 우리는 자궁에서 경험한 것을 통해 특정 음식에 반응하는 성향을 갖고 태어난다.

갓난아기가 맛을 어떻게 생각하는지는 알기 어려운데, 물어볼 수가 없기 때문이다. 혹은 아기가 대답을 할 수 없다고 하는 편이 더 정확할지 모르겠다. 하지만 1974년에 이스라엘 의사 야코프 슈타이너Jacob Steiner는 단맛, 신맛, 짠맛, 쓴맛 등 기본적인 맛에 대한 아기의 반응을 얼굴 표정으로 측정할 수 있다는 사실을 알아냈는데, 그것은 태어난 첫 번째 주에도 생생하고 풍부했다.[11] 슈타이너는 태어난 지 몇 시간밖에 안 된 아기들에게 면봉에 묻힌 액체로 다양한 맛을 보게 하면서 얼굴 표정을 촬영했다. 소금을 맛보게 하면 아기들이 울 것이라고 생각하기 쉽지만, 아기들은 놀랍게도 거의 아무 반응도 보이지 않고 무표정한 상태를 계속 유지했다(소금을 좋아하는 취향은 생후 넉 달 무렵이 되어서야 나타난다). 하지만 입으로 느끼는 나머지 기본적인 맛에는 강한 반응을 보였다. 신맛이 나는 면봉을 갖다대자 아기들은 입술을 오므렸다. 쓴맛에는 마치 그것을 뱉거나 토하려고 하는 것처럼 극심한 괴로움의 표정과 함께 입을 벌렸다. 단맛에는 '윗입술을 열심히 핥으면서' 꿈꾸는 듯한 '이완'의 표정을 지었는데, 심지어 '경미한 웃음'까지 지었다(아직 이 나이의 아기는 웃는 능력이 없는 것으로 알려졌는데도 불구하고). 설탕의 힘은 이토록 대단하다.

이 실험은 그 후에 많이 반복되었는데, 그때마다 비슷한 결과가 나왔다. 이 실험은 스웨덴에서 중국에 이르기까지 모든 아기가 선천적으로 단맛을 좋아하고 쓴맛과 신맛을 싫어하는 성향이 있다는 사실을 확인시켜주었다. 기본적인 맛은 기억의 문제가 아니다. 우리는 단맛은 좋고 쓴맛은 위험하다고 여기도록 프로그래밍되어 있다. 이 단순한 혀의 반응은 따로 배울 필요가 없다. 하지만 향미는 이야기가 다르다. 향미(이 기억은 코를 통해 거꾸로 생겨난다)는 모두 배워야 한다. 구운 커민cumin, 미나리과에 속하는 식물 또는 그 씨앗에서부터 농어에 이르기까지, 그리고 파슬리에서부터 카르보나라에 이르기까지 온갖 형태의 향미에 대해 우리가 생각하는 것은 고정돼 있지 않다. 이 모든 것에 대해 각자 서로 다른 기억 은행과 느낌을 갖고 있으며, 그것은 그 이전은 아니라 하더라도, 태어난 첫날부터 존재한다.

맛봉오리는 임신 7주차 또는 8주차에 나타난다. 임신 13~14주차에 이르면 맛봉오리가 이미 충분히 성숙한 상태에 이른다. 임신 13주차 태아는 피부 아래에 지방이 전혀 없고, 폐에는 공기가 하나도 없으며, 몸무게가 500그램 정도에 불과할 수 있다. 하지만 이 시기의 태아는 이미 삼킬 뿐만 아니라 '맛'도 볼 수 있는데, 이때 마신 액체는 기억으로 남는다.

2000년, 몇몇 프랑스 과학자가 놀라운 실험을 통해 신생아가 양수 맛에 대한 기억을 갖고 태어난다는 사실을 보여주었다.[12] 이들은 강렬한 맛의 아니스 사탕이 별미로 통하는 알자스의 여성들을 실험 대상으로 삼았다. 이 여성들 중 일부는 임신 기간에 아니스를 규칙적으로 먹었고, 일부는 먹지 않았다. 출생 직후와 4일 뒤에 아기들을 테스트했는데, 자궁 밖으로 나온 뒤로는 우유 외에는 아무것도 맛보지 않은 상태였다. 아니스 냄새를 흘려주었을 때, 평소에 아니스를 먹던 어머니에게서 태어난 아기들은 아니스를 뚜렷하고 '확고하게' 선호하는 성향을 보였다. 이 아기들은 아니스 냄새를 향해 고개를 돌리고 혀를 내밀면서 핥는 제스처를 보였다. 아기들은 아니스를 기억했고, 그 냄새에 즐거워하는 것처럼 보였다.

추가 실험들에서 마늘을 비롯해 그 밖의 강한 향미도 양수로 흘러들어간다는 사실이 확인되었다. 한 연구에서는 산모들의 동의를 얻어 양수 검사를 받기 45분 전에 마늘 캡슐을 삼키게 했다. 양수 검사를 했더니 양수에서 마늘 냄새가 났다.[13] 마늘을 잘 먹는 여성이 임신한 아기는 아홉 달 동안 마늘 향미가 섞인 주머니 속에서 사는 셈이다. 태어나기 전에 이렇게 마늘에 노출된 아기는 나중에 마늘을 즐길 가능성이 더 높은

식습관의 인문학

것으로 드러났다. 마찬가지로 임신 기간에 인공 감미료를 먹은 어미에게서 태어난 생쥐는 단것을 과도하게 좋아하는 성향을 보였다.[14] 임신 기간에 정크푸드(맛좋은 스낵, 단맛을 높인 시리얼, 초콜릿-헤이즐넛 스프레드 등)를 먹인 쥐에게서 태어난 새끼들도 설치류 펠릿 사료 대신에 이 음식들을 선호했는데, 다만 수유 기간에 어미가 건강에 좋은 음식으로 전환할 경우엔 새끼들이 정크푸드를 선호하는 정도가 감소했다.[15]

어머니가 일상적으로 자주 섭취하는 향미들은 우리에게는 모유와 같은 것영어에서 mother's milk는 꼭 필요하거나 천성적으로 좋아하는 것이란 뜻으로도 쓰임이 될 수 있다. 모넬화학감각센터에서 일하는 생물심리학자 줄리 메넬라Julie Mennella와 게리 보샴프Gary Beauchamp는 자궁 속의 향미와 모유의 향미가 어린이에게 특정 음식에 대한 지속적인 기억과 선호를 어떻게 남기는지 알아보기 위해 일련의 실험을 했다.[16] 이들이 한 유명한 연구 중 하나는 2001년부터 당근 주스를 사용해 실시했다. 임신 기간의 마지막 석 달과 출산 후 모유를 수유한 처음 두 달 동안 당근 주스를 마신 여성에게서 태어난 아기들은 당근 향미를 좋아하는 성향을 보였다. 어머니가 당근 주스를 마시길 멈춘 지 몇 달 후에 젖을 떼고 고형식을 먹기 시작한 아기들 사이에서는 물을 부은 순수한 시리얼보다 당근 주스로 향미를 추가한 시리얼을 더 좋아하는 성향이 뚜렷하게 나타났다.

아기가 이처럼 향미를 처음 접하는 사건(자궁 속에서 그리고 젖을 통해)은, 게리 보샴프의 표현을 빌리면, 일종의 '각인' 작용을 한다.[17] 우리는 이러한 초기의 향기에 정서적으로 애착을 느끼게 된다. 앞 장에서 '향미 창'을 이야기할 때 보았듯이, 더 어린 아기들이 나이를 더 먹은 아기들보다 새로운 맛에 더 열려 있다. 이것은 젖을 떼는 시기 문제에서, 생후 6개월 동안은 오로지 모유만 먹이라는 조언을 무시하고 생후 4~6개월부터 다양한 채소 퓌레를 먹여야 한다는 주장을 뒷받침한다. 그런데 이것은 아기에게 음식을 먹이기 이전 단계에서는 적어도 모유 수유를 하는 처음 몇 달 동안은 어머니가 가능하면 다양한 음식을 먹어야 한다는 주장을 강력하게 뒷받침하는 근거도 될 수 있다. 일부 심리학자들은 어머니에게 "아기의 행복을 위해 모유를 먹이세요"라고 말하는 대신에 "자신의 행복을 위해 모유를 먹이세요"라고 말하라고 제안하는데, 그래야 아기가 음식을 처음 먹는 단계들에서 덜 까다롭게 굴 가능성이 높기 때문이다.[18] 그렇긴 하지만, 나는 생후 4개월부터 분유를 먹다가 12개월부터 블랙 올리브와 시금치 타르트를 먹기 시작한 아이들(내 아이들은 아님)을 알고 있기 때문에, 이 주장이 항상 옳은 것은 아니다.

분유가 생후 1년 동안의 중요한 시기에 많은 아기들이 맛보는 주 음식이란 점을 감안하면, 사람들이 분유의 향미에 대해 거의 이야기하지 않는다는 것이 이상해 보인다. 특정 상품의 분유 성분은 다 똑같기 때문에, 분유는 모유보다 '각인' 영향력이 훨씬 클 것으로 보인다. 일반 분유를 잘 소화하지 못하는 아기에게는 가끔 특별한 '가수분해' 분유를 먹인다. 이것은 우유에 포함된 단백질을 분해하여(가수분해를 통해) 잘 소화할 수 있게 만든 것이다. 어른에게 이러한 분유는 맛이 끔찍하게 느껴지는데, 시큼한 치즈 맛과 기묘한 건초 냄새가 난다. 메넬라와 보샴프는 두 종류의 가수분해 분유를 각각 먹인 아기들을 추적해보았다.[19] 객관적으로 말한다면, 두 종류의 분유는 모두 불쾌한 맛이 났다. 하지만 아기들에게 배정된 각각의 분유(시큼한 맛이 나는 것이건 아니건)는 음식이 어떤 맛이 나야 하는지 가르쳤다. 두 종류의 분유를 바꾸어 먹이자, 아기들은 우유를 덜 마셨다. 똑같이 맛이 나쁘더라도 자신이 원래 먹던 분유를 다른 분유보다 더 좋아했다. 더욱 놀라운 사실은, 아기 때 시큼한 맛이 나는 가수분해 분유를 먹고 자란 4~5세의 어린이들이 모유나 보통 분유를 먹고 자란 어린이들보다 신맛과 시큼한 냄새에 더 긍정적인 반응을 보였다는 점이다. 이것은 어릴 때 부모가 먹인 음식이 충분히 긍정적인 기억을 심어주었다면, '어떤 음식'이라도 좋은 맛으로 각인될 수 있음을 생생하게 보여주는 증거이다. 이 결과는 아기에게 채소로 향미를 곁들인 분유를 제공한다면 큰 도움이 될 수 있음을 시사한다.

분유는 습진과 귀 감염 위험 감소에서부터 나중에 제2형 당뇨병에 걸릴 위험 감소와 건강에 좋은 장내 미생물 촉진에 이르기까지 모유가 지닌 다양한 이점이 부족하다. 하지만 앞에서 이야기했듯이, 선진국에서는 대부분의 어머니들이 처음 6개월 동안 계속 모유 수유를 할 수 없거나 하려고 하지 않는다. 나는 이런저런 이유(병, 일, 가족 사망, 그리고 한 아이는 모유를 먹이는 데 어려움이 있어)로 3개월 만에 포기했다. 아이들이 일반 우유를 먹을 수 있는 만 한 살 전까지 나는 다양한 녹색 채소 향이 약간 가미된 분유를 사서 먹였는데, 그것은 나중에 진짜 채소를 먹기 시작할 때 시금치에 대한 기억을 상기시키기에 충분하리라고 보았다.

그런데 많은 나라에서는 분유에 바닐린 향을 첨가해왔다. 바닐린은 아이스크림에서부터 비스킷과 케이크에 이르기까지 산업적으로 생산되는 달콤한 식품에 첨가되는 인공 바닐라 향 물질이다. 바닐라 우유의 역사는 상당히 오래되었다. 1940년에 필라델피아아동병원의 수간호사는 우유를 잘 먹으려 하지 않는 어린이에게 한 병당 바닐라 진액 세 방울을 섞어서 주라고 권장했다.[20] 인터넷 포럼들은 아기가 우유를 거부할 때 자포자기 상태에서 바닐라 추출물에 의존하는 부모들이 아직도 있다고 주장한다.[21]

1981년부터 국제 식품 표준(세계보건기구의 코덱스국제식품규격Codex Alimentarius)은 갓난아기가 먹는 유아용 분유에 어떤 향료도 첨가해서는 안 된다고 명시했다. 하지만 바닐린은 아직도 만 한 살 이상의 어린이를 대상으로 판매되는 많은 유아용 분유의 핵심 성분으로 쓰이고 있다. 중국에서는 바닐린을 유아용 분유에 사용하지 못하도록 금지했지만, 여전히 많은 제조업체가 불법적으로 제품에 첨가하고 있다. 2014년, 한 화학 분석 팀은 원저우 시의 슈퍼마켓들에서 무작위로 구입한 유아용 분유 표본 20개 중 4개에서 바닐린을 발견했다.[22]

아이에게 '각인'시키려고 생각하는 향미 중에서 건강 면에서 가장 무익한 것이 바로 바닐린일 것이다(초콜릿을 제외한다면. 2010년, 미국의 분유 회사 미드 존슨은 유명한 영양학자 메리언 네슬Marion Nestle이 그것이 '사탕처럼' 아이들을 훈련시킨다고 항의하자, 초콜릿 향이 나는 '프리미엄' 엔파그로 분유 판매를 중단했다).[23] 바닐라 우유의 효과는 영속적이다. 1999년, 독일에서 일부 연구자들은 독일의 '병우유'에 몇 년 동안 첨가된 바닐라의 효과를 시험했다.[24] 그들은 133명에게 두 가지 케첩을 맛보게 했는데, 하나는 순수한 토마토 케첩이었고, 다른 하나는 기묘하게도 바닐린 향을 첨가한 것이었다(연구자들이 케첩을 선택한 이유는 정상적으로는 케첩과 바닐라가 어울리지 않기 때문이었다). 모유를 먹고 자란 사람들 중 대다수는 순수한 케첩을 선호한 반면, 바닐라 우유를 먹고 자란 사람들 중 대다수는 기묘한 바닐라 케첩을 선호했다. 어린 시절에 먹었던 바닐라 우유가 이 불운한 사람들을 바닐라가 모든 것을 더 맛있게 만든다고 생각하도록 세뇌시킨 것이다.

어린 아기에게 안전하게 만들 수만 있다면, 분명히 시금치 우유가 훨씬 나은 대안이 될 것이다. 하지만 시금치 우유는 인기를 끌 가능성이 거의 없다. 그래도 맛이 좋지 않은 가수분해 분유를 먹고 자란 아기들이 우유는 원래 시큼하고 치즈 같은 맛이 나야 한다고 생각하는 것처럼, 시간이 지나면 아기들이 시금치 우유를 받아들이고 심지어 좋아할 가능성이 있다. 채소 우유를 쉽게 받아들일 수 없는 사람들은 부모들이다. 부모들은 어린 시절의 자기 기억과 일치하는 우유를 아기가 마시길 원한다. 제조업체들은 어른의 마음에 들어야만 유아용 식품을 팔 수 있다는 사실을 잘 안다. 유아용 비스킷이 가끔 도넛보다 더 달고, 금지될 때까지 수십 년 동안 유아용 옥수수 죽의 맛을 높이기 위해 MSG를 넣은 이유도 이 때문이다. 유아용 식품에 바닐라를 넣는 이유도 아기의 마음을 끌기 위해서가 아니라(앞에서 보았듯이, 아기는 정확한 기억만 있다면 이상하거나 시큼하거나 강한 향미에도 감정적으로 끌린다), 어른의 마음을 끌기 위해서이다. 식품을 사는 사람은 아기가 아니다. 식품 회사들이 호소하려고 노력하는 대상은 바로 어른의 기억이다.[25] 어른은 우윳병을 데울 때 아기가 마실 우유 냄새를 맡거나 직접 맛을 보기도 한다. 아기가 먹는 우유 맛이 '어떠해야' 하는지 기억을 갖고 있는 사람은 아기가 아니라 바로 어른이다. 그 기억은 시리얼 그릇에 남은 우유처럼 크림색이고 달콤해야 한다고 말한다.

당신은 패션프루트passion fruit. 아메리카의 아열대 지역이 원산인 시계꽃과의 과일나 아보카도, 타이 그린 커리를 맨 처음 먹은 순간을 기억하는가? 그러한 향미 기억은 보통 사람들에게는 하찮은 것으로 보일 수 있으며, 미식가에게나 소중할 뿐이다. "아, 그래! 부야베스bouillabaisse. 향신료를 많이 넣은 프랑스 남부의 생선 수프를 처음 맛본 것은 1987년에 마르세유에서였지."

하지만 신경과학의 관점에서 보면, 음식 기억은 결코 하찮은 것이 아니다. 서로 다른 향미들을 기억하는 것은 우리 몸이 주변 세계와 상호작용하는 주요 방법 중 하나이다. 놀랍게도 후각망울은 중추 신경계 중에서 비강을 통해 유일하게 주변 환경에 직접 노출된 부분이다. 다른 감각들(시각, 청각, 촉각)은 척수를 따라 뇌까지 신경을 통해 복잡한 여행을 해야 한다. 이와는 대조적으로, 냄새와 향미는 접시에서 코로, 그리고 거기서 곧장 뇌로 향한다.

사람의 후각은 다른 동물, 예컨대 개에 비해 약하다는 것이 일반 상식이다(공항에서 냄새로 마약을 탐지하는 사람이 없다는 점이 이 사실을 뒷받침한다). 그런데 최근에 그렇지 않다는 연구 결과가 나오고 있다. 우리는 블러드하운드후각이 발달한 큰 개로, 사람을 찾거나 추적할 때 이용함처럼 냄새를 추적하는 능력은 없을지 몰라도, 후각 식별력은 누구에게도 뒤지지 않는다. 우리는 토마토 주스에 우스터 소스가 딱 한 방울만 섞여도 그것을 알아챌 수 있고, 또 다른 사람의 땀에서 두려움의 냄새를 감지할 수 있다.[26]

나는 우리가 냄새와 향미를 구별한다고 말했지만, 실제로는 우리가 냄새와 향미를 만들어낸다고 해야 정확할 것이다. 향미는 실제로는 음식 '속'에 있는 게 아니다. 그것은 빨간색이 장미 속에 있거나 노란색이 태양 속에 있는 게 아닌 것과 마찬가지다. 향미는 우리 뇌가 만들어내는데, 우리는 모든 맛에 대응하는 심적 '향미 이미지'를 만들어낸다. 아는 사람들의 얼굴에 대한 기억 은행을 만드는 것처럼 말이다. 차이점은 얼굴은 한동안 보지 않으면 흐릿하게 사라지는 반면, 향미와 냄새는 지울 수 없게 뿌리를 내리는 속성이 있다는 점이다. 어린 시절에 맛본 향미는 어른이 되고 나서도 여전히 뇌 속에 그대로 남아 있다. 설사 오랜 세월 동안 그것에 대해 전혀 생각하지 않더라도 말이다. 냄새와 기억 연구의 '창시자'로 일컬어지는 노르웨이의 트뤼그 엥엔Trygg Engen은 후각의 특징을 '잊지 않도록 설계된 시스템'이라고 묘사했다.[27]

1991년, 생물학자 리처드 액설Richard Axel과 린다 벅Linda Buck은 후각 수용기(코에서 냄새 분자를 감지하는 세포)가 인간 유전체에서 단일 가족으로서는 규모가 가장 크다는 사실을 발견했다. 두 사람은 1만 9000여 개의 유전자 중에서 전체의 5퍼센트에 이르는 약 1000개가 후각 수용기와 관련된 것이란 사실을 알아냈다. 이들의 연구는 결국 사람이 그토록 많은 향미와 냄새를 어떻게 기억하고 구별하는가라는 수수께끼 중 일부를 풀었다(그리고 13년 뒤에 이 연구 성과로 노벨상까지 받았다).

사람의 후각계가 그토록 정교한 원인은 단지 수용기 자체뿐만이 아니라, 수용기가 우리의 큰 뇌와 상호작용하는 방식에도 있다. 각각의 수용기 세포는 상당히 전문화되어 있어 아주 적은 수의 물질만 감지할 수 있다.

하지만 우리가 어떤 물질(예컨대 막 구운 빵덩어리나 스튜 위에 뿌린 레몬 껍질)의 냄새나 맛을 볼 때, 수용기들은 뇌의 후각망울로 메시지를 보낸다. 그러면 여기서 각각의 향미는 후각망울 중 후각사구체(후각토리라고도 함)라는 부분에서 나름의 고유한 패턴으로 암호화된다. 후각사구체는 '탁월한 감지점'이라고 불려왔다. 어떤 것을 맛보거나 냄새 맡을 때마다 그에 대응하는 후각사구체가 스냅사진을 찍듯이 그 정보를 기록한다. 이 스냅사진 정보는 뇌에서 지도처럼 어떤 패턴으로 나타난다.

린다 벅은 사람이 구별할 수 있는 개별적인 냄새는 약 1만 가지라고 추정한다. 우리는 집 안으로 들어서자마자 누가 저녁을 위해 닭고기를 굽는다는 사실과 그 요리사가 백리향 대신에 로즈메리로 속을 채우기로 했다는 사실을 알아챈다. 우리의 후각계는 서로 다른 향미를 구별하는 탁월한 능력이 있다. 실험실의 전문 화학자가 보더라도 거의 동일한 분자들을 보통 사람은 냄새를 통해 쉽게 구별할 수 있다. 우리 뇌는 같은 화학 물질도 그 농도에 따라 아주 다르게 해석한다. 벅과 그 동료들은 "주목할 만한 예는 싸이오테르피네올thioterpineol이란 물질인데, 그 냄새는 낮은 농도에서는 '열대 과일'로, 조금 높은 농도에서는 '그레이프프루트'로, 훨씬 높은 농도에서는 '악취'로 묘사된다"라고 말한다.[28]

하지만 냄새를 넘어 향미를 고려할 때, 우리 뇌가 처리하는 이미지들은 엄청나게 복잡해진다. 코에서 보내온 냄새 신호("이 커피 향은 정말로 좋군!")에 더해 입에서 보내온 맛 신호("오, 하지만 맛이 쓴걸!")와 질감 신호("부드러운 크레마로군!")와 온도 신호("이런! 혀가 데었어!")까지 있다. 음식을 맛보는 경험에는 청각이나 시각, 촉각의 경우보다 훨씬 다양

식습관의 인문학

한 감각이 복합적으로 작용하는데, 그것을 처리하는 데 뇌에서 가장 정교한 부분이 필요한 이유도 이 때문이다. 사실, 음식 맛은 향미뿐만 아니라 청각과 시각과 촉각에도 영향을 받는다. 우리는 아삭거리는 소리가 크게 나는 사과와 선홍색으로 빛나는 스테이크, 목 안쪽을 어루만지는 느낌을 주는 부드러운 소스를 선호한다.

만약 냄새의 종류가 1만 가지라면, 우리 뇌가 만들어낼 수 있는 향미의 가짓수는 무한대에 가깝다. 예일대학교의 생물학자 고든 셰퍼드 Gordon M. Shepherd는 우리 뇌의 독특한 향미 시스템을 설명하기 위해 '신경미식학neurogastronomy'이라는 용어를 만들어냈다.[29] 셰퍼드의 견해에 따르면, 복잡한 향미 인식은 인간의 정체성에서 핵심을 차지하며, 우리와 다른 포유류를 구별하는 큰 차이점이다. 고양잇과 동물들은 설탕처럼 단순한 맛의 물질도 감지하지 못하는데, 단맛을 느끼는 미각 수용기가 없기 때문이다. 반면에 사람은 가짜 단풍 시럽과 진짜 단풍 시럽을 구별할 수 있고, 보통 콜라와 다이어트 콜라도 구별할 수 있다. 셰퍼드는 서로 다른 향미에 대해 사람이 만들어내는 이미지들은 뇌에서 의사 결정과 추상적 사고와 함께 기억을 처리하는 데 가장 중요한 지역인 전전두피질(이마앞겉질)에서 처리한다고 말한다. 셰퍼드의 연구는 사람의 뇌가 어떤 가짓수의 향미도 만들어내는 잠재적 능력이 있음을 보여주었는데, "용해성이 있는 물체는 전부 다 다른 물체와 완전히 똑같지 않은 특별한 향미를 갖고 있기 때문이다".[30]

우리 뇌가 향미를 해석하는 방식은 인간이 패턴을 얼마나 좋아하는지 보여준다. 셰퍼드와 그 동료들은 fMRI와 그 밖의 뇌 스캐닝 기술을 사용해 서로 다른 향미가 뇌에서 제각각 다른 패턴으로 기록된다는 것을 보여주는 실험을 했다. 이 향미 지도 스캔 결과에서 우리 뇌에 바나나와 체다 치즈를 위한 장소가 따로 있고, 또 딸기와 설탕이 서로 비슷한 장소들에서 점들로 나타나는 것을 보면 놀라지 않을 수 없다. 뇌가 향미 지도를 만드는 방식은 우리가 시각 이미지를 지각하는 방식과 비슷하다. 어떤 물체를 '볼' 때, 우리가 실제로 하는 일은 일부 특징은 강조하고 다른 특징은 억제하면서 그 물체의 추상적인 2차원 표상을 만드는 것이다. 마찬가지로 음식을 입 속에 넣을 때, 코로 흘러들어온 향미 분자들은 뇌에서 추상적인 패턴으로 변한다. 이러한 패턴은 우리가 그 음식을 다시 맛볼 때 그 음식을 인식하도록 도와준다. 후각 수용기는 단것과 향긋한 것, 그리고 썩은 것과 신선한 것에 서로 다른 패턴을 제공한다. 수용기는 또한 나머지 몸의 상태(예컨대 행복하거나 우울하거나 메스껍거나 등)에 따라 패턴을 수정하기도 한다.

　이러한 패턴을 통해 뇌는 엄청나게 복잡한 향미 세계를 이해한다. 소위 다섯 번째 맛이라는 감칠맛_{국제적으로는 일본어에서 유래한 우마미(umami)라는 단어가 널리 통용됨}을 예로 들어보자. 감칠맛은 고기와 치즈, 그리고 토마토나 브로콜리 같은 일부 채소에서 느낄 수 있는 아주 맛깔스러운 맛을 가리킨다. 버섯의 특별한 매력도, 감자 위에 그레이비소스를 뿌리지 않을 수 없는 이유도 바로 감칠맛 때문이다. 모든 사람에게는 감칠맛에 특별히 반응하는 신경세포가 있다. 하지만 감칠맛(이것을 인공 조미료의 형태로 만든 것이 바로 MSG이다) 자체는 그다지 썩 좋은 맛이 아니다. 감칠맛은 다른 향미들과 함께 작용할 때에만 진가를 발휘한다. 이것은 뇌영상 연구에서 분명히 볼 수 있다. 글루탐산염을 맛좋은 채소 냄새와 함께 맛볼 때, 두 가지 향미를 각각 따로 맛볼 때보다 뇌 활동이 훨씬 활발하게 일어난다. 전체는 각 부분의 합보다 더 크다. 이것은 당연하다. 우리 뇌는 충분히 똑똑하기 때문에, 간장을 뿌린 아시아 채소 요리를 맛볼 때에는 동일한 채소와 간장을 각각 따로 맛볼 때보다 훨씬 큰 향미 이미지를 만들어낸다.

우리의 향미 이미지에서 무엇보다 중요한 것은 이것이 과학자들이 '욕망 이미지'라고 부르는 것을 낳는다는 사실이다. 일단 머릿속에 우리가 좋아하는 어떤 향미에 대한 기억이 있으면, 그것을 다시 얻으려고 추구할 때 '욕망 이미지'가 생긴다. 2004년에 연구자들은 피험자들에게 무미건조한 음식을 먹게 하면서 좋아하는 음식을 상상하라고 지시했다. 단지 좋아하는 음식을 생각하는 것만으로 해마와 뇌섬엽과 꼬리엽(마약을 갈망할 때 활성화되는 바로 그 장소들)에서 반응 신호가 생겨났다. 캐나다 연구자들은 '초콜릿 마니아'라고 자처하는 사람들은 그렇지 않은 사람들보다 초콜릿을 먹을 때 뇌 활동이 다르게 나타난다는 사실을 발견했다. 이들의 뇌는 배가 잔뜩 부르고 나서 한참 지날 때까지도 초콜릿 사진에 계속 호의적인 반응을 보였다. 신경과학은 어떤 사람들은 초콜릿에 대한 반응이 다른 사람들과 다르다는 사실을 확인해준다.

다음 식사에서 얻을 즐거움에 대한 기대(내 경험에 따르면 하루 중 상당 부분을 차지할 수 있는)는 항상 기억의 형태로 나타난다. 그리고 한 입 먹을 때마다 과거에 같은 것을 먹었던 기억이 떠오른다. 따라서 뇌에서 향미 패턴들이 과거, 특히 어린 시절에 맛보았던 모든 음식에 영향을 받는 것은 지극히 당연하다. 프랑스에 정착한 북아프리카인 사이에서는 신선한 박하 차(흔히 화려한 장식의 찻주전자를 사용한다)가 일상 생활의 일부를 차지한다. 이런 문화에서 자란 어린이들은 어른들이 앉아 대화를 나누는 식탁에서 피어오르는 허브 향 증기에 익숙하다. 파리의 모스크 안뜰에서는 특별히 상쾌한 박하 차를 제공하는데, 이 고요한 장소는 무더운 날에 피서를 즐기기에 좋은 곳이다.

프랑스에 정착한 알제리인에게 박하 차는 비아프리카계 프랑스인과는 다른 방식으로 마음에 각인돼 있다. 2009년, '알제리계 프랑스인'과 '유럽계 프랑스인'이 절반씩 섞인 피험자 집단에게 박하 냄새를 맡게 한 뒤, 그것이 무엇이라고 생각하는지 묻는 실험을 했다. 모든 사람들(프랑스인이건 알제리인이건)은 그 냄새를 좋아했고, 또 모두가 그것이 박하 냄새라는 것을 알아맞혔다. 그런데 두피에 금 전극을 붙이자, 알제리인은 유럽인보다 박하에 반응하는 신경 활동이 훨씬 높은 수준으로 일어났다. 평소에 집에서 마시던 박하 차 때문에 그 냄새가 뇌에서 유럽인과는 다른 피질 패턴을 만들어낸 것이다. 요컨대, 박하는 비알제리인보다 알제리인에게 더 많은 공명을 일으키는 향미였다. 이것은 그들의 뇌가 이전에 이미 많이 인식한 이미지였다. 만약 박하가 맛이 아니라 소리라고 한다면, 프랑스인은 그 음들을 들을 수 있지만, 그 음악을 제대로 음미하는 사람은 알제리인뿐이라고 말할 수 있다. 이들은 박하에 대한 기억이 훨씬 광범위하기 때문에, 박하는 실제로 뇌에서 더 많은 부분을 활성화시켰다.

식습관의 인문학

어린 시절부터 기억하는 향미를 접할 수 없게 되면, 그것을 맛보고 싶다는 갈망이 아주 강렬한 나머지 다른 생각은 전혀 떠오르지 않는 지경에 이를 수 있다. 이 장 첫머리에서 만났던 말레나 스필러 같은 후각상실증 환자가 이 사실을 확인해준다. 말레나는 자신을 다시 '말레나처럼' 느끼게 해줄 향미를 갈망한다.

이러한 향미 갈망 사례 중 가장 뭉클한 예는 전쟁 포로들의 음식 강박증에서 볼 수 있다. 프리모 레비는 아우슈비츠 근처의 부나 강제 노동 수용소에 수감되어 지낼 때, 동료 수감자들이 잠자면서 신음 소리만 내는 데 그치지 않고 입술을 핥던 광경을 기억한다. "그들은 먹는 꿈을 꾸었던 거지요. 그것은 집단 공통의 꿈이었어요. …… 꿈속에서 단지 음식을 보는 것에 그치지 않고, 그것을 분명하고도 구체적으로 손으로 만지고, 그 풍부함과 냄새까지 인식했지요."

제2차 세계대전의 전쟁 포로들이 쓴 체험기를 관통하는 한 가지 공통 주제는 단지 굶주림뿐만이 아니라, 자유의 몸이 되면 다시 먹게 될 그 모든 음식을 떠올리게 한 강렬한 기억이다. 그러한 꿈에 등장하는 음식은 우아한 레스토랑에서 어른들이 먹는 음식은 드물었고, 대신에 어린 시절에 먹던 음식과 집에서 먹던 음식, 즉 더부룩하고 포만감을 주면서 안전한 음식이 대부분이었다. 전쟁 포로 출신의 한 영국인은 이틀 연속으로 '오믈렛과 당밀 푸딩' 꿈을 꾼 일을 기억했다. 꿈에서 깨고 나서 크게 실망한 것도 기억했는데, "어떤 음식도 달을 따오는 것만큼 얻기가

불가능했기 때문"이었다.[31]

음식 강박증은 극동 지역에서 전쟁 포로가 된 유럽인, 미국인, 오스트레일리아인 사이에서 특히 최고조에 이르렀는데, 배급받는 쌀밥과 갈망하는 음식 사이의 괴리가 너무 커서 정신이 약간 혼미해질 정도였다. 식품역사학자인 수 셰퍼드Sue Shephard는 일본군 포로 수용소에 감금된 전쟁 포로들 중 대부분은 "어린이 상태로 퇴행했다고" 썼다. 그들은 모두 설탕과 관련된 환각을 경험했다. 그것은 영국인에게는 초콜릿 에클레어eclair, 속에 크림을 넣고 위에는 초콜릿을 씌운 길쭉한 케이크와 수잇 푸딩suet pudding, 김이 모락모락 피어오르는 노란색 커스터드로, 미국인에게는 허시 초콜릿과 어머니가 만든 사과 파이와 초콜릿 케이크에서 코코넛 케이크에 이르기까지 온갖 종류의 레이어 케이크로 나타날 수 있었다. 어떤 사람들은 음식에 관한 집단 대화에 끼어들길 거부했는데, 자신이 집에서 얼마나 멀리 떨어져 있는지 떠올리는 게 너무나도 고통스러웠기 때문이다. 하지만 대부분의 사람들에게는 열렬하게 좋아하는 음식에 관한 이야기는 지루하고 잔혹한 현실 속에서 끝없이 살아가야 하는 나날을 버텨내게 하는 생존 메커니즘이 되었다. 장기간 전쟁 포로로 억류 생활을 한 사람은 포로가 된 지 1년 반쯤 지나자, 음식 이야기가 여성에 대한 몽상을 완전히 밀어냈다고 회상했다.

어떤 사람들은 종이 조각 위에 정교한 메뉴와 심지어 레시피까지 적었다. 2012년에 출시된 다큐멘터리 영화 〈다시는 돌아가고 싶지 않은 과거: 전쟁 포로의 경험Never the Same: The Prisoner-of-War Experience〉을 찍기 위해 전쟁 포로 출신 미국인을 인터뷰하면서 20년을 보낸 영화 제작자 잰

식습관의 인문학

톰프슨Jan Thompson은 '어린 시절의 가족 모임 기억'으로 재구성한 추수감 사절 메뉴를 적는 것이 한 가지 공통 주제란 사실을 발견했다.[32] 모든 기억은 왜곡되기 마련인데, 반쯤 굶주린 상태에서 이들은 휴일의 메뉴를 어린 시절에 실제로 먹었던 것보다 훨씬 풍성하게 재구성했다. 취사반 장이던 모리스 루이스Morris Lewis는 일본에서 자신뿐만 아니라 동료 군인들을 돌보아야 하는 책임에 심한 압박감을 느꼈다. 루이스는 특별한 추수감사절 저녁 식사 메뉴를 적어나가면서 '제정신'을 유지하려고 노력했는데, 메뉴 중에는 구운 버지니아 햄, 튀긴 토끼고기, 크랜베리 소스, 눈송이 감자, 고구마 조림, 버터를 바른 사탕옥수수, 버터를 바른 아스파라거스, 올리브, 채소로 속을 채운 올리브 등이 포함되었다. 거기다가 '각종 쿠키' '각종 견과' '각종 캔디' '각종 아이스크림'과 또 '각종 잼'과 '신선한 각종 과일과 포도'도 있었다.

형편없이 단조로운 음식으로 식단이 제한되었던 사람에게서 '각종'이란 단어를 들으며 가슴이 미어진다. 수용소는 상상의 나래를 무한히 펼칠 수 있는 공간이다. 어쨌든 루이스는 이번에는 비스킷과 견과, 그리고 어떤 종류의 단것과 아이스크림도 없는 상태에서 이 모든 음식을 다양한 형태로 얼마든지 제공하는 식사를 계획했다. 그는 과자점에서 원하는 것을 마음대로 고르는 어린 시절의 몽상으로 되돌아갔다.

전쟁 포로들이 갈망한 어린 시절의 음식은 우리 모두가 느끼는 음식 향수가 과장된 것과 같았다. 되찾길 원하는 것은 단지 향미 자체뿐만이 아니라, 그것에 딸린 모든 것까지 포함한다. 즉, 식탁 주위에 둘러앉은 가족, 보살핌을 받는 느낌, 책임으로부터의 자유 등도 포함된다. 이것은 나쁜 음식을 갈망하는 것이 왜 가능한지도 설명하는데, 그 음식에 함축된 행복한 기억 때문이다. 모든 사람이 사과 파이를 완벽하게 만드는 어머니 밑에서 자라는 것은 아니다. 일본군 포로 수용소에서 3년을 보낸 '오스트레일리아의 건방진 젊은 포병' 러셀 브래든Russell Braddon은 여동생에게서 카드를 받고서 전율을 느꼈다. 그 카드는 발송한 지 16개월 만에 도착했고, 자수가 25단어로 제한돼 있어 아주 짧았다. "사랑하는 오빠, 엄마가 만드는 푸딩은 예나 지금이나 형편없어. 우리 가족 모두의 사랑을 듬뿍 담아. 팻." 브래든은 훗날 이 편지가 자신이 "알고 싶었던 것을 모두" 알려주었다고 말했다. 즉, 가족이 자신이 죽었다고 생각하지 않는다는 사실과 "다소 제멋대로인 어머니의 요리 솜씨에 대해 가족들이 던지던 농담이 아직도 계속되고 있다는" 사실을.

우리가 갈망하는 어린 시절의 음식은 우리가 자란 장소와 시간과 특별히 결부돼 있다. 미국인 전쟁 포로들은 '단것'을 추상적인 형태로 꿈꾼 게 아니라, 고구마 조림이나 파이 같은 구체적인 형태로 꿈꾸었다. 위트레흐트대학교에서 명예교수로 재직하는 네덜란드 심리학자 쾨스터르는 우리가 왜 어떤 음식은 선택하는 반면 다른 음식은 선택하지 않는가 하는 어려운 문제를 풀기 위해 연구하고 있다. 쾨스터르는 특히 맛있는 음식에 대한 우리 욕망을 빚어내는 데 기억이 어떤 역할을 하는지 밝히는 연구에 몰두하고 있다. 그동안 연구해온 분야가 심리학과 소비자학의 최첨단 영역에 걸쳐 있다는 점에서 쾨스터르의 경력은 독특하다. 2009년, 쾨스터르는 많은 소비자학자들 사이에서 '심리학에서 나온 기본 통찰'에 대한 '이해 부족'이 너무 크다는 사실에 탄식했다. 쾨스터르는 소비자학 연구가 우리의 음식 선택이 합리적이고 의식적으로 일어난다는(대개의 경우는 그렇지 않은데도 불구하고) 가정을 바탕으로 진행되는 경향을 안타깝게 여긴다.

쾨스터르는 캐드버리에서 만드는 본빌 다크초콜릿(전쟁 동안 영국에서 주요 다크초콜릿 브랜드였던)을 크게 선호하는 자신의 성향이 열세 살 때인 1944년에 경험한 사건의 기억에서 비롯되었다고 생각한다. 그 당시 독일에 점령된 네덜란드 사람들은 광범위한 굶주림으로 큰 고통을 받고 있었다. 하루는 쾨스터르가 자전거를 타고 집 밖으로 나섰을 때, 영국 공군 비행기 한 대가 공중에서 선회했다. 그러더니 조종석에서 파일럿이 본빌 다크초콜릿 세 개가 든 꾸러미를 던졌다. 쾨스터르는 다른 사람이 제지하기 전에 재빨리 그것을 낚아챘다.

> 집으로 돌아오면서 나는 초콜릿 하나를 조금씩 떼어 천천히 빨아먹었다. 마치 천국에 있는 듯한 느낌이 들었다. 나머지 두 개는 동생과 함께 나눠 먹었는데, 매일 조금씩 며칠 동안 먹었다. 그 후 평생 동안 나는 그 초콜릿 맛을 갈망했고, 영국에 갈 때마다 맨 먼저 하는 일은 바로 그 초콜릿을 사는 것이었다. 캐드베리 사에서 만든 것보다 맛이 더 좋은 초콜릿이 있으리라는 사실은 나도 인정하지만, 내게는 그보다 더 맛있는 초콜릿은 없다.[33]

어린 시절의 음식 기억은 가족 간의 농담처럼 외부 사람들은 이해하기 힘든 경우가 많다. 만약 내가 작은 쟁반에 각각 따로 쌓인 코티즈 치즈와 잘라놓은 사과 조각, 건포도를 담아 당신 앞에 내놓는다면, 필시 당신은 나를 좀 이상하다는 눈으로 쳐다볼 것이다. 그리고 내가 일종의 저탄수화물 음식이나 글루텐이 없는 음식을 제공하려고 그러는 걸까 하고 엉뚱한 의심을 품을 것이다. 하지만 만약 내가 언니에게 음식을 내놓는다면, 언니는 내가 근사한 취침 전 간식을 가져왔다는 사실을 즉각 알아챌 것이다. 우리가 잠이 오지 않아 파자마 차림으로 아래층으로 내려갈 때마다 어머니가 차려준 음식이 이것이었기 때문이다.

어린 시절의 음식 기억 공유가 가족의 유대 강화에 중요한 이유는 여행 가방에 몰래 숨긴 음식 재료로 '조국'을 함께 가지고 오는 국외 이주자들 사이에서 볼 수 있다. 그리스에서는 고향 음식에 대한 이런 욕망을 가끔 '입술이 불탄다'라고 묘사한다.[34] 그리스인이 해외로 이주하면, 그 어머니들이 "오레가노, 백리향, 산차mountain tea, 현지에서 생산한 꿀, 무화과, 아몬드, 경질 치즈, 말린 흑빵 링"과 같은 음식이 담긴 식품 꾸러미를 자주 보낸다. 대학 시절에 나와 알고 지내던 아테나라는 그리스인 친구는 어머니에게서 가장 놀라운 식품 꾸러미를 받았다. 거기에는 달콤한 할바깨와 꿀로 만든 과자 조각들과 가장 신선하고 아삭아삭한 피스타치오가 담긴 큰 자루들이 들어 있었다. 아테나는 그것들을 이국적인 자기 그릇에 담아 내놓았다. 꾀죄죄한 단칸 셋방인 건 마찬가지였지만, 아테나의 방은 나머지 학생들의 방과는 사뭇 다른 느낌을 주었다. 집에서 보내온 음식들에 둘러싸인 아테나에게서는 결코 혼자 외롭게 사는 사람의 분위기를 느낄 수 없었다.

전 세계의 슈퍼마켓에서 쉽게 살 수 있게 되기 전까지 그리스인은 여행을 할 때 페타치즈 염소나 양의 젖으로 만드는 그리스 치즈를 항상 가져갔다. 이들은 집을 떠날 때에는 이 축축하고 하얀 치즈를 얼마나 그리워하게 될지 모르는 경우가 많았는데, 막상 그리움이 떠오르면 무슨 수를 써서라도 그 짭짤한 치즈를 맛보고 싶어 했다. 웨일스의 대학교에서 일자리를 얻은 한 그리스 학자는 그리스를 여행했다가 페타치즈를 10킬로그램이나 가지고 돌아왔다. "나는 매일 밤 식사를 할 때 페타치즈를 한 조각 잘라 먹었어요. 내게 그것은 '화이트 골드'와 같은 것이었지요."[35]

전통 요리의 한 가지 기능은 공유한 어린 시절의 음식 기억을 강화하는 것이다. 식품인류학자 데이비드 서턴David Sutton은 에게 해의 칼림노스 섬에서 열리는 많은 잔치에는 음식 기억을 의식적으로 남기려는 요소가 있다는 사실을 발견했다. 칼림노스 섬 주민은 성대한 음식을 함께 먹는 의식을 장래에 그 사건을 기억하기 위한 방편으로 사용한다. 이 기억 의식에는 우연한 것이라곤 하나도 없다. 부활절에 구운 양고기를 나눠먹을 때, 그것을 먹는 사람들은 그 특별한 시간과 장소에 얽매이게 된다. 식사를 하면서 서턴은 칼림노스 섬 친구들이 "듭시다. 칼림노스 섬을 기억하기 위해"라고 자주 말하는 것을 들었다.

이러한 집단 음식 기억은 이민자들의 경험에서 중요한 부분을 차지한다. 이탈리아계 미국인인 존 카라폴리John F. Carafoli는 "사람들은 자신이 사랑하던 음식을 다시는 보지 못할 수도 있다는 사실을 깨달을 때, 음식과 기억에 대해 염려하기 시작한다"라고 말했다.[36] 다른 나라에서 미국에 오는 사람들은 각자의 사정에 따라 아르보리오 쌀arborio rice, 이탈리아의 짧은 낱알 쌀 품종. 아르보리오라는 이름은 이 쌀이 재배되는 지역인 이탈리아 피에몬테 주 아르보리오에서 딴 것임과 플럼토마토plum tomato, 이탈리아산의 기다란 토마토나 가람 마살라garam masala, 아시아 남부 지역에서 사용하는 혼합 향신료와 라임 피클을 꼭 사야 할 필요성을 절박하게 느낀다. 새 나라에서 이러한 음식을 먹는 것은 처음에 그것을 요리해준 할머니와 어머니와의 끈을 유지하는 방법이다. 하지만 음식을 통해 그러한 기억을 떠올리는 것은 즐거우면서도 씁쓸한 경험이 되기 쉬운데, 허브 하나 양념 하나까지 일일이 다 챙긴다 하더라도 거기에는 필수적인 요소가 빠져 있기 때문이다. 필수적인 요소란 바로 요리를 하는 사람이다. 당신은 그저 '어머니가 만들어주던 것과 똑같은' 파스타를 원하는 것이 아니라, 바로 어머니가 직접 만들어주는 파스타를 원한다는 사실을 깨닫게 된다. 소설가 샬럿 멘델슨Charlotte Mendelson은 헝가리인 조부모가 세상을 떠난 뒤에 자신과 여동생을 위해 할머니가 만들어주던 음식들, 예컨대 크림치즈와 레몬 껍질을 듬뿍 넣은 팬케이크와 닭고기 파프리카, 그리고 특히 '미트로프와 속을 채운 양배추'가 매우 그리웠다.[37] 미트로프와 양배추를 만드는 헝가리 레시피를 구해 할머니가 만들어주던 음식을 재현하는 것이 이론적으로 가능하다는 사실은 알았지만, 그것은 핵심이 아니었다. "인터넷은 아무 도움도 되지 않아요. 내겐 할머니가 필요해요."

어린 시절의 어느 시점에 우리는 집에서 먹는 음식이 친구들 집에서 먹는 음식과 다르다는 사실을 알게 된다. 어떤 집에서는 탄 양파와 특정 양념 냄새가 나는 반면, 다른 집에서는 불안하게도 아무 냄새도 나지 않는다. 똑같은 종류의 음식이 나오더라도, 집에서 먹던 것과는 다르다는 사실을 알아채게 된다. 내 머릿속에 가장 강렬하게 남아 있는 기억(무엇

식습관의 인문학

보다도 음식에 관련된 기억) 중 하나는 여덟 살 때 친구 집에 초대를 받아 갔을 때 일어난 사건이다. 친구 어머니는 "마카로니 치즈를 좋아할지 모르겠구나"라고 말했고, 나는 몹시 기뻐하며 고개를 끄덕였다. 마카로니 치즈는 우리 집에서 내가 아주 좋아하는 음식 중 하나였다. 하지만 그것이 나왔을 때, 나는 실망을 금치 못했다. 엄밀하게 따지면, 그것은 우리 집에서 먹던 것과 똑같은 요리였다. L자 모양의 파스타와 베샤멜 소스와 체다 치즈를 거품이 일 때까지 오븐에서 구운 것까지는 똑같았다. 하지만 그것을 제외한 나머지 모든 것은 너무나도 달랐다. 그것은 너무 짙은 노란색을 띠었고, 맛이 너무 강했고, 발 냄새가 났다. 반면에 어머니가 만들어준 마카로니 치즈는 맛이 순하고 우유처럼 맑은 색을 띠었다. 그것은 마치 부모가 가짜 인물로 바뀐 악몽을 꾸는 것과 같았다. 그것은 내가 알던 '마카로니 치즈'가 아니었다. 차라리 친구 어머니가 그것을 '마카로니 치즈'가 아니라 다른 음식이라고 소개했더라면 덜 실망했을 것이다.

우리 모두가 서로 다른 음식 기억을 갖고 식탁에 앉는다는 사실을 감안한다면, 모든 사람의 마음에 드는 음식을 요리하는 게 과연 가능할까? 셰프들은 개인적 기억과 관련된 문제, 그리고 그것이 식사의 즐거움에 어떤 영향을 미칠까 하는 문제 때문에 고민한다. 이 점에서는 가정 요리사가 유리한데, 식탁에 앉는 각 개인이 서로 다른 음식에 어떤 반응을 보일지 잘 알기 때문이다. 우리는 가족 중에서 생선 요리를 내놓으면 울음을 터뜨리는 사람이 누구인지, 그리고 곰팡내 나는 산딸기에 불쾌한 반응을 보인 사람이 누구인지 기억한다. 하지만 그 사람의 기억에 대해 전혀 아는 게 없는 낯선 사람을 위해 요리를 하는 셰프들은 눈을 가린 상태로 요리하는 거나 다름없다. 모더니스트 셰프인 헤스턴 블루멘설 Heston Blumenthal은 자신의 레스토랑인 더 팻 덕the Fat Duck에서 모든 손님과 긴 면담을 하는 꿈의 시나리오를 내게 말한 적이 있다. 자리에 앉아 식사를 하기 전에 그들의 가장 깊은 음식 기억(좋은 것과 나쁜 것 모두)을 모두 파악하기 위해서 말이다. 그런 다음에야 그들을 위해 무엇을 요리해야 할지 결정할 수 있다고 했다.

블루멘설은 한 친구와 통카콩에 대해 이야기하다가 어린 시절의 기억이 음식에 대한 인식에 얼마나 큰 영향을 미칠 수 있는지 알게 되었다. 이 '검은색의 쭈글쭈글한 콩'은 블루멘설이 좋아하는 음식 재료 중 하나이다. 블루멘설은 통카콩의 향미가 바닐라와 정향과 '베어낸 건초' 사이의 어느 지점에 있다고 생각한다. 하지만 블루멘설이 통카콩을 좋아할 수밖에 없는 이유가 한 가지 더 있는데, 그 냄새가 고무 슬리퍼를 연상시키고, 따라서 '콘월 주에서 보낸 멋진 휴일 기억'을 떠올리기 때문이다. 블루멘설은 통카콩 소스를 친구에게 내놓았다가 친구가 싫어하는 바람에 당황했는데, 친구는 왜 싫어하는지 그 이유를 설명하지 못했다. 그러다가 마침내 친구는 그 이유를 찾아냈다. "그녀는 어린 시절에 큰 수술을 여러 번 했는데, 통카콩의 고무 향이 마취제를 흡입할 때 썼던 마스크를 연상시킨다는 사실을 깨달았지요."[38]

이와 같은 우연한 종류의 기억은 어떤 요리사도 계산에 넣는 게 불가능하다. 하지만 음식 기억에서 좀더 문화적으로 결정되는 차이는 어

식습관의 인문학

떨까? 모넬화학감각센터에서 메넬라와 보샴프의 동료로 일하는 폴 브레슬린Paul Breslin 박사는 사람들이 벤즈알데하이드 냄새를 감지하는 역치를 조사하는 실험을 했다. 벤즈알데하이드는 쓴 아몬드 진액에서 특유의 독특한 마지팬marzipan, 으깬 아몬드나 아몬드 반죽, 설탕, 달걀 흰자위로 만든 말랑말랑한 과자 냄새를 내는 물질이다. 또 체리와 자두에서 독특한 향을 내는 화합물이기도 하다. 브레슬린은 훈련받은 사람 10명으로 이루어진 판정단에게 공기 중에 서로 다른 농도로 섞인 벤즈알데하이드 냄새를 맡게 하면서 모든 사람이 그 냄새를 감지하는 최소한의 역치를 알아내려고 했다.[39] 그 결과, 설탕 용액을 함께 마실 때에만 10명 중 9명이 아주 낮은 농도의 벤즈알데하이드를 감지할 수 있다는 사실을 발견했다. 이들은 그 냄새를 함께 맡으면서 단것을 먹을 때 달콤한 체리나 자두를 연상했다. 열 번째 사람은 일본 출신이었는데, 다소 다른 반응을 보였다. 그는 설탕 대신에 MSG와 함께 짝지었을 때 아주 낮은 농도의 벤즈알데하이드를 판정단 중에서 유일하게 감지했다. 그것은 일본에서 쌀밥과 함께 먹는 우메보시(매실 장아찌)에 대한 기억을 촉발한 게 분명했다. 서양인 피험자에게는 짭짤한 자두우메보시를 서양에서는 일본자두(Japanese plum)이라고 부르기 때문에 저자는 자두로 오해한 것 같은데, 일본인이 말하는 우메보시는 매실이다란 개념 자체가 없었기 때문에 그런 것이 기억에 저장돼 있지 않은 반면, 그 일본인은 어린 시절부터 우메보시에 대한 기억이 각인돼 있었다.

자두를 짭짤하다고 생각하는 사람과 달다고 생각하는 사람에게서 어떻게 공통 기반을 찾을 수 있을까? 캘리포니아 주에 있는 코이 레스토랑(2014년에 세계 최고의 50대 레스토랑에 선정된)의 주인이기도 한 셰프 대니얼 패터슨Daniel Patterson은 그런 질문에 대한 답을 찾는 데 골몰하고 있다. 패터슨은 모든 음식을 어떤 형태의 기억으로 보며, 자신의 직업 중 일부는 '기대를 실현하는 것'인 동시에 뭔가 새로운 것을 만들어내는 일이라고 생각한다. 자신의 저서 『코이: 이야기와 레시피Coi: Stories and Recipes』에서 패터슨은 "거의 어린이와 비슷한 정신으로 개방적이고 순진한 질을 유지하면서 내 어린 시절의 여름날을 기억하는 방식으로" 음식을 요리하는 것을 목표로 삼는다고 말한다.[40] 하지만 그는 이것이 어려운 일임을 인정한다. 패터슨은 똑같은 오이라도 서로 다른 나라에서 온 사람들에게 맛보게 하면, 사실상 각자 다른 것에 반응한다는 사실을 잘 안다. "예를 들어 미국인과 덴마크인과 러시아인이 오이의 맛과 맥락을 이해하는 방식은 서로 아주 다를 수 있어요." 패터슨은 자신이 해야 할 일은 "공통 경험을 이용해 새로운 것을 만들어내면서 그들 모두에게서 어떻게든 원초적인 기억을 촉발하는 음식을 만드는 것"이라고 생각한다.

패터슨은 '친숙성' 지점을 발견함으로써 이 목표를 이루려고 노력한다. 코이에 손님들이 도착하면, 패터슨은 먼저 '칩스 앤드 어 딥chips and a dip'(사실은 현미 크래커와 아보카도 소스를 아주 근사하게 만든 것)을 내놓는데, 자신들이 이미 아는 음식을 통해 환영받는다는 느낌을 주려는 의도에서이다. 오리 혓바닥처럼 많은 손님이 이전에 접한 적이 없어서 이질감을 느낄 수 있는 음식을 내놓을 때에는 반드시 손님들에게 친숙한 그린 샐러드를 곁들여 내놓는다.

패터슨은 "모든 음식은 기억에 관한 것"이라고 말하지만, 그 효과가

식습관의 인문학

최대로 발휘되는 곳은 아마도 디저트 코스일 것이다. 패터슨이 코이에서 만든 디저트 중에서 특히 좋아하는 것은 라임 마시멜로에 겉을 살짝 태운 머랭을 곁들인 것이다. 이것은 집에서 만든 생강 마시멜로를 라임과 섞어 '파코젯 비커'에 넣고 하룻밤 동안 얼린 뒤, 그 위에 머랭을 얹고 집게로 붙든 숯으로 가열해 만든다. 패터슨은 이 디저트가 큰 효과를 발휘하는 이유를 "감정이 넘치는 공유 경험"을 촉발시키기 때문이라고 생각한다. "이것은 어른의 미각을 위한, 어린 시절의 기억 속에 있던 음식입니다." 이 음식이 촉발하는 기억은 모닥불 주위에 둘러앉아 막대에 꽂은 마시멜로를 굽던 기억(미국인의 어린 시절에서 보편적인 기억)이다. 패터슨은 "저는 트윙키Twinkie. 미국에서 유명한 일종의 크림빵. 패터슨이 만든 것과 모양이 비슷한 컵케이크 제품도 있음를 재현하려는 게 아닙니다"라고 말한다.[41] "하지만 구운 마시멜로는 모든 미국인이 공유하는 문화적 경험입니다. 문명과 동떨어진 장소로 가서 막대에 마시멜로를 꽂는 경험 말입니다."

패터슨처럼 걸출한 재주를 가진 셰프가 친구들과 함께 불가에 앉아 공장에서 생산한 마시멜로 상자를 열던 단순한 기억을 모방하려고 이토록 많은 공(파코젯, 집게, 숯, 생강과 라임의 톡 쏘는 맛 등)을 들이고 있다는 사실은 아이러니처럼 보인다. 하지만 식사는 그와 같은 것이다. 정도의 차이는 있어도 대다수 사람들이 포장 식품을 먹으면서 자라는 시대에 직접 손으로 만든 디저트 중에서 슈퍼마켓에서 파는 마시멜로 봉지의 정서적 영향력에 필적할 만한 것은 거의 없다. 패터슨은 레스토랑이라는 환경에서 슈퍼마켓의 기억을 제공하는 방법을 찾아야 한다. 그것은 쉬운 일이 아니다. 패터슨이 냉동 라임 마시멜로를 만들기 위해 들이는 그 모든 공은 처음에 기억을 만드는 것보다 그것을 되살리는 게 훨씬 어렵다는 사실을 보여준다.

사람들은 프루스트의 소설 『잃어버린 시간을 찾아서』에서 주인공이 마들렌을 차에 담갔다가 어린 시절의 기억으로 되돌아가는 첫 장면을 자주 이야기한다. 하지만 우리는 그 다음에 일어난 일에 대해서는 별로 이야기하지 않는다.

> 두 번째 모금을 마셨는데, 첫 번째 모금보다 맛이 덜했다. 그러고 나서 세 번째 모금을 마셨더니 두 번째보다 조금 더 맛이 덜했다. 멈춰야 할 때가 되었다. 차는 마법의 힘을 잃고 있다. 내가 찾는 진실은 찻잔 속이 아니라 바로 내 안에 있는 것이 분명하다. 차가 그 진실을 불러냈지만, 그것을 알지 못한 채 같은 메시지를 무한히 반복하기만 할 뿐이며, 그것도 갈수록 그 강도가 점점 약해지는데, 나는 그 메시지를 해석할 수 없으나……

첫 번째 모금에 무엇이 있었건, 세 번째 모금에서는 그것은 사라지고 없다. "차는 마법의 힘을 잃고 있다." 솟아오르는 기억은 단명한다. 과학자들은 이 현상을 '둔감화^{desensitization}'라고 부른다. 음식을 통해 과거로 돌아가려는 시도가 실패하는 경우가 많은데, 그동안 음식이나 자신이 변했기 때문이다. 이것은 포장 식품이 그토록 매혹적인 이유 중 하나이다. 밝은 라벨과 변치 않는 서체로 무장한 포장 식품은 다른 음식에서 얻을 수 없는 과거와의 연속성을 제공하는 것처럼 보인다. 성공하기에 가장 쉬운 방법은 슈퍼마켓으로 계속 돌아가는 것이다.

"나는 호스티스 스노볼컵케이크의 한 종류을 한 입 집어넣는 순간, 유일한 걱정이라곤 어머니에게 다음 날 도시락에 무엇을 넣을 것인지 묻거나, 학교에서 돌아오는 길에 퀵팩에 들러 어떤 캔디를 고를 것인가 하는 것밖에 없는 세계로 돌아갔다."⁴² 1988년에 쓴 '그녀의 치토스 심장^{Her Chee-To Heart}'이라는 에세이에서 질 매코클^{Jill McCorkle}이 생생하게 묘사한 이야기는 많은 사람들이 다양한 가공 식품에 대해 느끼는 향수를 잘 표현했다. 우리가 성장 과정의 부침을 거치는 동안 가공 식품은 줄곧 우리 곁에 있었다. 학창 시절의 공포와 지루함이 어떤 것이었건, 아침에 시리얼 상자를 읽는 것은 매일 설레는 순간이었고, 그 내용물은 늘 똑같은 맛이 나리라고 신뢰할 수 있었다. 포장 식품의 이름은 마케팅 전문가들이 우리가 어린 시절에 느꼈던 즐거움을 감안하면서 단것을 좋아하는 우리의 미각을 자극하기 위해 교묘하게 만들어낸다. 그렇게 자란 우리는 마치 자식이 부모에게 효도하는 것과 같은 충성심으로 식품 회사들에 보답한다. 2012년 11월에 호스티스 트윙키 생산이 중단되었을 때, 미국 전역에서 '크림으로 속을 채운 황금 스펀지 케이크' 가공 식품을 애도하는 물결이 일었다. 이 제품은 쇼트닝과 옥수수 시럽, 식용 색소를 비롯해 그 밖에 건강에 좋지 않은 성분으로 만들어지고, 유통 기간이 아주 길어 많은 농담에서 결정적 한 방으로 사용되기도 했지만, 많은 사람들에게 트윙키는 어린 시절에 길들여진 맛이었다. 정크푸드 세대에게 그것은 프루스트의 마들렌에 해당하는 것이었다.

공통점이 하나도 없는 어른을 세 명 이상 모아놓으면, 놀랍게도 대화 주제가 어린 시절에 알고 사랑하던 정크푸드로 돌아갈 때가 많다. 성당에서 전례를 행하는 것처럼 이들은 그 이름들을 함께 큰 소리로 나열하면서 공동의 위안을 얻는다. 영국에서 향수를 불러일으키는 교리 문답서에 해당하는 것은 스팽글Spangle, 젤리 토트Jelly Tot, 롤로Rolo, 프라이스 초콜릿 크림Fry's Chocolate Cream, 스페이스 더스트Space Dust 같은 과자가 있다. 이것들은 우리를 사춘기 이전의 즐겁던 시절, 사는 것이 자유롭고 쉬웠던 시절로 데려가는 공통의 기준점이다.

집에서 만든 음식은 아무리 맛있다 하더라도, 많은 사람들에게 촉촉해진 눈으로 산업적으로 생산된 가공 식품을 떠올리게 하는 힘과는 상대가 되지 않는다. 인스턴트식품은 공동 식사의 붕괴를 초래하는 주범으로 비난받아왔다. 예전에는 가족이 같은 냄비에서 같은 음식을 나눠 먹었지만, 지금은 그런 경험의 공유 없이 개인의 취향에 따라 각자 따로 식사를 할 때가 많다. 즉, 전자레인지로 데울 수 있는 여러 가지 식품을 각자의 기호에 따라 선택하거나 개별 포장된 샌드위치나 햄버거 등으로 식사를 한다. 하지만 정크푸드의 경험은 여전히 그 정서적 영향력이 놀랍도록 강한 기억 속에 공유하고 있다. 가족이나 공동체 사이에서 공동으로 기억되는 전통 음식과 달리, 대량 생산된 음식과 음료는 여러 대륙에서 공동으로 기억된다. 살아오는 동안 코카콜라를 한 번도 마셔보지 않은 사람을 당신은 얼마나 자주 만나는가? 나는 당신 어머니가 만드는 음식 맛이 어떤지 혹은 당신 어머니가 만든 마카로니 치즈를 맛있게 먹을 수 있을지 잘 모른다. 하지만 어머니가 토요일마다 마스Mars 초콜릿

바를 간식으로 주었다고 말한다면, 나는 즉각 당신의 기억을 공유할 수 있다. 나는 그것을 씹을 때 느낀 물컹한 감촉과 씹을 때 가끔 겉에 바른 초콜릿이 터지던 방식을 떠올릴 것이다. 캔디 바 향수는 우리 모두에게 동일한 경험 속으로 돌아가게 한다.

우리의 가장 소중한 기억(가족, 행복, 어린 시절에 대한)으로 파고드는 인스턴트식품의 힘은 자신을 비롯해 다른 사람들의 식습관 개선에 진지한 관심을 가진 사람에게는 누구에게나 중대한 관심사가 될 수밖에 없다. 우리는 아기 시절부터 죽(그리고 어머니가 임신 동안 건강에 나쁜 음식을 먹었다면 아마도 그 이전부터) 정크푸드의 기억이 각인된다. 알제리인이 박하 차의 기억으로 프로그래밍되는 것처럼 말이다. 우리의 후각 망울에는 설탕과 지방과 소금 함량이 높은 식품들의 감각 패턴이 끊임없이 축적되어 있다. 이러한 향미 기억들은 자아에 대한 감각 구조의 일부가 되었으며 쉽게 떨칠 수가 없는데, 앞에서 보았듯이 이 시스템은 '잊지 않도록' 설계돼 있기 때문이다. 그 맛이 더 이상 좋지 않을 때에도 우리는 집으로 돌아가는 것처럼 혹은 먹이를 더 얻기 위해 레버를 누르는 생쥐처럼 여전히 인스턴트식품으로 돌아가는데, 한때 도파민 반응이 주던 흥분이 어떠했는지 기억하기 때문이다.

뉴욕 타임스의 식품 전문 작가 마크 비트먼Mark Bittman은 "결국에는 건강에 분명히 나쁠 뿐만 아니라, 먹자마자 메스꺼움이 느껴지고 심지어 맛도 좋지 않다는 걸 아는데도 불구하고", 핫도그 같은 식품을 끊기가 왜 그토록 힘들까 하고 물었다.[43] 비트먼은 적어도 자신에게는 핫도그(특히 코니아일랜드에 있는 네이선스에서 파는)가 어른이 되고 나서 좋아하게 된 음식들은 절대로 따라갈 수 없을 만큼 깊은 기억 연결을 갖고 있기 때문이라는 답을 내놓았다. 그에게 핫도그는 어린 시절과 그리움과 더운 여름날에 유원지에서 여동생과 함께 지내던 기억이 담겨 있는 음식이었다. 만약 비트먼이 핫도그를 끊고자 한다면, 핫도그가 건강에 좋지 않다거나 불운한 동물의 몸에서 가장 건강에 좋지 않은 부위의 고기로 핫도그를 만든다는 사실을 합리적으로 이해하는 것만으로는 불충분했다. 어떻게든 정서적 연결 고리까지 끊지 않으면 핫도그를 완전히 끊기가 불가능했다.

정크푸드가 그토록 위험한 이유는 건강에 좋지 않아서가 아니다(당연히 건강에 좋지 않지만). 그 이유는 정크푸드가 우리 마음속에서 좋고 참되고 순수한 기억과 아주 많이 얽혀 있기 때문이다. 기억은 우리가 먹는 법을 배우는 과정에서 늘 중요한 부분이었지만, 이토록 많은 사람들이 음식이 아니라 통이나 상자에서 유래한 강한 음식 기억으로 각인된 적은 일찍이 없었다. 우리가 좋아하는 브랜드의 아이스크림이나 감자 칩 또는 흰 빵을 그만 먹어야 한다고 주장하는 말을 들으면, 우리는 반사적으로 적개심을 느낀다. 이런 음식들을 포기하고 더 나은 식습관을 발견하려고 하면, 큰 상실감을 느끼게 된다. 이때 잃어버리는 것은 바로 자신의 어린 시절이다.

식습관의 인문학

우유

생후 2년째에 '계속적 우유 섭취'라는 현상이 나타나고 있다. 섭식 클리닉을 방문해 유아기에 있는 아이가 아무것도 먹지 않으려고 한다는 고충을 털어놓는 어머니들이 있다. 이 아이들은 하루에 전유全乳. 지방을 빼지 않은 자연 상태의 우유를 1리터 혹은 그 이상 마시는 경우가 많다. 이것은 더 일반적인 현상이 극단적인 형태로 나타난 것이다. 아마도 서양 문화에서 가장 강하게 각인되는 음식 기억은 달콤한 우유의 향미일 것이다. 우유와 쿠키, 초콜릿 우유, 잠자리에 들기 전에 마시는 따끈한 우유 한 잔 … 우리는 여기서 위안을 받고, 아직도 어린이라는 사실을 확인하고 안심한다.

　아기가 맨 먼저 마시는 음식은 모유이기 때문에, 많은 부모는 나이가 더 든 아이들에게도 유제품이 완전 식품이라는 신념을 갖고 있다(젖당못견딤증이 있는 사람은 이에 동의하지 않겠지만). 일부 커피숍에서는 희부연 '베이비치노babyccino'를 판다. 이것은 커피가 들어가지 않은 카푸치노로, 어린 아기를 위해 만든 것이다. 어린이에게 설탕이 많이 든 청량 음료로 치아를 망치는 것보다는 우유(칼슘과 비타민, 단백질이 풍부한)를 마시게 하는 것이 낫다. 하지만 우유에 대한 이러한 신뢰는 의도하지 않은 결과를 낳는다.

만 한 살짜리 아기에게 우유를 무한정 먹이는 부모는 거기에 어떤 잘못이 있으리라고는 꿈에도 생각지 않는데, 우유가 아이에게 좋다고만 '알고' 있기 때문이다. 하지만 이렇게 많은 양의 우유를 먹이면, 과도한 칼로리 섭취로 비만이 될 위험은 말할 것도 없고, 빈혈(우유에 들어 있는 칼슘이 철의 흡수를 막기 때문에)과 심한 변비가 생길 수 있다. 변비와 함께 포만감을 주는 우유의 속성 때문에 아기는 적절한 음식을 섭취하려는 식욕이 거의 생기지 않는다. 그 결과, 아기는 새로운 음식을 먹으려 하지 않고, 얼마 지나지 않아 오로지 달콤하고 단조로운 우유 맛만 원하게 되는데, 지금까지 배운 맛이 그것뿐이기 때문이다.

이 문제는 새로운 것이 아니다. 20세기 초에 의사들은 아이들에게 우유를 너무 많이 먹여서 아이들이 성질이 나빠지고 과체중이 된다고 불평했다. 토머스 더턴Thomas Dutton이라는 의사는 그런 아이들은 "우유에 대한 갈증이 결코 가시지 않는" '술고래'와 같다고 불평했다.[44] 차이점이 있다면, 그 당시에는 우유가 비싸서 계속적 우유 섭취 문제는 '부자들'에게 국한되었다는 점이다. 하지만 오늘날에는 농업의 산업화로 우유 값이 아주 싸져서 거의 누구라도 우유 고래가 될 수 있다. 우유를 아주 많이 주지 않는 아이들도 젖을 떼고 나서 설탕이 많이 든 요구르트를 먹는 경우가 많은데, 이것 역시 젖당이 좋은 것이라는 기억을 강하게 심어줄 수 있다.

전 세계의 아이스크림 소비 통계 자료(2013년에 전 세계 사람들이 먹은 양은 140억 리터가 넘으며, 계속 증가하는 추세에 있다)[45]는 어린이뿐만 아니라 많은 어른도 달콤한 유제품의 계속적 섭취에 가까운 상태에 있음을 시사한다. 그리고 커피를 마신다고 말할 때, 많은 사람들이 말하는 커피

식습관의 인문학

는 실제로는 카푸치노나 라테, 플랫 화이트flat white, 에스프레소 커피와 뜨거운 우유를 섞어 만든 화이트 커피 같은 '우유를 기반으로 한 커피 음료'를 의미한다. 향이 가미된 시럽을 첨가하면 그 커피는 아기 시절부터 기억하고 있는 그 우유 맛에 더욱 가까워진다.

3장

어린이
음식

어린이 음식인 라이스 푸딩rice pudding, 쌀, 우유, 설탕으로 만든 디저트에 어떤 사람은 몸서리를 치는 반면, 어떤 사람은 흥분을 감추지 못하고 몸을 떤다. 라이스 푸딩은 위안을 주는 우윳빛 음식이거나 디저트로 위장한 징벌이다. 내 남편은 어른이 되어서 좋은 점 중 하나는 포리지나 라이스 푸딩을 먹어야 하는 의무에서 해방된 것이라고 말한다. 라이스 푸딩을 그토록 불편하게 여긴 근본 이유가 무엇이냐고 물으면, '진흙처럼 찐득하다'란 표현으로 그 이유를 댄다. 그 질감은 자신이 좋아하는 리소토와 비슷한 게 아니냐고 지적하면, 남편은 학교 급식에서 자신에게 그것을 먹게 하는 데 성공한 사람은 아무도 없었다고 대답한다. 라이스 푸딩을 오븐에서 육두구 같은 껍질이 생길 때까지 굽거나 스토브 위에서 바닐라 꼬

투리와 레몬 껍질을 함께 넣고 저어주거나(내가 좋아하는 방식) 해도 아무 소용이 없었다. 그것을 보거나 냄새만 맡아도 남편은 멀리 달아나려고 했다. 아이들과 내가 크림과 무스코바도 설탕을 곁들여 라이스 푸딩을 맛있게 먹을 때마다 남편은 자리를 피했다.

만약 우리가 먹는 법을 주로 어린이 시절에 배운다면, 우리의 식습관을 형성하는 데 큰 영향을 미치는 음식은 바로 어린이 음식이다. 하지만 이 기묘한 범주의 음식이 제공하는 교육은 다양한 방식으로 우리 마음속에 깊이 자리잡고 있는 믿음, 즉 건강에 좋은 음식은 결코 먹기에 좋은 음식이 아니라는 믿음을 강화하는 경향이 있다. 수백 년 전부터 어린이 식품을 만들어온 어른들은 그것이 단지 어린 시절의 짧은 기간뿐만 아니라 훗날 어른이 되었을 때의 식습관까지도 형성한다는 점에서 그 구성 성분이 중요하다는 사실에 큰 주의를 기울이지 않았다. 어린이를 겨냥해 출시되는 현대의 식품들은 어린이는 자연 식품처럼 아주 지겨운 식품에서 즐거움을 얻을 수 없다는 메시지를 보낸다. 슈퍼마켓에서 파는 어린이 식품은 설탕을 듬뿍 포함하고 흥미진진한 만화로 장식해 어린이가 먹는 음식은 휴대용 행복의 봉지에 담긴 일종의 엔터테인먼트여야 한다고 가르친다. 이전에는 이와는 대조적으로 부모와 제조업자는 어린이 식품을 즐거운 것으로 만들려고 노력하지 않았는데, 맛없는 음식을 견딜 수 있는 어린이로 자라는 것이 준종교적 미덕이라고 믿었기 때문이다. 요리 전문 작가인 루스 로윈스키Ruth Rowinsky는 1931년에 "우리가 어렸던 시절에는 싫어하는 음식을 무엇이든 계속 먹는 것이 몸뿐만 아니라 영혼에도 좋다고 여겼다"라고 말했다.[2]

앞에서 보았듯이, 우리가 새로운 음식을 좋아하도록 배우는 주요 방법은 반복적인 노출이다. 하지만 라이스 푸딩(그리고 일반적으로 거의 모든 유아식)의 예는 이 규칙에 새로운 조건을 추가한다. 만약 어떤 음식을 강요나 스트레스를 받는 조건에서 반복적으로 먹는다면, 그 노출은 반감을 없애는 대신에 오히려 강화하는 효과를 낳을 수 있다. 특정 연령의 어린이에게 라이스 푸딩의 문제는 그것이 '꼭' 먹어야 하는 음식이라는 데 있다. 어린이로 자라는 이상 그것을 피할 길이 없다. 이디스 네스빗Edith Nesbit이 쓴 『보물 찾는 아이들The Story of Treasure Seekers』에서 배스터블 집안의 아이들이 가장 싫어하는 음식은 '식은 양고기와 라이스 푸딩'인데, 먹지 않으면 안 되는 음식이기 때문에 싫어한다. 20세기 초에 미국의 가난한 학교들에서는 여러 가지 형태의 라이스 푸딩을 주식으로 제공했다. 때로는 빵에 곁들이는 수프처럼 내놓기도 했다. 신시내티에서는 아이스크림처럼 콘에 담아 내놓았다. 학교 급식에서는 온갖 종류의 밀크 푸딩(타피오카, 사고, 세몰리나, 쌀가루, 통쌀)이 정기적으로 자주 나왔기 때문에, 어린이들은 그것을 우울하게 먹으면서 어른들이 어린이를 이런 식으로 대우하는 게 과연 옳은지 잠시라도 생각해본 어른은 아무도 없나 보다 하고 여겼을 것이다.

하지만 제1차 세계대전이 사람들의 관심을 온통 앗아가기 전인 1912년과 1913년에 2년 연속으로 영국의 주요 교육 전문가들이 런던의 가이드홀에 모여 어린이 식품에서 라이스 푸딩의 역할에 대해 진지한 토론을 벌였다는 사실을 그 어린이들이 알았더라면 깜짝 놀랐을 것이다.[3] 이 교육 전문가들이 언급한 것은 라이스 푸딩이었지만, 실제로 거기에 내포된 더 광범위한 문제는 바로 어린이가 먹는 음식이었다. 바로 이 때문에 역사에서 이 순간을 되돌아볼 가치가 있는데, 어린이에게 어떤 음식을 먹여야 하는가라는 문제를 놓고 흔히 나타나는 일부 혼란을 분명히 이해하는 데 도움이 되기 때문이다.

어린이의 굶주림에 대해 점점 커져가던 불안에 자극을 받아 전 세계에서 어린이 식사에 관한 논의가 그전 반 세기 동안 가열차게 이어져 왔는데, 1912~1913년의 논의는 그 연장선상에서 일어났다. 그 당시 지배적인 견해는 어린이는 동물과 마찬가지로 음식을 자유롭게 선택하게 하는 대신에 어른이 건강에 좋다고 골라준 음식으로 배를 채워야 한다는 것이었다. 하지만 교사들과 의사들과 사회 운동가들이 이 교리에 도전하기 시작했는데, 이들은 가난한 어린이들의 음식 섭취 문제는 단순히 굶주림에 있는 게 아니라고 보고했다. 영국 북부의 리즈 시에서 빈민가 어린이들을 조사한 홀Hall 박사는 많은 어린이가 음식을 어떻게 씹어야 하는지도 제대로 모른다는 사실을 발견했다. 홀은 "그들은 음식을 입속으로 집어넣었고, 음식은 마치 우체통에 들어간 편지처럼 내려갔다"라고 말했다.[4] 숟가락을 쥘 줄 모르는 어린이들에 대한 보고도 있었고, 피클과 진한 차에 중독된 두 살짜리 아이에 대한 보고도 있었다. 홀 박사를 비롯해 많은 사람들은 이 아이들에게 필요한 것은 제대로 먹는 법을 가르칠 수 있는 음식이라고 주장했다.

19세기 중엽부터 제1차 세계대전까지의 시기는 무상 의무 교육의 확산으로 어린이 음식 개선 문제가 진지한 정책 문제로 떠올랐다는 점에서 역사적으로 아주 드문 시기였다. 많은 학생들이 굶은 채 학교에 와

식습관의 인문학

공부를 제대로 하지 못하는 문제를 해결하기 위해 1860년대부터 곳곳에서 학교 급식 운동이 전개되었다. 교육 당국이 어린이를 먹이는 데 책임을 일부 지지 않는다면, 어떻게 어린이에게 식사 시간에 공부하러 학교에 오라고 강요할 수 있겠는가? 1912년 무렵에 이르자, 스위스, 독일, 이탈리아, 덴마크, 노르웨이, 스웨덴, 영국에서 학교 급식 제도에 개혁이 일어났다. 파리는 캉틴 스콜레르Cantines Scolaires(교내 식당)로 이 길을 선도했는데, 이 교내 식당은 오늘날까지도 학생들에게 양질의 식사를 값싼 가격에 계속 제공하고 있다. 1867년부터 도입된 원래의 캉틴 스콜레르에서는 가난한 아이들이 식권을 내면 송아지 고기와 마카로니 치즈 또는 고기 국물에 소고기 수육과 렌즈콩을 배불리 먹을 수 있었다.[5]

영국에서는 선택의 폭이 훨씬 좁았다. 새로운 학교 급식 제도는 1906년에 제정된 학교 급식법으로 시작되었지만, 주로 제공된 음식은 〈데일리메일〉의 표현을 빌리면 "영원한 라이스 푸딩"이었다. 1912년, 맨체스터의 한 그래머스쿨에서 제공한 디저트 메뉴는 다음과 같았다.

월요일 찐 과일과 커스터드, 라이스 푸딩
화요일 라이스 푸딩과 잼
수요일 라이스 푸딩, 타피오카 푸딩과 잼
목요일 라이스 푸딩과 찐 과일
금요일 라이스 푸딩과 잼[6]

라이스 푸딩(에드워드 7세 시대에는 건강에 좋은 음식이었던)은 어린이를 위한 음식으로 추천할 만한 이유가 많았다. 무엇보다도 배를 그득 채워주었고 값이 쌌다. 또, 최고의 영양 전문가들이 어린이에게 좋은 음식이라고 동의한 우유와 '녹말질'이 많이 들어 있었다.

하지만 과연 어린이들이 좋아했을까? 1912~1913년의 라이스 푸딩 논의는 영국에서 학교 급식의 미래를 주제로 열린 두 회의 중 하나였는데, 이 회의들은 어린이의 건강 개선 방법을 긴급 현안으로 다루었다. 그때는 보어 전쟁에서 많은 영국 젊은이가 영양결핍 때문에 제대로 싸울수 없다는 사실이 입증되고 나서 10년이 더 지난 때였다. 이 회의들이 천명한 목표는 "대영 제국 민족을 양육하는 것"이었다. 영양이 많다고 여긴 학교 급식에도 불구하고 많은 영국 어린이의 신체 조건은 놀라울 정도로 나빴는데, 충치와 발육 저하, 위장 장애 등이 광범위하게 나타났다. 일부 학교에서는 새로운 음식을 도입한 뒤 아이들의 몸무게가 오히려 줄어들었다고 보고했는데, 새로운 음식을 먹길 거부하고 익숙한 음식을 선호하기 때문이었다.

라이스 푸딩이 쟁점으로 떠오른 것은 바로 이런 상황에서였다. 대표들이 일어서서 라이스 푸딩을 옹호하는 주장과 반대하는 주장을 펼치면서 토론을 벌였다. 그들이 실제로 토의한 쟁점은 음식을 어린이의 기호에 맞춰 제공해야 하느냐 하는 것이었다. 그 당시의 주류 견해(빅토리아시대 사람들로부터 물려받은)에 따르면, 어린이는 설사 맛이 좋지 않더라도 건강에 좋은 음식을 먹어야 한다는 것이었다. 심지어 맛이 좋지 않다면 '특히' 꼭 먹어야 한다고 생각했는데, 맛없는 급식을 불평 없이 먹는 태도가 강한 도덕심을 보여준다고 믿었기 때문이다. 하지만 1912년에

식습관의 인문학

가이드홀에서는 일부 사람들이 급진적인 주장을 펼쳤다. 만약 어린이를 위한 최선의 음식이 어린이가 가장 좋아하는 것이면 무슨 문제가 있느냐는 질문을 던졌다.

여러 유명한 교사는 학교에서 라이스 푸딩 급식을 폐지할 때가 되었다고 주장했다. 그들은 라이스 푸딩이 건강에 좋은 음식이라는 데에는 이의를 제기하지 않았지만, 어린이를 위한 음식을 선택할 때 어린이 자신의 입맛을 고려해야 하는가라는 문제에서 라이스 푸딩 급식을 하나의 테스트 케이스라고 생각했다. 그들이 내놓은 답은 "그래야 한다"였는데, 에드워드 7세(1901~1910년 재위) 시대 직후에 나온 주장 치고는 다소 과감한 것이었다.

포츠머스의 빈민가에 위치한 학교 교장이던 니컬스^{W. A. Nicholls}는 어린이에게 라이스 푸딩을 강요하는 것은 '특화된 학대 행위'라고 주장했다(그는 어린이가 자신의 자유 의지로 라이스 푸딩을 먹을 수도 있다는 생각은 하지 못했다). 니컬스는 자신도 라이스 푸딩을 싫어하며 결코 먹지 않는다고 털어놓았다.[7] 런던에서 어린이를 위한 구내 식당을 운영하던 조지 레이니^{George Rainey}는 가난한 소년 40명에게 라이스 푸딩을 배식했는데, 많은 아이들이 그것을 먹지 않았다고 말했다. 그리고 어린이는 "씹는 게 필요한 음식을 좋아하며, 걸쭉한 수프나 라이스 푸딩처럼 액체도 고체도 아닌 음식을 싫어한다"라고 자신의 견해를 밝혔다. 계층 스펙트럼에서 정반대편에 위치한 럭비 스쿨의 클레멘트 듀크스^{Clement Dukes} 박사도 이에 동의했다. 그는 "어린이는 단것을 좋아하며, 나 역시 그렇다"라고 말했다. 우유를 기반으로 하여 건강에 좋지만 맛없는 디저트 대신에 잼 푸딩 같은 것을 먹여야 한다고 했다.

하지만 영국 북부의 산업 중심지인 브래드퍼드에서 온 대표들은 라이스 푸딩에 관한 토의에서 다른 견해를 제시했다. 그 당시 랠프 크롤리 Ralph Crowley라는 통찰력 있는 의료 담당자의 지도하에 브래드퍼드는 영국 내에서 훌륭한 학교 급식을 선도하는 위치에 있었다. 학교 급식이 도입되기 전에 브래드퍼드는 영국 내에서 어린이 영양실조가 아주 심각한 지역 중 하나였다. 크롤리 박사는 의사들로 이루어진 팀을 이끌고 브래드퍼드의 초등학교 어린이 6만 명 전원을 검사했다. 그리고 11퍼센트에 이르는 6000명 이상이 영양실조 상태에 있다고 발표했다. 크롤리는 1906년에 도입된 새로운 급식은 전반적인 음식 공급 부족보다는 어린이의 '단백질 결핍' 문제를 해결할 필요가 있다고 말했다. 크롤리와 함께 일한 페이비언 협회 출신의 정치인 마거릿 맥밀런 Margaret McMillan은 브래드퍼드 급식이 추구하는 큰 목표는 '어리석은 섭식'을 피하는 것이라고 말했다.[8]

크롤리는 점심은 다양하고 매력적이고 무엇보다도 교육적이어야 한다고 주장했다. 즉, 음식은 어린이에게 위생(손과 얼굴 깨끗이 씻기!)과 "소리를 내거나 부산을 떨지 않고" 조용히 앉아서 먹는 법을 가르쳐야 한다고 했다. 그리고 무엇보다도 늘 먹던 통조림 음식과 커피 대신에 새로운 미각을 배우는 법을 가르쳐야 한다고 했다. 브래드퍼드의 어린이들은 3주일을 주기로 바뀌는 두 코스의 식사를 매일 제공받았는데, 단백질과 지방, 채소가 풍부한 반면 설탕은 많이 들어가지 않은 음식들이었다. 크롤리는 매우 인도적인 사람이었다. 사람들이 어린이에게 음식

식습관의 인문학

을 먹이는 일이 어렵다고 불평하자, 그는 정말로 중요한 것은 "딱 한 가지뿐"이며, 그것은 바로 "어린이가 고통을 받지 않도록 하는 것"이라고 대답했다.[9] 크롤리의 지휘하에 브래드퍼드 학교들의 식탁에는 식탁보가 씌워졌고, 식탁 한가운데에는 꽃병이나 식물이 자라는 화분이 놓였다. 그리고 어린이에게 새로운 음식을 먹어보라고 권하기 위해 온갖 노력을 기울였다. 그중에는 라이스 푸딩도 포함돼 있었다. 브래드퍼드 대표들은 니컬스와는 달리 어린이에게 라이스 푸딩을 먹이는 것이 학대 행위라고 생각하지 않았다.

다만, 어린이 음식은 어린이의 장래 발달을 염두에 두고 설계해야 한다는 사실을 제대로 간파한 사람들은 오직 브래드퍼드 대표들뿐이었다는 차이점이 있었다. 그들은 공급하는 음식의 질이 충분히 좋다면, 어린이가 새롭고 유익한 미각을 배울 수 있다는 가정에서 출발했다. 브래드퍼드의 학교 급식 메뉴를 정한 크롤리의 동료 메리언 커프[Marion E. Cuff]는 가이드홀 회의에서 라이스 푸딩을 옹호했다. "그녀는 라이스 푸딩이 런던에서는 인기가 없을지 몰라도, 브래드퍼드에서는 '어린이가 어떤 음식보다도 더 좋아하는 것이 바로 라이스 푸딩'이라고 말했다."[10]

커프의 이야기를 들으면서 사람들은 브래드퍼드의 학교들에서 제공하는 라이스 푸딩은 런던에서 같은 이름으로 제공하는 디저트보다 훨씬 맛있다는 사실을 분명히 깨달았다. 브래드퍼드에서 학교 급식을 만드는 데 쓰이는 주방 장비들은 세상에서 가장 훌륭한 것들이었다. 채소를 씻는 데에는 자기 용기를, 음식을 끓이는 데에는 특수 제작한 증기 재킷 용기를 사용했다. 브래드퍼드에서는 라이스 푸딩을 우유와 육두구를 잔뜩 넣어 아주 천천히 가열하면서 걸쭉한 크림처럼 될 때까지 세 시간 동안 조리해 만들었다. 이와는 대조적으로 런던의 라이스 푸딩은 어디까지나 '경제적인 문제'로 취급되었고, 물을 잔뜩 머금었으며, 별다른 주의를 기울이지 않고 조리했다.

브래드퍼드의 라이스 푸딩과 런던의 라이스 푸딩은 또 한 가지 큰 차이점이 있었는데, 바로 그것을 제공하는 방식이었다. 런던에서와 마찬가지로 브래드퍼드의 어린이들도 처음 맛볼 때 라이스 푸딩을 거부하는 경우가 많았다. 하지만 크롤리와 커프는 처음의 이 거부 반응을 어린이가 절대로 좋아하지 않을 음식이라는 신호로 받아들이지 않았다. 그들은 가난한 어린이들 중 일부는 그동안 집에서 빵만 먹는 데 익숙해져 있어 라이스 푸딩에 적응하려면 적절한 격려가 필요하다는 사실을 잘 이해했다. 브래드퍼드에서는 라이스 푸딩을 최대한 다양한 형태(쌀, 사고, 쌀가루와 그 밖의 여러 가지를 포함해)로 제공했다. 그리고 어떤 어린이에게도 이러한 푸딩을 먹으라고 강요하지 않았지만, 약간 격려만 해주면 "그들은 그것들을 모두 다 좋아하게 된다"라고 커프는 말했다. 새로운 음식을 꺼려하는 어린이에게는 개별적인 주의를 기울이면서 소량만 제공했다. 각 식탁마다 앞치마를 두른 '모니트리스^{monitress, '감시 요원'이란 뜻인 monitor의 여성형}'가 한 명씩 있었는데, 나이가 더 많은 이 여학생들은 더 어린 학생들에게 다그치지 않고 음식을 먹도록 돕는 훈련을 강도 높게 받았다. 그 목표는 성장에 도움을 주는 '조직 형성' 음식을 적극적으로 즐기는 단계까지 어린이들을 이끄는 것이었다.

이것은 어린이 음식에 대해 진정한 지혜를 시사한다. 브래드퍼드의

식습관의 인문학

학교 급식 선구자들은 어린이 음식은 건강에 좋지만 어린이가 좋아하지 않는 음식(수분이 많은 옛날식의 라이스 푸딩처럼)이나 건강에 좋지 않지만 어린이가 좋아하는 음식(잼 푸딩처럼) 같은 것이어야 할 필요가 없다고 판단했다. 훌륭한 조리와 함께 식사 시간에 인내심을 갖고 끈기 있게 노력하면, 건강에 좋으면서도 어린이가 즐길 수 있는 음식을 제공할 수 있었다. 크롤리는 자신의 임무는 단순히 그들에게 익숙한 음식들로 '꼬마 야만인들'의 배를 부르게 하는 것이 아니라, 장기적으로 건강에 좋은 식습관을 형성하는 것이라고 생각했다.

하지만 이 중요한 통찰은 계속 이어지지 못했다. 즐거움과 건강을 서로 적으로 여기는 경향은 어른 음식보다 어린이 음식에서 더 강했다. 어린이에게는 복종과 건강을 위해 채소를 억지로 다 먹게 하거나 '건강에 좋지 않은' 음식을 실컷 먹게 했다. 만약 어린 시절에 이런 교훈이 내면화된다면, 그 습관을 평생 떨치지 못할 가능성이 높다.

결국 라이스 푸딩 논의는 아무 성과도 낳지 못했다. 얼마 후 발발한 제1차 세계대전이 어린이의 미각이라는 섬세한 문제로부터 사람들의 관심을 앗아갔다. 그 후 수십 년 동안 영국의 초등학교 어린이들에게는 다양한 품질의 라이스 푸딩을 계속 제공했는데, 어린이들이 그것을 즐길 것이라는 기대는 거의 하지 않았다. 셰프 롤리 레이Rowley Leigh는 1950년에 태어났는데, 어린 시절 내내 "집이나 학교에서" 라이스 푸딩을 "일주일에 적어도 두 번" 먹었으며, "나같이 탐욕스러운 꼬마들은 군침을 흘린 반면, 다른 아이들은 싫어했다"라고 회상했다.[11] 따라서 변한 것은 아무것도 없었다.

하지만 1912~1913년의 이 논의는 그래도 주목할 만하다. 그것은 단지 라이스 푸딩에 관한 문제가 아니었다. 어린이 음식은 어린이가 좋아할 만한 것이어야 하느냐 아니면 단순히 건강에 좋은 것이어야 하느냐를 놓고 수준 높은 대화가 오갔다. 그 이전에 자랐던 대부분의 어린이들에게는 그 어느 쪽도 아니었다. 1912년 회의에 참석했던 〈이브닝 뉴스〉의 한 기자는 학교 어린이들에게 정확하게 어떤 음식을 먹여야 하느냐를 놓고 벌어진 그 모든 논의에 큰 '충격'을 받았다. 그는 학생 시절에 "주는 대로 아무것이나 즐겁게 먹고, 그것에 감사해야 한다"라고 들었기 때문이다.[12]

어린이 음식을 생각하는 방식은 기본적으로 세 가지가 있다. 각각의 방식은 먹는 태도를 가르칠 수 있는데, 그 태도는 훗날 당사자에게 큰 영향을 미친다. 첫번째(나는 이것을 '가족 음식family food'이라고 부르겠다)는 우유를 먹는 유아 단계가 지나면 어린이 음식은 다른 음식과 다르지 않다는 것이다. 어른과 어린이를 막론하고 모든 가족은 공통의 냄비에서 얻을 수 있는 것을 먹는다. 이것은 음식을 빨리 먹고, 먹을 기회를 놓치지 말라고 가르친다. 가족 음식은 전통적으로 어린이들이 음식을 먹어온 방식이다(그리고 지금도 전 세계 대부분의 문화에서 그렇게 한다). 두번째(이것은 '유아식nursery food'이라고 부를 수 있다)는 어린이 음식은 어른 음식과 달라야 한다고 말하지만, 어른이 어린이의 미각에 맞추는 대신에 어린이의 건강에 좋다고 믿는 것으로 세심하게 선택해야 한다고 말한다. 이것은 어린이에게 좋아하지 않는 음식을 참고 먹는 것이 좋은 행동이라고 가르친다. 세번째(나는 이것을 '키즈 푸드kid food'라고 부르겠다)

식습관의 인문학

는 설탕이 듬뿍 들었거나 좋지 않은 음식이라 하더라도 어린이 자신이 좋아하는 음식을 먹여야 한다고 말한다. 이것은 어린이의 비위를 맞추어야 하며, 식사 때마다 빵가루를 뒤집어쓰고 가공이 많이 된 식품을 먹는 게 정상이라고 가르친다.

이상적인 형태의 어린이 음식은 이 세 가지 방식 모두에서 장점을 취한 것이어야 한다. 최선의 어린이 음식은 '키즈 푸드'처럼 어린이가 좋아해야 하는 동시에 '유아식'처럼 건강에도 좋아야 한다. 그리고 어른 음식에서 크게 벗어난 것이어서는 안 된다(즉, 가족 음식과 비슷해야 한다). 어린이 음식이 어른 음식만큼 다양한 맛이 있을 때 어린이가 가장 잘 먹는 것으로 보인다. 하지만 가족 음식 자체가 다양한 메뉴로 구성되어 있을 때에만 효과가 있다. 부모가 정크푸드만 먹는다면, 어린이는 따로 유아식을 먹는 게 더 나을 수 있다. 최선의 어린이 음식은 영양은 어른이 통제하되 입속에 넣는 음식은 어린이가 통제하는 방식을 따르는 것이다. 식탁 위에 놓인 음식이 모두 다 적절한 영양을 포함하고 있는 것이라고 가정한다면, 어린이에게 자신이 좋아하는 모든 맛을 마음대로 탐구하도록 격려해야 한다. 거기에 라이스 푸딩이 포함되건 포함되지 않건 상관없다.

거의 모든 역사와 대부분의 장소에서 젖을 뗀 이후의 나이에 어린이 음식이 별도의 범주로 존재한 적은 없었다. 17세기와 18세기의 어린이 양육 안내서를 보면, 주요 관심사는 건강한 모유를 생산하기 위해 어머니가 먹어야 하는 음식이었지, 아기를 위한 특별한 음식이 아니었다는 사실을 알 수 있다. 1662년, 영국의 약초상 니컬러스 컬페퍼[Nicholas

Culpeper는 "톡 쏘는 맛이나 '불쾌한 맛' 없이 즐거운 냄새와 색을 지닌 젖을 생산하는 법"에 관한 글을 썼다.[13] 컬페퍼의 견해에 따르면, 젖을 먹이는 여성은 샐러드와 무를 많이 먹고 와인을 적당량 마시는 게 좋으며, 튀긴 양파와 양념을 한 고기와 분노를 삼가야 하는데, 이것들은 모두 아기를 아프게 할 수 있다고 했다. 하지만 컬페퍼는 아기가 젖을 떼고 고형식을 먹기 시작할 때 무엇을 먹여야 하는지에 대해서는 아무 말도 하지 않았다.

어린이 음식에 대한 이러한 침묵은 관행적으로 모유 수유가 오래 지속되었다는 사실을 말해준다. 일부 녹말질 음식(귀리죽이나 수프에 적신 빵조각 또는 고기 국물에 푹 삶은 쌀)을 제외하고는 걸음마를 하는 아이에게 어떤 음식을 먹여야 하느냐 하는 문제는 젖으로 해결했다. 피렌체의 산로렌초 바실리카에 매장된 메디치 가문 어린이들의 뼈를 분석한 결과, 이들이 거의 만 두 살이 될 때까지 젖을 먹었다는 사실이 확인되었다. 그 무렵이면 아이들은 나머지 가족이 먹는 음식을 먹을 준비가 충분히 되었다. 일부 예외는 있었지만.

역사적으로 어린이 음식에 대한 규칙은 대부분 부정적인 것이었다. 많은 사회에는 어린이가 피해야 할 물질에 대한 금기가 있었는데, 그것은 고기인 경우가 많았다. 18세기에 영국의 일부 지역에서는 젖니가 빠지는 나이(만 6~7세)까지는 고기를 먹이지 않는 것이 경험 법칙이었다. 과테말라의 마야족 사이에서는 모든 동물성 식품(달걀, 우유, 고기 등)은 취학 이전의 어린이에게 나쁘다는 믿음이 있었는데, 이 믿음은 단백질 결핍을 낳아 발육 저하라는 부작용을 낳았다. 탄자니아의 차가족에게

식습관의 인문학

는 더 구체적인 형태의 고기 금기가 있다. 어린이는 동물 혀와 머리를 먹어서는 안 된다고 경고하는데, 혀를 먹으면 싸우기 좋아하는 성격이 되고, 머리를 먹으면 완고해진다고 한다.[14]

하지만 이런 금지를 제외한다면, 어린이 음식은 일반적으로 특별한 범주로 취급되지 않았다. 젖 뗄 나이가 지난 어린이는 어른과 똑같은 음식을 먹었지만, 음식의 양은 더 적었으며 질도 더 나빴다. 어린이 음식은 '먹다 남은 음식'이란 단어로 요약할 수 있었다. 노동자 가족의 경우, 어린이는 영양(특히 단백질) 배분에서 아버지보다 서열이 훨씬 낮았다. 다만, 어머니가 이타적인 경우에는 어머니보다 높을 수 있었다. 여기에는 냉혹한 논리가 작용했다. 아버지가 힘든 육체 노동을 해 돈을 벌 능력이 없으면, 나머지 가족은 아예 먹을 수가 없었기 때문이다.

음식 중 가장 맛있는 부분을 부모를 위해 남겨놓는지 아이를 위해 남겨놓는지를 보면, 가족의 권력 역학에 대해 많은 것을 알 수 있다. 오늘날의 가정에서는 미취학 아동에게 유기농 블루베리와 부드러운 닭고기로 이루어진 특별한 음식을 제공하는 반면, 몇 시간 뒤에 피곤한 몸으로 일터에서 돌아온 부모는 토스트 등으로 끼니를 때우는 경우가 종종 있다. 이와는 대조적으로 이전에는 아이들은 부모가 맛있는 음식을 배불리 먹고 난 뒤에 남은 음식에 만족해야 했다. 부커 워싱턴Booker T. Washington은 버지니아 주 농장에서 노예로 자란 경험을 기술한 회고록에서 가족 사이에서 어린이 식사는 남은 음식을 모아 되는대로 주었다고 회상했다. "여기서 남은 빵조각과 저기서 남은 고기 조각을 그러모아 주는 식이었다. 어떤 때에는 우유 한 잔으로, 또 어떤 때에는 감자 몇 알이

다였다. 때로는 가족 일부가 냄비나 솥 주위에 둘러앉아 먹는 동안 누군 가는 무릎 위에 양철 그릇을 올려놓고 먹어야 했는데, 수저도 없이 손만 사용해서 먹는 경우도 많았다."[15]

노예로 살아가는 삶은 일반적인 사례는 아니었다. 하지만 되는대로 마련해서 주던 어린이 음식은 자유노동자들 사이에서도 마찬가지였다. 어머니는 아이들에게 음식을 가능하면 많이 주려고 했지만, 먼저 아버 지의 필요를 충족시키고 난 다음에 그렇게 했다. 영국 노동자들은 남성 의 특권이던 '렐리시relish'를 이야기했다. 여기서 말하는 렐리시는 1828 년부터 영국에서 부유층에게 판매되던 안초비 페이스트인 '젠틀맨즈 렐 리시Gentleman's Relish' 같은 피클이나 양념을 뜻하는 게 아니다relish에는 양념, 향미, 즐거움을 주는 것, 식욕을 자극하는 것 등의 다양한 뜻이 있어서 이렇게 설명하는 것임. 남성의 특 권인 렐리시는 식사에서 메인 코스라고 부를 만한 것, 즉 단백질 음식을 가리킨다. 베이컨, 고기 경단, 소금에 절이거나 튀긴 생선, 새우, 비프스 테이크, 달걀 등이 이에 해당한다. 이런 음식을 준비할 능력이 있다면, 그렇게 만든 음식은 단조로운 빵과 감자 주식에 향미를 더하기 위해 그 리고 일할 기운을 주기 위해 자동적으로 아버지에게 갔다. 아버지가 맛 볼 기회를 주기로 마음먹지 않는 한, 어린이나 여성은 '렐리시'를 맛볼 기회가 없었다. 1907년에 브래드퍼드의 학교들에서 어린이의 신체 상 태를 검사한 크롤리는 어린이들이 전반적인 영양 결핍보다는 '단백질 결핍' 문제가 심각하다는 사실을 발견했다.[16]

스스로 점심 식사를 사먹을 돈을 주었을 때, 어린이들은 반드시 더 나은 음식을 선택하진 않았다. 단백질에 굶주렸으면서도 더 값싼 탄수

식습관의 인문학

화물 음식을 찾았다. 런던 어린이들은 길모퉁이에서 튀김 음식을 사먹는 경향을 보였다. 20세기로 넘어올 무렵에 뉴욕에서 진보주의자 존 스파고John Spargo(『어린이들의 울부짖음The Bitter Cry of Children』의 저자)는 학교 운동장에 있던 한 무리의 어린이들이 델리카트슨(조제 식품 판매점)으로 가 점심값을 어떻게 쓰는지 관찰했다.[17] 14명의 어린이(남자아이 8명, 여자아이 6명) 중 7명은 피클과 빵을 샀고, 4명은 피클만 샀으며, 2명은 볼로냐소시지와 호밀빵을 샀고, 한 명은 절인 생선과 빵을 샀다. 1910년, 공중 위생 운동가 루이즈 스티븐스 브라이언트Louise Stevens Bryant는 뉴욕의 초등학교 어린이들이 학교 근처의 가게와 손수레에서 점심거리를 사는 행동을 관찰했다. "이런 식으로 산 점심거리는 다음과 같았다. 작은 프랑크푸르트 소시지와 롤빵, 1센트; 스위스 치즈 샌드위치, 2센트; 작은 바나나 2개와 기다란 감초 사탕 '슈스트링' 2개, 2센트; 당의를 입힌 컵케이크 2개, 3센트." 브라이언트는 이 식품들을 영양 연구소로 보내 분석했다. 프랑크푸르트 소시지는 선홍색 색소로 짙게 물들어 있었는데, 단백질은 겨우 5그램밖에 들어 있지 않았다. 바나나와 감초 사탕 '점심'에 들어 있는 단백질은 0.6그램에 불과했다.[18]

가족 음식의 형태로 제공하는 어린이 음식은 식사의 기본 임무(충분한 영양 공급)를 제대로 수행하지 못하는 경우가 많았다. 1910년대에 모드 펨버 리브스Maud Pember Reeves는 런던 남부의 램버스에서 "일주일에 대략 1파운드"로 살아가는 '품위 있는' 노동자 가족들의 생활 조건을 4년 동안 조사했다.[19] 이들 가정의 가장은 생선튀김 장수나 배관공 조수 같은 일을 하면서 살아갔고, 그 지역에서 가장 가난한 사람들은 아니었다.

하지만 생활비가 빠듯했기 때문에 집 안으로 들여오는 단백질은 엄격하게 관리되었다. 리브스는 "고기는 남자들을 위해 샀다"라고 지적했다. 그녀가 방문한 한 가정은 짐수레꾼으로 일하는 남편과 그 아내, 그리고 만 다섯 살 미만의 자녀 네 명으로 이루어져 있었다. 평소의 아침은 빵덩어리 하나를 버터 1온스와 차와 함께 여섯 명이 함께 나눠먹었고, "추가로 미스터 X를 위한 훈제 청어"가 있었다. 일주일 내내 아이들은 빵과 차, 감자, 그레이비소스, 채소 외에는 달리 먹을 게 거의 없었다. '다양성은 전혀' 찾아볼 수 없었다. 가끔 값이 쌀 때 토마토가 나오는 것이 그나마 눈길을 끌 만한 사건이었다.

어린이가 음식을 먹는 방식은 항상 계급과 돈에 큰 영향을 받았다. 리브스는 '부유한' 가정에는 두 종류의 음식이 있다고 지적했다. 하나는 어른을 위한 것이고, 다른 하나는 어린이를 위한 것이었다. 중산층의 아이 방에서는 어린이에게 크림이 많이 들어 있고 별 맛이 없는 혼합물을 주었는데, 다들 그것이 어린이에게 아주 좋은 것이라고 생각했다. 일주일 식비가 10실링구매력을 기준으로 한 오늘날의 가치로 환산하면 40.62파운드, 원화로는 약 7만 원에 해당함인 가정에서는 온 가족이 가장의 필요에 따라 정해지는 한 가지 식사를 해야 했다. 우유는 너무 비쌌기 때문에 구입하는 일이 아주 드물었다. 우유 값은 램버스나 메이페어(런던 하이드파크 동쪽의 고급 주택지)나 똑같았다. 따라서 라이스 푸딩도 전혀 먹을 수 없었다. "가난한 어린이들은 유아식을 전혀 알지 못했고, 오로지 어른 음식 중에서 남은 것만 먹었다."[20]

리브스가 방문한 전체 노동자 가정에서 어린이가 먹는 주요 음식은

식습관의 인문학

빵이었다.

> 빵은 싸고, 어린이는 빵을 좋아한다. 미리 조리된 형태로 집으로 들어오
> 며, 늘 즉시 먹을 수 있고, 쟁반이나 스푼도 필요 없다. 어머니의 지갑 형
> 편에 따라 버터나 잼 또는 마가린을 곁들여 먹을 수 있으며, 평소의 건강
> 상태만 유지한다면 어린이는 빵에 물리지도 않는다. 빵을 손에 받아 쥔
> 어린이는 어디서든 자기 내키는 방식으로 먹을 수 있다. 빵은 하루 두 끼
> 식사 메뉴에 유일하게 올라 있는 음식이다.[21]

시골 지역이라고 해서 가난한 어린이의 음식이 반드시 더 나은 것도
아니었다. 웨스트 컨트리영국 잉글랜드의 남서부 지역에 살던 한 의사는 그곳의
가난한 가족들은 빵과 버터, 감자, '소화할 수 없는' 패스티pasty, 만두처럼 고기
와 채소로 소를 넣어 만든 작은 파이, 오래된 차 등으로 살아간다고 했다.[22]

이처럼 어린이에게 다른 가족과 똑같은 음식을 먹이는 방식은 반드
시 무분별한 행동은 아니었다. 높은 유아 사망률을 감안할 때, 많은 가족
은 옳건 그르건 집이야말로 어린이가 가장 안전하게 지낼 수 있는 장소
라고 믿었다.

어린이가 먹은 '가족 음식'은 영양이 아주 많지 않았을진 몰라도, 같
은 식탁에 둘러앉아 같은 음식을 먹는 가족은 깊은 유대감을 느꼈다. 옥
스퍼드의 역사학자 시안 풀리Siân Pooley는 19세기에 영국의 세 지역에 살
던 노동자 가족들을 조사한 결과, 일부 부모가 자녀에 대해 가장 보편적
으로 느끼는 두려움 중 하나가 집 밖에서 음식, 특히 과일을 먹지 않을까

하는 두려움이라는 사실을 발견했다.[23] '과일에 의한 죽음'은 유아 사망 원인을 밝힌 지방 법원의 기록에 자주 등장한다. 이것은 아이의 사망 원인을 부모 자신이 저질렀을지 모르는 어떤 행동의 결과라는 섬뜩한 가능성을 생각하기보다는 집 밖에서 일어난 일로 돌리는 편이 편리했기 때문일 수도 있다. 하지만 '과일에 의한 죽음'에 대한 믿음은 이보다 더 깊은 뿌리가 있다. 부자이건 가난하건 오랫동안 어린이 음식에 대해 모두가 동의했던 한 가지 사실은 생과일이 어린이에게 위험한 음식이라는 것이었다.

과일 공포증의 뿌리는 과일이 지닌 계절적 속성에 있는 것으로 보인다. 몇 달 동안 신선한 과일을 전혀 먹지 못하다가 여름철에 과일이 풍성하게 열리면, 사람들, 그중에서도 특히 어린이는 나무에서 직접 과일을 따서 게걸스럽게 먹었고 탈이 났다. 역학疫學 지식이 부족하던 시절에 생과일은 어린이 질병을 초래하는 분명하고도 가시적인 원인 중 하나로 보였는데, 그것은 유아기에 왜 그토록 많은 아이가 죽는지 구체적으로 설명할 수 있었다. 과일 공포증은 음식을 통한 체액의 균형에 관한 고대의 개념과도 일치했다. 르네상스 시대에는 과일을 '부패하기 쉽고' 독성 물질에 가까운 것으로 간주했는데, 특히 복숭아, 포도, 멜론처럼 아주 달고 유혹적인 과일이 그렇다고 보았다.[24] 어머니와 어린이를 위한 기도와 노래를 실은 17세기의 한 책은 어린이에게 다음과 같은 것을 너무 많이 먹지 말라고 경고한다.

자두, 배, 견과와

식습관의 인문학

특히 너무 익은 것들.

배앓이를 하거나

나쁜 피가 생기거나 설사를 하고 싶지 않거든.

복숭아는 기분을 우울하게 만든다.

그리고 씨 문제도 있었다. 20세기로 넘어오고 나서도 어린이 음식을 다룬 책들은 어린이가 먹는 과일에서 씨를 제거해야 할 필요성을 강조했다. 조리한 과일은 생과일보다 안전하다고 여겼지만, 가장 안전하다고 여긴 것은 조리와 함께 섬유질을 최대한 제거한 과일이었다. 한 전문가는 산딸기의 "과육이나 씨"가 아이에게 "심각한 장애를 초래할" 수 있다고 경고했다.

어린이가 과일을 먹으면 몸에 해롭다는 두려움이 가끔 옳은 것으로 드러난 경우가 있었을 것이다. 이 아이들이 먹은 과일은 잘게 잘라 멸균 그릇에 담긴 멜론이나 잘 씻은 사과가 아니었다. 아이들은 나무에 달린 다 익지도 않은 과일을 따다 먹는 경우가 많았다. 익지도 않은 초록색 살구를 한 바구니 먹으면 분명히 심한 복통을 앓을 수 있다. 땅에서 더럽거나 오염된 과일을 주워 먹고 나서 아픈 아이들도 있었을 것이다. 하지만 과일에 대한 부모의 두려움은 음식에 대한 모든 두려움과 마찬가지로 완전히 합리적인 것은 아니었다. 어린이에게 과일을 먹이는 것에 의심을 품은 주요 이유는 단지 과일이 아주 맛있기 때문이었다. 과일은 그 시대의 캔디에 해당했고, 어른의 통제에서 벗어나 어린이 스스로 선택할 수 있는 음식이었다. 어린이가 그 부드러운 과육과 즙의 단맛 때문에 과일을 특별히 좋아한다는 사실은 많이 언급되었다.

어린 시절을 회상한 글들에는 들이나 산에서 산딸기류를 따 먹으며 돌아다니다가 여름날 저녁 늦은 시각에 배가 부르고 손에 검은 물이 든 채 집으로 돌아온 이야기가 자주 나온다. 야생 열매(블랙베리, 월귤 열매, 블루베리 등)는 늘 어린이가 어른 몰래 음식을 보충할 수 있는 한 가지 방법이었다. 어린이는 손가락이 작고 민첩해 낮은 덤불에서 이런 열매를 쉽게 딸 수 있었다. 가욋돈을 조금 더 벌기 위해 산딸기류를 채집하는 일을 어린이에게 맡기는 가정들도 있었다. 다만, 어린이가 그것을 집으로 가지고 오는 도중에 절반 정도 먹어치우지 않으리란 보장이 없었다. 미국 작가 헨리 데이비드 소로^{Henry David Thoreau}는 어린 시절에 어머니의 부탁으로 푸딩에 넣을 블랙허클베리를 따러 다니곤 했다. 소로는 이 야생 작물을 자유롭게 이용할 수 있다는 사실에 경탄했다. "건강에 좋고 풍부하면서도 공짜로" 이용할 수 있었다. 하지만 어른들은 과일 왕국에 직접 손을 대면서 즐거움을 얻는 어린이를 늘 좋게만 보진 않았다. 어린이의 미각에 그토록 매력적인 음식이라면 절대로 신뢰해서는 안 되는 것이었다.

19세기에 새로운 버전의 어린이 음식이 등장했는데, 신선한 과일에 대한 전통적인 불신을 전체 어른 음식에 적용한 것이었다. 중산층과 상류층의 새로운 '유아식'은 어린이는 거의 다른 종이며, 육체적으로나 도덕적으로 순수하게 키워야 한다는 빅토리아 시대의 개념에 뿌리를 둔 것이었다. 유아식은 어린이 양육 태도에 일어난 큰 변화의 일부였다. 가

식습관의 인문학

족사학자 크리스티나 하디먼트Christina Hardyment는 부모들이 인간의 본능에 관한 전문가의 과학적 조언을 신뢰하기 시작하면서 1870년대부터 "부모와 자식 사이에 그 간격이 점점 커져간 분리"에 대한 글을 썼다. 이전 세대들에서 중산층 어린이는 부모와 가까운 곳에서 키웠지만, 이젠 보모가 유모차에 태워 데리고 다녔고, 별도의 아이 방으로 추방되어 지내면서 연약한 위에 부담을 주지 않도록 특별히 배려한 '과학적' 음식을 먹었다.

> 유아식은 물질적인 것 못지않게 도덕적인 것이기도 했다. 의학 전문가들은 어린이에게 별도의 음식을 주지 않는 잘못을 저지른다면서 가난한 부모들을 꾸짖었다. 의학 박사 토머스 더턴Thomas Dutton은 어린이에게 음식을 먹이면서 저지르는 한 가지 큰 '잘못'은 "어른에게만 적절한 음식"을 주는 것이라고 주장했다.[25] 더턴의 경험에 따르면, '대다수' 어머니들은 그런 잘못을 저지르면서 왜 자기 아이가 늘 아픈지 의아하게 생각했다. "내가 자주 묻는 질문은 '아이에게 어떤 음식을 먹입니까?'였다. …… '오! 우리가 먹는 것과 똑같은 것을 먹지요. 감자와 그레이비소스 약간, 고기 조금, 때로는 아버지가 먹던 맥주도 한 모금 마시고요.' 수천 명의 아이들이 이런 방식으로 자라고 있다."[26]

신중하게 양을 계산해 제공되는 유아식은 누구나 마음대로 먹을 수 있는 무질서한 가족 음식에 반기를 든 것이었다. 그것은 어린이에게 무엇을 먹여야 하는가라는 질문에 합리적인 과학을 적용하려는 시도였다. 이 단조롭고 따분한 음식(카브스풋 젤리, 뼈다귓국) 뒤에는 어린이가 질병과 죽음에 매우 취약하다는 인식이 자리잡고 있었다. 빅토리아 시대의 한 저자는 소화에 대해 쓴 글에서 '아동 질병' 중 대다수는 '부적절한 음식' 때문에 생긴다고 기술했다. 이것은 어린이에게 '적절한 음식'을 먹이면 생명을 구할 수 있다는 뜻을 내포하고 있다.[27]

19세기에 별개의 범주로 부상한 유아식은 나름의 특징적인 언어를 동반한 채 등장했다. 승인된 음식(그중 많은 것은 라이스 푸딩을 먹던 가정에서)은 육아 안내서에서 '건강에 좋은' '합리적인' '적절한' '안전한' '소화가 잘 되는' 등의 단어로 묘사되었다. 어떤 음식은 '안전하게 줄 수 있다'라거나 '허용할 수 있다'라고 표현되었다. 예를 들면, 1874년에 출판된 한 요리책에서는 "코코아는 너무 진하게 만든 것이 아니라면" 어린이에게 "충분히 허용할 수 있다"라고 기술했다.[28] 다른 음식은 '부적절하거나' '허용할 수 없거나' '부적합하거나' '과도하여' 쓸개즙병을 초래할 수 있다고 묘사했다. 경험 법칙에 따르면, 가장 부적절한 음식은 어린이가 가장 먹고 싶어 하는 음식으로, 기름지거나 달거나 향미가 아주 강한('양념을 듬뿍 쳐서') 음식이었다. 소스처럼 너무 자극적인 음식은 쓸개즙병을 초래할지 모른다고 염려했다. 버섯, 케이퍼, 기름진 맛의 그레이비소스, 진한 크림 등은 절대로 어린이에게 권해서는 안 되었다. 아이에게 가장 안전한 선택은 소박하고 자극적이지 않은 음식이었다. 빅토리아 시대의 요리책들에서 어린이 요리를 다루는 부분(만약 그런 게 있다면)은 대개 병약자 요리 다음에 실렸다. 유아식은 어린이를 언제라도 신경쇠약에 걸리기 쉬운 상태에 있는 것처럼 다루었다.

루서 에밋 홀트Luther Emmet Holt는 자신의 저서 표지에 "아기에 관한 한 미국 최고의 권위자"로 소개되었다. 베스트셀러가 된 그의 어린이 음식 안내서는 1894년에 초판이 출간된 이래 중쇄를 많이 찍었다.[29] 홀트의 책을 낸 출판사는 수십만 명이나 되는 미국인이 그 책의 지침에 따라 키워졌으며, 이제 이들이 그 책을 지침으로 삼아 자신의 아이들을 기우고 있다고 자랑했다. 홀트가 강조한 슬로건은 아이의 기호에 영합하는 것이 아무것도 들어가지 않은 '보통' 음식이다. 그의 모든 조언에는 어른에게 좋은 것은 어린이에게 좋지 않다는 단호한 신념이 자리잡고 있다. 그는 "어른에게는 유익하지만 어린이가 소화할 수 없는 음식이 많다"라고 경고한다.

예를 들면, '찐 토마토'는 어린이에게 '줄 수 있지만', 단 7~8세 이상의 어린이에게만 주어야 한다. 성가신 씨도 문제였다. 홀트는 만 세 살 이전까지는 모든 채소를 체로 걸러서 주어야 하며, 7~8세가 될 때까지는 포크로 으깨서 먹여야 한다고 믿었다. 대부분의 오믈렛도 마찬가지로 7세 이전에는 '허용할 수 없는' 음식이었다. 달걀은 물렁하게 삶거나 수란으로 만들거나 삶거나 해서 주어야 했고, 절대로 프라이해서 주어서는 안 되었다. 홀트는 "햄, 소시지, 돼지고기, 간, 콩팥, 사냥하거나 말리거나 소금에 절인 고기와 생선"처럼 기름지고 보존 처리된 고기에도 반대했다. "이 음식들은 모두 아이가 만 열 살이 되기 전에는 주지 말아야 한다." 더 위험한 것은 샐러드였는데, '소화하기 다소 어려운 것'이기 때문에 열한 살이 될 때까지는 피해야 했다.[30]

홀트의 책에서 가장 위험하다고 지적한 것은 모든 종류의 푸딩과 페이스트리와 타르트였는데, 특히 잼과 시럽, 견과, 말린 과일을 포함한 것들이 위험했다. 조금 단 음식은 아무 해가 없다고 말하는 사람도 있었지만, 홀트는 이에 동의하지 않았는데, 조금이 "금방 많이로 늘어나기 십상"이기 때문이었다. 홀트가 신뢰할 수 있는 디저트는 "정킷junket, 우유와 레닛을 주원료로 한 디저트, 아무것도 섞지 않은 쌀밥, 건포도가 들어가지 않은 콘스타치 푸딩 또는 감자녹말 푸딩, 구운 커스터드"뿐이었다. 일주일에 한 번 정도는 아이스크림을 약간 주어도 되었다. 하지만 다음 음식들은 분명히 금했다. "모든 종류의 신선한 빵과 롤빵, 메밀 팬케이크나 그 밖의 팬케이크, 와플, 모든 종류의 신선하고 달콤한 케이크, 특히 당의를 입히고 말린 과일을 포함한 것이라면 더더욱. 레이디 핑거lady finger, 손가락 모양의 기다란 카스텔라와 보통 쿠키, 생강 쿠키는 7~8세가 된 어린이에게 주는 것이 현명하다.

구워서 만든 신선한 제품을 어린이에게 주는 것을 두려워한 사람은 홀트뿐만이 아니었다. 유아식 전문가들은 어린이에게 신선한 빵을 주어서는 절대로 안 된다고 자주 말했다. 그 이유는 신선과 과일과 마찬가지로 너무 유혹적이고 소화가 어렵다는 것이었다. 만든 지 이틀 지난 빵은 안전한 것으로 간주되었지만, 만약 빵에 건포도가 들어 있다면 8일이 지날 때까지 기다려야 더 안전하다고 보았다. 이상적으로는 이에 뭔가 씹히는 게 있을 만큼 바삭바삭해질 때까지 오븐 속에 더 '묵혀두는' 게 나았다.

식습관의 인문학

유아식은 아주 딱딱한 것과 아주 부드러운 것이라는 두 가지 질감이 있었다. 한편, '안전한' 음식의 굳기는 대부분 죽과 비슷했다(마거릿 와이즈 브라운Margaret Wise Brown은 1947년에 아이 방의 취침 시간에 대해 쓴 대표작 『굿나이트 문Goodnight Moon』에서 "죽아, 안녕!"이라고 썼다). 어린이 음식은 아이가 숟가락으로 먹을 수 있을 만큼 충분히 부드러워야 한다는 것이 기본 개념이었다. 오트밀, 빵과 우유, 커스터드 푸딩은 모두 '허용' 되었다. 어린이를 위한 채소는 한 전문가가 말한 것처럼 '체를 통과할 수 있을 만큼' 충분히 부드러워질 때까지 쪄야 했다.[31] 어린이의 섬세한 위에 해를 주지 않는 단계가 되었다고 인정받으려면 체로 거르는 과정을 한참 거쳐야 했다. 고기는 두들겨야 했고, 조리를 너무 많이 해서는 안 되었다(이전에는 보모가 고기 조각을 자기 입속에서 씹은 뒤에 아이에게 먹였다). 곡류와 낟알은 끈적끈적한 덩어리가 될 때까지 조리를 해야 했다. 완두콩, 콩, 렌즈콩 같은 콩과 식물은 높은 단백질 함량 때문에 가끔 소중한 음식으로 간주되었는데, 다만 푹 삶고 체로 잘 거른 뒤에 제공해야 했다. 그리고 나서도 '소화'가 잘 되지 않는 게 아닐까 하는 두려움이 있었다.

'소화되는 음식'과 '소화가 되지 않는 음식'이라는 두 용어 뒤에는 아이를 위한 변기와 아이가 살아남을 전망에 그 음식이 어떤 영향을 미칠까 하는 불안이 자리잡고 있었다. 밀크 푸딩은 소화가 되는 음식이고, 토마토는 소화가 되지 않는 음식이었다. 19세기 이전에는 물질이 몸에서 자유롭게 돌아다니는 것이 건강에 좋다고 여겼다. 설사제와 거머리를 흔히 처방하던 현대 이전의 사고 방식에서는 어린이의 설사는 걱정할 만한 이유가 아니었다. 많은 사람들은 설사를 몸이 스스로를 치료하는 징후로 보았다. 하지만 1890년대에 이르자, 아주 어린 아이들의 설사와 구토가 마침내 염려할 만한 증상으로 인식되었고, 그런 효과가 너무 '강한' 음식에 대한 공포가 생겨났다.[32] 어린이 배탈이 초래할 결과에 대한 두려움은 충분히 근거가 있는 것이었지만, 이것은 유아식 지지자들에게 섬유질을 조금이라도 포함한 음식에 극심한 편집증을 갖게 만들었다.

1909년, 에릭 프리처드Eric Pritchard라는 영국 의사는 아이에게 마멀레이드를 먹였다가 오렌지 껍질 때문에 생길 수 있는 '장 질환'에 두려움을 나타냈다.[33] 그는 또한 자신이 다소 놀랍게도 "아이 방에서 아주 인기 있는 채소"라고 언급한 시금치에 대해서도 아주 강한 어조로 경고했다. 프리처드는 조사를 통해 "만약 시금치가 포함된 식사를 한 어린이의 대변을 검사한다면, 사실상 거의 온전한 형태의 시금치가 전혀 소화되지 않은 상태로 발견될 것이다"라고 결론 내렸다. 오늘날의 육아서들도 사탕옥수수를 먹은 아이의 기저귀에서 무엇이 발견될지 덜 익살스러운 용어를 사용해 가끔 경고하지만, 그것이 아이에게 해롭다고 시사하는 이야기는 전혀 찾아볼 수 없다. 하지만 유아식 지지자들은 소화관을 너무 빨리 지나가는 음식이 아이에게 해롭다고 보았다.

아이 방에서 먹인 이러한 죽은 아이를 계속 유아기에 머물게 했다. 체로 거른 채소와 미끌거리는 밀크 푸딩은 아기에게 처음 먹이는 고형식이었던 파나다panada, 빵을 우유 등에 넣은 죽와 팝pap, 환자나 유아를 위한 죽과 크게 다르지 않았다. 그와 동시에 턱과 이를 제대로 사용하는 법을 배우도록 어린이에게 아주 딱딱한 음식(오래되어 바삭바삭한 토스트나 그와 비슷한 것)을 많이 주어야 한다는 견해도 있었다. 음식을 통해 씹는 법을 제대로 배우지 못하는 어린이는 복통에서부터 아데노이드adenoid, 편도가 증식하여 커지는 병에 이르기까지 많은 '병'에 시달릴 위험이 있었다. 런던병원의 월리스Wallace 박사는 소화 문제는 대부분 나쁜 치아에서 비롯되며, 따라서 어린이 식사에 빵 껍질과 토스트와 마른 러스크rusk, 빵에 버터와 설탕을 바르고 오븐에서 구운 것처럼 '입을 깨끗이 하는' 음식을 많이 포함시키는 것이 아주 중요하다고 말했다.[34] 일반적인 유아식과 마찬가지로 턱을 운동시키는 이 음식들의 기능은 어린이에게 즐거움을 주기보다는 건강에 도움을 주는 것이었다.

1913년에 상위 중산층 가정에서 태어난 식품 전문 작가 엘리자베스 데이비드Elizabeth David는 지겹도록 따분했던 1920년대의 유아식을 회상하면서 "우리는 단순하게 조리한 양고기와 소고기를 평범한 채소와 함께 많이 먹었다"라고 말했다.[35] 먹은 음식 중에는 "순전히 어린이에게 고통을 주려고 발명한 것으로 보이는" 쌀가루나 타피오카로 만든 "끔찍한 푸딩"도 있었다. 데이비드는 "초록색 순무청, 시금치, 예루살렘 아티초크, 파스닙"을 비롯해 삶아서 내놓은 물기 많은 채소가 "싫었다". 데이비드가 아이 방에서 먹었던 음식(어머니가 "보모와 작당해" 만든)은 모두 영양분을 많이 포함하도록 설계된 것이었다. 데이비드가 "의무적으로 마셔야 하는 우유"를 좋아하건 말건 상관없었다. 그것은 어린이 음식에서 중시하는 요소가 아니었다.

돌이켜보면 이것은 어린이에게 음식을 먹이는 방법으로는 아주 이상해 보인다. 만약 피할 수만 있다면 어떤 어른도 먹지 않을 음식을 어린이에게 먹이려 했으니 말이다. 이탈리아의 식품 전문 작가 안젤로 펠레그리니Angelo Pellegrini는 어린 시절에 아주 '끔찍한 음식'을 먹어야 했던 일에 대해 불평을 했는데, 그 음식은 물컹한 폴렌타polenta. 옥수수 가루로 만든 이탈리아 음식 조각을 "불쾌하고 냄새 고약한" 절인 정어리에 섞어 내놓은 것이었다.[36] 펠레그리니의 할아버지는 "그런 일이 있을 때면 [펠레그리니를] 위로하려고" 자신도 어릴 때 폴렌타와 정어리를 먹어야 했는데, 식탁 위의 실에 매달린 정어리를 식사 때마다 재사용해야 했기 때문에 사정이 더 나빴다고 말했다. 어린이집에 다닐 때에도 어린이 음식은 끔찍했는데, 매 세대마다 그것을 견뎌내야 했고, 나중에 어른이 되어 아이가 생기면 이번에는 자신의 아이에게도 똑같이 견뎌내게 했다.

지금도 유아식을 먹이던 사고 방식의 흔적이 곳곳에 남아 있다. 어떤 가정에서는 처음 1년 동안 어린이 음식에 소금을 쓰지 말라는 경고를 전반적인 향미 자체를 피하라는 것으로 확대 해석한다. 마치 생후 10개월의 아이는 마늘이나 파프리카의 얼얼한 맛을 견딜 수 없다는 듯이 말이다. 어린 아이를 둔 부모와 식사를 하면, 삶은 브로콜리와 단순하게 구운 닭고기를 그레이비소스나 소금이나 후추도 없이 각각 따로 먹어야 할 수도 있다. 단순히 평범한 버터를 섞어 만든 것이 아니라면 어린이가 파스타를 먹지 못할 것이라고 염려하는 사람들이 놀라울 정도로 많다 (심지어 복잡한 향미를 잘 즐기는 사람들까지도). 하지만 오늘날에는 단조로운 음식을 어린이에게 줄 때에는 어린이의 식욕을 꺾기 위해서가 아니라 오히려 만족시키기 위해 그렇게 한다.

지난 50여 년 동안 서양에서는 어린이 음식의 정의가 거의 완전히

식습관의 인문학

변했으며, 다른 곳에서도 점점 그런 변화가 일어났다. 이제 라이스 푸딩 급식 이야기는 옛날 이야기가 되었다. 전시의 결핍 상태가 마침내 끝나자, 음식 공급이 급속하게 산업화되었고, 어린이를 겨냥한 인스턴트 식품이 다양하게 쏟아져나왔는데, 이것들은 이전의 가족 음식과 닮은 점이 거의 없었다. 전쟁 후 매 10년이 지날 때마다 어린이 음식 부문에서 새로운 혁신이 일어났다. 핫 밀크 푸딩은 개별 플라스틱 통에 담긴 차갑고 달콤한 요구르트에 밀려났다. 1953년에 생선은 냉동되어 데이글로 오렌지색의 '피시 핑거fish finger, 생선 살을 막대 모양으로 잘라 튀김옷을 입혀 튀긴 것. 보통 냉동 포장으로 판매함로 조리할 수 있는 제품으로 나왔다. 파이는 팝 타르트Pop-Tarts(1963년에 켈로그 사에서 출시)로 이어졌는데, 이것은 잼이 가득 든 페이스트리로, 학교에서 돌아온 어린이가 직접 토스터에 집어넣을 수 있었다. 감자는 와플로 재탄생했고, 달콤한 와플에 초콜릿 칩을 더하자 더욱 매력적인 간식이 되었다. 생크림은 짜낼 수 있는 제품으로 출시되었고, 곧이어 치즈 역시 그런 제품이 나왔다.

과거에 제조업체들은 제품을 직접 구입하는 부모를 겨냥한 메시지를 날렸지만, 이젠 어린이를 직접 겨냥한 제품을 내놓는 게 돈이 된다는 사실을 깨달았다. 새로운 어린이 세대는 부모를 설득해 자신이 원하는 제품을 구입하게 할 수 있었는데, 그런 제품은 바로 텔레비전 광고에서 본 것이었다. 많은 부모가 아이의 요구를 들어주었다는 사실은 사람들의 생각이 전시의 낡은 사고 방식에서 벗어나고, 일하는 여성의 수가 증가함에 따라 자녀 양육에 대한 태도가 변했음을 보여주는 증거였다. 영국에서 새로운 육아 바이블은 1977년에 출간된 페넬러피 리치Penelope

Leach의 『당신의 아기와 아이^{Your Baby and Child}』였다. 리치는 더 나은 육아를 위한 답은 '재미'라고 믿었다(그리고 그것은 많은 점에서 해방적 태도였다). 스폭 박사가 부모들에게 청량 음료를 집 안에 두지 말고, 어린이에게는 간식으로 과일만 주어야 한다고 주장했지만, 리치는 상업적 간식 제품에 관대한 태도를 보였다. 리치는 "저급한 감자칩"이 "놀랍도록 훌륭한 식물성 단백질 공급원"이라고 주장했다. 리치는 스낵 식품을 "모두 쓰레기"라고 말하는 것은 부당하다고 생각했다. "예를 들어 핫도그는 아주 잘 균형 잡힌 식품이다. 명성 있는 제조업체에서 만든 우유 아이스크림은 훌륭한 식품이며, 적어도 집에서 만든 커스터드나 밀크 푸딩만큼 어린이에게 좋다."**37** 이렇게 리치는 독자들을 집에서 얼마 안 되는 재료로 식사를 만들어주는 대신에 어린이를 겨냥한 인스턴트 식품을 사주면서 느꼈던 죄책감에서 벗어나게 해주었다.

1950년대 이후 어린이 음식은 건강에 좋지만 즐겁지 않던 것에서 오로지 어린이의 기호에 영합하는 것을 주 목표로 삼는 것으로 변했다. 마멀레이드와 시금치는 여전히 어린이를 위한 이상적인 식품으로 간주되지 않지만, 1909년의 프리처드 박사와 달리 그것은 그런 식품이 어린이에게 해가 될까 봐 두려워서 그런 것이 아니라, 어린이가 시금치의 철분 맛이나 쓴 오렌지 껍질 맛을 실제로 즐길지도 모른다고 생각할 만한 상상력이 없어서 그렇다. 현대의 '키즈 푸드'는 즐거움을 주도록 설계되었기 때문에, 긍정적 노출이라는 강화 자극을 감안한다면 그것은 분명히 어린이에게 즐거움을 준다. '키즈 푸드'는 어린이는 단순한 탄수화물과 지방, 설탕을 천성적으로 좋아하고 나머지는 그다지 좋아하지 않는다는 가정을 바탕으로 제조된다. 앞에서 보았듯이, 어린이가 석쇠에 구운 생선보다 햄버거를, 그리고 신선한 산딸기류보다 머핀을 자동적으로 더 좋아하는 본능적 충동이 있다는 개념에는 일말의 진실도 없다. 하지만 만약 어린 시절에 '키즈 푸드'를 충분히 많이 먹는다면, 제한적인 미각이라는 추정은 자기 실현적 예언이 될 수 있다.

2011년에 미국의 체인 레스토랑들에서 제공하는 어린이 음식에 관한 한 보고서는 "어린이 메뉴는 모두 재미있는 음식으로 채워져 있다"라고 표현했다.[38] 다시 말해서, "시금치나 브로콜리 같은 것은 기대하지 마라"라는 뜻이다. 접대 산업을 전문으로 다루는 한 저널리스트는 미국의 50대 체인 레스토랑을 대상으로 어린이 음식 메뉴 데이터베이스를 자세히 조사했다. 당신의 예상대로 모든 메뉴에 공통적으로 포함된 한 가지 음식은 프렌치프라이였다. 그것이 얼마나 '많이' 포함돼 있는가가 더욱 놀랍다. 이들 레스토랑에서 선택할 수 있는 2000여 가지 메뉴 중에서 710가지가 프렌치프라이였다. 단일 품목으로는 차상위 품목보다 메뉴에 두 배 이상 포함돼 있으며, 핫도그에서부터 스파게티에 이르기까지 어떤 음식과도 짝을 지어 제공되었다. 만약 당신이 2001년에 어린이였는데 부모가 외식을 하러 가자고 했다면, 오늘은 프렌치프라이를 먹을 수 있겠구나 하고 거의 확신했을 것이다.

메인 코스로 부모는 당신에게 필시 기름에 튀긴 음식을 먹게 했을 것이다. 조사한 앙트레 중 절반 이상이 기름에 튀긴 것이었고, 나머지는 대개 햄버거나 파스타였다. 가장 보편적인 음식은 빵가루를 묻혀 기름에 튀긴 닭고기였고, '어린이 친화적' 음식으로 보이게 하려고 "스트립strip, 가느다란 조각이나 텐더tender, 닭고기 가슴살 조각을 빵가루로 튀김옷을 입혀 튀긴 것, 작은 조각, 너깃nugget, 두툼한 덩어리—그리고 심지어 가지뿔antler 모양까지" 등 다양한 형태로 제공했다. 디저트는 아이스크림이 많았고, 거기다가 당과가 자주 추가되었다. 라가치 체인 레스토랑들은 '더트 포 디저트: 초콜릿 칩이 섞인 초콜릿 푸딩, 생크림, 왕꿈틀이'(단돈 99센트—염가 판매!)를 제공했다.[39]

특별한 외식으로 먹는 레스토랑 음식은 아이가 평소에 먹는 전형적인 음식이 아닐 수 있다. 어쨌든 때때로 집이 아닌 다른 곳에서 뜨겁고 바삭바삭하게 튀긴 음식들을 먹는 걸 좋아하지 않을 사람이 있을까? 나는 외식을 할 때면 튀김이나 바삭바삭하게 튀긴 오징어를 자주 주문하는데, 집에서 직접 그런 요리를 하는 일은 거의 없다. 하지만 많은 어린이에게 전형적인 체인 레스토랑 음식으로 나오는 프렌치프라이—그리고 아이스크림과 왕꿈틀이—는 일상 음식과 비슷했다. 2000년에 영국에서 학교 급식으로 가장 많이 제공한 음식 세 가지는 피자와 햄버거와 감자칩이었다.[40] 2005년 무렵에 나는 내 아들 친구의 어머니와 아이들이 함께 놀 날짜를 정할 때 "아드님은 어떤 음식을 좋아하나요?"라고 물었다. 그 어머니는 "아, 잘 아시잖아요? 그냥 애들이 늘 먹는 음식이지요"라고 대답했다. 그것은 치킨 너깃, 오븐 칩, 평범한 파스타, 케첩을 의미했다. 채소는 없었다.

전후에 쏟아져나온 상업적 어린이 식품은 영양분이 풍부한 음식을 전혀 먹지 않는 어린이를 '정상적'으로 보이게 만들었다. 라이스 푸딩을 먹으면서 자란 부모들은 자기 자식에게 같은 일이 되풀이되지 않길 원했다. 어린이 식품은 장난감처럼 재미있고 자극적으로 설계되었다. 심지어 감자도 웃는 얼굴을 했다.

모양과 색깔에 변화를 준 어린이 음식은 옛날부터 늘 있었다. 하지만 과거에는 그런 것은 미끌미끌한 검은 밧줄 모양의 감초 사탕 슈스트링이나 거품이 이는 러브 하트 꾸러미처럼 가끔 특별한 일이 있을 때 주는 선물의 범주에 속했다. 하지만 전후에는 거대 식품 회사들이 실제로 음식으로 먹을 수 있는 어린이 제품에 시각적 창조성을 마음껏 발휘하기 시작했다. 이제 상당수 식품은 영양 면에서나 형태 면에서나 달콤한 과자를 닮게 되었다.

『캔디: 공포와 즐거움의 100년Candy: A Century of Panic and Pleasure』(2013)을 쓴 새미라 카와시Samira Kawash는 과자 문제에서 부모들이 혼란을 일으키게 되었다고 말한다. 지금은 거의 설탕과 색소 덩어리인 젤리빈jellybean, 콩 모양의 젤리 과자 같은 과자를 먹는 어린이에게 히스테리 반응을 보이는 집단이 많다. 카와시는 사람들 사이에 "막연하게 과자가 위험할지도 모르고, 어쩌면 치명적일지 모른다는 느낌"이 있다고 말한다.[41] 우리는 어린이에게 과자를 너무 많이 먹도록 방치하는 사람은 나쁜 부모라는 사실을 알고 있어, 할로윈 때 아이들에게 집집마다 찾아다니며 과자를 잔뜩 얻어오는 의식을 허용하지만, 밤이 끝날 무렵에는 충치가 생길까 염려해 과자를 모두 압수함으로써 그 의식을 무의미하게 만든다. 하지만 과자에 대한 불안에도 불구하고, 부모들은 아이들에게 이름만 다를 뿐 사실상 단 과자인 스포츠 바와 과일 스낵, 시리얼을 기꺼이 먹인다. 당의를 입힌 시리얼에 무지개 마시멜로를 섞은 것을 왜 '과자'라고 하지 않고 '아침 식사'라고 부를까?

이제 어린이를 겨냥한 식품은 온갖 형태로 쏟아져 나온다. 치킨 너 깃은 중세의 생강 쿠키처럼 공룡, 기린, 우주선, 코끼리, 숫자, 그리고 버즈 라이트이어Buzz Lightyear, 애니메이션 〈토이 스토리〉의 두 번째 주인공 등 다양한 형태로 만들어진다. 1960년대의 낡은 알파벳 스파게티에 더해 텔레토비와 바비, 스파이더맨 모양을 한 파스타 통조림도 나왔다. 그리고 시리얼을 빼놓을 수 없다! 설탕이 발리고 코코아가 섞인 구형이나 얇은 조각 또는 꽉 하고 터지는 다양한 형태의 시리얼이 팝아트로 꾸민 포장지에 담겨 판매된다. 어린이 식품에 관한 한 시장 보고서는 "압출 성형 기술의 발전"으로 어린이 시리얼에서 "점점 더 다양한 모양과 질감을 구현할 수" 있다고 자랑했다. 이와 비슷하게, 1990년대 중엽에 전통적인 감자칩은 테디 베어나 유령 같은 모양으로 "어린이의 마음을 더 사로잡은" '압출' 스낵 제품에 시장 점유율을 많이 빼앗겼다.[42]

'키즈 푸드'의 형태는 이전보다 훨씬 다양해졌지만, 그 내용물은 그렇지 못하다. 어린이를 겨냥한 식품은 소금과 설탕, 지방 함량이 평균보다 높은 경향이 있다. 만약 설탕이 더 많이 든 시리얼을 원한다면, 어린이를 겨냥한 제품을 선택하면 된다. 2000년 당시에 판매되던 어린이용 시리얼 여러 종류는 무게로 따졌을 때 정제당 함량이 50퍼센트 이상이었다. 2013년에 어린이를 겨냥한 식품 광고 577가지를 조사한 결과, 약 4분의 3은 '영양의 질이 낮은' 식품을 홍보하는 것으로 드러났다. 그중 절반 이상이 건강에 좋다는 메시지를 어떤 형태로건 포함하고 있는데도

식습관의 인문학

불구하고 말이다.[43]

여기에는 뭔가 이상한 일이 일어나고 있다. 마케팅 담당자들은 "음식으로 어린이를 즐겁게 하고 기쁘게 하려는" 새로운 추세에 대해 이야기한다.[44] 어린이는 늘 음식을 가지고 장난치길 좋아했다. 아마 당신도 크루아상을 잡아찢어 그 끝부분이 악마의 뿔인 양 갖고 놀거나, 체리 한 송이를 집어 귀고리처럼 귀에 걸거나, 오렌지 껍질로 뱀파이어 이빨처럼 만들어 논 적이 있을 것이다. 또 한 가지 재미있는 놀이는 으깬 감자에 케첩을 뿌려 포크 끝으로 문지르면서 다양한 색조의 빨간색으로 물들이는 것이다. 나는 이런 놀이들에 더해 강낭콩 깍지를 일일이 까 먹으면서 그 안에 들어 있는 푸른 진주 같은 콩알을 발견하는 즐거움을 느꼈다.

그런데 1990년대부터 나오기 시작한 새로운 키즈 푸드는 중요한 차이점이 한 가지 있는데, 과거에는 어린이가 음식을 가지고 놀면 어긋난 행동을 한다는 느낌을 다소 주었다면, 이제는 제조업체들이 어린이들을 위해 미리 그런 게임을 준비해놓았다는 점이다. 어린이가 당연히 음식을 가지고 놀 것으로 예상해 그 규칙을 제조업체가 미리 정해놓기까지 했다. 새로운 어린이 음식은 비틀거나 길게 잡아늘이거나 액체에 적실 수 있었다.[45] 어린이에게 기다란 치즈 조각을 더 가느다란 모양으로 자르도록 유혹하는 치즈 스트링도 있었고, 비스킷과 치즈 소스가 한 꾸러미로 들어 있어 '적실' 수 있는 제품도 있었다.[46] 그런 제품들은 어린이의 몸에 무엇이 필요한지를 고려해서 만들어진 것이 아니라, 어린이가 어떤 것을 원하는지 광범위한 시장 조사를 한 뒤에 만들어졌다. 시장 조사에서 어린이들이 브로콜리와 라이스 푸딩을 더 많이 원한다고 말하지 않으리란 사실은 천재성이 없더라도 쉽게 짐작할 수 있다. 소비자 패널은 어린이가 '자신을 위한' 제품을 원한다는 사실을 보여주었다.[47] 어린이들은 만화 같은 색깔과 부드러운 질감, 달콤한 맛을 원했다. 어린이들은 이전의 가족 음식과 달리 다른 사람과 함께 나누어 먹을 필요가 없는 음식을 원했다. 그러자 제조업체들은 뜯어서 곧바로 입 속으로 짜넣을 수 있도록 튜브에 든 디저트나 뚜껑 한쪽 구석에 작은 구멍들이 달려 있는 요구르트 같은 제품을 내놓았다.

그러고 나서 '런처블Lunchable'(1988년에 크래프트 사가 출시한 제품)이 나왔다. 이것은 플라스틱 용기에 음식을 효율적으로 담은 제품으로, 어린이를 가까이 있는 신선한 제품 공급원에서 아주 먼 곳으로 날아가는 비행기에 장시간 탑승한 승객처럼 취급했다. 2002년에 판매되던 전형적인 '런처블'은 아주 작은 핫도그("데울 필요가 없는")가 든 칸, 작은 흰 롤빵 세 개가 든 칸, 치즈 식품 조각("훌륭한 칼슘 공급원")과 케첩 봉지가 든 칸, 이렇게 독립적인 세 칸으로 이루어져 있었다.[48] 이것은 어린이에게 완전하고 균형 잡힌 식사이자, 어른의 도움이 없이도 얼마든지 먹을 수 있는 식사라고 내세웠다. 어린이들이 정말로 원한 것은 실제보다 더 나이가 많은 사람으로 대우받는 것이었다. 매년 평균 4000명의 어린이를 대상으로 조사한 한 시장 조사자는 어린이들이 가장 바라는 한 가지 소원은 '통제'라는 사실을 발견했다.[49] 실제보다 더 성숙한 사람으로 대우받고 싶다는 열망에 잘 부응하는 제품일수록 성공 가능성이 더 높았다. 음식 공급에서 자율성을 확보하고 싶다는 이 욕구는 시리얼이 어린이 음식으로 성공한 이유에 부분적인 설명을 제공한다. 그 시장 조사자는 "그릇에 시리얼을 붓고 우유를 섞는 행동만으로도 어린이는 통제감을 느낀다"라고 지적했다.[50] 마찬가지로 케첩이 어린이가 좋아하는 음식이 된 일부 이유도 어린이가 직접 음식에 첨가할 수 있는 몇 안 되는 요소 중 하나이기 때문이다.

1990년대 중엽에 프랑스의 4~7세 어린이 중 77퍼센트는 가족이 구매할 시리얼을 선택할 힘이 있었고, 58퍼센트는 자신이 먹을 요구르트를 선택할 수 있었다.[51] 가족이 먹는 것에 부모가 더 큰 영향력을 행사할 수 있는(혹은 많은 사람들이 그렇다고 생각하는) 프랑스에서 이런 일이 일어났다는 사실이 중요하다. 그런데 건강에 좋은 유아식이 새것을 좋아하는 어린이 심리에 호소하도록 설계되고 대대적인 광고와 함께 출시된 수백 가지 신제품과 어떻게 경쟁할 수 있을까? 그 라벨에는 부모의 죄책감을 덜어주려고 설계된 메시지가 많이 담겨 있다. '소아과 의사가 승인한' 달콤한 비스킷과 치과 의사가 추천한 무설탕 과일 스쿼시도 있고, 설탕이 듬뿍 든 요구르트와 가공 치즈에는 '칼슘'이 풍부하다는 문구가 끝없이 따라다닌다. 그러다 보니 야한 주황색 치즈 같은 조각을 사주지 않으면 아이의 건강을 소홀히 하는 부모가 될 것 같은 느낌까지 든다.

어린이에게 아주 매력적이면서 주류 식사와는 완전히 다른 자신만의 특별한 음식(애완동물 먹이처럼)이 필요하다는 느낌은 상업적 이유식과 함께 일찍부터 시작된다. 새로 부모가 되어 불안감을 떨치지 못하는 사람들은 아기에게 집에서 조리한 음식을 갈아서 먹이는 대신에 통이나 병에 담긴 음식을 먹이면서 할 일을 제대로 하고 있다고 안도감을 느끼기 쉽다. 영국인 어머니 5000명을 조사한 결과에 따르면, 전날 자신이 직접 준비한 음식을 아기에게 먹인 비율은 그중 35퍼센트에 불과했다.[52] 82퍼센트는 병에 담긴 음식을 먹었는데, 이런 음식은 라벨에 적힌 다양한 영양 표시에도 불구하고, 집에서 직접 만든 퓌레보다 영양이 부실할 가능성이 높다. '강화 이유식' 성분을 분석한 결과에 따르면, 그것은 체로 거른 감자에 달걀 노른자위를 섞은 이전의 유아식보다 비타민과 미네랄이 부족했다.[53] 말을 하기 전의 아기에게 줄 음식을 선택할 때, 부모는 자신이 아기의 성화에 영향을 받는다고 생각하지 않는다. 하지만 이유식 상자에서 발그레한 뺨에 사과와 산딸기 디저트를 먹는 것에 만족한 표정을 짓고 있는 이상적인 아기의 성화에 영향을 받는다는 느낌을 받을 수 있다.

사람들은 아기의 성화에 굴복하는 한 가지 이유는 비용 때문이라고 말한다. 아기가 슈퍼마켓에 함께 따라와 트롤리에 앉은 채 꼬마 기관차 토마스 생치즈를 당장 사주지 않아 물건들을 거머쥐고서 화가 나서 씩씩대지 않는다 하더라도, 아기가 좋아하는 음식을 사지 않고 다른 식품을 비싸게 샀다가 아기가 먹지 않아 그대로 찬장에 쌓일까 봐 불안하다. 미국의 조사 전문 회사인 랭번 러스트는 식료품을 구매하는 어머니들을 추적 조사한 결과, 만 한 살 정도로 어린 아이들도 어머니가 사는 품목에 영향을 미칠 수 있다는 사실을 발견했다. 이 결과는 펜주립허시의료센터의 섭식 클리닉 원장 키스 윌리엄스가 경험한 것과 일치한다. 윌리엄스는 "마땅히 '어린이는 부모가 주는 대로 먹어야' 하지만, 우리의 경험에 따르면 '부모는 어린이가 먹는 것을 준다'"라고 말한다.[54]

오늘날 모든 부모가 자식에게 '키즈 푸드'를 먹인다는 이야기는 전

식습관의 인문학

혀 사실이 아니다. 지난 10년 사이에 건강에 아주 나쁜 어린이 메뉴에 반발하는 흐름이 약하게나마 일어났다. 2009년에 실시한 한 조사에서는 미국의 어린이 메뉴에서 채소(그중 전부가 튀김 음식은 아니었다)가 증가하고 있다는 사실이 드러났다.[55] 심지어 맥도널드도 지금은 유기농 당근 스틱을 어린이 메뉴에서 제공하고 있다. 제이미 올리버Jamie Oliver의 노력 덕분에 2005년에 영국의 학교 급식에 또 한 번 개혁이 일어나 터키 트위즐러Turkey Twizzler, 칠면조 고기를 갈아서 나사처럼 꼬불꼬불한 모양으로 튀겨낸 음식와 비슷한 형태의 가공육이 메뉴에서 추방되었다. 미국에서는 미셸 오바마가 '레츠 무브Let's Move' 캠페인을 통해 어린이에게 건강에 좋은 음식을 제공하는 노력을 전개했다. 영국과 미국에서 건강에 더 좋은 학교 급식을 도입하려는 노력은 새로 공급된 과일과 채소 중 상당수가 손도 대지 않은 채 곧장 '식판에서 쓰레기통'으로 직행하는 바람에 논란이 되었는데, '키즈 푸드'만 먹던 어린이들이 낯선 음식을 먹으려 하지 않았기 때문이다.[56] 어떤 사람들은 이러한 거부를 어린이는 가정에서 요리한 건강에 좋은 음식보다는 '키즈 푸드'를 천성적으로 더 좋아한다는 것을 보여주는 증거로 받아들였다. 하지만 진정한 교훈은 음식 개혁이 효과를 거두려면, 그러한 노력이 개인이 먹는 법을 배우는 방식에 일어난 변화와 함께 손을 잡고 나아가야 한다는 것이다. 건강에 좋은 균형 잡힌 음식을 좋아하는 식습관이 어린이에게 발달할 때에만 건강에 좋은 균형 잡힌 식사가 도움을 줄 수 있다.

어린이 음식이라는 이름을 달고 판매되는 정크푸드를 피하려는 노력은 어린이 음식 알레르기 유행병과 결합해 일부 부유층 부모들을 약간 혼란 상태로 몰아넣었다. 오늘날에는 20세기 초에 에밋 홀트가 그랬던 것보다 더 심하게 어린이 음식을 감시하는 가정들이 있다. 이런 가정들에서는 어린이에게 케일을 간식으로 주고, 설탕은 절대로 피해야 하며, 흰 밀가루를 포함한 음식은 모두 중독성 마약 비슷한 것으로 취급한다. 저널리스트인 조 윌리엄스Zoe Williams는 건포도를 "믿기 힘들 정도로 맛있는 밀수품 같은 성격을 가졌음을 강조하기 위해 베이비 크랙baby-crack. '아기 마약'이란 뜻"이라고 부르는 '통밀 부모wholemeal parent'에 대해 언급했다.[57] 걱정스러운 시대에 음식은 자신의 아이를 위험으로부터 안전하게 지키는 방법처럼 보일 수 있고, 사실 어린이가 현재의 음식 환경에서 위험에 '처해' 있다고 생각할 만한 근거가 충분히 있다.

하지만 그런 환경에서 어린이를 보호하는 방법은 모든 음식이 영양학적으로 완벽한 거품 속에 어린이를 가두는 것이 아니다. 어린이에게 필요한 것은 스스로 거친 환경을 헤치고 나아갈 수 있는 기술을 발전시키는 것이다. 건강에 좋지 않은 키즈 푸드와 마찬가지로 어린이 음식에 대한 이 순수주의적 견해의 문제점은 어린이가 다 자랐을 때 어떤 일이 일어나느냐 하는 것이다. 모든 '어린이 음식'에는 언젠가는 어린이에서 졸업하여 다른 것을 먹어야 한다는 가정이 딸려 있다.

아직 서양 음식에 완전히 굴복하지 않은 곳에서 사는 사람들은 '어린이 음식'이라는 개념 자체가 너무 낯설다고 말한다. 아기 음식은 경우가 다르다. 사람들이 자주 말하는 것과 반대로, 인도 아기들은 젖을 뗄 자마자 바로 양념이 잔뜩 들어간 음식을 먹는 게 아니다. 처음 1년 동안은 푹 삶은 채소로 만든 무덤덤한 맛의 다양한 죽에 칼로리를 높이기 위해 기^{ghee}라는 정제 버터를 섞어 먹이거나 우유와 함께 푹 삶은 곡물을 먹인다. 수지 키르는 아기에게 좋은 음식으로 보인다. 이것은 설탕과 우유를 넣어 만든 세몰리나 푸딩세몰리나 밀가루에 우유를 섞어 만든 것이다. 다시 말해서, 라이스 푸딩과 크게 다르지 않다. 하지만 만 한 살 무렵이 지나면, 질감에서나 맛에서나 나머지 가족이 먹는 것과 거의 동일하게 다양한 음식으로 옮겨가게 된다. 다만 아이에게는 단백질을 충분히 공급하려고 별도로 신경을 더 쓰긴 한다. 인도에서 어린이 음식은 그냥 음식일 뿐이다. 좋은 음식을 먹느냐 나쁜 음식을 먹느냐, 그리고 음식을 넉넉히 먹느냐 넉넉하게 먹지 못하느냐는 어떤 가정에 태어났느냐에 따라 갈린다. 이 음식 체계의 중요한 차이점은 어린 시절에 먹던 음식이 나이가 들면 더 이상 먹지 않는 음식이 되는 게 아니라는 점이다. 서양에서는 흔히 나이가 들면 어린 시절의 음식을 먹지 않는다고 생각한다. 하지만 사실은 서양에서도 그렇지 않을 때가 많다.

미국 인류학자 마거릿 미드^{Margaret Mead}는 제2차 세계대전 때 국립식습관연구위원회 사무국장으로 일했다. 미드가 답을 찾으려고 노력했던 한 가지 질문은 어떻게 하면 사람들의 식습관을 바꿀 수 있을까 하는 것이었다.[58] 이 질문이 나온 배경에는 어떻게 하면 미국인에게 전시의 식량 부족 상황(특히 고기가 부족한 상황)을 받아들이게 할 수 있을까 하는 고민이 있었다. 미드는 사람들이 실제로는 식습관을 아주 자주 바꾼다는 사실을 발견했다. 문제는 먹는 음식에 제약을 받는다고 느낀다면, 나중에 기회가 왔을 때 정반대 방향으로 옮겨가기가 아주 쉽다는 데 있었다. 미드는 어린 시절의 예를 들었다. 각 가정에서는 어린이에게 부모보다 고기를 덜 먹고, 우유를 더 많이 마시고, 야채를 더 많이 먹게 하면서 키웠다.

> 사람들은 대대로 통상적인 식사에는 괜찮은 음식과 그렇지 못한 음식이 포함돼 있다는 인식을 갖고 어린이를 키웠으며, 어린이에게 '자신에게 좋은' 음식을 도덕적 선택 문제처럼 선택하라고 권한다. 그와 동시에 여기에는 대부분의 어린이는 나이가 들면, 특히 남자아이가 남자 어른으로 성장하면, 자신의 몸에 좋지 않은 음식을 의도적으로 선호하는 선택을 할 것이라는 예상이 설득과 보상의 형태로 내포돼 있다.[59]

미드가 정확하게 인식했듯이, 유아식 개념은 이중 기준에 기반을 두고 있다. 인생을 살아가면서 건강에 좋지 않은 음식을 섭취하지 않는 태도가 아주 중요한 단계가 있다는 주장이 옳다면, 건강에 좋지 않은 그 음식이 나중에 갑자기 허용되거나 심지어 장려되는 단계가 올 것이라고 추론할 수 있다. 가장 명백한 예는 알코올이다. 많은 가정에서는 아버지가 아들에게 술을 가르치는 것이 하나의 통과 의례였다. 마찬가지로 일단 성인 남성이 되면, 스테이크를 먹고 채소를 기피하더라도 아무도 뭐라고 하지 않았다. 오히려 남성성을 과시하는 데 도움이 되었는데, 그런 행동은 그 사람이 더 이상 마마보이가 아님을 보여주었기 때문이다.

여성도 막 어른이 될 무렵에 이르면 음식 규칙이 변했다. 식품 전문 작가인 엘리자베스 데이비드는 아기 방에서 자유롭게 나와 아래층 거실에서 어른들과 함께 차를 마시던 환상적인 순간을 회상했다.[60] 갑자기 우아하고 달콤한 케이크와 맛있는 작은 샌드위치를 먹을 수 있게 되었는데, 이것들은 실제로 독특한 맛이 있었다. 그 후로 데이비드는 억지로 우유를 마시거나 라이스 푸딩을 먹지 않아도 되었다. '유아식'을 다시 먹지 않는 것은 비교적 쉬웠는데, 주변 사람들이 자신이 그것을 다시 좋아하리라고 전혀 기대하지 않았기 때문이다.

하지만 건강에 좋지 않고 향미가 잔뜩 가미된 전후 시절의 '키즈 푸드'를 먹지 않을 만큼 충분히 성장했을 때 어떤 일이 일어날지, 혹은 과연 그것을 뿌리칠 만큼 충분히 성장할 수 있을지는 덜 분명하다. 당신은 누가 어떤 음식이 특별히 맛있다고 표현하려고 할 때 어린 시절의 경험을 자주 언급한다는 사실을 알아챈 적이 있는가? 예컨대 아이스크림선디ice cream sundae, 설탕을 넣고 조린 과일이나 초콜릿을 얹은 아이스크림는 "너무나도 맛있어서 어린 시절로 다시 돌아간 것 같은 느낌이 들 것"이라고 흔히 묘사하는데, 이것은 단지 생크림이 풍부하고 초콜릿 소스가 감미롭다는 사실뿐만 아니라, 어른이라는 지위가 주는 죄책감의 부담에서 벗어나 그것을 먹을 수 있다는 것을 의미한다. 뉴욕과 토론토에 있는 데이비드 창David Chang의 모모푸쿠 레스토랑에서는 '시리얼 밀크'라는 디저트를 파는데, 콘플레이크 그릇에 남은 우유 맛이 나도록 만든 것이다. 그리고 실제로 엿기름 향기와 우유 맛과 단맛이 섞여 그런 맛이 난다. 이 디저트는 그냥 그대로 먹을 수도 있고, 얼려서 아이스크림으로 먹을 수도 있다.

이론적으로는 모든 사람은 언젠가 어린 시절의 미각과 결별해야 할 성숙 단계에 이르게 된다. 단것을 좋아하던 취향이 커피를 좋아하는 취향으로 바뀐다. 샐러드는 삶의 일부가 되고, 우리는 에스프레소와 치커리, 캄파리 소다 ^{아주 쓴맛의 아페리티프} 같은 쓴맛을 좋아하게 된다. 디저트는 마치 어린이의 접근을 불허하려는 듯이 술(예컨대 이탈리아의 정통 케이크인 티라미수)을 섞거나 카다멈 ^{cardamom, 서남아시아산 생강과 식물 씨앗을 말린 향신료} 처럼 자극적인 맛이 강한 재료로 맛을 더한다. 근사한 저녁 파티 음식에는 한때 사람들이 싫어하던 재료들을 마치 과시하듯이 포함한 것이 많은데, 닭간 크로스티노 ^{crostino, 이탈리아어로 '작은 토스트'란 뜻으로, 토스트빵을 작게 잘라 살짝 구워서 위에 토핑을 얹은 것}, 설탕에 졸인 방울다다기양배추, 페넬 그라탱 등이 그런 예이다. 어쨌든 운 좋은 소수는 이런 음식을 즐길 수 있다.

하지만 지난 수십 년 동안 전 세계의 음식에 대해 우리가 알아낸 것을 바탕으로 판단한다면, 어린이뿐만 아니라 상당수 어른도 이제 평생 동안 일종의 '키즈 푸드', 즉 달콤하고 짜며 씹거나 삼키기에 힘들지 않고 가공이 많이 된 음식을 먹는 데 길들여진 게 분명하다. 체인 레스토랑에서 흔히 보는 메뉴들은 어른도 외식을 할 때 어린이처럼 위안을 느낄 수 있는 음식, 예컨대 달콤하고 짭짤한 갈비, 빵가루로 튀김옷을 입힌 닭고기, 치즈가 듬뿍 들어간 파스타 같은 음식을 원한다는 것을 시사한다.

배리 팝킨 ^{Barry Popkin} 교수는 지난 수십 년 동안 전 세계 각지에서 일어난 음식의 변화에 관한 자료를 수집했다. 그 결과, 팝킨은 "전 세계적으로 우리의 식사는 갈수록 에너지 밀도는 더 높아지고 맛은 더 달콤해지고 있다. 그와 동시에 섬유질이 많은 음식이 가공 음식으로 대체되고 있다. 전 세계적으로 식습관 패턴에 엄청난 변동이 일어나고 있지만, 전반적인 주제들은 대부분의 나라에서 계속 유지되고 있는 것으로 보인

식습관의 인문학

다"라는 결론을 얻었다.[61]

이것은 '키즈 푸드'가 우리에게 지속적으로 폭이 좁고 점점 균일화되면서 건강에 아주 좋지 않은 미각을 제공했음을 시사한다. '키즈 푸드'는 '유아식'보다 우리의 미각에 더 영구적인 영향력을 미치는데, 당의를 입힌 시리얼과 치즈 스트링 같은 음식이 라이스 푸딩보다 객관적으로 더 맛있어서 그런 것이 아니라, '반드시 먹어야 한다는' 조건이 없이 제공되기 때문에 그렇다.

지난 50년 동안 전 세계 사람들의 미각은 갈수록 SFA 미각이라 부르는 것으로 범위가 좁아졌다. 여기서 SFA는 sugar, fat, salt, 즉 설탕과 지방과 소금을 가리킨다. 패스트푸드 식당에서 햄버거에서부터 샐러드 드레싱과 사과 파이에 이르기까지 어떤 것을 주문하건, 그것은 결국 공통의 향미, 즉 달고 신 향미가 아니라 지방 맛이 약간 섞인 달고 짠 향미로 통일될 가능성이 높다. 이것이 중요한 의미를 지니는 이유는, 앞에서 보았듯이, 향미가 우리 기억에 스스로를 각인시킴으로써 미래의 음식 선택을 좌우할 놀라운 능력을 갖고 있기 때문이다. 어린 시절에 SFA 음식에 반복적으로 노출되면, 모든 음식이 그런 맛이 나야 하는 걸로 배우게 된다. 이렇게 균일화된 단맛-쓴맛은 이제 프레첼 크루아상에서부터 소금을 가미한 캐러멜과 풀드 포크 샌드위치에 이르기까지 많은 어른 음식에서 흔하게 나타난다.

'유아식'이 남긴 유산은 대체로 라이스 푸딩을 먹던 시절의 굴레에서 벗어나 더 맛있는 음식으로 옮겨가기만을 간절히 갈망하는 어른을 만드는 것이었다. '키즈 푸드'를 먹고 자란 경험이 남긴 유산은 미각의 발달 정지 상태일지 모른다. 2002년, 한 연구팀은 만 세 살부터 만 여덟 살까지 특정 음식에 대한 미각이 일정하게 유지되는지 알아보기 위해 70세대의 가족을 대상으로 5년 동안 조사하는 계획을 세웠다. 당연히 조사 대상 어린이 중 대부분은 세 살부터 여덟 살까지 똑같은 음식들을 계속 좋아했다. 하지만 정말로 놀라운 사실이 따로 발견되었는데, 여덟 살 아이의 미각이 그 어머니의 미각과 일치하는 정도였다. 물론 어머니들은 여덟 살 아이에게 정신적 충격을 주는 음식들 중 일부를 싫어하지 않는 법을 이미 배웠다. 이들 어른은 예컨대 생양파와 그린피스를 아이들보다 더 용감하게 먹었다. 하지만 어머니들이 가장 열정적으로 '좋아한' 음식들은 여덟 살 아이들이 선호하는 '키즈 푸드'와 정확하게 일치했고, 그 명단은 영양학적 재앙을 위한 레시피처럼 보였다. 어른과 아이를 막론하고 거의 모두가 가장 좋아한 음식은 팝콘, 소프트 화이트롤, 프렌치프라이, 초콜릿 칩 쿠키, 간 쇠고기, 햄버거, 도넛, 가공 치즈, 팬케이크, 시럽, 머핀, 피자, 백설탕이었다. 명단에 오른 음식 중 분명히 건강에 좋은 음식은 어린이 69명과 어머니 70명이 좋아한 사과뿐이었다.[62]

어린이뿐만 아니라 부모도 '키즈 푸드'를 먹는다면, 그것을 다른 이름으로 부를 때가 되었는지도 모른다. '키즈 푸드'는 정상 음식과는 다른 별개의 음식으로 시작했다. 그런데 이젠 모든 연령 집단에서 새로운 정상 음식에 가까운 것이 되었다. 이것이 초래하는 위험은 어른이 어린이와 비슷한 미각을 갖게 되면, 어느 누구도 그 악순환 고리를 끊고 진짜 음식의 즐거움을 배우는 것이 매우 어려워진다는 데 있다.

식습관의 인문학

생일 케이크

최근에 '생일 케이크' 아이스크림이라 부르는 것이 갑자기 곳곳에서 나타나기 시작했다. 이것은 현란한 색을 띤 당과로, 당의가 가루와 덩어리 형태로 뿌려져 있고, 케이크 덩어리가 곳곳에서 흘러내린다. 기본 개념은 우리가 여섯 살 때 어머니가 집에서 직접 만든 케이크 맛이 나게 하는 것이다. 마침 그 날이 내 생일이어서 케이크를 잘라 파티 냅킨에 싸서 친구들에게 집에 가져가라고 주었던 바로 그 케이크 말이다. 다만, 이제 우리는 여섯 살이 아니고, 오늘이 내 생일이 아니란 점만 달라졌을 뿐이다.

이것은 우리의 식습관이 얼마나 엉뚱한 길로 나아갈 수 있는지 상징적으로 보여주는 것처럼 보인다(쿠키 반죽 아이스크림 역시 같은 사례이다). 생일 케이크 아이스크림은 촛불을 끄고 가족과 함께 일 년에 한 번 특별한 음식을 먹던 특별한 기억을 연상시키도록 설계되었다. 하지만 일 년 중 아무 때라도 그것을 콘에 담아 먹을 수 있다면, 원래 노렸던 효과는 사라지고 만다. 생일 케이크 아이스크림의 존재는 이제 우리가 특별한 축하 음식을 일상적인 음식과 구별할 수 없게 되었다는 것을 시사한다. 또한 우리는 자신이 어린이인지 어른인지 확신하지 못하게 되었다.

오늘날 어린이의 삶에는 그 외에도 달콤한 과자가 많이 널려 있기 때문에, 생일 케이크는 원래 지녔던 정서적 무게를 어느 정도 잃은 게 분명하다. 오히려 지금은 잃을 것이 더 많아졌다. 생일 케이크는 부모의 사랑을 순수하게 상징하는 것으로 변했다. 『케이크^{Cake}』의 저자 니콜라 험블 Nicola Humble은 "나는 매년 아들의 생일 케이크에 너무 열광하지 않겠다고 맹세하지만, 매년 그것은 더 복잡하고 더 야심적이고 더 어리석은 것으로 변한다. 보물 상자, 마지팬marzipan, 으깬 아몬드나 아몬드 반죽, 설탕, 달걀 흰자위로 만든 말랑말랑한 과자 외계인이 사는 행성, 비밀 무덤을 포함한 피라미드 케이크 등으로"라고 말한다.[63]

생일 케이크는 기억에서 가장 사라지기 어려운 어린 시절의 음식 중 하나이다. 캐서린 맨스필드Katherine Mansfield가 쓴 단편 소설 「가든 파티 The Garden Party」에서 여주인공은 슈크림빵이 담긴 접시를 쳐다보면서 "이것들은 우리를 이전의 파티로 데려가지 않나요?"라고 말한다. 생일을 맞이한 동료에게서 케이크 한 조각만 먹으라는 요구를 차마 거절하지 못해 다이어트에 실패하는 사람이 얼마나 많은가? 당신은 파티에서 게임을 망쳐놓는 심술궂은 꼬마가 되고 싶지 않을 것이다.

문제는 생일 케이크 자체가 아니다. 단것이 늘 사방에 널려 있고 특별히 축하할 일이 없어도 언제든지 먹을 수 있는 음식 문화가 문제이다. 자녀 양육 저술가 파멜라 드러커먼Pamela Druckerman은 프랑스에서는 집에서 만든 요구르트 케이크를 보상 지연을 가르치는 교훈으로 사용한다고 말한다. 아이는 오전에 케이크를 만드는 일을 돕고, 그것을 먹으려면 오후가 될 때까지 기다려야 한다. 이것은 유용한 훈련인데, 어른에게도 유용하다. 건강에 좋은 식습관은 색다른 케이크를 굳이 배제할 이유가 없

식습관의 인문학

다. 하지만 기다릴 줄 아는 것이 좋다. 일 년까지는 아니더라도 최소한 한 두 시간은 기다릴 줄 알아야 한다.

어린 시절에 대한 그의 훌륭한 기억에는
그에게 먹으라고 재촉하는 어머니가 있었다.
늘 "에스, 에스, 이히 슈테르베 베크 Ess, ess, ich sterbe weg
(먹어, 먹어. 먹지 않으면 내가 죽어버릴 거야)"라고
엄격하게 호소하면서.

_힐데 브루흐Hilde Bruch, 1974년
(심장마비를 겪었지만 체중을 줄일 수 없었던 뉴욕 시의 한 의사에 관한 이야기에서)

이혼한 뒤에 아버지는 어머니 집으로 돌아가는 날 기차에 태우기 위해
역까지 자주 바래다주었다. 얼마 전에 점심을 함께 먹었는데도, 아버지
는 헤어지기 전에 늘 내게 잡지와 함께 먹을 것을 '하나 더' 사주겠다고
했다. 원하는 걸 마음대로 고를 수 있었다. 역에서 보내는 그 불안한 순
간에 나는 원하는 것은 무엇이라도 얻을 수 있다는 사실을 깨닫기 시작
했다. 반짝이는 몰티저스(엿기름을 섞은 밀크볼에 초콜릿을 입힌 것) 한
상자라도 얼마든지 가능했는데, 그것은 이전에 가족이 함께 살던 시절
에 아주 가끔 극장이나 영화관에 갈 때에만 사서 네 가족이 나누어 먹던
사치스러운 즐거움이었다. 이제 음식의 규칙이 변했다. 집으로 돌아오
는 기차 안에서 나는 〈마리 끌레르〉를 훑어보면서 아무도 말리는 사람

이 없는 가운데 입천장이 쓰라릴 때까지 그것을 한 알 한 알 입에 넣고 아삭아삭한 벌집을 신나게 빨아먹었다.

처음에 나는 기차역에서 일어난 이 거래를 주로 내 개인적인 욕구와 내가 바라던 탄수화물 쾌감이라는 측면에서 바라보았다. 호머 심슨 Homer Simpson의 말을 빌리자면, "음, 살찌겠는걸!Mmm, fattening!"이라고 표현할 수 있다. 나중에 그것은 더 복잡해졌다. 열여섯 살 무렵에 나는 점점 불어나는 체중을 의식하게 되었다. 아버지가 내게 '하나 더' 고르라고 말하는 순간이 왔을 때, 내 머릿속의 목소리는 내게 배가 고프지 않다고 말하거나 다이어트 콜라를 선택하라고 했다. 하지만 실제로 그렇게 하는 일은 드물었다. 그 특별한 선물의 보상이 너무 컸기 때문이다. 그것은 단지 맛에 불과한 게 아니었다. 소중한 존재로 대접받는 느낌이 너무나도 좋았다. 어른에게 음식으로 보상을 받는다면, 내가 뭔가 좋은 일을 한 게 틀림없을 테니까. 그 후 오랫동안 나는 혼자서 기차를 타고 여행할 때마다 나도 모르게 자동적으로 뭔가 맛있는 것을 사서 그것에 탐닉했다.

세월이 한참 지나 부모가 된 후, 내 아이들이 친구들과 함께 노는 것을 볼 때마다 쿠키와 우유를 잔뜩 내놓으려는 충동에 사로잡히는 나를 발견하고서야 나는 아버지가 보상을 한 사람은 주로 자신이었다는 사실을 깨달았다. 아버지는 이혼을 했다는 사실에 무척 마음이 아팠을 것이다. 그래서 선물을 관대하게 주는 사람의 역할을 한 것은 나뿐만 아니라 자신에게도 이별의 고통을 달래는 데 도움이 되었을 것이다. 아이에게 무척 먹고 싶어 하는 음식을 주면 영웅적인 자부심을 느낄 수 있다. 그것은 거의 음식을 직접 먹는 것만큼이나 황홀한 느낌이 든다. 음식을 먹는

식습관의 인문학

아이를 보면 마치 벌레를 잡아 둥지에 있는 새끼들에게 갖다주는 어미 새처럼 부모로서 할 일을 했다는 안도감이 든다. 부모가 이혼하고 나서 몇 년 동안 언니는 대개 음식이나 선물을 비롯해 그 밖의 모든 것을 거부했다. 그러자 맛있는 것으로 공략할 수 있는 아이는 유일하게 나만 남았는데, 나는 새끼 새처럼 기꺼이 부리를 활짝 벌렸다.

우리가 음식을 먹는 법에 대해 배우는 것 중 상당수는 부모가 우리에게 음식을 먹이는 법에서 배운다. 어린이는 어른이 자신이 하는 일을 잘 알 거라고 생각한다. 하지만 대개 어른은 자신이 자랄 때 물려받은 신념과 편견을 바탕으로 할 수 있는 한 최선을 다해 궁리할 뿐이다. 어떤 부모는 음식을 아이를 조용하게 하기 위한 고무 젖꼭지로 사용한다. 어떤 부모는 아이가 잘못된 행동을 하면 주려고 했던 음식을 취소하기도 한다. 어떤 부모는 어린 아이의 위에 너무 부담이 되거나 기묘한 음식에 대해 불안해하면서 음식에 대해 일반적인 불안감을 물려준다. 음식의 경향은 10년씩 지날 때마다 변하지만, 우리가 음식을 먹는 기본 패턴은 대체로 이전 세대가 음식을 대하는 복잡한 태도에 대한 반응이다. 거의 모든 부모는 아이를 위한 최선의 음식을 원하지만, 과거의 불미스러운 일에 너무 사로잡힌 나머지 앞에 있는 실제 문제를 보지 못하거나 아이의 필요를 부모 자신의 충동과 구별하지 못할 때가 많다. 억압적인 분위기에서 채소를 먹도록 강요받으며 자란 부모는 아이가 즉석 냉동 식품을 내키는 대로 먹는 걸 보면서 기뻐할지 모른다. 마찬가지로 배고픔을 기억하는 부모는 아이가 배불리 먹는 것에 특별한 가치를 부여한다. 먹이는 것은 먹는 것과 마찬가지로 학습 행동인데, 이를 위해 대부분의 부모가 습득하는 방법은 풍요보다는 결핍으로부터 아이를 보호하는 게 필요했던 이전 시대의 가치를 바탕으로 한다. 하지만 이제 아이에게 한 숟가락 더 먹으라고 권하는 것은 시대에 부합하지 않는다.

모든 아이가 지나치게 많이 먹으면서 자라는 것은 아니다. 아이를 제대로 돌보지 않고 방치한다는 것을 확실하게 보여주는 증거 중 하나는 아이에게 음식을 충분히 먹이지 않는 것이다. 미국의 2~5세 어린이 중 많게는 5~10퍼센트는 기질적器質的 원인(복강 질환 같은)보다는 영양 섭취 부족 때문에 발육 불량이 나타난다.[1] 이것을 가리키는 의학 용어는 '성장 장애failure to thrive'로, 아이가 음식 섭취를 충분히 하지 못해 정상적으로 성장하거나 발달하지 못하는 상태를 말한다. 전 세계에서 성장 장애를 초래하는 단일 위험 요인 중 가장 큰 것은 가난이다. 이 경우에 영양 섭취 부족은 불가피하거나 적어도 고의적인 것이 아니다. 하지만 다른 원인들도 있다. 음식 먹이기는 부모와 자식 간에 일어나는 복잡한 상호작용이며, 가끔 성장 장애는 아이가 먹는 것을 피하는 행동 때문에 일어나는데, 그러면 어머니는 먹이는 것에 더 조바심을 내게 된다. 하지만 많은 경우, 성장 장애는 아이를 돌보는 과정에서 그 밖의 다른 것들이 크게 잘못되었음을 보여주는 신호이다.[2] 한 연구에서는 비기질적 원인 때문에 성장 장애가 일어난 아기의 어머니 중 약 80퍼센트가 과거에 학대를 경험한 적이 있는 것으로 드러났다.[3] 아이가 음식을 충분히 섭취하지 못한다는 사실은 그 가정에서 알코올이나 마약 남용 또는 가정 폭력이 일어난다는 것을 보여주는 신호일 때가 많다. 최악의 경우, 부모는 의도적으로 아이에게 먹을 것을 주지 않을 수 있다. 이것은 너무나도 끔찍한 생각이어서 우리가 아이에게 음식을 먹이는 것을 가끔 사랑과 같은 것인 양 여기는 것은 전혀 놀라운 일이 아니다.

아이에게 음식을 먹이는 일은 부모의 막중한 책임이다. 혼자서 충분히 먹을 수 있을 때까지 타인의 영양 섭취에 책임을 지는 것은 많은 비용이 들고 보상도 없으면서 반갑지 않은 일이 될 때가 많다. 자원이 부족한 시절에는 먹여야 할 입이 하나 더 있으면, 나머지 가족 모두에게 그만큼 희생이 돌아갈 수 있다. (개발도상국에서 판매하는 분유의 문제는 단지 깨끗하지 않은 물로 분유를 먹이는 게 위험하다는 것뿐만이 아니다. 가족에게 큰 비용을 초래한다는 것도 큰 문제이다. 방글라데시에서 일하는 공장 노동자가 한 아이가 먹을 분유를 사려면 임금의 3분의 1을 써야 할 수도 있다.)

하지만 음식을 충분히 구할 수 있고 풍족하게 제공할 수 있게 되면, 아이에게 음식을 먹이는 일과 연관된 감정은 다소 다르게 보이기 시작한다. 아, 물론 스파게티 그릇을 뒤집는 걸 보면 즐거울 리가 없고, 공들여 요리한 찜 요리를 "덩어리가 많다는" 이유로 뱉어내는 것을 보고 무너지는 자존심을 참아낼 수 있는 요리사는 없다. 부모들은 공원에서 그네를 타는 어린 아이들 곁에 서서 아이에게 음식을 먹이는 고충에 대해 끊임없이 불평을 쏟아놓는다. '건강에 좋은' 간식을 애써 가방에 넣고 다니다가 결국에는 떡 부스러기와 말린 살구 조각이 가방 안에서 난장판이 된 이야기를 하면서 한탄한다. 아이가 밥을 깨작거리며 먹고 나서 30분도 지나기 전에 배가 고프다고 하면 열불이 난다. 그리고 식사를 챙기는 일은 끝이 없다. 얼마 지나지도 않은 것 같은데 아침을 다시 차려야 할 때가 되면, '이것은 이미 어제 했던 일이 아닌가?' 하는 생각마저 든다.

하지만 이 모든 친숙한 불평에서 당신은 아이에게 음식을 먹이는 일이 아주 재미있을 수도 있다는(특히 특별한 음식을 선물로 줄 때처럼 좋아하는 음식과 싫어하는 음식 문제가 별로 중요하지 않을 때) 비밀을 속삭이는 사람을 거의 만나지 못한다. 그렇게만 된다면, 그것은 마치 가장 순수한 형태의 부모 사랑처럼 느껴진다. 어떤 사람들은 교문 앞에서 아이들을 포옹하고 팽 오 쇼콜라^pain au chocolat를 나눠주면서 크게 즐거워한다. 생일 케이크를 보고서 반짝이는 아이의 눈을 보거나 무더운 날에 아이스크림 가게에 들러 아이에게 아이스크림을 사주면서 큰 흥분을 느낀다. 10년 이상 어린 시절의 솜사탕—달콤한 설탕 솜털이 후광처럼 빛나는—을 공상 속에서 그리워하다가 마침내 그것을 사야 할 이유가 생기면 그만큼 신나는 일도 없다. 우리는 아주 쉬운 일을 "아이에게서 과자를 빼앗는 것"처럼 쉽다고 말한다. 하지만 실제로는 아이의 손가락이 그것을 꼭 붙잡고 놓으려 하지 않는다. 정말로 쉬운 일은 아이에게 먼저 과자를 주는 것이다.

아이에게 음식을 먹이는 것은 저속한 황홀감을 느낄 수 있는 일이다. 그것은 아주 재미있는 일이어서 어린이들도 그렇게 하고 싶어 하며, 재미로 그런 연극을 하기까지 한다. 음식을 먹는 것과 마찬가지로 음식을 먹이는 것도 강박 행동이 될 수 있다. 특별히 마련한 음식을 작은 동물이 먹는 걸 보면 뿌듯한 느낌이 든다. 예를 들면, 반려동물을 기르는 즐거움은 대체로 그 동물이 좋아하는 음식을 집으로 가져와 그것이 사라지는 걸 바라보는 데 있다. 그것이 수조에 뿌려진 금붕어 모이이건, 햄

스터의 입속으로 들어가 볼주머니에 저장되는 뮤즐리^{muesli, 곡식, 견과류, 말린} 과일 등을 섞은 것으로 아침 식사로 우유에 타 먹는 것이건 간에 말이다. 우리는 다른 입에 음식을 밀어넣고 싶은 충동이 깊은 모성(혹은 부성) 본능의 일부이고, 다른 사람에게 음식을 먹이는 행동은 책임감에서 우러나온 희생의 한 형태라고 흔히 생각한다(자신의 필요보다 다른 사람의 필요를 먼저 챙기는 것이니까). 그리고 실제로도 그런 경우가 많다. 하지만 모성 본능이나 희생 정신이 아주 약한 사람들 중에도 그것을 즐거운 행동으로 여기는 사람이 있다는 사실은 설명이 필요하다. 내가 말하고자 하는 사람들은 바로 비디오 게임을 하는 사람들이다.

1980년, 일본과 미국의 전자 오락실에 등장한 팩맨^{Pac-Man}은 즉각 큰 인기를 끌면서 비디오 게임 산업의 판도를 바꿔놓았다. 팩맨이란 이름은 입을 여닫을 때 나는 일본어 의성어 '파쿠파쿠'에서 유래했다. 이 게임을 충분히 오래 하면, 체리와 딸기, 오렌지, 사과, 포도가 화면에 나타난다. 팩맨이 이 과일들을 먹으면 '파워업'이 되어 잠깐 동안 점들을 먹어치울 때마다 더 많은 점수를 얻을 수 있다. 팩맨이 음식을 먹는 방식은 사람이 정상적으로 음식을 먹는 방식과는 다르다. 하지만 이 게임의 기본적인 매력은 작은 동물이 보상을 먹어치우는 것을 보면서 느끼는 최면적 즐거움에 있으며, 그 후 많은 게임들이 이 방식을 모방했다.

비디오 게임 설계자들 사이에서는 보상으로 주어지는 선물을 나타내는 공통 언어가 있다. 멕시코시티에서 게임을 하건 모스크바에서 게임을 하건, 화면에 나타난 캐릭터에게 먹이기에 좋은 것이라고 즉각 인식할 수 있는 아이템이 있다. 그것은 햄버거나 케첩을 뿌린 핫도그일 수도 있지만, 대개는 초콜릿이나 아이스크림선디 또는 당의를 입힌 도넛처럼 단것일 가능성이 높다. 어느 가을날 아침, 커피숍에서 날 만난 루이스 지글리오티^{Luis Gigliotti}는 "전 세계의 모든 문화에서 누구나 아는 한 가지 사실은 단것이 아주 좋다는 것이지요"라고 말했다. 지글리오티는 게임 산업에서 크리에이티브 디렉터로 일하면서 20년 동안 거의 모든 플랫폼(콘솔에서부터 온라인 게임과 모바일 태블릿에 이르기까지)의 게임을 설계한 경험이 있다. 내가 그를 처음 만난 장소도 바로 이 커피숍이었다. 그때, 나는 그가 땅콩버터를 먹는 개를 보는 것이 얼마나 '좋은지'에 대해 나누던 열정적인 대화를 엿들었다. 귀고리를 달고 LA 다저스 야구 모자를 쓰고 팔에 문신을 많이 새긴 지글리오티는 '루^{Lu}' 또는 가끔은 '덤프스타^{Dumpsta}'라는 이름으로 통한다. 그는 그랜드 세프트 오토^{Grand Theft Auto}와 데블 메이 크라이^{Devil May Cry}(전투와 폭력 중심의 판타지)에서부터 규모는 더 작지만 귀여운 캐릭터들이 등장하고 보상이 빠른 부분 유료화 '중독성' 게임에 이르기까지 많은 게임을 만드는 데 관여했다.

지글리오티는 모든 곳에서 비디오 게임의 잠재력을 본다. 페이스트리에서는 행복의 상징을 본다. 그는 온갖 종류의 끈적끈적한 번빵과 크루아상을 가리키면서 "이것들은 왜 카운터에 진열돼 있을까요?"라고 묻는다. 시간이 지나면서 지글리오티는 플레이어들이 어떤 선물을 '음식처럼' 받아들이는지 분명히 이해하게 되었다. 예를 들면, 색이 아주 중요하다. 그는 (플레이어가 남성이건 여성이건) "핑크색은 좋은 것일 수밖에 없어요"라고 말한다. 그리고 빨간색과 심지어 파란색도 매력적이지만 초록색은 대개 그렇지 않은데, 초록색은 병약함을 연상시키기 때문이다. 컴퓨터 게임에서 잎채소를 선물로 잘 사용하지 않는 한 가지 이유(유일한 이유는 아니지만)는 이 때문이다. 캐릭터가 초록색 시금치를 먹는 장면을 보는 것은 핑크색 케이크를 먹는 장면을 보는 것만큼 만족스럽지 않다. 반면에 노릇노릇하게 구워진 음식은 효과가 아주 좋다. "곁들여진 온갖 음식과 함께 노릇노릇하게 구워진 칠면조나 아름답게 구워진 닭고기에서 김이 모락모락 나는 장면. 그것은 향연과 동의어나 다름없어요." 하지만 '선물'을 가장 빨리 알려주는 방법은 단것을 주는 것이다.

컴퓨터 캐릭터에게 음식을 먹이는 것은 진짜 어린이에게 음식을 먹이는 것과 분명히 같지 않다. 우리는 주인공과 자신을 너무 동일시한 나머지 종종 그 음식을 자신이 직접 먹는 듯한 느낌이 든다. 그런데 음식도 캐릭터도 실재하는 것이 아니지만, 거기서 얻는 일부 대가는 실재와 동일하다. 당신은 음식이 사라지고 행복한 얼굴이 나타나는 걸 보고 싶어 하는데, 그런 일이 일어나면 희열을 느낀다. 지글리오티는 어떤 게임에서건 중요한 것은 주요 캐릭터 및 그 세계와 연결을 만드는 것이라고 말한다. 비록 그 이미지는 실재하지 않더라도, 그 느낌은 실재한다. "일단 공감이 생겨나면, 우리에게 즐거움이나 슬픔을 주는 모든 것이 이제 화면의 캐릭터에게 일어나는 일에 적용됩니다."

나와 만났을 때, 지글리오티는 샤크 베이비Shark Baby라는 캐릭터가 등장하는 새 게임을 만드는 일을 하고 있었다. 샤크 베이비는 머리를 땋은 사랑스러운 여자아이이지만, 좋아하는 것을 보면 눈이 확 뒤집히면서 상어로 변해 앞에 있는 것은 먹을 수 있는 것이건 없는 것이건 닥치는

대로 먹어치운다. 플레이어가 해야 할 일은 음식으로 샤크 베이비를 달램으로써 모험을 하는 동안 자신이나 남에게 너무 큰 해를 끼치지 않도록 하는 것이다. 한 장면에서 샤크 베이비는 위험한 협곡을 건너려고 한다. 친구인 호랑이는 마법의 자루를 갖고 있는데, 그 속에는 샤크 베이비가 무사히 협곡을 건너도록 돕는 '맛있는 케이크'가 들어 있다. 샤크 베이비에게 케이크를 줌으로써 우리는 영웅이 된다. 지글리오티는 그럴 때 우리가 느끼는 감정은 자선 단체에 기부를 하거나 낯선 사람을 도울 때 느끼는 것과 아주 비슷하다고 말한다.

실제 삶에서 지글리오티는 핑크색 케이크를 먹고 살아가지 않으며, 가상의 호랑이를 친구로 사귀지도 않는다. 그는 아내와 아장아장 걷는 아이와 함께 살고 있는데, 아이에게는 '오로지 유기농 음식'만 먹인다. 아내는 아이에게 매일 패스트푸드를 사주는 부모들을 못마땅하게 여긴다고 한다. 하지만 지글리오티는 게임을 설계할 때에는 다른 가치 체계를 이용한다. 지글리오티는 아르헨티나에서 이탈리아계 어머니에게서 태어났는데, 어머니는 아주 훌륭한 요리사였다. 집안 형편이 여의치 않아 고기는 아주 가끔만 맛볼 수 있는 사치였다. 지글리오티가 아홉 살 때 가족은 미국으로 옮겨갔다. 미국에서 새로운 터전을 잡고 나서 지글리오티가 채식주의자 친구들을 집으로 데려올 때면 어머니는 아들의 그런 행동을 이해하지 못했다. 그토록 갈망하던 고기가 앞에 있는데, 어떻게 그것을 의도적으로 거부할 수 있단 말인가?

지글리오티는 게임을 구상할 때, 검소한 이탈리아계 아르헨티나인이었던 어머니처럼 생각하는데, 어머니에게는 지나치게 많이 먹는 것

식습관의 인문학

은 절대로 아무 문제도 되지 않았다. 그는 우리가 게임 속의 캐릭터에게 단것을 먹이고 싶어하는 이유는 캐릭터가 "일상생활 속의 대상이 아니기 때문입니다"라고 말한다. "식사가 끝날 무렵에 왜 디저트가 나올까요? 그것은 보상입니다. 설탕은 사치품이지요. 가난한 사람은 단것을 먹지 않아요. 단것을 먹을 형편이 된다면, 괜찮은 삶을 사는 겁니다." 그는 캘리포니아 백인 특유의 미소를 활짝 지었고, 우리는 커피숍 카운터에 쌓인 빵들을 다시 쳐다보았다. 우리 둘 다 그것을 먹을 형편이 충분히 되지만, 둘 다 먹지 않는다.

우리가 아이에게 음식으로 보상하는 방식은 서양에서는 지난 수십 년 동안 존재한 적이 없었던 민족의 공동 기억, 즉 백설탕이 아주 귀해 눈처럼 반짝이는 것처럼 보였던 시절의 공동 기억에 기초하고 있다. 음식으로 어린이를 행복하게 해주고 싶은 충동은 사랑스러운 것이며(내 사랑하는 아이를 위해 달콤한 선물을!), 그 동기는 관대한 것이기 때문에 우리가 하는 행동이 이젠 불합리하다는 사실을 알아채기 힘들 수 있다. 로라 잉골스 와일더Laura Ingalls Wilder의 『초원의 집Little House on the Prairie』에서 집안 친구인 에드워즈Edwards는 로라와 그 언니 메리에게 크리스마스 캔디를 가져다주려고 눈폭풍이 몰아치는 가운데 목숨의 위험을 무릅쓰고 강을 건넌다. 이 소녀들은 일 년에 딱 한 번만 단것을 맛볼 수 있는데, 지팡이 모양의 줄무늬 박하사탕과 "순수한 흰 밀가루로 만들고 백설탕을 넣은" 하트 모양의 작은 케이크를 보자 기뻐서 어쩔 줄을 모른다. "컵과 케이크와 캔디 스틱을 받는 걸 생각해보세요." 로라는 박하사탕 스틱을 한번 핥고 싶은 충동을 참지 못한다. "하지만 메리는 그만큼 탐욕스럽지 않았다." 흰 밀가루 케이크를 아무 데서나 볼 수 있고, 빵 한 덩어리 값도 안 되는 가격에 캔디 케인을 12개씩 파는 시대에 단것이 이와 똑같은 의미를 지닐 수는 없을 것이다. 오늘날의 어린이는 너무나도 많은 형태로 단것을 접하기 때문에, 내 경험에 따르면 크리스마스에 받는 캔디 케인에 대한 공통적인 반응은 즐거움이 아니라, 치약의 박하 냄새 때문에 슈거 러시sugar rush, 단것을 먹는 데에서 얻는 쾌감가 손상되었다는 가벼운 불만이다. 오늘날 많은 부모가 맞닥뜨린 문제는 크리스마스 캔디가 사라질지 모른다는 것이 아니라, 크리스마스 선물로 단것이 집에 도착했을 때, 아이들이 할로윈에 받은 단것이 아직도 남아 있을지 모른다는 염려이다. 하지만 그래도 아이들을 사랑하는 에드워즈의 정신은 계속 남아 있다.

설사 그것을 얻기 위해 눈폭풍이 몰아치는 강을 헤엄쳐 건널 필요까지는 없더라도, 아직도 우리는 아이에게 특별한 음식을 주기 위해 '어떤 일'이라도 할 것이라고 생각한다. 아이들이 맛있게 먹는 모습을 보기 위해 어른들이 자신의 즐거움을 희생하는 가족들이 아직도 많다. 중국에서는 부모가 일하러 간 사이에 조부모가 아이를 돌보는 가정이 많다. 도시 지역에서는 조부모가 돌보는 아이 비율은 50~70퍼센트에 이르기도 한다. 이 세대는 노년에 즐길 것으로 기대했던 여가 시간을 가족을 위해 포기했다. 이러한 희생적인 육아가 없다면, 많은 가정은 제대로 굴러갈 수가 없고, 중국 경제는 서서히 멈춰설지도 모른다. 중국어에 함이농손含飴弄孫이라는 표현이 있는데, '엿을 입에 물고 손자를 어르다'란 뜻으로,

식습관의 인문학

노후에 손주와 더불어 즐거운 생활을 하는 걸 뜻한다. 현실에서는 손주는 단것을 먹고, 조부모는 힘들게 일하는 경우가 많다. 2009년, 중국 남동해안에 위치한 대도시 샤먼 시에서 조사한 바에 따르면, 한평생 일만 하며 보낸 노인 세대가 빨래, 숙제 감독, 손주를 학교에 데려다주고 다시 데려오기 등을 도맡아하면서 이전보다 더 열심히 일하는 경우가 많은 것으로 드러났다.[4]

　음식 재료를 구입하고 요리하는 일은 일반적으로 조부모가 맡아서 한다. 하지만 이들은 자신이 먹는 음식은 일반적으로 절약하려는 태도를 보인다. 샤먼 시에 사는 한 할아버지는 아홉 살짜리 손자의 교육을 위해 돈을 아끼려고 자신은 값싼 저장 채소 식품을 먹는다고 말했다. 하지만 손주를 먹일 때에는 아끼는 태도를 전혀 보이지 않으며, 중국의 한 자녀 정책 때문에 집에서 맛있는 음식은 모두 한 입으로 들어가게 된다. 2003~2004년에 스웨덴과 중국의 공중 보건 전문가 팀이 베이징의 두 지역에서 네 유치원에 다니는 아이들의 부모와 조부모를 대상으로 면담을 했다.[5] 짠맛과 단맛, 국수와 쌀밥 등에서 아이들이 선호하는 음식은 조부모와 같은 경향을 보였다. 먹는 양도 조부모가 결정했는데, 이들은 음식을 통해 '사랑과 배려'를 표현했다. 그 결과, 아이들에게 음식을 지나치게 많이 먹이는 경우가 많았다.
　음식을 많이 먹이는 현상은 우연히 일어난 게 아니고, 그럴 만한 이유가 있다. 면담에 응한 베이징의 조부모들은 모두 다 식량 부족과 굶주림의 시기를 생생하게 기억하고 있었다. 앞에서 보았듯이, 그런 기억은 필연적으로 음식과의 장기적 관계에 영향을 미친다. 한 할머니는 "인생의 행복은 먹고 싶을 때마다 원하는 것을 원하는 양만큼 먹는 데 있습니다"라고 말했다. 또 다른 할머니는 음식을 먹는 아이를 바라보는 것이 지극히 즐겁다고 말했다. "내 손녀는 늘 식욕이 아주 좋아요. 내가 음식을 줄 때마다 항상 입을 벌려요. 나는 손녀에게 음식을 먹이는 게 너무나도 즐거워요."[6] 이들이 아이의 음식 욕구는 어떤 대가를 치르더라도 만족시켜야 한다고 생각하는 것은 일리가 있다. 즉, 아이를 '튼튼하게' 키우기 위해 고기를 사느라고 돈을 많이 쓰는 것은 충분히 그럴 만한 가치가 있다. 어떤 사람들은 오후에 유치원에서 아이를 데려올 때마다 간식을 샀다. 어떤 사람들은 음식을 성취에 대한 보상으로 제공했다. 피아노 연주로 상을 받았다면, 할머니에게 그것은 '많은 감자칩'을 사줄 이유가 충분히 된다.

조사한 아이들(평균 나이는 만 네 살 반) 중 절반 이상은 비만이었다. 많은 조부모는 아이가 뚱뚱한 게 좋다고 말했는데, 어릴 때 뚱뚱해야 나중에 튼튼해지고 키도 많이 자란다는 이유에서였다. 이 믿음은 굶주린 시절의 기억에 기반을 두고 있다. 이전 세대들에서는 뚱뚱한 것을 이런 식으로 생각하는 게 옳았을 수도 있다. 전 세계 각지에서 포동포동한 살은 자라는 어린이가 영양 결핍에 대항하는 일종의 보험으로 간주되었다(일부 지역에서는 지금도 그렇게 생각한다). "충분히 가지려면 아주 많이 가져야 한다Pour avoir assez, il faut avoir trop"라는 프랑스 속담도 있다. 1912년, 한 영국 의사는 설사 "어느 정도 과도한 양"을 넘어설 위험이 있다 하더라도, 아이에게 많이 먹이는 것은 충분히 먹이지 못하는 것보다 덜 위험하다고 주장했다. 토실토실 찐 살은 다음 번 성장 급증 때 곧 빠진다고 보았는데, "어른에게 음식을 지나치게 먹이기는 아주 쉽지만, 아직 자라고 있는 아이들에게 영양을 과잉 공급하는 것은 거의 불가능하기" 때문이라고 했다.[7]

　이 주장은 그 당시에는 그럴듯한 생각이었다. 기근에서 살아남을 가능성이 높았던 사람들은 애초부터 아주 뚱뚱한 사람들이었다. 기원전 108년부터 기원후 1911년까지 중국에서 일어난 큰 기근은 1800회가 넘었다. 그러다가 마오쩌둥이 새로운 기근을 가져왔다. 베이징의 조부모들은 1960년대의 대기근에서 살아남은 사람들이고, 따라서 자신이 뚱뚱한 아이였다는 사실을 기억하고 있는지도 모른다. 기근이 닥치면 모든 사람이 다 살아남기 힘들지만, 아이는 더욱 힘들다. 1840년대에 감자 대기근을 피해 고국을 떠났다가 아메리카에서 새로운 궁핍에 직면한 보스턴의 아일랜드계 가톨릭 교도들을 관찰한 사람은 "아이들은 문자 그대로 죽기 위해 태어나는 것처럼 보인다"라고 말했다. 추수가 끝난 뒤 식량이 풍족할 때 부모가 아이의 지방 조직을 충분히 축적해주지 않으면, 봄에 곡식이 바닥나는 '춘궁기'가 닥쳤을 때 아이가 버티기 어려웠다.[8] 오늘날에도 감비아에서는 심한 흉년이 닥쳐 '굶주리는 시기'에는 어른은 전체 체지방의 50퍼센트에 이르는 5~6킬로그램이 빠진다. 만약 아이의 체지방이 그만큼 빠진다면, 애초에 여분의 체지방이 많이 있지 않는 한 죽고 말 것이다. 우리 조상들이 잔치를 벌이는 시기와 기근이 닥치는 시기를 일상적으로 겪었다는 사실을 감안하면, 그 후손인 우리는 지방을 저장하는 데 효율적이어서 헤일스와 바커가 '절약 유전자thrifty gene'라고 부른 것을 물려받은 것으로 보인다. 우리는 모두 생존자의 후손인데, 생존자는 뚱뚱한 사람들이었다.[9]

한 중국인 할머니는 "만약 아이가 뚱뚱하다면…… 그것은 내가 아이를 잘 돌봤다는 뜻이에요"라고 말했다.[10] 또 다른 할머니는 자신의 손녀가 말랐다면서 '불쌍하게' 여겼다. 아이의 체중과 조부모의 생각 사이에 존재하는 이러한 부조화는 비단 중국에서만 볼 수 있는 게 아니다. 살찐 아이가 건강한 아이라는 견해는 많은 민족 공동체의 나이 많은 세대에서 공통적으로 볼 수 있다. 발디시 라이[Baldeesh Rai]는 영국에 거주하는 아시아인 가족들에게 건강에 좋은 식습관을 받아들이라고 설득하기 위해 노력하는 영양사이다. 중국에서와 마찬가지로 가족을 위한 요리는 대개 시어머니나 장모가 맡는다. 라이가 아이가 과체중이라고 지적하면, 온 가족으로부터 항의를 듣는 경우가 많다. 이들은 과학이나 의학이 뭐라고 말하건 간에, 꼬집기에 딱 좋게 사랑스럽고 통통한 아이의 뺨을 좋은 것이라고 생각한다.[11]

베이징 사람들 중 많은 부모들은 조부모가 아이에게 음식을 먹이는 방식에 영향을 미칠 수 없는 현실에 좌절감을 표현했다. 하지만 부모들은 하루 종일 일하러 밖에 나가 있기 때문에 어떻게 할 방법이 없다. 한 어머니는 아들에게 단것을 먹지 말라고 했더니, "알았어요. 엄마가 나가고 나면 먹을게요"라는 대답을 들었다. 한 아버지는 딸에게 음식을 너무 많이 먹이지 말라고 자기 어머니에게 부탁했지만, 어머니는 아이를 이미 셋이나 키워봤기 때문에 애한테 음식을 어떻게 먹여야 하는지 잘 안다고 대답했다. 아주 극단적인 사례도 있는데, 한 어머니는 남편과 함께 시부모 집에서 나와 따로 살기로 결정했다고 말했다. "시어머니가 내 아이에게 음식을 너무 많이 먹이는 걸 피하려면 이 방법밖에 없었어요."

한 세대 전만 해도 중국에서 과체중은 보기 드문 일이었다. 하지만 지금은 그렇지 않다. 지난 30년 동안 눈부신 경제 성장과 함께 중국인의 체중도 가파르게 증가했다. 2010년의 공식 통계 자료에 따르면, 중국에서 비만인 사람은 약 1억 명으로, 2002년보다 5배 이상 증가한 것으로 보인다. 전체 인구에 대한 비율로 따지면, 아직은 서양보다는 비만 비율이 훨씬 낮은 편이다. 2010년에 중국 남성 중 체질량 지수가 비만에 해당하는 $30kg/m^2$ 이상인 사람은 4.1퍼센트에 불과해 그리스의 30.3퍼센트나 미국의 44.2퍼센트보다 훨씬 낮았다.[12] 하지만 저널리스 폴 프렌치Paul French와 통계학자 매튜 크래브Matthew Crabbe가 2010년에 출판한 저서 『뚱뚱한 중국Fat China』에서 파헤친 것처럼, 중국의 비만율은 이 세상의 어느 곳보다 더 빠르게, 특히 도시 지역에서 가파르게 증가하고 있다. 중국은 인구가 많기 때문에 전 세계에서 비만인 사람들 중 약 5분의 1이 중국에 살고 있다. 프렌치와 크래브는 "두 세대 만에 기아 상태에서 폭식 상태로 변한 것은 실로 대단한 성취라 하지 않을 수 없다"라고 표현했다.[13]

어떤 면에서 중국의 비만 위기는 서양의 비만 위기가 빠른 속도로 진행되는 형태처럼 보이는데, 식습관 변화와 주로 앉아서 지내는 생활 방식(자전거가 자동차에 밀려나고, 경쟁적 교육 제도로 많은 아이가 운동할 시간이 거의 없는)과 현대 식품 산업 때문에 일어나고 있다. 전통 중국 요리(경쟁자를 찾기 힘든 향미와 질감의 균형으로 유명한)는 쾌락을 위해서건 건강을 위해서건 먹는 방법으로서 아주 좋은 것처럼 보였다. 하지만 지난 30년 동안 새로운 음식들이 들어왔고, 그와 함께 새로운 미각이 생겨났다. 도시 주민의 임금 상승과 시장 개방으로 이제 중국인은 이전 세대들에게는 생소해 보일 만큼 다양한 종류의 식품을 아주 풍부하게 살 수 있다. 중국인 사이에서는 프라이드치킨, 슈퍼마켓, 맥주, 냉동 식품, 햄버거, 프렌치프라이, 가정 요리 소스, 즉석 냉동 식품, 청량음료, 시리얼, 잼, 피자 등 새로운 음식에 대한 기호가 많이 발달했다. 그중에서 가장 놀라운 일은 대형 커피 프랜차이즈 체인이 전통적으로 차(홍차의 칼로리는 거의 무시할 만한 수준)를 즐기던 민족을 우유가 들어간 커피(생크림을 넣은 모카커피 한 잔의 칼로리는 약 400칼로리)를 즐기도록 바꾸는 데 성공한 것이 아닐까 싶다.

이렇게 최근에 쏟아져 들어온 기묘한 신제품들을 고려할 때, 중국인 사이에서 새로 부각된 체중 문제의 원인을 전통 음식을 포기한 데에서 찾기 쉽다. 마이클 폴런이 제시한 건강에 좋은 식습관 규칙 중 하나는 "증조할머니가 음식으로 인정하지 않는 것은 어떤 것도 먹지 마라"이다.[14] 블루베리 머핀을 먹고 밀크셰이크를 마시는 중국 어린이는 분명히 이 규칙을 어겼다. 하지만 중국인의 체중 문제를 오로지 현대화 탓으로만 돌리는 것은 너무 성급한 판단이다. 많은 음식은 새로운 것인 반면, 식습관은 옛날 농촌 사람들이 가졌던 그대로 남아 있다. 즉, 풍족한 시기에 배불리 먹음으로써 어려운 시기에 대비해야 한다는 잠재의식이 남아 있다. 베이징의 국립여성아동건강센터 연구자들이 조사한 도시 지역의 조부모들은 음식에 대해 공통적으로 가진 생각이 몇 가지 있었다. 어린이는 자신이 배가 부른지 부르지 않은지 신경 쓰지 말고 그릇을

식습관의 인문학

깨끗이 비워야 하며, 음식 쓰레기는 절대로 안 되며, 좋은 행동은 특별히 맛있는 것으로 보상할 필요가 있다는 것 등이 그것이다.[15] 어떤 면에서 중국인의 비만 문제는 음식을 대하는 태도가 새로운 상황에 적응할 만큼 충분히 빨리 변하지 않아서 나타나는 한 가지 증상이다. 증조할머니는 현대 세계에서 아이에게 음식을 제대로 먹이는 법을 배웠을 리가 없는데, 이렇게 풍요로운 세상을 일찍이 경험한 적이 없기 때문이다. 나머지 사람들과 마찬가지로 증조할머니는 어림짐작으로 최선의 방법을 찾으려고 노력할 수밖에 없다. 전 세계 모든 곳에서 새로운 식품 공급이 낡은 섭식 지식과 충돌하면서 일어나는 일이 중국에서는 좀 더 극단적인 형태로 일어나고 있을 뿐이다.

아이에게 음식을 먹이는 이 모든 방식은 아이를 보호하고 아이가 잘 성장하길 바라는 마음에서 생겨난다. 굶주린 시기를 겪으며 살아남은 조부모는 자기 후손이 자신들이 먹어보지 못했던 것을 실컷 먹기를 원한다. 하지만 이들을 면담한 연구자들은 조부모의 관대한 음식 먹이기 방식이 사랑하는 손주들을 비만으로 만든다고 결론 내렸다. 비만인 이들 취학 전 아동은 애정을 충분히 받지 않는 게 아니다. 소홀한 보살핌을 받는 것도 아니다. 오히려 일편단심에 가까운 사랑을 지나치게 많이 받는다.

중국인의 사례에서 우리는 아이에게 너그러움을 보여주는 모델을 새로 만들 필요가 있다는 교훈을 얻는다. 적은 양의 음식도 많은 양의 음식 못지않게 충분한 사랑으로 느끼는 방법을 찾을 필요가 있다. 음식을 통해 아이를 보호하려는 갈망(아주 강한 형태의 애정)을 새롭게 표현하는 방법을 찾을 필요가 있다. 『구약성경』의 「아가雅歌」에는 "사과로 내 기운을 북돋아주셔요"라는 구절이 나온다. 사랑으로 다른 사람에게 음식을 먹이는 것은 정말로 굉장히 행복한 느낌이기 때문에, 우리가 그 행위를 좋다고 믿는 것은 놀라운 일이 아니다. 이 사랑은 온갖 방식으로 표출된다. 이상적인 시나리오에서는 우리는 아이를 위해 좋은 음식을 신중하게 선택함으로써 아이를 사랑한다. 추운 날에 집에서 만든 수프를 보온병에 담아 아이에게 가지고 가게 하면 편안한 느낌이 든다. 특히 직장에서 제때 집에 돌아와 따뜻한 저녁을 차려주지 못해 죄책감을 느낀다면 더욱 그렇다. 하지만 음식을 통해 부모의 사랑을 표현하는 것이 항상 효과가 좋은 것은 아니다. 아이에게 음식을 먹이는 데에서 부모가 얻는 즐거움은 아주 옳아 보이기 때문에, 우리는 당연히 그것이 우리를 아이에게 정말로 필요한 것으로 안내하리라고 생각하지만, 실제로는 전혀 엉뚱한 결과를 낳을 때가 많다.

대대로 아이들은 그릇을 깨끗이 비우라는 지시 때문에 정신적 외상을 입었다. 어떤 사람들에게는 그것은 의지와 의지가 부닥치는 처절한 싸움이 된다. 아이는 식어가는 음식 앞에 몇 시간 동안 가만히 앉아 있고, 부모나 교사는 아이에게 싫어하는 음식을 먹으라고 다그친다. 이것은 어느 쪽에도 좋은 결말을 가져다줄 수 없는 상황이다. 특히 아이가 강요받는 음식을 정말로 싫어한다면 더더욱 그렇다.

샤를 푸리에Charles Fourier(1772~1837)는 19세기 초에 프랑스 동부 지역의 브장송에서 자랐다. 이 섬세한 소년은 좋아하는 것과 싫어하는 것이 매우 분명했는데, 어린 시절의 기억은 교사와 부모의 '폭압'으로 가득 차 있었다. "혐오감이 들 뿐만 아니라 토하게까지 만들었던 순무와 양배추, 보리, 버미첼리vermicelli, 스파게티보다 가는 이탈리아 파스타, 그 밖의 도덕적 악을 먹지 않는다고 얼마나 매를 많이 맞았는지 모른다."[15] 푸리에는 교사와 함께 식사를 할 때 자신이 싫어한 순무를 먹으라는 강요를 자주 받았다고 기억했다. 한번은 순무를 몰래 버리려고 했다가 들켜 흙이 묻은 그것을 먹으라는 강요를 받았다.

집에서도 마찬가지로 푸리에는 싫어하는 음식을 남기지 말라는 강요를 아버지에게서 자주 받았다. 한번은 리크leek. 부추의 일종를 먹으라는 아버지의 강요에 못 이겨 결국 그것을 먹고 나서 심하게 구역질을 했다. 이 기억은 큰 상처로 남았다. 훗날 어른이 된 푸리에는 외판원으로 일했지만, 남는 시간에 사회 이론에 관한 책을 썼다. 그의 철학에서 기반을 이루는 사상은 그 누구도 자신의 의향에 반대되는 일은 어떤 것이라도 강요받아서는 안 된다는 것이었다. 그는 빵이 주식인 사회 대신에 어린이의 입맛에 맞는 과일과 설탕의 혼합물이 빵을 대체한 유토피아(조화로운 세상)를 꿈꾸었다. 푸리에는 아이가 견뎌낼 수 없는 음식을 먹도록 강요하는 것은 일종의 아동 학대라고 보았다.

하지만 푸리에의 누나 뤼빈Lubine이 기억하는 이야기는 이와 다소 다르다. 푸리에는 온 가족이 애지중지하는 아이였고(푸리에 위에는 누나가 네 명이나 있었다), 뤼빈의 기억으로는 아버지가 가장 총애하는 자식이었다. 뤼빈은 아버지가 푸리에에게 음식을 다 먹도록 엄격하게 군 것은 특별한 애정의 표시였다고 회상했다. 뤼빈은 푸리에가 "식성이 몹시 까다로운 아이"였다고 말했다. 아버지가 푸리에에게 '그릇을 깨끗이 비우는' 습관을 길러주려고 했던 이유는 "살아가면서 어떤 상황에 처하게 될지 아무도 모른다는" 생각 때문이었다.[17] 음식을 가지고 아들을 괴롭힌 것은 냉혹한 세상을 헤쳐나갈 수 있도록 강하게 단련시키려는 마음에서였으며, "하나뿐인 아들을 사랑하는 사람처럼 푸리에를 그만큼 사랑했기" 때문이었다. 뤼빈의 기억에 따르면, 아버지는 사랑하는 아들이 구역질을 하는 걸 보고는 자신의 행동을 후회하면서 아들에게 "먹는 문제에서는 자기 마음대로 하도록" 하겠다고 약속했다. 하지만 어린 푸리에에게 그것은 뒤늦은 조처였다. 그는 아버지의 학대를 절대로 잊지 않았고, 다시는 리크를 먹지 않았다.

그동안 얼마나 많은 부모와 아이가 이와 같은 싸움에 휘말려들었을까? 그것은 식성이 까다로워서 음식을 먹지 않으려는 아이 때문에 시작한다. 그러면 부모는 아이가 좋은 음식(푸리에의 경우에는 순무와 리크)을 충분히 섭취하지 못할까 봐 노심초사한다. 그래서 부모는 아이에게 음식을 먹으라고 강요하는데, 그럴수록 아이의 반감이 더 커지고, 건강에 좋은 음식에 대한 의심이 적극적인 혐오감으로 변한다. 그 음식을 먹건 먹지 않건, 결국 승자는 아무도 없다.

이러한 부모의 행동은 비정상적으로 보이지만, 역사를 통해 이런 행동은 먹을 것이 부족한 시절에 대한 두려움 때문에 촉발되는 경우가 많았다. 운이 좋아 전후의 풍요로운 시대만 아는 사람들은 이전 세대들이 낭비에 대한 공포가 얼마나 컸는지 이해하기 어려울 것이다. 영양분이 많은 음식을 쟁반 한쪽으로 치우는 장면은 보기에 결코 좋지 않지만, 양

차 세계대전과 그 사이의 대공황 시절에는 그런 행동은 범죄에 가까운 이기적 행동으로 보였다. 1940년, 더 타임스는 음식을 낭비하는 것을 '범법 행위'로 간주하자는 사설을 실었다. 내 할머니는 1908년에 태어났는데, 우리가 할머니 집에서 감자를 구워 먹을 때마다 다음 시를 읊었다 (반은 엄격하게, 반은 농담조로).

대단히 사랑하는 형제여
구운 감자를 먹으면서
껍질을 그냥 버리는 것은
죄가 아닐까요?
껍질은 돼지를 먹여 살리고
돼지는 우리를 먹여 살리지요.
대단히 사랑하는 형제여
하나, 둘, 셋.

다행히도 나는 구운 감자 껍질이 가장 맛있는 부분이라고 생각했다. 특히 바삭바삭한 껍질 틈으로 버터가 가득 배어 있다면 더욱 그랬다. 게다가 나는 음식을 남기지 말고 다 먹으라고 강요할 필요가 절대로 없는 아이였다. 하지만 어쩌면 나는 먹지 않는 게 죄악이라는 말을 듣지 않았더라면, 감자 껍질을 더욱 즐겁게 먹었을지 모른다.

그릇을 깨끗이 비우는 것(그리고 일반적으로 아이의 의사에 반해 음식을 먹도록 강요하는 것)은 전통적으로 사용돼온 다양한 음식 먹이기 기술

중 하나로, 식량 부족 사태가 곧 닥칠지 모른다는 두려움에 기반을 두고 있다. 이러한 기술들은 성급한 것으로, 좋아하는 음식과 싫어하는 음식에 대해 이러쿵저러쿵 잔소리를 늘어놓을 시간이 없는 부모들이 고안한 것이다(하지만 아이러니하게도, 아이가 그릇을 깨끗이 비울 때까지 기다리겠다고 굳게 결심하면, 식사가 끝날 때까지 하루 종일이 걸릴 수도 있다). 나이지리아 농촌 지역에서는 지금도 발효시킨 묽은 옥수수 죽 '에코eko'를 어머니가 손으로 아이에게 먹이는 일이 흔하다.[18] 에코를 손으로 아이 입에다 넣어주는 것은 숟가락을 사용하는 것보다 더 빠르기 때문인데, 어머니가 시장에서 장사를 하며 하루 여덟 시간을 일한다면 이것은 결코 사소한 문제가 아니다. 만약 손으로 먹여주는 음식을 아이가 거부하면, 어머니는 강제 급식 방법을 사용한다. 관찰자들은 어머니가 손을 동그랗게 말아 아이 코를 덮어 숨을 쉬지 못하게 한 뒤에 옥수수 죽을 억지로 삼키게 하는 것을 보았다.

이러한 방법을 사용하는 배경에는 아이에게 필요한 것은 아이보다 부모가 잘 안다는 전제가 깔려 있다. 심리학자 리앤 버치Leann Birch는 기아로부터 아이를 보호하는 원칙에 바탕을 둔 일련의 '전통적인 급식 관행'을 확인했다. 그런 관행에는 다음과 같은 것들이 있다.

❶ 아이에게 음식 자주 먹인다.

❷ 음식을 많이 준다.

❸ 아이가 울면, 첫 번째 대응 방법으로 음식을 준다.

❹ 먹을 음식이 있으면 아이에게 무조건 먹으라고 강요한다.[19]

식습관의 인문학

먹을 것이 부족할 때, 이런 전략들은 성장하는 아이를 보호하는 방법이 될 수 있다. 하지만 기아보다 비만이 더 큰 위협이 되는 시대에는 이 전략들은 논리적 기반을 잃고 만다.

리앤 버치는 많은 실험을 통해 전통적인 급식 방법들이 식사 시간의 불편한 감정뿐만 아니라 "과식과 급속한 체중 증가"를 초래하면서 현대 세계에서는 해가 된다고 시사하는 결과를 얻었다. 음식을 너무 자주 먹이면, 아이는 자신의 배고픔 느낌이 어떤 것인지 잊어버릴 수 있다. 음식을 많이 주면 과식을 하기 쉽다. 고통스러워하는 아이를 달래기 위해 음식을 주면, 아이는 불행하면 먹는 것으로 달래야 한다고 배우게 된다. 이 마지막 사례는 많은 것을 설명해준다. 만약 어머니가 아이가 울 때마다 먹고 싶어서 운다고(놀이나 잠이나 새 기저귀가 필요해서가 아니라) 해석한다면, 아이는 어른이 되고 나서도 당연히 그때처럼 단것으로 슬픔을 달래려고 할 것이다.

아이에게 음식을 다 먹으라고 강요하면, 많은 것을 가르칠 수는 있지만 그중 어느 것도 큰 효과를 보기 어렵다. 만약 강요받은 음식에 싫증을 느낀다면, 아이는 그릇에 담긴 음식과 그것을 주는 사람을 모두 두려워하게 된다. 대학생 140명을 조사한 연구에 따르면, 가장 강한 식품 혐오의 뿌리는 '강요된 식사' 사건으로 돌아가는 경우가 아주 많았다.[20] 설사 강제 급식에 혐오감을 느끼지는 않는다 하더라도, 그 사건은 아이에게 자신의 식욕이 아니라 음식을 따르도록 훈련시킨다. 그래서 이렇게 자란 사람은 식사를 중단할 때를 판단하는 데 자신의 몸이 하는 말이 아니라 외부의 영향에 귀를 기울이게 된다.

사람들(적어도 육아 전문가)은 강제 급식이 나쁘다는 사실을 전혀 몰랐던 것은 아닌 것 같다. 유아와 어린이에게 음식을 먹이는 법을 소개한 안내서들은 아이에게 원하지 않는 음식을 억지로 먹이지 말라고 반복적으로 경고한다. 소아과 의사 에밋 홀트L.Emmet Holt는 1923년에 "정식 식사 시간에 또는 늘 식욕이 없는 어린이에게 원치 않는 음식을 먹으라고 계속 강요해서는 안 되며, 어떤 경우에도 강제로 음식을 먹게 해서는 안 된다"라고 주장했다.[21] 홀트는 강제 급식의 결과로 아이는 "음식 욕구가 점점 줄어들며, 심지어는 토할 수도 있다"라고 주장했다. 마찬가지로 1944년에 아이에게 음식을 먹이는 문제를 다룬 심리학 관련 기사는 음식을 강요하는 행동과 아이의 음식 섭취에 대한 "어른의 지나친 관심"은 "아이의 식습관 발전을 방해할" 수 있다고 지적했다.[22]

하지만 그래도 강제 급식은 여전히 유혹적인 전략이 될 수 있다. 내가 이 사실을 아는 이유는 부끄럽게도 나 자신이 내 아이에게 그렇게 한 적이 있기 때문이다. 아이의 식욕이 '강하지 않기' 때문에 '절망' 상태에서 강제 급식이 시작된다고 한 홀트의 말은 옳다. 내 셋째 아이는 입천장 갈림증을 갖고 태어나 음식을 삼키는 데 어려움을 겪었다. 아이가 아주 작았을 때에는 젖을 한 번 먹이는 데 한 시간 이상이 걸리기도 했는데, 그러고 나면 상당량의 젖이 코로 솟아나와 그냥 버려지는 일이 많았다. 생후 6개월 때 입천장을 수술하기 전까지는 모유를 먹이거나 모유를 미리 짜두었다가 특별한 젖꼭지가 달린 우윳병에 담아 먹였다. 젖을 먹이고 짜느라 하루를 다 보내는 것처럼 느껴졌지만, 아이는 체중이 충분히

식습관의 인문학

불어나지 않았다. 담당 간호사들도 걱정했다. 이제 와서 생후 3~4개월째 되던 시절의 아이 사진을 보면, 작고 창백한 머리에 무한한 신뢰를 담은 눈을 크게 뜬 채 비쩍 여윈 그 모습에 깜짝 놀란다.

분유와 모유를 섞어 먹이기 시작하자, 체중이 다시 불어나기 시작했다. 간호사의 조언에 따라 수술하기 두 달 전부터는 숟가락으로 퓌레를 떠 먹였다. 아이는 퓌레로 쉽게 옮겨갔다. 젖보다 더 걸쭉한 음식이 편한 것처럼 보였다. 아이는 당근과 으깬 바나나, 온갖 종류의 걸쭉한 음식을 좋아했다. 6개월째에 한 수술 결과는 좋았고, 입천장을 정교하게 꿰맨 덕분에 이제 아이는 다른 사람들과 마찬가지로 음식을 삼킬 수 있었다. 간호사들은 아이가 음식을 충분히 먹는 대로 집으로 돌아갈 수 있다고 말했다. 아이는 죽과 브로콜리, 비프 스튜, 그리고 많은 종류의 달^{dal, 인도의 콩 요리}을 먹는 법을 배웠다. 아이는 상태가 좋았다.

문제는 나였다. 돌이켜보면 나는 아이에게 음식을 먹이는 문제에서 처음에 가졌던 불안감에서 벗어나지 못했던 게 분명하다. 생후 18개월이 되자 아이는 대부분의 유아들처럼 음식에 까탈을 부리기 시작했다. 남편의 일 때문에 온 가족이 10주 동안 해외 여행을 했을 때 문제가 악화되었다. 셋째는 나이 많은 형제들이 그랬던 것보다도 먹는 것에 더 까탈을 부렸다. 전에는 잘 먹던 음식을 뱉어내기 시작했다. 그와 동시에 단음식에 빠져서 설탕이 듬뿍 든 프로마주 프레^{fromage frais, 지방분이 적고 액체에 가까운 치즈}와 사람 모양의 생강 쿠키를 달라고 보챘다. 아이는 생강 쿠키를 '런 런^{Run Run}'이라고 불렀는데, 〈생강빵맨^{The Gingerbread Man}〉 이야기에 최대한 빨리 뛰고 또 뛰라는 대사가 나오기 때문이었다. 어쩌면 아이는 생강빵맨이 달아나는 방식을 부러워했을 것이다. 아이가 벗어나고 싶었던 것은 먹는 것이 아니라 강제 급식이었다. 나는 뒤로 한 발 물러나 문제가 잘 풀리길 기다리는 대신에(나 자신의 상식은 말할 것도 없고 모든 육아서가 말하듯이) 문제를 강제로 해결하려고 노력하기 시작했다.

처음에 나는 팬터마임을 하듯이 "음~" 하는 소리와 함께 아이가 좋아한다고 내가 '알고' 있던 음식을 아주 적은 양만 밀어넣으면서 아이에게 '딱 한 입'만 먹게 하려고 했다. 처음에는 효과가 있었다. 스파게티 볼로네즈이건 어떤 음식이건 처음에 한 입 맛본 뒤에 아이는 그것이 괜찮다고 기억했고, 그 후로 스스로 그것을 먹기 시작했다. 하지만 갈수록 아이는 처음 한 입을 먹고 나서 여전히 고개를 크게 가로저었다. 아이가 식사를 거른다는 생각은 하기조차 싫었다. 어쩌면 한 번 더 맛보는 게 필요할지도 모른다고 생각한 나는 앙 다문 아이의 작은 이빨들 사이로 숟가락을 밀어넣었다. "기억해! 넌 당근을 좋아한단 말이야!" 하지만 아이는 기억하지 않았다.

어느 날, 오찬회에서 만난 사람이 전에 내가 아이 입 속으로 음식을 억지로 밀어넣는 걸 본 적이 있다면서 "난 당신이 끔찍한 엄마라고 생각했어요"라고 말했다. 당연한 일이지만, 내가 그렇게 애쓸수록 아이의 음식 레퍼토리는 점점 더 줄어들었다. 심지어 케이크조차 거부하기 시작했다. 아이가 섭취하는 단백질이 얼마나 적고 설탕은 얼마나 많은지 생각하면 미칠 것 같았다. 바나나와 땅콩 쿠키, 머핀, 시리얼, 요구르트만 먹겠다고 한 적도 있었다. 이것들은 유일하게 내가 먹으라고 강요하지 않은 것이었고, 따라서 안전하게 즐길 수 있는 유일한 음식들이었다. 몸

식습관의 인문학

집이 크고 강한 사람이 강압적으로 딱딱한 숟가락을 자기 입 속으로 쑤셔넣는 경험이 얼마나 불쾌했을지 지금 와서 생각하면 오싹하다. 저메인 그리어Germaine Greer는 1989년에 한 강연에서 "내 견해에 따르면, 젖떼기 과정에서 최악의 상황은 차가운 철에 맞닥뜨리는 것입니다"라고 말했다.[23] 숟가락을 열차나 비행기로 상상하는 것은 상황을 더 악화시킬 뿐이다. 당신은 자신의 입이 활주로로 사용된다면 좋겠는가? 강제 급식을 당한 느낌이 어떠했는지 돌이켜보라고 했을 때, 어른들은 분노, 모욕, 배신 같은 감정을 보고했다. 강제 급식은 아이가 음식을 먹는 모습을 보고 싶은 욕구에 사로잡혀 저지르는 일종의 격정 범죄이다. 다른 격정 범죄와 마찬가지로 범인은 사랑하는 사람의 자율성을 간과한다.

음식을 강요하는 사람은 어느 수준에서는 늘 자신의 행동을 정당화할 수 있다고 생각한다(나는 내가 그랬다는 걸 잘 안다). 2001년, 심리학자들은 학생 집단을 대상으로 어린 시절에 강제 급식을 경험한 때를 생각해보라고 했다.[24] 강제 급식을 당한 경험이 적어도 한 번 이상 있는 학생은 3분의 2 이상이나 되었다. 거의 모든 사례에서 학생들은 막강한 권위를 가진 사람이 "천명한 목적은 아이를 이롭게 하는 것"이었다고 말했다. 강제 급식을 하는 가장 보편적인 이유는 음식 낭비를 막고, 아이의 식성을 더 다양하게 발전시키고, 건강에 좋은 음식을 먹게 한다는("네가 먹지 않으면, 우리는 네 건강이 염려된단다") 것이었다. 몇몇 사례가 내세운 이유는 전통이었다. 댈러스 근처에 있는 서던메소디스트대학교를 다니는 학생들 중 적어도 5명은 새해 첫날에 동부(광저기라고도 함)를 먹으라고 강요받았는데, 그 지역에서는 새해 첫날에 동부를 먹는 것이

한 해의 행운을 비는 의식이었다. 한 학생은 미국 독립 기념일인 7월 4일에 핫도그를 먹으려 하지 않는다는 이유로 '반미국적 시민'이라는 말을 들어야 했다. 억지로 먹으라는 강요를 가장 많이 받은 음식은 채소(49.5퍼센트)와 붉은 고기(15.9퍼센트)였다.

나는 강제 급식 습관을 버렸다. 나는 한 걸음 뒤로 물러섰고, 내 아들은 천천히 자신의 지평을 넓혀갔다. 몇 달 뒤, 아들을 유모차에 태우고 밖에 나갈 때 당근을 몇 개 쪄서 함께 가져갔다가 먹으라고 강요하는 대신에 원하면 먹어도 된다고 깜짝 제안을 하자, 아들은 당근을 다시 발견했다. 나는 마치 폭죽에 불을 붙이는 것처럼 멀찌감치 물러섰고, 아들은 자유롭게 당근을 손에 쥐었다.

당신은 아이에게 이토록 어리석고 잔인한 방식의 행동을 보이지 않으리라고 나는 믿는다. 하지만 훨씬 교묘하게 아이에게 음식을 먹도록 강요하는 방법들이 있다. 2011년에 취학 전 아동을 둔 어머니 집단을 대상으로 인터뷰를 한 결과에 따르면, 그중 86퍼센트는 아이에게 음식을 먹게 하려고 '언어적 부추김'을 사용했고, 54퍼센트는 '물리적 부추김'을 사용했다.[25] 언어적 부추김은 예컨대 "다 먹기 전에는 식탁에서 일어서면 안 돼" 같은 말을 사용하는 것이다. 물리적 부추김의 예로는 더 먹으려 하지 않는 아이에게 숟가락으로 음식을 떠 먹이거나 음식을 포크로 집어 아이에게 주는 것 등이 있다. 또 다른 연구에서는 많은 부모들이 아이에게 음식을 먹도록 압력을 가하거나 꼬드기는 것이 식사 때 효과적으로 쓸 수 있는 전략이라고 믿는 것으로 드러났다. 그리고 실제로 그것은 아주 합리적인 것처럼 보인다. 리크 한 접시를 다 먹지 않으면 매를

식습관의 인문학

때리겠다고 위협하는 것과 딱 세 숟가락만 더 먹으라고 요구하는 것 사이에는 큰 차이가 있다.

하지만 연구 결과들은 아주 부드러운 언어적 강요조차도 어린이가 음식을 바라보는 방식에 변화를 초래할 수 있다고 시사한다. 리앤 버치와 그 동료들은 펜실베이니아 주에서 취학 전 아동들에게 압력을 받는 상황과 받지 않는 상황에서 수프를 먹게 하는 실험을 11주일 동안 했다.[26] 실험에 사용할 수프로는 땅콩호박 수프와 옥수수 수프 두 가지를 선택했다. 절반의 아이들에게는 땅콩호박 수프만 먹으라는 압력을 주었고, 나머지 절반에게는 옥수수 수프를 먹으라는 압력을 주었다. 압력이 있는 상황에서는 한 어른이 아이들에게 네 차례(1분마다 한 번씩) "수프 그릇을 깨끗이 비워야 합니다"라고 차분한 목소리로 상기시켰다. 압력이 없는 상황은 어른이 수프를 다 먹어야 한다고 채근하지 않는다는 점만 다를 뿐, 모든 조건이 동일했다. 연구자들은 아이들이 먹은 수프의 양을 측정했고, 아이들이 말한 평도 모두 기록했다. 압력의 효과는 아이에 따라 천차만별이었다. 소수의 아이들은 도전을 즐겨 "와우, 노란 수프네! 난 노란 수프를 먹을 수 있어!"라고 말하면서 다 비운 컵을 연구자들에게 당당하게 보여주었다. 하지만 압력을 받는 조건에서 나온 대다수 평(그중 157개)은 부정적인 것이었다. 아이들은 "욱! 또 노란 수프야!" 또는 "내가 좋아하지 않는다고 이미 말했잖아"와 같은 말을 했다. 수프를 다 먹으라고 말했을 때, 한 아이는 "우리한테 항상 그렇게 말하지만, 난 먹기 싫어요. 너무 비위에 거슬려요"라고 말했다.[27]

음식을 다 먹어야 한다는 압력을 받지 않았을 때, 아이들은 부정적 느낌을 보인 것 말고는 수프(어떤 맛이건 간에)를 훨씬 더 많이 먹었다. 시간이 지나자 아이들은 끝까지 다 먹으라는 압력을 연상시키는 맛의 수프를 덜 좋아하게 되었다.

다시 말해서, 양육에서 흔히 그런 것처럼 압력은 기대한 것과 정반대의 효과를 나타낸다. 아이가 음식을 잘 먹는 걸 보고 싶은 바람은 물론 사랑에서 나오는 것이지만, 그 바람이 너무 맹목적인 것이 되는 바람에 우리가 아이가 그러지 못하도록 방해하는 훼방꾼이 된다는 사실이 눈에 보이지 않을 때가 많다. 베이징의 조부모들은 가능하면 많이 먹여야 손주가 건강해질 것이라고 생각했다. 강제 급식을 하는 사람들은 그런 행동을 통해 아이의 식성을 덜 까다롭게 만들 수 있다고 생각한다. 이 두 가지 전략은 모두 역효과를 낳는다.

그렇다면 어떤 방법이 실제로 효과가 있을까?

부모가 음식을 먹이는 방식이 아이의 식습관에 어떤 영향을 미치는가 하는 문제는 너무나도 복잡해서 과학의 영역을 벗어나는 문제가 아닐까 하는 생각이 들 수도 있다. 외부 사람들은 어느 가족의 식탁에서 어떤 일이 일어나는지 제대로 알 수 없다. 각 가정마다 나름의 독특한 규칙과 특이한 관습이 있다. 어린 시절에 우리는 '간식'과 '식사'의 차이를 구별하는 법과, 음식을 더 달라고 하면 부모가 기뻐할지 불쾌하게 여길지 파악하는 법을 배우게 된다. 이런 문제들은 외부 사람에게 설명하기 어렵고, 계량화하기는 더더욱 어렵다.

하지만 음식을 먹이는 방식과 아이의 건강 사이에 어떤 관계가 있는

식습관의 인문학

지 밝히려는 연구가 놀랍도록 많이 진행되었는데, 거기서 나온 결론은 비교적 분명하다. 어떤 연구들은 아이들에게 부모가 음식을 먹이는 방식을 이야기하게 했고, 다른 연구들은 다양한 조사와 설문 조사를 통해 부모들에게 아이에게 음식을 어떤 방식으로 먹이는지 기술하게 했다. 또 어떤 조사들은 식사를 하는 부모와 아이를 관찰했다. 그런 다음, 연구자들은 여기서 얻은 자료를 과체중인지 아닌지 또는 채소를 얼마나 많이 먹는지 등을 포함해 다양한 건강 지표와 비교해보았다. 이 모든 연구에서 어떤 급식 방법들은 다른 방법들보다 더 낫다는 것을 강하게 시사하는 결과가 나왔다.

문제를 간단하게 하기 위해 연구자들은 아이의 필요에 부모가 보이는 반응성이나 민감성(때로는 이것을 온정이라고 부른다) 정도에 따라, 그리고 아이의 행동에 얼마나 많은 것을 요구하느냐에 따라 양육 방식을 네 가지 모형으로 나누는 경향이 있다.

❶ **무관심형:** 온정과 요구 수준이 모두 낮음.
❷ **독재형:** 온정 수준은 낮지만 요구 수준은 높음.
❸ **관대형:** 온정 수준은 높지만 요구 수준은 낮음.
❹ **권위형:** 온정과 요구 수준이 모두 높음.

물론 양육 방식은 이렇게 딱 네 가지만 있는 게 아니라 이보다 훨씬 많다. 양육 방식이 반드시 음식을 먹이는 방식과 직결되는 것도 아니다. 어떤 부모는 식사 때마다 기분이 확 달라지는데, 첫 커피의 효과가 나타나기 전인 아침 식사 때에는 독재적이었다가 저녁 무렵에는 와인의 기운에 기분이 누그러져 관대하게 변한다. 하지만 이 모형은 출발점으로 삼기에 좋다.

이 중에서 무관심형이 가장 나쁘다는 사실은 명백하다. 만약 부모가 아이에게 음식을 먹이는 데 무관심하다면, 아이에게 필요한 음식을 제대로 주지 못할 것이고, 건강에 좋은 음식을 먹으라고 요구하지도 않을 것이다. 여기서 말하는 것은 찬장 뒤쪽 구석에 처박혀 있던 통조림으로 만든 이상한 식사에 대한 이야기가 아니다. 무관심형 부모의 가정에서는 거의 모든 식사가 혼돈스럽고, 집으로 돌아온 아이는 이상한 저장 식품들이 잔뜩 들어 있는 냉장고와 아이가 무엇을 먹건 별로 신경을 쓰지 않는 것처럼 보이는 부모와 맞닥뜨리게 된다. 여러 종적인 연구에 따르면, 그런 방식으로 음식을 먹인 아이는 체중이 평균보다 더 높을 것으로 예상된다.[28] 만약 아이에게 음식을 먹이는 것에 아무도 제대로 신경을 쓰지 않는다면, 건강에 좋은 식습관을 배우기가 어렵다.

나머지 세 가지 방식은 이보다 덜 단순하다. 독재형은 강제 급식을 하는 사람들에게서 나타난다. 이런 부모는 아이에게 음식을 잘 먹도록 강요하지만("수프를 남기지 말고 다 먹어!" "이 당근도 먹어봐!" "단것은 먹지 마!"), 자기 앞에 있는 아이와 아이가 정말로 좋아하거나 필요한 것이 무엇인지 제대로 인식하지 못한다. 관대형(중국의 조부모들처럼)은 이와 반대로 아이가 원하는 것이나 음식 선호에 과민한 반응을 보이며, 아이의 배고픔에 즉각 반응한다. 독재형은 아이에게 필요한 것은 자신이 가장 잘 안다고 생각하는 오만한 측면이 있지만, 관대형은 따뜻하고 반응

식습관의 인문학

성이 높다. 하지만 관대형은 식사 시간에 아이에게 새로운 채소를 먹어 보라거나 배가 불렀을 때 그만 먹으라고 하는 것과 같은 요구를 거의 하지 않는다. 관대형은 아이에게 식사 시간이 될 때까지 기다리라거나 샌드위치에 마요네즈와 버터를 '함께' 넣지 말라고 말하지 않는다. 이들은 아이의 얼굴에 가장 환한 미소를 짓게 하는 것을 발견할 때까지 케이크를 만든다(혹은 구입한다).

관대한 급식 방식이 양방향 도로라고 말하는 사람도 있을 것이다. 어떤 가정에서는 아이들이 아주 어릴 때부터 음식을 먹는 것을 놓고 어른을 좌지우지하는 재주를 터득한다. 이 아이들은 식사가 협상 카드나 관심을 끄는 방법이 될 수 있다는 사실을 간파한다. 혹은 어떤 것을 아주 징징대는 목소리로 충분히 자주 요구하면, 원하는 특별한 음식을 얻을 수 있다는 사실을 배운다. 그리고 특별한 음식은 도처에 널려 있다. 오늘날처럼 아이가 푹 빠져들도록 특별히 설계한 식품이 사방에 널린 상황에서는 부모가 아이에게 음식을 먹일 때 과거보다 관대한 태도를 보이기가 훨씬 쉽다.

원인이야 무엇이건, 점점 쌓이는 증거들은 관대한 급식 방식이 아이의 비만 위험을 높인다고 시사한다. 레이철 볼머Rachel Vollmer와 에이미 모블리Amy Mobley는 음식을 먹이는 방식이 아이의 건강에 어떤 영향을 미치는지 알아보기 위해 2013년까지 누적된 문헌을 대대적으로 검토한 결과, 관대한 급식 방식(의도는 아무리 좋은 것이라 하더라도)이 비만의 강한 예측 변수라는 사실을 발견했다.[29] 미국으로 이주한 히스패닉 400여 가족을 조사한 연구에 따르면, 부모의 체질량 지수 차이를 감안해 보정한 뒤에도 아이들의 체중에 나타나는 차이 중 26퍼센트가 관대한 급식 방식에서 비롯된 것으로 드러났다.[30] 게다가 관대한 양육 방식은 조사한 어머니들 사이에서 가장 인기 있는 양육 방식이었는데, 전체 가족 중 3분의 1 이상이 이 양육 방식을 사용했다. 독립적으로 진행된 7건의 연구에서는 관대한 양육 방식(때로는 '허용적permissive' 방식이라고 정의하기도 함)이 아이의 높은 체중과 상관관계가 있는 것으로 드러났다.[31] 관대한 급식 방식은 중요 영양소는 적은 반면에 당분과 지방 함량이 높은 음식을 더 많이 섭취하는 어린이의 행동과도 관련이 있다. 이것은 충분히 예상할 수 있는 결과인데, 관대한 부모는 아이를 제멋대로 행동하게 만든다.

어쩌면 이보다 더 놀라운 사실은 독재적인 급식 방식(음식을 잘 먹도록 아이에게 많은 요구를 하지만, 아이 자신의 감정에는 덜 민감한) 역시 아이의 높은 체중과 연관이 있다는 점일 것이다. 미국인 아이 1000여 명을 출생했을 때부터 생후 54개월(만 네 살 반)까지 추적 조사한 연구에서는 독재적인 부모가 다른 양육 방식보다도 아이를 과체중으로 만들 위험이 더 높은 것으로 나타났다.[32] 독재적인 부모 밑에서 자라는 아이가 학교에 들어갈 무렵에 과체중이 될 확률은 더 따뜻하게 보살피는 부모 밑에서 자라는 아이들보다 다섯 배나 더 높았다. 비록 관대한 급식 방식의 경우보다 서로 엇갈리는 증거가 더 많긴 하지만, 독재적 양육 방식이 체중 증가와 관련이 있다는 결과가 나온 연구가 최소한 다섯 건 있다.[33]

어떤 맥락에서는 독재적 급식 방식이 좋을 수도 있다. 아주 어린 아이에게는(특히 저소득층 가정에서는) 과일과 채소를 많이 먹고 정크푸드를 많이 먹지 말라고 강하게 요구하면, 아이에게 평생 동안 건강에 좋은 식습관을 갖게 하는 긍정적 효과가 있음을 시사하는 증거가 있다.[34] 독재적 급식 방식은 또 다른 영향을 미칠 수 있는데, 이것은 그 방식에 대한 가족의 가치에 따라 달라진다. 뉴욕 시에서 실시한 한 조사에서는 독재적 급식 방식은 중국계 미국인 집단에서는 백인 미국인 집단보다 부정적 영향이 덜하다는 결과가 나왔다. 중국계 미국인 가족에서는 이러한 양육 방식이 아이의 체중에 아무 영향도 미치지 않은 반면, 비아시아계 가족에서는 아이의 자유를 제한하고 통제하는 방식의 급식이 아이의 체중 증가와 관련이 있는 것으로 나타났다.[35] 아이가 음식을 먹는 방식을 너무 엄격하게 통제하려는 시도는 역효과를 낳을 위험이 늘 있다.

독재적 급식 방식의 큰 단점(식탁의 분위기를 험악하게 만드는 것 외에)은 아이가 배고픔과 배부름의 단서를 스스로 알아채는 법을 배울 기회를 박탈한다는 점이다.[36] 리앤 버치는 실험을 통해 또 한 번 중요한 사실을 밝혀냈는데, 이번에는 여자아이 192명을 대상으로 삼았다.[37] 연구자들은 여자아이들을 다섯 살 때 만난 뒤에 일곱 살 때 다시 만났다. 그리고 그 어머니들에게 설문 조사지를 작성하게 했는데, 딸의 식사를 얼마나 통제하려고 하는지 파악하기 위해서였다. "만약 딸의 식사를 안내하거나 규제하지 않는다면, 딸은 정크푸드를 너무 많이 먹을 것이다"와 같은 진술에 대해 1(전혀 동의하지 않음)부터 5(완전히 동의함)까지의 단계로 답하게 했다. 여자아이들에게는 점심을 먹고 나서 프레첼, 감자칩, 팝콘, 초콜릿칩 쿠키를 포함해 다양한 간식을 마음대로 먹게 했다. 통제를 가장 많이 하는 어머니를 둔 여자아이들이 배가 고프지 않은데도 음식을 가장 많이 먹는 경향이 있었다. 그리고 일곱 살이 되었을 때 과체중이 될 가능성도 가장 높았다. 버치는 너무 심한 제약은 어린이에게 체중 증가를 낳을 가능성이 높은 행동을 조장한다는 결론을 내렸다. 사람들은 가질 수 없다고 하는 것을 가지고 싶어 하는 법이다.

스스로 우울한 기분에 빠지고 싶다면, 부모 입장에서 이 연구 결과를 읽어보면 된다. 관대함은 아이를 뚱뚱하게 만든다. 제약은 아이를 뚱뚱하게뿐만 아니라, 불행하게까지 만든다. 이 말을 들으면, 하늘을 향해 두 팔을 벌리고 내 어머니가 스트레스를 받을 때 가끔 그랬던 것처럼 외치고 싶은 충동이 들 것이다. "나도 알아! 내가 하는 일은 모두 다 잘못이라는 걸!"

하지만 아이가 아직 다 자라지 않았다면, 좋은 소식이 있다. 아이에게 해가 되는 게 아니라 도움이 되는 방식으로 음식을 먹이는 법을 배울 수 있다. 어려운 점은 그렇게 하려면 아이에게 음식을 먹이는 데에서 얻는 대가 중 많은 것을 포기해야 한다는 점이다. 관대함을 베푸는 데에서 얻는 즐거움—작은 아이가 팩맨처럼 특별한 음식을 먹어치우는 걸 보는 행복—을 포기하거나 적어도 대폭 줄이는 걸 감수해야 한다. 또한 권력의 환상이나 아이의 위가 나 자신의 위가 연장된 것에 불과하다는 느낌(내가 가장 잘 알기 때문에 아이에게 먹는 것을 멈추거나 시작하도록 만들 수 있다는 믿음)도 포기해야 한다.

많은 연구에서 어린이의 건강에 최선의 결과를 낳는 것으로 입증된 급식 방식은 '권위적' 급식 방식이다. 이런 부모는 아이에게 건강에 좋은 음식을 먹도록 강하게 '요구'한다. 반면에 아이의 신호에도 높은 '반응'

　　　　　　　　　　　　　　　식습관의 인문학

을 보인다(따라서 강제 급식이나 강압적인 급식은 아니다). 다른 말로 표현한다면, '많은 온정과 강한 통제' 방식이라고 할 수 있다. 아이에게 이상적인 시나리오는 정크푸드가 너무 많지 않으면서 설탕과 지방의 해로움에 대해 너무 법석을 떨지 않는 가정에서 자라는 것이다. 미국인 가족들을 대규모로 조사한 네 연구 결과에 따르면, 권위적 급식 방식으로 아이들을 키운 가정에서는 아이들이 과일과 채소를 더 많이 먹었고, 심지어 10대 시절에도 그랬다. 이런 가정의 아이들은 유제품을 더 많이 먹었고, 단것과 설탕이 들어간 청량음료는 덜 먹었다. 이들은 가족 식사를 더 많이 먹는 대신에 패스트푸드 가게에서 간식을 덜 먹었다. 과체중이 되는 비율도 더 낮았다. 아마도 가장 중요한 것은 이게 아닐까 싶은데, 이 운 좋은 아이들은 정서적 섭식(부정적 정서로 인해 음식을 탐하는 것)을 하는 사람으로 자랄 가능성이 더 낮았다.[38] 2009년에 한 연구에서는 어머니 450명과 그 자녀들(평균 나이는 7세)을 면담했다. 권위적인(온정적이지만 통제도 강하게 하는) 어머니 밑에서 자란 아이들은 화났을 때 음식을 먹는다고 대답하는 비율이 낮았다.[39]

아이에게 음식을 먹이는 것의 최종 목표는 어수선하고 분주한 식사 시간에 나타나는 모습과는 아주 다른데, 식사 시간에 부모는 오로지 아이를 얼른 먹이고 씻겨서 다음 단계로 보내기 위해 사력을 다하기 때문이다. 진정한 목표는 독립이다. 즉, 아이가 스스로 음식 섭취량을 조절하고, 자신의 건강에 좋으면서도 즐거움을 주는 음식을 선택할 수 있는 단계에 이르도록 하는 것이다. 젖을 떼는 것도 그 단계에 이르기 위한 하나의 과정이다. 하지만 부모가 해결해야 할 진짜 과제는 아이에게 부모의 보살핌이 필요 없도록 만드는 것이다. 영양사이자 가족 치료사인 엘린 새터Ellyn Satter는 아이에게 음식을 먹이는 일에서 '책임 분담'을 이야기한다. 유아기에서부터 청소년기에 이르기까지 부모는 '무엇과 언제와 어디'를 책임져야 한다. 그리고 아이는 '얼마나 많이와 먹을지 말지'를 책임져야 한다. 새터가 주장한 개념은, 자신이 원하는 만큼 많이 혹은 적게 먹을 수 있는 자유와 함께 집에서 훌륭한 식사를 제공받은 아이는 시간이 지나면 '음식을 제대로 섭취하는 사람'으로 자란다는 것이다.[40]

'권위적' 모형은 또한 어른이 음식을 잘 먹는 법을 스스로 배우는 방식도 알려준다. 많은 사람들은 너무 부주의하거나 지나치게 엄격한 방식으로 음식을 먹는다. 다음에 식사를 하기 위해 식탁 앞에 앉거든, 스스로를 사랑하는 아이에게 음식을 먹이는 이상적인 부모라고 상상해보라. 따뜻하고 체계적이면서 전혀 법석을 떨지 않는 방식으로 스스로에게 음식을 먹인다면 아주 근사하지 않겠는가? 그러면 속성 다이어트를 하느라 스스로를 괴롭히지도 않을 것이고, 정크푸드를 너무 많이 먹지도 않을 것이다. 음식을 선택할 때 우선적으로 고려하는 사항은 충분한 영양 공급이 될 것이고, 기분을 안정 상태로 유지하는 데 도움을 주는 음식을 선택할 것이다. 당신은 자신이 식사를 즐기길 원할 것이다. 식품 저장실은 건강에 좋은 식품으로 채워질 것이고, 자신이 그 내용물을 현명하게 선택할 것이라고 신뢰하게 될 것이다.

음식을 먹이는 기술은 아무리 건강에 좋은 음식이라 하더라도 그것을 다른 사람의 입속에 '한 숟가락' 더 밀어넣는 것이 아니다. 특별한 음식을 주는 것을 모두 금하라고 독재적으로 요구하는 것도 아니다. 그것은 클라라 데이비스의 급식 실험에서처럼 음식을 먹는 사람이 자유롭게 자신의 미각을 발달시키는 식사 환경을 조성하는 것인데, 그러려면 식탁에서 선택할 수 있는 음식을 모두 다 정말로 건강에 좋은 음식으로 준비하는 게 필요하다.

아이에게 음식을 먹이는 문제를 놓고 새로 일어난 운동은 이전에 생각했던 것보다 훨씬 어린 나이 때부터 '자율 규제'를 하도록 가르칠 수 있다고 시사한다. 질 래플리Gill Rapley는 영국의 조산사이자 건강 상담 방문 요원인데, 아기에게 퓌레를 숟가락으로 떠먹이는 방식으로 음식에 접하게 해야 한다는 일반 통념에 불만을 느꼈다. 래플리는 아기 주도 이유식Baby Led Weaning, BLW이라는 새로운 방법을 창안했는데, 이것은 생후 6개월째부터 이유식을 시작하도록 설계되었다.[41] 아기에게 각얼음 트레이에 냉동시킨 온갖 정교한 유기농 퓌레를 먹이는 대신에 그냥 아기 앞에 찐 채소나 부드러운 배 같은 음식 덩어리들을 내놓으면 되고, 나중에는 토스트 조각이나 심지어 양고기를 내놓아도 된다. 모든 음식은 '손으로 집어먹을 수 있는 음식finger food'으로 내놓는데, 리소토처럼 지저분해질 수 있는 음식도 예외가 아니다. 아기는 그것을 거머쥐고 먹으려고 하거나 혹은 그러지 않을 것이다. 만약 아기가 먹지 않으려고 한다면, 부모가 숟가락으로 먹이려고 '개입'해서는 안 된다. 기본 개념은 아기가 필요한 만큼 음식을 많이 혹은 적게 섭취할 수 있는 모유 수유의 조건을 모방하는 것이다.

물론 이런 식으로 아기에게 음식을 먹인 부모들은 그전부터 늘 있었다. 하지만 아기 주도 이유식이 공식적인 운동으로 시작된 것은 불과 10년 전인데, 고형식은 생후 6개월이 지난 뒤에 먹이는 게 좋다는 세계보건기구의 권고가 계기가 되었다. 생후 4개월의 아기는 아직 음식을 스스로 거머쥘 수 없지만, 6개월이 지나면 많은 아이가 거머쥘 수 있다. 그렇기 때문에 래플리는 숟가락으로 음식을 떠먹이는 과정을 생략하고 아기에게 '스스로 문제를 해결하는 방법'으로 먹는 법을 배우도록 하는 것이 '논리적으로' 타당하다고 주장한다.[42]

BLW의 배경에는 발달 과정상 우리가 씹는 법을 배운 다음에야 의도적인 삼키기를 배운다는 급진적 사고가 있다. 래플리는 아기는 씹는 능력을 배우기 전까지는 먼저 음식을 목 뒤쪽으로 보내는 능력이 없다고 말한다. 래플리의 혁신적 방법은 아기에게 씹는 법을 먼저 배우도록 하는 것이었다. BLW를 처음 먹이는 아기는 토하거나 뱉으려고 할 때가 많지만, 래플리는 이것을 나쁜 일로 보지 않는다. 파스닙을 토해내더라도 그것은 낙담할 일이 아니라, 아기가 다른 향미와 질감을 탐사한다는 징후이다. 아기 주도 이유식이 질식 사고를 유발할지 모른다는 두려움에 대해 래플리는 아기가 "입속으로 들어오는 것을 통제할 때에는 질식할 위험이 적다고" 믿을 만한 이유가 충분히 있다면서 걱정할 필요가 없다고 말한다.

BLW 운동은 시작되고 나서 10년 동안 중산층 어머니들 사이에서 열광적인 지지자들이 나왔는데, 이들은 그 덕분에 아이에게 음식을 먹이는 스트레스와 걱정이 사라졌다고 말한다. 나와 대화를 나눈 사람들은 부모와 아이가 같은 식구로서 식탁에 나란히 앉아 식사를 함으로써 식사 시간에 부모와 아이 사이의 상호작용이 좀더 평등하게 일어난다고 말했다. 하지만 모유 수유 대 젖병 수유 사이의 논쟁과 마찬가지로 육아 웹사이트들에서 BLW를 둘러싼 논쟁은 BLW를 독단적으로 지지하는 사람들이 숟가락으로 음식을 떠먹이는 행위는 그것이 어떤 형태이건 아이의 발달을 지체시킨다고 주장하면 금방 양측에 심한 적개심을 불타오르게 할 수 있다.

BLW에 관한 문헌에서 가장 놀라운 사실은 부모가 전통적으로 맡아온 역할, 즉 아이에게 음식을 먹이는 역할이 사라진다는 것이다. 이제 부모는 자신을 둥지에 벌레를 잡아다주는 어미새처럼 아기에게 음식을 자비롭게 건네주는 사람으로 간주하지 않는다. 부모는 입속으로 음식을 집어넣으려고 애쓰는 아기를 '도우려는' 유혹을 뿌리쳐야 한다고 래플리는 말한다. 또, 우유를 그만 마셔야 할 때나 음식을 얼마나 많이 주어야 하는지도 부모가 결정해서는 안 된다. 래플리는 손으로 집어먹는 고형식과 함께 모유 수유도 계속하라고 권하는데, 모유 수유를 하는 아기는 먹는 양을 '늘 통제'하며, 자신의 갈증에 따라 젖을 더 많이 먹거나 더 적게 먹기 때문이다. "아기를 위해 어머니가 이런 결정을 할 필요가 전혀 없다."[43] 어머니는 아기를 재촉하거나 강요해서도 안 된다. 그리고 나이프를 내려놓아야 한다. "음식을 입에 들어갈 만한 크기로 자를 필요는 없다." 음식(패스트푸드와 인스턴트 식품 그리고 견과처럼 목이 막힐 위험이 있는 것만 아니라면 어떤 것이라도)을 사서 조리하는 것 외에 부모가 하는 역할은 그저 지켜보는 것뿐이다.

지금까지 BLW 실험에서 나온 증거가 모두 긍정적인 것만은 아니다.

한 가지 긍정적인 면을 들자면, BLW를 사용하는 어머니는 숟가락으로 음식을 떠먹이는 전통 방식을 사용하는 어머니보다 덜 제약적이고 강압적인 방식으로 행동한다. 이 방식으로 음식을 먹는 아기는 나머지 가족과 동일한 음식을 먹을 가능성이 더 높은데, 가족이 건강에 좋은 음식을 먹는다면 이것은 추가적인 이점이 된다. 하지만 BLW를 사용하는 미국인 어머니 소집단을 조사한 연구에서는 어른들이(따라서 필시 아기들도) 설탕과 소금을 과도하게, 그리고 미량 영양소, 그중에서도 특히 엽산을 부족하게 섭취하고 있는 것으로 드러났다.[44]

모든 아기가 생후 6개월째에 음식 덩어리를 거머쥐는 발달 단계에 이를 수 있는가 하는 염려도 있다. 글래스고의 소아과 의사 샬럿 라이트Charlotte Wright는 생후 6개월째에 스스로 음식을 먹을 준비가 된 아기는 (전체 600가구의 표본 중) 겨우 40퍼센트에 불과하다는 사실을 발견했다.[45] 생후 8개월째에는 90퍼센트가 자발적으로 음식을 향해 손을 뻗을 수 있었다. 이 사실은 고형식을 처음 맛보기 시작할 때 스스로 음식을 먹는 아기의 능력에 모든 것을 맡길 수 있다고 기대하는 것은 '비현실적'임을 시사했다. 또 한 가지 문제는, 1장에서 보았듯이, 아이가 고형식을 시작하기까지 6개월을 기다리는 동안, 새로운 맛을 습득하는 데 수용성이 더 높은 시기인 생후 4개월에서 7개월 사이의 중요한 향미 창 중 많은 것을 잃게 된다는 점이다.

BLW는 아이에게 음식을 먹이는 방법으로 유일하게 올바른 방법이 될 수 없는데, 그 어떤 것도 그럴 수 없기 때문이다. 하지만 BLW는 아기에게 음식을 먹이는 데 부모들이 일반적으로 생각하는 것보다 도움이 훨씬 덜 필요하다고 시사한다. 그런 '도움' 중 상당수가 역효과를 낳는 상황에서는 더더욱 그렇다. 현재의 음식 환경은 어린이에게 전통적인 급식 방법이 가르치는 것과는 아주 다른 기술을 배우도록 요구한다. '한 입 더' 먹거나 이미 배가 부른데도 그릇을 깨끗이 비우는 것이 우리에게 이익이 되지 않는다는 것을 재조건 형성을 통해 알기까지는, 또 우리에게 먹는 법을 가르친 사람들 자신이 반드시 음식을 먹이는 기술의 대가가 아니라는 사실을 깨닫기까지는 몇 년이 걸릴 수 있다. 내가 아는 한 어른은 네 형제 중 막내로 태어났는데, 학교에 입학할 때까지도 어머니가 유아식을 먹었다고 한다. 그는 이제 중년의 나이가 되었지만, 여전히 유아식을 좋아하는 성향이 남아 있다. 조만간(빠르면 더 좋지만), 우리 모두는 부모의 숟가락에서 벗어나야 한다.

도시락

화가 리치 골드^{Rich Gold}는 도시락은 "학교라는 적대적 환경으로 가져갈 수 있는 '가정의 휴대용 성지'"로 생각할 수 있다고 말한 적이 있다.[46] 도시락은 튼튼한 보호 울타리로, 스파이더맨이나 헬로키티처럼 좋아하는 만화 캐릭터로 장식돼 있고, 부모가 가까이 있는 듯한 느낌을 주는 음식들이 들어 있다.

우리는 도시락에서 받는 안도감을 과신하는지도 모른다. 도시락의 문제는 바로 일반적으로 아이들에게 음식을 먹이는 방식에 관한 문제이다. 부모들은 이 마법의 상자에 집어넣는 것은 무엇이건 아이에게 좋을 것이라고 믿는데, 그것은 바로 자신의 사랑이 담긴 것이기 때문이다. 2013년에 영국에서 학교 급식을 조사한 한 보고서는 집에서 싸온 도시락 중 학교 식당에서 제공하는 따뜻한 식사에 적용되는 영양 요구량을 충족시킨 것은 겨우 1퍼센트에 불과하다고 지적했다.[47] 그 보고서에 따르면, 그런데도 대부분의 부모는 도시락이 건강에 더 좋다고 믿었다.

평균적인 도시락 내용물은 '점심'이 무엇인지에 대해 아주 기묘한 사실을 가르쳐준다. 2014년, 미국의 초등학교들에서 학생들이 먹은 점심 1314건을 조사한 결과, 집에서 싸온 도시락은 학교 급식보다 설탕이 더 많고, 칼로리가 더 높고, 간식은 가공 처리가 더 많이 되었고, 음료에도 설탕이 더 많이 들었으며, 단백질과 섬유질과 칼슘이 부족한 것으로 드러났다.[48]

학생들은 이렇게 영양이 불균형한 도시락을 물물교환하는 경우("내 초콜릿과 네 시리얼 바를 바꿔먹지 않을래?")를 제외하고는 비사교적인 격리 상태에서 먹는다. 부모들은 아이가 식성이 너무 까다로워 다른 것을 먹지 않는다는 생각에서 도시락을 싸줄지 모르지만, 2009년에 실시한 여론 조사 결과는 학교 급식을 먹는 어린이가 도시락을 먹는 어린이보다 새로운 것을 시도하는 데 훨씬 열린 태도를 보인다고 시사한다.[49]

하지만 이 마법의 상자는 여전히 큰 잠재력을 갖고 있다. 스스로를 먹여야 하는 어른의 경우에는 도시락은 더 나은 식습관을 갖도록 스스로 훈련시키는 도구가 될 수 있다. 일본의 벤또(20세기 초에 알루미늄 통을 사용해 도시락에 혁신을 가져온)는 건강에 좋은 점심을 먹도록 이상적으로 설계된 구조를 제공한다. 직사각형 칸들에는 다양한 향미가 예술적으로 배열돼 있는데, 보통 쌀밥과 야채, 단백질(두부 또는 생선, 튀긴 닭고기, 미트볼 또는 일본식 오믈렛), 아름다운 과일로 채워져 있다. 이 일본식 도시락(어린아이에서부터 직장인에 이르기까지 누구에게나 훌륭한 점심을 제공하는)은 칼로리를 계산할 필요 없이 음식의 크기를 손쉽게 다룰 수 있다. 『올바른 도시락Just Bento』의 저자인 이토 마키코伊藤牧子는 벤토를 사용해 체중을 14킬로그램 줄이는 데 성공했는데, 벤토가 '다양성과 음식량'에 주의를 기울이도록 했기 때문이다.[50] 벤토에 들어 있는 것(어린이용 벤토는 300밀리리터, 식성이 적당한 어른용 벤토는 600밀리리터, 먹성이 좋은 어른용 벤토는 900밀리리터)만 먹는다면, 과식을 하기가 불가능하다.

5장

형제자매

이제 불쌍한 헨젤에게는
아주 맛있는 음식을 요리해 주었지만,
그레텔에게는 게 껍데기밖에 주어지지 않았다.

_그림 형제, 『헨젤과 그레텔』

우리 가족이 일주일 동안 프랑스 북부의 브르타뉴 지방으로 첫 해외 여행을 갔을 때, 언니는 물 마리니에르^{moules mariniéres, 화이트와인을 사용해 조리한 홍}합 찜 요리를 발견했다. 언니는 포동포동한 홍합을 하나씩 집어내 각각의 홍합이 어떤 차이가 있는지 유심히 살펴보면서 와인 맛이 나는 그 걸쭉한 즙에 바게트를 담갔다. 언니보다 두 살 어린 나는 언니와 같은 것을 좋아할 수가 없어서 여행 동안에 가장 좋아하는 음식으로 경단고둥을 선택했다. 당신은 경단고둥을 먹어본 적이 없다고? 뭐 그래도 크게 아쉬워할 것은 없다. 경단고둥은 가끔 '식용 고둥'으로 묘사되는데, 이것은 '식용'이란 단어의 뜻을 다소 확대 해석한 셈이다. 작은 검은색 껍데기는 프랑스의 해산물 요리를 아름답게 장식하기에 좋지만, 그 질감은 연골

같고, 맛은 짠 눈물 같다. 휴가 기간 내내 점심때마다 나는 언니의 향기로운 홍합 요리보다 훨씬 맛있다고 큰 소리로 주장하면서 꼭꼭 씹어 먹어야 하는 이 차가운 연체동물을 고집스럽게 먹었다(먹을 때마다 먼젓번보다 맛이 더 없었지만).

형제끼리는 늘 음식으로 영역을 표시해왔다. 가족 식사에서 가장 맛있는 부분을 누가 차지하느냐를 놓고 다투는 것은 사람들이 태어나서 처음으로 자원을 놓고 경쟁하는 법을 배우는 주요 방식이다. 피자를 나누면서 정의에 대해 뼈저린 교훈을 얻고, 때로는 맹목적인 태도 ("네가 잘라! 내가 선택할게!)가 왜 필요한지 깨닫는다. 형제와 함께 음식을 먹으면, 일찍부터 왜 모든 사람이 더 많이 먹을 자격이 있다고 생각하는지 알게 된다. 그것은 단지 쟁반에 남은 마지막 치킨 윙이나 마지막 체리를 획득하는 문제가 아니다. 그것은 이기느냐 지느냐 하는 문제이다. 우리는 모두 어느 누구보다도 먼저 여분의 팬케이크를 집을 만큼 충분히 약삭빠른 사람이 되려고 한다. 내 아이들 중 다섯 살인 막내는 자기보다 열 살이 많고 모든 면에서 도저히 따라갈 수 없을 만큼 압도적인 형이 자기가 가장 좋아하는 시리얼을 다 먹어치운 걸 알고는 울음을 터뜨리는 수밖에 없다. 떨고 있는 얼굴에는 또 지고 말았다는 분한 표정이 역력하다. 하지만 아버지가 시리얼을 다 먹어치우면 그만큼 분통하게 여기지 않는다.

시간이 지남에 따라 음식을 둘러싼 형제간의 경쟁은 점점 복잡하게 변한다. 적어도 나와 언니는 그랬다. 처음에는 누가 더 많이 차지하느냐를 놓고 경쟁이 벌어졌다. 케이크 혼합물을 누가 더 많이 핥아먹고, 치즈

식습관의 인문학

수플레 접시 가장자리에서 부스러기를 누가 더 많이 줍느냐 하는 식이었다. 나중에 경쟁은 좀더 기묘하고 교묘하게 변해갔다. 나는 언니가 똑똑하다는 걸 잘 알았는데, 언니를 가르쳤던 선생님들을 2년 뒤에 만날 때마다 그들은 그렇게 말했고, 성적을 통해 나는 언니보다 덜 똑똑하다는 것이 입증되었기 때문이다. 하지만 언니가 정말 똑똑하다는 것을 내가 실감한 것은 커스터드 타르트 사건이 일어난 날이었다. 우리는 둘 다 커스터드 타르트를 아주 좋아했다. 가장자리가 주름 잡히고 육두구 껍질이 뿌려진 채 모든 영국 빵집에서 파는 것과 같은 종류의 커스터드 타르트 말이다. 이 경쟁에서는 타르트를 최대한 늦게 먹는 쪽이 승자였다. 우리는 가장자리 주변의 마른 페이스트리부터 먹기 시작해 흔들거리는 맛있는 크림을 먹어나갔고, 마지막으로 바닥에 있는 진득진득한 페이스트리 원반을 먹어치웠다. 이 페이스트리 원반이야말로 커스터드 타르트의 트로피에 해당하는 것으로, 비유하자면 아티초크의 중심에 있으면서 가장 맛있는 부분인 아티초크 하트와 같은 것이었다. 이 경쟁에서는 대개 언니가 이겼는데, 나는 어서 먹고 싶은 탐욕을 이기지 못했기 때문이다. 어느 날, 둘 다 타르트를 하나씩 받고 나서 나는 평소처럼 천천히 먹기 시작했다. 그때, 언니가 방에서 나가더니 잠시 후에 돌아와 타르트를 다 먹었다고 말했다. 마침내 승리를 거두었다는 사실에 고무된 나는 남은 타르트를 금방 다 먹어치웠다. 그러자 언니는 전혀 손도 안 댄 것처럼 깨끗한 타르트를 다른 방에서 가져오더니 내 앞에서 아주 느릿느릿 약을 올리며 먹었다.

결국 같은 것을 놓고 벌이는 경쟁이 너무 치열해지다 보니 우리는 세상을 내 것과 네 것으로 나누기 시작했다. 나는 언니가 가진 것은 가지지 않으려 했다. 언니가 토끼를 가지면, 나는 기니피그를 가졌다. 언니가 미술을 하면, 나는 음악을 했다. 언니는 『발레 슈즈Ballet Shoes』와 『기찻길 아이들The Railway Children』 같은 훌륭한 어린이 책을 모두 읽었고, 나는 만화와 에니드 블라이턴Enid Blyton의 작품을 읽었다. 언니는 홍합을 먹었고, 나는 경단고둥을 먹었다. 언니는 채식주의자가 되었고, 나는 구운 고기를 좋아했다. 언니는 렌즈콩과 너트 커틀릿견과류, 빵, 허브를 섞어 고기 덩어리처럼 만들어 요리한 음식을 조금씩 씹어먹었고, 나는 어머니가 만든 비프 스튜와 파슬리 덤플링을 먹었다(내 생각에 여기서는 내가 더 좋은 패를 잡은 것으로 보이는데, 1980년대에 채식주의자가 먹던 음식은 오늘날처럼 맛있는 것이 아니었기 때문이다). 오랫동안 언니는 가족 사이에서 음식을 빨리 먹는 걸로 유명했다. 언니의 재주 중 하나는 접시에 놓인 음식을 마지막 사람의 접시에 음식이 놓이기 전에 다 먹어치우는 것이었다(커스터드 타르트를 먹을 때를 제외하고는). 나는 천천히 꾸물거리면서 음식을 먹었고, 두번째 접시와 세번째 접시까지 음미하면서 먹었다. 언니는 요리에는 전혀 관심이 없었는데, 그 덕분에 나는 주방에서 치즈 스트로cheese straw, 치즈가루를 뿌려 구운 길쭉한 비스킷와 커다랗게 부풀어오른 브리오슈를 만들며 놀았고, 그렇게 만든 것을 언니에게 먹어보라고 권했다. 언니는 대개 거절했다.

10대가 되자 게임의 양상이 바뀌었는데, 나는 가끔 예전에 벌였던 어리석은 싸움들을 그리워하게 되었다. 따끈한 스콘이 놓인 쟁반이 있는데도 그것을 서로 차지하려고 아무도 다투지 않는 상황은 슬프다. 언

식습관의 인문학

니는 식사를 거르기 시작했다. 처음에는 아침만 걸렀지만, 나중에는 점심과 저녁도 걸렀고, 주로 파란 사과만 먹고 살아갔다. 언니는 배고프지 않다고 말했으며, 방에서 나오려 하지 않았고, 부모님도 체념한 것처럼 보였다. 나는 어머니의 걱정스런 표정과 텅 빈 플레이스 매트place mat, 식탁에서 각자의 식기 밑에 끼는 깔개를 자주 보았고, 그럴수록 더욱 많이 먹었다. 언니는 가끔 식탁에 합류할 때가 있었지만, 음식을 깨작거리며 먹는 데 그쳤다. 나는 언니가 남긴 음식을 기꺼이 다 먹어치웠다. 언니가 음식을 거를수록 나는 더 폭식을 했다. 그것은 토끼와 기니피그 게임이 다시 시작된 것과 같았다. 우리는 그저 각자에게 할당된 역할을 자기가 유일하게 아는 방식으로 충실히 수행했을 뿐이다.

형제가 식습관에 미치는 영향은 결코 대수로운 것이 아니다. 하지만 우리는 이런 가족의 영향에 대해 거의 이야기를 하지 않는다. 아침을 먹는 습관이 발달하느냐 마느냐는 기질의 문제보다는 10대 시절에 형제자매가 얼마나 많았느냐에 더 큰 영향을 받을 수 있다. 한 연구 자료에 따르면, 가족 소득과 상관없이 나이 많은 형제가 더 많은 청소년일수록 아침을 먹을 확률이 더 낮다고 한다.[1] 가족 중에 아이가 많으면 아침이 더 소란스럽고, 내 막내가 깨달은 것처럼 나이 많은 형제자매는 시리얼을 몽땅 먹어치우는 고약한 버릇이 있다.

형제자매가 아무도 없이 자란 사람도 여러 사람과 함께 식사를 위해 자리에 앉으면 유사 형제나 유사 자매 역할을 할 수 있다. 그것은 마치 찻주전자에서 차를 따르면서 "내가 엄마 역할을 해도 될까?"라고 말하는 것과 같다. 현실에서는 형제나 자매와 함께 식사를 하는 것은 성별에 따라 식탁의 음식 중에서 각자에게 돌아가는 몫이 서로 다르다는 것을 의미할 때가 많다. 많은 문화와 나라에서 사람들은 남자와 여자는 서로 다른 음식을 먹어야 하고 양도 달라야 한다는 뿌리 깊은 믿음(비록 말로 완전히 표현하진 않더라도)을 갖고 자란다. 이런 믿음은 자신과 아이들에게 건강에 해가 되는 방식으로 음식을 먹도록 이끌 때가 많다.

어린 시절에 식탁 주위에 함께 앉아 식사를 한 사람들이 미친 영향은 나중에 함께 식사를 하지 않더라도 오랫동안 계속 남는다. 수십 년 뒤에 샌드위치 가게에 들러 참치와 치즈 중에서 어떤 걸 고를지(혹은 샌드위치를 사지 않고 가게를 그냥 나갈지) 결정할 때, 그 결정은 매일 밤 당신 옆자리에 그 숟가락과 컵이 놓여 있었던 사람에게서 일부 영향을 받는다. 연구에 따르면, 어린 아이(2~8세)는 음식 선호가 부모보다 형제를 닮을 가능성이 더 높다.[2] 이것은 일견 그럴듯해 보인다. 부모는 아이에게 똑같은 음식을 제공하는 경향이 있는 반면, 특정 음식을 자신들을 위해 따로 준비할 수 있다. 특히 아이와 부모가 서로 다른 식탁에서 식사를 하는 가정에서는 더욱 그렇다. 나란히 앉아 미트로프와 냉동 완두콩을 먹는 형제자매는 그것이 먹기 좋은 음식임을 서로에게 보여주는 본보기가 된다. 상대방이 한 입 먹는 것을 볼 때마다 그 음식에 대한 자신의 선호가 강화된다. 혹은 그 반대 효과가 날 수도 있는데, 완두콩 맛이 역겹다고 불평하면서 나이프로 완두콩을 자신을 향해 튀기는 사람이 식탁에 함께 앉아 있다면, 조용히 앉아서 음식을 계속 먹기가 힘들다.

나이가 들수록 형제 사이의 식습관 차이가 점점 더 뚜렷하게 나타난다. 2002~2003년에 13~16세의 네덜란드인 형제 415쌍을 1년 동안 추적

식습관의 인문학

조사한 결과, 이들의 식습관이 아주 '조금 비슷한' 것으로 드러났다.[3] 충분히 예상할 수 있듯이, 여기서는 관계의 질이 중요한 변수였다. 서로 관계가 아주 가까운(함께 '즐기는' 일이 많다고 보고하는) 형제는 서로 관계가 먼 형제나 적대적인 형제보다 식습관이 더 비슷했다. 정말로 놀라운 사실은 형제가 서로의 식습관을 모방하는 경우에 나이가 어린 쪽이 많은 쪽을 따라하기보다는 나이가 많은 쪽이 어린 쪽을 따라한다는 점인데, 특히 자매 사이에 이런 경향이 더 강하게 나타났다. 이것은 우리의 예상을 벗어난다. 나이가 많은 쪽이 본보기가 되는 게 순리가 아닌가? 하지만 모든 것이 뒤죽박죽인 우리 문화에서는 그렇지 않다. 연구자들은 그 이유를 나이가 많은 쪽이 사춘기에 접어들고 나서 몸매가 날씬하지 않은 데에서 찾았다. 십대의 성장 곡선에 접어든 소녀는 다리가 날씬한 동생을 보면서 부지불식간에 동생처럼 먹으면 시간의 효과를 되돌릴 수 있을 것이라고 생각한다. 무엇보다 걱정스러운 것은 나이가 더 많은 소녀가 어린 소녀의 행동을 따라하면서 스트레스나 분노 또는 두려움에 대한 반응으로 '정서적 섭식'에 빠지는 것이다. 우리는 날씬한 사람은 먹는 법을 제대로 알고 있다고 생각하는 경향이 있다. 실제로는 그저 아직 충분한 나이가 되지 않아서 날씬할 뿐인데 말이다.

우리의 유전적 유산이 매우 불공평하다는 사실도 형제를 통해 처음 알게 된다. 한 사람은 마음대로 먹어도 몸무게가 늘지 않는 반면, 다른 사람은 조금이라도 덜 먹으려고 아등바등 애를 써야 한다. 형제 사이의 불평등은 창자까지 이어진다. 우리가 태어날 때부터 몸속에 사는 미생물은 사람마다 제각각 다르다. 우리 몸속에 사는 미생물의 수는 우리 몸의 전체 세포 수보다 열 배나 많다. 일부 미생물은 나중에 우리가 비만이 될 가능성에 영향을 미치고, 어떤 미생물은 우리가 음식을 소화하는 데 영향을 미친다. 우리가 먹는 음식은 끊임없이 미생물 무리의 조성에 변화를 가져오지만, 그와 동시에 삼킨 음식에 대한 우리 몸의 반응은 미생물의 성격에 따라 결정된다. 이러한 차이는 일란성 쌍둥이 사이에서도 나타난다. 말라위에서 연구자들은 심한 영양실조와 단백질 열량 부족증에 시달리는 한 쌍의 쌍둥이에게 똑같은 응급 처치 식량을 주었을 때, 한 명은 회복한 반면 다른 한 명은 회복하지 않았는데, 그 원인이 바로 창자에 사는 미생물의 차이에 있다는 사실을 알아냈다.[4] 과학자들은 이러한 '불일치' 쌍둥이들에게서 대변 시료를 채취하여 생쥐에게 주입해 보았다. 건강한 쪽의 미생물을 주입한 생쥐는 칼로리가 낮은 음식을 먹고도 건강하게 살아간 반면, 단백질 열량 부족증에 걸린 쪽의 미생물을 주입한 생쥐는 몸무게가 크게 줄어들었다.

따라서 형제는 평등하게 태어나는 게 아니다. 하지만 식탁에서 부모로부터 받는 차별적 대우에 따라 불평등이 심화되는 경우가 왕왕 있다. 식사 시간은 편애(혹은 지각된 편애perceived favouritism, 왜냐하면 대부분의 부모는 자신이 양심적으로 공정하다고 믿기 때문에)를 발동시키는 수단이 된다. 음식을 누구에게 먼저 주는가? 브로콜리 중 꽃 부분은 누구에게 돌아가고, 줄기 부분은 누구에게 돌아가는가? 검게 탄 토스트도 '개의치 않고' 먹을 것으로 기대되는 사람은 누구인가? 특별한 유리컵은 누구에게 돌아가는가? 설거지를 할 사람은 누구인가? 이러한 부모의 결정에 대해 전부 다는 아니더라도 적어도 한 아이는 불공평하다고 느낄 수 있

식습관의 인문학

다. 어떤 맥락에서 일부 아이에게 그런 결정은 분명히 상처가 된다.

이러한 음식 편애는 '잘못된' 성으로 태어나 그런 일을 당할 때 특히 극명하게 나타난다. 남자아이가 여자아이보다 음식을 더 많이 먹거나 더 좋은 음식을 먹어야 한다는 생각은 여러 가지 방식으로 실천에 옮겨지는데, 그중에는 미묘하게 나타나는 경우도 있고, 노골적으로 드러나는 경우도 있다. 가장 극단적인 경우에는 음식을 먹이는 과정에서 나타나는 이러한 성 편향이 아주 해로운 결과를 초래하며, 그것은 아동기를 넘어서까지 오래 지속된다.

만약 당신이 인도 시골 지역(특히 남부)에 태어나야 할 운명이라면, 절대로 여자로 태어나지 마라. 인도에서 다섯 살 미만의 여자아이가 죽을 확률은 남자아이보다 75퍼센트나 더 높다. 인도의 영자 신문 〈타임스 오브 인디아Times of India〉는 2012년에 인도가 "전 세계를 통틀어 최악의 아동 사망률 성 차별"이 나타나는 나라라고 보도했다.[5] 성 선택 낙태는 인도에서 인위적인 성비 불균형을 초래했다. 1901년에는 성비가 여성 100명당 남성 103명이었지만, 100년 뒤에는 여성 100명당 남성 107.2명으로 변했다.[6] 이런 상황은 '젠더사이드gendercide, 성별 살해'라 일컬어져왔으며, 나머지 아시아의 많은 지역에서도 일어나고 있다.

살아남은 여자아이의 삶도 남자아이보다 더 힘겨운 경우가 많다. 아주 가난한 집에 태어난 여자아이는 남자아이보다 음식과 약과 옷을 비롯해 모든 것을 덜 받는다. 여자아이는 남자아이보다 경제적, 사회적 유용성이 떨어진다고 간주되며, 그래서 부모는 그릇에 담기는 밥에 이르기까지 모든 것에서 여자아이에게 덜 투자한다. 모든 가정이 그런 것은 아니지만, 통계학적으로 측정할 수 있을 만큼 충분히 많은 가정에서 그런 일이 일어난다. 1901년에 인도에서 인구 조사를 할 당시에도 여자아이들이 영양을 제대로 공급받지 못하는 실태가 관찰되었다. "여자아이는 덜 따뜻하게 입히고…… 아마도 남자아이만큼 잘 먹이지 않을 것이다. 그리고 병에 걸리면, 부모는 아들이 병에 걸렸을 때만큼 딸을 회복시키려는 노력을 많이 기울이지 않을 가능성이 높다."[7]

하지만 모든 여자아이가 똑같이 궁핍하게 살아가는 것은 아니다. 만약 당신이 인도 시골에서 여자아이로 태어날 운명이라면, 언니들보다 오빠들이 있는 집에 태어나도록 하라. 2003년, 인도 경제학자 로히니 판데Rohini Pande는 여자아이가 제대로 먹지 못하는 데 미치는 형제의 효과를 계량화하려고 시도했다.[8] 판데는 '성장이 심하게 위축된' 여자아이의 수를 조사함으로써 그것을 측정하려고 했다. 다시 말해서, 키가 그 나이 또래의 평균보다 표준편차의 세 배 이상 벗어나는 여자아이의 수를 조사한 것이다. 이것은 그 아이가 장기간 영양을 제대로 공급받지 못했음을 알려주는 지표로 삼기에 아주 좋다.

판데는 시골 지역에 사는 생후 6~47개월의 어린이 1만 4715명을 대상으로 조사를 했다. 대부분의 어머니는 문맹이었고, 아버지의 소득을 보충할 수 있을 만큼 돈을 버는 사람은 극소수였다. 전체 어린이 중 3분의 1은 소비재가 하나도 없는 집에서 살았다. 이들은 정말로 가진 것이

식습관의 인문학

거의 없는 가정이었는데, 매일 빈약한 음식을 가지고 잔인한 선택을 할 수밖에 없었다. 이러한 인도 마을에서는 어느 누구도, 가장 총애받는 아이조차도, 우리가 '충분하다고' 여길 만큼 음식을 먹을 수 없었다. 전체 어린이 중 절반은 전천후 도로가 전혀 없는 마을에서 살았다.

이런 가정들에서 어린이들이 얼마나 굶주리며 사는가는 형제의 수와 성에 따라 달라진다. 전체적으로 성장이 심하게 위축된 여자아이는 남자아이보다 6퍼센트 더 많았는데, 이것은 '젠더사이드'의 그림과 일치한다. 하지만 판데는 어떤 여자아이들은 다른 여자아이들보다 음식을 제대로 먹고 자랄 가능성이 더 높다는 사실을 발견했다. 오빠가 여럿 있는 여자아이는 형이 두 명 이상 있는 남자아이보다 성장이 심하게 위축될 가능성이 더 낮았다. 가장 운이 나쁜 여자아이는 언니가 여럿 있는 경우였다. 이런 여자아이는 다른 여자아이의 존재 때문에 신선한 가치를 잃었고, 결국 가족 중에서 가장 적은 음식이 돌아갔다. 언니가 둘 이상인 여자아이는 성장이 심하게 위축될 가능성이 38퍼센트였는데, 부모가 그 아이의 존재를 하찮게 여기는 태도가 반영된 결과이다. 반면에 여자형제들 사이에서 유일하게 남자로 태어난 아이는 큰 혜택을 받았다. 그런 남자아이는 성장이 심하게 위축될 가능성이 가장 낮았고, 질병에 걸리지 않을 확률도 어떤 아이보다도 높았는데, 여자아이들 가운데 유일한 남자아이라는 점 때문에 더욱 특별한 존재로 취급받아 음식도 특별히 더 많이 먹었다.[9]

이렇게 무자비한 선택은 대개 음식이 부족하기보다는 많아서 탈인 우리 식탁과는 거리가 먼 이야기이다. 식탁에 음식이 잔뜩 차려지면(인도에서건 서양에서건), 이제 가족 역학은 누가 가장 적게 먹어야 하는가를 중심으로 펼쳐지지 않는다. 여기서는 인간 쓰레기통의 역할을 강요받는 아이가 불운한 아이가 된다. 즉, 다른 사람들이 먹기 싫어서 남긴 음식을 처리함으로써 그 사람들의 염려를 덜어주는 역할을 떠맡는다. 이것은 분명히 쌀알 한 톨마저 소중하게 여기는 상황과는 거리가 멀다.

하지만 판데가 묘사한 냉혹한 부모의 선택은 기묘하게도 낯설지 않게 들린다. 나는 직감적으로 음식을 놓고 벌어지는 형제간의 경쟁이 잠자리에 든 아이에게 읽어주는 동화나 비 오는 날 오후에 소파에 앉아 함께 보는 디즈니 만화영화의 중심 주제이기 때문이 아닐까 하는 생각이 든다. 우리는 디즈니 만화영화에 나오는 백설 공주를 아주 착한 사람으로 생각하는데, 어느 누구를 싫어하거나 편애하지 않고 일곱 난쟁이의 작은 그릇 7개에 음식을 모두 똑같이 나눠주기 때문이다. 반면에 『신데렐라』는 같은 가족 중에서도 피를 나눈 자매끼리는 차별을 받는 이복 자매보다 모든 것을 더 많이 차지한다는 생각을 우리 마음에 깊이 새겨준다. 그림 형제가 쓴 『신데렐라』 원작에서는 신데렐라가 가지 못하게 방해받은 무도회를 '연회'로 묘사한다. 이것은 연회에 참석하지 못하게 함으로써 나쁜 이복 자매들은 신데렐라가 춤을 추지 못하게 했을 뿐만 아니라 음식도 먹지 못하게 했다는 암시를 담고 있다.

어려운 시기에 여러 아이를 어떻게 먹여 살리느냐 하는 가슴아픈 딜레마는 1812년에 『어린이와 가정의 이야기$^{Kinder\ und\ Hausmarchen}$』로 처음 출판된 그림 형제의 동화에서 한 가지 중심 주제였다. 이야기들에 나오는 많은 악행은 계모에 집중되는데, 계모는 자신이나 자기 자식(자식이

식습관의 인문학

있다면)만큼 의붓자식에게 음식을 많이 주지 않으려 한다. 헨젤과 그레텔 이야기는 '대기근'이 닥친 시기에 시작한다. 계모는 생강빵 집에 사는 마녀처럼 정말로 잔인한 사람은 아니지만, 매우 이기적이고 죽는 것을 매우 두려워한다. 그래서 아이들을 숲에다 버리려고 하는데, 그러지 않으면 "네 사람 다 굶어죽는" 일이 일어날까 봐 두렵기 때문이다.

전통적인 프로이트주의의 해석에 따르면, 사악한 이복 자매와 계모는 환상fantasy이다. 프로이트주의자의 눈에는 의붓자식을 노골적으로 굶겨 죽이는 여성은 실제로 존재할 수가 없다. 그런 여성은 버려질까 봐 두려워하는 어린이의 내적 불안이 악몽처럼 투사projection된 존재임이 분명하다. 그런데 프랑스 역사학자 유젠 웨버Eugen Weber는 1981년에 발표한 획기적인 논문에서 동화는 18세기의 유럽에서 살아간 사람들이 겪은 삶의 진실, 즉 "굶주림, 가난, 죽음, 위험, 두려움, 운"을 반영하고 있다고 주장했다 저자는 웨버가 프랑스 역사학자라고 했지만, 웨버가 프랑스어로 작품을 많이 발표하여 프랑스 문화에 기여한 바는 있지만, 사실은 루마니아 출신의 미국인이다. 이런 민간 설화들을 처음 듣는 농부들에게는 자신의 가치가 이복 형제보다 떨어져서 빵을 제대로 얻어먹지 못한다는 개념은 섬뜩하게 현실적으로 피부에 와닿는 이야기였다. 웨버는 "사망률, 특히 아이를 낳다가 죽는 여성의 사망률을 감안하면, 사악한 계모는 집에서 쫓겨난 아이와 마찬가지로 환상의 대상이 아니었다"라고 썼다.

이런 관점에서 보면, 동화에서 아이들이 겪는 경험은 일본의 애니메이션 제작사 스튜디오 지브리가 만든 애니메이션 〈반딧불이의 묘火垂る の墓〉(1988)에 나오는 두 어린 오누이의 경험과 비슷하다. 이 작품은 제2

차 세계대전 당시에 일본에 닥친 기근을 묘사하는데, 어머니가 죽자 오누이인 세이타와 세츠코는 자기들만의 힘만으로 살아가야 한다. 먼 친척 아주머니가 이들을 받아들여 주지만, 식사 때마다 심하게 구박을 해 오누이는 자신들은 밥을 먹을 자격이 없다는 느낌을 받는다. 친척 아주머니는 오누이가 자기 자식처럼 일할 만큼 충분히 나이를 먹지 않았다고 불평을 한다. 아주머니는 이들이 가정에도 국가의 전쟁 노력에도 전혀 도움이 되지 않는다며 질책한다. 하지만 우리는 음식을 둘러싼 이러한 불평의 진짜 원인은 이 불쌍한 고아들이 친척 아주머니와 충분히 가까운 관계가 아니라는 데 있다는 느낌을 받는다. 생물학자 홀데인[J. B. S. Haldane]은 "나는 형제 두 명이나 사촌 여덟 명을 위해서라면 기꺼이 목숨을 내놓을 수 있습니다"라고 유명한 말을 했다[이것은 진화심리학에서 유명한 '포괄적합도' 개념을 잘 표현한 말임]. 기근 상황에서는 음식 공급을 통제하는 사람과 먼 친척 관계인 것만으로는 살아남는 데 충분하지 않을 수 있다.

동화에는 곰팡이 슨 빵 껍질을 먹으며 근근이 살아가도록 강요받는 불운한 의붓자식 이야기가 넘친다. 때로는(『헨젤과 그레텔』에서처럼) 궁핍이 형제에게 더 나은 삶을 찾기 위해 동맹을 맺게 한다. 그림 형제의 「오누이[Bruderchen und Schwesterchen]」에서는 오빠가 여동생 손을 잡고서 계모가 자신들을 때리고, 개가 먹는 음식보다 못한 "먹다 남은 딱딱한 빵 껍질"을 주기 때문에, "함께 세상으로 나가야" 한다고 말한다. 동화에서 아이들이 자신의 운을 찾아나설 때, 그들이 주로 추구하는 것은 바로 음식이다.

웨버는 동화에 나오는 인물에게 세 가지 소원을 말하라고 하면, 세

식습관의 인문학

계를 지배하거나 남의 정신을 좌지우지하거나 하늘을 나는 것처럼 거창한 소원이 아니라, 음식을 놓고 형제와 싸울 필요가 없는 삶처럼 비교적 소박한 소원을 비는 경향이 있다고 지적한다. "무엇보다도 이들은 포리지를 끝없이 만드는 솥 또는 스스로 음식을 차리는 식탁이나 식탁보를 꿈꾼다."[11]

프랑스의 민간 설화 중에는 '요정 빵'이라는 신비한 물질에 관한 이야기가 있다. 이것은 아무리 먹어도 결코 없어지지 않는 풍부한 음식인데, 단 절대로 낯선 사람과 함께 먹어서는 안 된다는 단서가 붙어 있다. 웨버는 이것을 "관대함은 가족의 문턱에서 멈춘다"라고 표현했다. 동화 같은 꿈(그 후로 죽 행복하게 살아가는)은 식탁에 빙 둘러앉은 많은 입 중에서 부모가 잔인한 선택을 할 필요가 없을 만큼 풍요로운 상태에 이르는 것이다. 빵이 결코 떨어지지 않는 집에서는 이복 자매들을 두려워할 이유가 전혀 없다. 그들은 오히려 친구가 될 수 있다. 그러고 나면 이제 유일한 걱정거리는 정말로 사악한 괴물(당신을 잡아먹으려고 하는 마녀나 귀신)만 남는다.

반면에 음식 중에서 맛있는 부분을 훔쳐가려는 형제를 전혀 걱정할 필요가 없는 부류의 사람들이 있다. 외동아이는 식탁에서 벌어지는 그 모든 다툼에서 해방돼 있다. 늘 다른 사람의 그림자나 울타리 아래에서 살아가는 우리는 종종 식탁에 앉아 있는 아이가 나 혼자뿐이라면 얼마나 자유로울까 하고 생각한다. 다른 사람의 재촉을 받지 않고 평화롭고 조용한 상태에서 생일 케이크의 촛불을 불어 끌 수 있다면 인생이 얼마나 달라질까! 맛있는 것을 형제들과 나눌 필요가 전혀 없는 삶을 상상해 보라! 1970년대에 중국이 한 자녀 정책을 도입할 때 내세운 선전은 외동아이가 가족의 자원뿐만 아니라 국가의 자원까지 더 많이 가질 수 있다는 점을 강조했다. 많은 형제의 '무의미한 소란'에서 해방된 이 아이들은 더 건강하고 교육도 더 잘 받고 음식도 더 잘 먹을 것이라고 했다.[12] 어쨌든 이론상으로는 그랬다.

이와 대조적으로 외동아이를 부정적으로 보는 고정 관념도 있는데, 외동아이는 버릇이 없고 자기 중심적 성격으로 자라기 쉽다는 것이다. 부유한 기업가인 조지 허스트George Hearst(1820~1891)는 미국의 주요 신문사를 운영하고 영화 〈시민 케인Citizen Kane〉의 주인공에 영감을 주기도 한 자신의 외아들 윌리엄 랜돌프 허스트William Randolph Hearst의 식습관에 어떤 이기적 행동이 있다고 지적했다. "내 아들 빌에 대해 확실하게 말할 수 있는 것이 하나 있다. 나는 그 애를 죽 관찰했는데, 빌이 케이크를 원할 때에는 정말로 케이크를 원하는 것이고, 그것도 지금 당장 그걸 먹길 원한다는 사실을 알게 되었다. 그리고 잠시 후 실제로 케이크를 먹는다."[13]

이 행동은 아마도 허스트가 외아들이라는 사실보다는 개인적 성격 탓이 더 클 것이다. 외동아이를 대상으로 실시한 여러 차례의 대규모 조사 결과는 형제가 없으면 사회적 부적응자로 자라기 쉽다는 가정이 옳지 않음을 보여주었다. 그 결과는 외동아이도 행동과 세계관이 다른 아이들과 아주 비슷하다고 시사한다.[14] 외동아이로 자라는 장점을 찬양한 책인 『똑똑한 부모는 하나만 낳는다One and Only』의 저자 로렌 샌들러Lauren

Sandler는 외동아이가 음식을 나눠먹는 데 인색하다는 주장에 대해 외동아이는 실제로는 다른 사람들보다 음식을 나눠먹는 법을 잘 배울 수 있다고 주장한다. 외동아이는 미성숙한 형제의 행동을 모방하는 대신에 주고받는 법을 잘 습득한 어른의 행동을 모방하기 때문이라는 것이다.[15]

하지만 외동아이로 음식을 먹는 것은 불리한 점도 있다. 풍요로운 환경에서 형제가 없이 혼자 자라면 아동 비만의 위험이 더 크다. 한 연구에 따르면, 열한 살짜리 외동아이들은 같은 나이이면서 형제가 한 명 이상 있는 아이들보다 과체중인 비율이 두 배나 되었다.[16] 왜 그럴까? 누가 보더라도 명백해 보이는 설명은 외동아이가 맛있는 것을 모두 독차지하기 때문이다. 외동아이로 자란 것을 좋아한 한 어른은 부활절 아침에 일어나 초콜릿 달걀 열두 개를 받았는데, "먹을 사람이 오직 나와 어머니와 아버지 밖에 없었던" 즐거운 기억을 회상했다.[17] 외동아이는 함께 공을 가지고 놀 형제가 없어 운동을 덜 하는 경향이 있다는 단서도 있다.

하지만 이런 것들은 규칙이 아니라 경향에 불과하다. 가족 역학에 따라 '외동아이'로 자라는 데 따르는 건강상의 모든 부정적 요소들이 긍정적인 것이 될 수도 있다. 부모가 아이를 스포츠 클럽에 데려가거나 공원에 데려가 프리스비를 가지고 놀아주는 데 더 많은 시간을 쓸 수 있기 때문에 외동아이는 운동을 적게 하는 게 아니라 오히려 더 많이 할 수도 있다. 부모가 매일 아침 건강에 좋은 식사를 만들어주는 데 시간을 투자하여 '좋은' 식습관이 발달할 가능성도 있다. 결국 형제가 있거나 없을 경우에 우리의 식습관이 달라질지 달라지지 않을지는 결코 알 방법이 없다.

그 답을 결코 알 수 없는 또 한 가지 질문은 우리가 다른 성으로 태어 났더라면 식사 시간이 어떻게 달라졌을까 하는 것이다. 내가 태어나기 전에 부모님은 내가 사내아이라고 생각하고서 가브리엘이라는 이름까지 지어두었다. 과연 내가 사내아이로 태어났더라면, 우리 가족의 식단이 달라졌을까? 사내아이로 태어난 나는 먹는 것 때문에 덜 괴로워했을까? 언니와 나의 혼란스러운 식사가 절정에 이르렀을 때, 나는 가끔 남동생이 있으면 얼마나 좋을까 하고 생각했다. 남동생에게는 음식이 끝없는 사이코드라마 대신에 더 단순한 문제가 될 수 있었을 것이다. 남동생은 베이컨과 달걀을 마음껏 먹고, 음식이 자신의 외모에 어떤 영향을 미치는지 전혀 걱정하지 않았을 것이다. 그 당시에 나는 남자아이에게도 섭식 장애가 생긴다는 사실을 알지 못했다. 식탁에 남자아이가 있으면, 자매들 사이에 음식을 둘러싼 사이코드라마가 더 적어지는 것이 아니라 더 많이 연출될 가능성도 고려하지 않았다.

아들에게는 더 많이 먹도록 권하고 딸에게는 당연히 더 적게 먹어야 한다고 생각하도록 하는 일은 인도 시골 마을의 가난한 가족 사이에서만 일어나는 게 아니다. 그런 일은 더 부유한 사회에서도 일어나는데, 차이점은 그런 일이 딸을 소홀히 대하는 행위가 아니라 딸을 위해 좋은 행위로 간주된다는 점이다. 많은 딸은 가정에서 자신의 식욕이 억제할 필요가 있는 문제라는 메시지를 얻는다. 우리는 '한창 자라는 소년growing boys'이라는 표현을 쓰면서 아들이 남자답게 자라는 것을 칭찬하지만, 딸

식습관의 인문학

에게는 '한창 자라는 소녀growing girls'라는 표현은 거의 쓰지 않는다. 어쩌면 그 이유는 소녀의 몸이 자라는 방식(위쪽으로뿐만 아니라 바깥쪽으로도)을 두려워하고 쑥스러워하기 때문일지 모른다. 그러니 10대 소녀가 사춘기 이전의 여동생이 먹는 것을 따라하려고 하는 행동은 놀라운 일이 아니다.

대개의 경우, 부모는 아이가 나이를 먹으면 식습관에 더 간섭하지 않는다. 일단 아이가 돈을 소유하고 쓰게 되면, 우리는 더 이상 자신을 아이의 간식을 감독하는 감사원장으로 여기지 않는다. 우리는 후추를 뿌리면 한 아이가 먹지 않고, 뿌리지 않으면 다른 아이가 불평을 하는 사태를 걱정할 필요 없이 자신의 식사를 설계하는 즐거움에 다시 익숙해진다. 요컨대, 아이가 자라면 우리는 긴장을 풀고 관심을 덜 기울이게 된다. 한 가지 중요한 예외는 부모가 아이, 특히 딸의 체중 감량을 여전히 자신의 일로 생각할 때이다. 이 경우에는 어른이 될 때까지 식사에 대한 압력이 계속되거나 심지어 더 심해질 수도 있다.

나는 다 자란 자식들이 부모와 함께 식사를 하는 자리에 간 적이 있는데, 어머니가 아들(사실은 30세나 된 어른)에게는 많이 먹어야 한다며 한 그릇 더 먹으라고 했지만, 감자 하나만 먹는 딸에게는 못마땅하다는 듯이 혀를 찼다. 피에르 부르디외Pierre Bourdieu가 쓴 글에 따르면, 1970년대에 프랑스의 노동자 계층 사이에서는 그런 이중 기준이 문화의 일부였다.[18] 남자는 많이 먹고 여자는 억제하는 것이 규칙이었다. 남자는 고기를 배불리 먹었고, 여자는 샐러드와 함께 소량의 음식만 먹었다. 소년이 남자답게 성장하는 길에는 음식을 한 그릇 더 먹을 수 있는 특권이 있었다. 반면에 소녀가 여자답게 성장하는 여정은 자기 부정으로 점철돼 있었다. 소녀는 다른 여자들과 마찬가지로 한 그릇의 음식을 두 사람이 나누어 먹고, 남자들이 의자에 앉아 여유롭게 즐길 때 계속 선 채로 음식을 접대하는 법을 배워야 했다.

소년에게 소녀보다 더 많이 먹으라고 권장한 원래 이유는 남자가 여자보다 집 밖에서 일하는 경우가 더 많았고, 따라서 육체 노동에 필요한 에너지를 공급하기 위해 더 많은 음식을 먹어야 한다는 것이었다. 이와는 대조적으로 일을 안 해도 되는 유럽의 상류층 사이에서는 남자아이 대신에 여자아이가 많이 먹는 것을 타당하다고 여긴 적도 있었는데, 여분의 음식이 외모를 아름답게 한다는 이유에서였다. 르네상스 시대의 이탈리아 화가 파올로 베로네세Paolo Veronese의 작품에 등장하는 여성의 둥글고 흰 피부를 생각해보라. 혹은 2세기 뒤에 프랑수아 부셰François Boucher가 그린 여자들의 통통한 분홍색 팔들을 생각해보라. 지금은 일반적으로 신선한 건강 식품보다 에너지 밀도가 높고 탄수화물이 많은 식품이 더 싸다는 사실 때문에 풍만함이 가난을 떠오르게 한다. 하지만 옛날에는 여성에게는 '잘 먹고 자란 것처럼' 보이는 풍만함이 부의 상징이었고, 왜곡된 논리에 따라 미의 상징이기도 했다. 프랑스의 미식가이자 음식 철학자로『미식 예찬Physiologie du gout』(1825)을 쓴 장 앙텔므 브리야사바랭Jean Anthelme Brillat-Savarin은 너무 마르고 '창백한 병색'을 지닌 여자를 불쌍하게 여겼다. 그래서 그들에게 '많은 빵'과 핫 초콜릿, 신선한 달걀을 버터에 스크램블로 만든 것, 많은 고기, 생선, 수프를 '쌀이나 마카로니로 만든 음식'과 사부아 비스킷이나 바바 케이크나 그 비슷한 디저

식습관의 인문학

트, 그리고 아주 달게 만든 과일과 포도 등으로 풍성한 식사를 해 살을 찌우라고 권했다.[19] 그리고 맥주도 추가했다.

하지만 일반 대중 사이에서 맥주는 짭짤한 치즈와 살라미, 음식을 한 그릇 더 먹는 것과 함께 남성의 특권으로 통했다(그리고 대체로 지금도 그렇다). 남성으로 태어났다는 것은 자유롭게 그리고 마음껏 먹을 수 있다는 것을 의미했다. 부르디외는 "먹는 것과 잘 먹는 것은 남성이 지닌 지위의 일부이다"라고 지적했지만, 이것은 음식을 차리고, 청소를 하고, 빨래를 하고, 요리를 하는 등 그 모든 일을 하는 여성에게는 왜 영양이 필요하다고 생각하지 않는지 설명하지 못한다.[20] 여성은 적은 음식으로도 만족하며, '고상한' 미각을 가지고 있어 독한 술이나 질긴 고기를 갈망하지 않고, 남자 형제와 아버지가 잘 먹는 걸 보는 데에서 만족을 얻는다고 여겼다. 반면에 입이 짧거나 고기를 싫어하는 남성은 '의심스러운' 사람으로 간주되었다.

1980년대부터 노동 패턴이 더 평등해지면서 여성이 남성보다 덜 먹어야 한다는 근거가 무너진 대신에 날씬함을 추구하는 새 이데올로기가 등장했는데, 이것 역시 여성은 덜 먹어야 한다고 요구했다. 1994년에 유럽에서 어린이의 식습관을 조사하던 연구자들에게 열한 살 먹은 소녀는 다소 억울하다는 듯이 "남자아이가 살이 찌면, 사람들은 그것을 근육이라고 이야기해요"라고 말했다.[21] 여자아이들은 여전히 남자 형제들보다 덜 먹고 식탁에서 공간을 덜 차지하는 것을 감수해야 했다. 차이점이 있다면, 딸에게 살을 빼라고 압력을 가하는 부모들이 딸을 위해 좋은 일을 한다고 생각한다는 점인데, 오늘날의 세상에서는 여성이 과체중으로 살아가는 것은 남성이 과체중으로 살아가는 것보다 훨씬 나쁜 결과를 맞이하게 된다고 두려워하기 때문이다. 이것은 완전히 틀린 생각은 아니다. 최근에 뉴욕에서 실시한 조사에서는 여성의 과체중 정도가 기대 소득과 일자리를 얻는 능력, 또 심지어 만족스러운 가정 생활을 유지하는 능력과 부정적 상관관계가 있다는 결과가 나왔다.[22] 이런 상관관계 중 과체중 남성에게 적용되는 것은 하나도 없었다. 불공평하게도 인생은 과체중 남성보다 과체중 여성에게 매우 불리하다. 흥미롭게도 연구자들은 이것이 사회가 정말로 과체중 여성을 차별하기 때문인지, 아니면 과체중 여성의 자존감이 낮아서 구직 활동이나 임금 인상 요구에 소극적이기 때문인지 결론을 내릴 수 없었다.

과체중 여성의 자존감이 낮다고 해도 놀라운 일은 아니다. 딸(과체중이건 아니건)은 아들보다 자신의 식습관이 문제라고 느끼도록 강요받는 경우가 많기 때문이다. 몸무게로 압력을 가하는 어머니는 자신의 몸에 대한 불안감을 딸에게 투사하는지도 모르는데, 이것은 왜 어머니가 아들보다 딸에게 몸무게를 줄이라고 더 강요하는지 설명해준다(한 연구에서는 폭식증이 있는 어머니는 딸이 과체중이건 아니건 아들보다 딸의 '식습관을 통제할' 가능성이 더 높은 것으로 나타났다[23]). 아버지도 동성 자식에게 같은 편향을 가질 수 있다. 한 연구에서는 자신의 몸에 불만을 가진 아버지는 딸이 아니라 아들의 음식 섭취를 감시할 가능성이 높은 것으로 드러났다. 하지만 대개는 가족의 음식을 책임진 사람은 어머니이기 때문에, 몸무게 때문에 압력을 받는 쪽은 주로 딸이다.

부모들은 식탁에서 아들이건 딸이건 10대 자녀들 앞에서 어떻게 행동해야 하는지 잘 모르는 것처럼 보인다. 미네소타 주에서 실시된 프로젝트 EAT는 청소년 약 5000명을 5년 동안 추적 조사했다.[24] 그중에서 일부는 어린 10대(조사 기간에 12~17세)였고, 일부는 나이가 더 많은 10대(15~20세)였다. 캐서린 보어Katherine Bauer가 이끈 연구자들은 청소년들과 면담을 통해 조사 기간에 부모가 건강에 좋은 음식을 선택하고 운동을 하고 몸무게를 줄이라고 권하는 정도에 어떤 변화가 일어났는지 평가했다. 아들을 둔 부모들은 시간이 지나면서 이 세 가지 측면에서 모두 한 발 물러서는 모습을 보였다. 이것은 10대 청소년이 성장하면서 독립성이 강해진다는 현실을 반영한 것이다. 오늘 먹은 것이라곤 채소 다섯 개밖에 없는데, 몸이 더 커지고 튼튼해지고 털이 더 나야 한다고 요구한다면, 다소 불합리해 보일 것이다. 어쩌면 우선 순위의 변화도 있을 것이다. 10대 아들이 마약에 빠질지도 모른다고 염려한다면, 이상한 탄산 음료 따위에 신경을 쓸 여유가 없다. 10대 아들을 둔 부모는 아들과 완전히 멀어질까 봐 두려워 집에서 먹는 식사에 대해 너무 엄격하게 굴려고 하지 않는데, 연구 결과는 집에서 균형 잡힌 식사를 계속 제공하는 것이 청소년의 건강을 위해 우리가 할 수 있는 최선의 방법 중 하나라는 것을 보여주기 때문에 이것은 안타까운 일이다. 집에서 규칙적으로 식사를 하는 어린이는 채소와 과일을 더 많이 섭취하고, 측정할 수 있는 범위 내에서는 더 행복한 것처럼 보인다.[25]

하지만 10대 소녀의 경우는 사정이 완전히 다르다. 소년과 마찬가지로 소녀도 나이를 먹음에 따라 부모가 자신에게 건강에 좋은 음식을 먹게 하고 신체 활동을 많이 하게 하려는 노력을 덜 기울인다고 보고한다.

하지만 나이가 더 많은 10대 집단이 청소년 중기에서 후기(15세에서 20세를 향해)로 넘어가면, 일부 부모는 몸무게를 줄이기 위해 다이어트를 하라는 압력을 '더 많이' 가하기 시작했다. 음식 문제에서 완전한 독립을 누리리라고 모두가 기대하는 바로 그 인생 단계(자유롭게 카트를 끌고 결혼을 하고 투표를 하는 나이)에서 갈수록 많은 10대 소녀들이 부모로부터 자신의 식사가 여전히 가족의 주요 관심사라는 말을 듣는다.

어린 시절의 음식 기억은 우리를 평생 동안 파멸적 패턴에 가둘 수 있다. 일부 가정에서 딸에게 몸무게를 줄이라고 가하는 압력이 바로 그런 예이다. 얼마 전에 나는 40대 후반의 전문직 여성과 대화를 나눈 적이 있는데, 이 여성은 다이어트에 실패한 횟수가 기억하고 싶은 것보다 더 많았다. 집에 전화를 걸 때마다 자신의 인생에서 자식이나 경력에 무슨 일이 있건 상관없이 어머니가 맨 먼저 묻는 질문은 항상 "살 좀 빠졌니?"였다. 친구들은 어머니가 세상을 떠나야 그녀의 요요 다이어트가 멈출 것이라고 놀리듯이 농담을 했다. 그녀는 어머니가 자신을 그렇게 키운 데 대한 반항으로 오랜 세월 동안 스스로 과식의 덫에 빠졌는데, 그것은 결국 일종의 자기 징벌이 되고 말았다는 느낌이 들었다. 마침내 40대에 접어들고 나서야 건강에 좋고 지속적으로 유지할 수 있는 식사를 발견했는데, 그것은 어머니가 원하던 식사가 아니라, 맛있는 샐러드와 구운 생선, 향미가 강한 수프로 이루어진 것으로, 박탈감이 전혀 느껴지지 않는 식사였다. 여기까지 오기까지는 아주 오랜 시간이 걸렸는데, 머릿속에서 제발 좀 적게 먹으라고 다그치는 부모의 목소리가 없었더라면 더 일찍 올 수 있었을 것이라는 생각이 들었다.

식습관의 인문학

딸에게 살을 빼라고 압력을 가하는 것은 사랑의 배려에서 부모가 하는 많은 일들과 마찬가지로 좋은 결과를 낳는 일은 거의 없고 오히려 나쁜 결과를 많이 낳는다. 그런 태도는 아이에게 자신의 몸에 대한 불만과 체중에 대한 과도한 염려, 우울증, 폭식, 무질서한 식사에 빠지게 할 위험을 높인다는 사실이 반복적으로 확인되었다. 한 연구에서는 어머니에게서 체중을 줄이라는 이야기를 자주 들은 15세 소녀 중 약 3분의 1이 극단적인 체중 조절 행동(설사제, 토하기, 끼니 거르기, 식사를 대신한 흡연, 다이어트 약 복용 등)을 한 것으로 드러났는데, 어머니에게서 그런 이야기를 듣지 않은 소녀들 중에서는 그 비율이 5퍼센트에 불과했다.[26] 가족끼리 과체중인 소녀의 '몸무게를 가지고 괴롭히는 행동'도 비슷한 결과를 낳는다. 한 연구에서는 가족과 친척에게서 뚱뚱하다고 '아주 자주' 놀림을 받는 소녀들은 너그러운 가족과 함께 사는 소녀들에 비해 폭식에 빠질 가능성이 훨씬 높은 것으로 드러났다.[27] 만약 그래도 딸에게 살을 빼라는 충고를 멈추고 싶지 않다면, 그런 충고가 아무 효과가 없을 가능성이 높다는 사실을 한번 심각하게 고려해보라. 부모에게서 다이어트를 하라는 압력을 심하게 받는 과체중 아이는 5년 뒤에도 여전히 과체중일 위험이 훨씬 높았다.[28]

여자들이 받는 이러한 체중 감량 압력은 더 광범위한 사고방식의 일부를 차지한다. 식사라는 영역은 남성과 여성에게 서로 다른 곳으로 보일 수 있다. 남자 형제나 여자 형제가 실제로 있건 없건 상관없이 우리 문화는 자신의 성에 적절한 음식을 선택해야 한다는 암시를 강하게 준다. 식품 전문 작가인 나이절 슬레이터^{Nigel Slater}는 자신의 회고록인『토스트^{Toast}』에서 "소년에게 어떤 음식들은 접근이 금지돼 있었다"라고 썼다. 여덟 살 소년이었던 슬레이터는 특정 음식을 선택하면 사내답지 못한 놈으로 낙인이 찍히는 느낌을 받았다. "사랑의 하트^{Love Hearts} 과자와 패브^{Fab} 아이스크림은 여자아이를 위한 것이었고…… 여섯 살이 넘은 아이는 비행접시 빵에 푹 빠진 모습을 보여서는 안 되었다."[29] 남자아이와 남성을 겨냥한 많은 식품 광고에는 아직도 남자다움을 과시하는 어조가 포함돼 있다. KFC가 더블 데커 버거를 선전하는 문구는 "Man up!(남자답게!)"라고 외친다. 치킨버거 두 개와 베이컨 조각, 치즈, 상추, 마요네즈 범벅을 포함한 번빵을 먹어치울 자신이 없다고 생각하는 소년에게는 마치 나약한 구석이라도 있는 듯이 말이다.

여자아이들도 어떤 음식이 다른 음식보다 자신을 위한 것이라는 메시지를 강하게 받는다. 〈이코노미스트〉는 일본에서 직장 여성이 상사와 어울릴 때에는 "맥주 대신에 매실주에 소다를 듬뿍 섞어서 먹어도 된다고" 보도했는데, 여성은 물로 희석시킨 매실주보다 맥주를 좋아할 리가 없다는 인상을 주었다.[30] 이런 생각은 놀이터로 거슬러 올라가는데, 남자아이들은 당연히 고기가 잔뜩 든 30센티미터 길이의 샌드위치를 원할 것으로 '기대되는' 반면, 여자아이들은 설탕과 양념과 그 밖의 온갖 근사한 음식을 원할 것으로 기대된다. 10대가 되기 전에 여자아이들은 어떤 음식들에는 '절대로 먹어서는 안 되는'이란 딱지가 붙어 있다는 것을 배운다. '날씬하다'라는 말이 칭찬이라는 것도 배운다. 그리고 초콜릿을 숭배하지 않는 여자는 좀 이상하다는 생각을 받아들인다.

식습관의 인문학

소년과 소녀가 음식에 서로 다른 반응을 보인다는 개념은 전혀 근거 없는 믿음이 아니다. 소년과 소녀가 음식을 대하는 방식에는 분명히 생리학적 차이가 있다. 우선 (소년과 소녀의 운동 수준과 신체 크기가 얼추 비슷하다고 할 때) 소년은 소녀보다 에너지가 더 많이 필요하다. 최근의 지침에 따르면, 일곱 살짜리 남자아이는 같은 나이의 여자아이보다 하루에 약 100칼로리의 에너지가 더 필요하다(1630칼로리 대 1530칼로리). 열여덟 살이 되면 그 차이는 약 700칼로리로 늘어나는데(3155칼로리 대 2462칼로리), 이것은 거의 식사 한 끼에 해당하는 양이다.[31] 여자아이에게 덜 먹으라고 압력을 가하는 것과 그냥 음식을 적게 주는 것 사이에는 차이가 있다. 만약 내가 열다섯 살짜리 아들(키 205센티미터)에게 주는 것과 같은 양의 음식을 보통 키의 열한 살짜리 딸에게 준다면, 딸이 아무리 먹어도 그 양이 쉽게 줄어들지 않을 것이다. 이것은 심술이 아니라 수학이다.

더 놀라운 생리학적 차이점은 남성과 여성의 뇌가 먹는 것에 반응해 서로 다른 활동을 보인다는 점이다. 예를 들어 시트르산의 신맛은 남성보다 여성의 뇌섬엽과 시상에 더 뚜렷한 반응을 일으킨다. 전반적으로 여성은 남성보다 냄새와 향미에 더 큰 감수성을 보이고, 그것을 기억하는 데에도 더 뛰어나다.[32] 이렇게 큰 감수성 때문에 여성이 먹는 것에 더 까다로운지도 모른다. 많은 연구에서 여성은 음식에 대해 부정적 태도를 나타낼 때가 더 많으며, 제 맛이 안 난다는 이유로 음식을 거부할 가능성이 더 높은 것으로 나타났다. 마케팅 전문가 브라이언 어빅[Brian Urbick]은 유럽과 북아메리카, 중앙아메리카, 아시아, 중동에서 식품 산업을 위해 제품 개발에 참여한 어린이 패널과 함께 연구하면서 많은 해를 보냈다. 서로 다른 이들 문화 모두에서 어빅은 소년과 소녀가 음식에 반응하는 방식에 "반복적으로 나타나는 강한 패턴"을 발견했다. 어빅은 "소녀들이 괜찮다고 하는 맛은 소년들도 괜찮다고 할 가능성이 높다"라는 사실을 발견했다. 하지만 식품의 브랜드를 정하는 문제에서는 상황이 역전되었다. 어빅은 제품 개발자들에게 소년과 소녀 모두를 겨냥한 제품을 개발할 때에는 포장과 브랜드의 초점을 항상 소년에게 맞추라고 충고한다. "소년들은 '여성적' 분위기가 너무 강한 제품을 거부할 가능성이 높은 반면, 소녀들은 '남성적' 제품을 받아들일 가능성이 높다."[33]

'여성' 음식과 '남성' 음식이 따로 있다는 개념은 아주 우스꽝스러워 보인다. 2013년에 셰프 사이먼 리머Simon Rimmer가 출판한 요리책『남자는 파이를 좋아하고, 여자는 후무스를 좋아한다Men Love Pies, Girls Love Hummus』의 제목은 도대체 누가 정했을까? 하지만 설사 우리가 그렇게 유치한 개념의 포로가 아니라고 주장한다 하더라도, 어떤 음식은 다른 성보다 한쪽 성에 더 어울린다는 개념을 내면화하고 그에 따른 선택을 내리지 않기란 매우 어렵다. 우리는 푸짐한 고기 요리를 남성과, 그리고 가벼운 샐러드와 단것을 여성과 자동적으로 연관 짓는 경향이 있으며, 이러한 고정 관념은 프랑스와 일본처럼 서로 아주 다른 문화들에도 똑같이 존재한다. 미국 대학생들에게 어떤 음식이 어느 쪽 성에 어울리느냐고 묻자, 그들은 즉각 스테이크와 감자튀김, 양파, 딱딱한 비스킷류는 남성에게 어울리고, 코티지 치즈와 복숭아, 수플레, 크레이프는 여성에게 어울린다고 대답했다.[34] 게다가 일부 남자 청소년은 여성적 성격을

식습관의 인문학

암시하는 음식을 먹는 걸 경계한다고(특히 친구들이 함께 있는 자리에서) 나타났다. 즉, 진짜 남자는 수플레를 먹지 않는다는 식이다.

남성 음식과 여성 음식이 따로 있다는 이 개념은 곧장 우리의 개인적 선호로 굳어진다. 2003년에 한 연구팀은 조사 데이터를 사용해 성에 따라 '위안 음식comfort food' 개념이 어떻게 다른지 탐구했다.[35] 그 결과에 따르면, "남성은 위안 음식으로 따뜻하고 푸짐하고 정식 식사와 관련이 있는 음식(스테이크와 캐서롤, 수프 같은)을 선호한 반면, 여성은 간식과 관련이 있는 음식(초콜릿과 아이스크림 같은)을 선호했다." 또, 놀랄 정도로 많은 여성이 채소를 위안 음식으로 여겼다. 연구자들은 남성이 푸짐하고 따뜻한 음식에 편안함을 느끼는 것은 "자신을 위해 준비된 식사에 익숙해져 있던" 옛날로 돌아간 듯한 느낌을 좋아하기 때문일 것이라고 주장했다. 또 한 가지 남녀 차이는 남성은 스테이크 같은 위안 음식을 먹고 난 뒤에 '건강해진' 느낌을 받는 경향이 있는 반면, 여성은 아이스크림이나 비스킷, 초콜릿을 먹고 난 뒤에 '죄책감'을 느낀다는 점이다. 따라서 여성의 위안 음식은 그들에게 위안을 주지도 않아, 어느 모로 보나 낭비처럼 보인다.

자신의 성에 따라 음식을 먹어야 한다는 이러한 사회적 압력은 겉으로 보이는 것보다 훨씬 중요하다. 무엇보다도 먹는 것에서 느끼는 즐거움을 축소시키는데, 이것은 결코 좋은 일이 아니다. 여성은 메뉴에서 정말로 원하는 음식을 단지 '적절하지' 않은 것 같다는 이유로 스스로 거부할 때가 많다.[36] 일본 여성들은 초밥을 먹고 싶은 갈망이 강렬하지만, 원하는 만큼 자주 먹지 않는다고 보고하는데, 아마도 초밥이 포만감을 주는 남성적 음식으로 간주되기 때문일 것이다.[37] 영국인 소비자들이 외식을 할 때 어떻게 행동하는지 조사한 연구에서는 여성은 레스토랑에서 스테이크를 즐긴다고 말할지는 몰라도 실제로는 자신이 먹기에 너무 비싸다고 생각하여 남성만큼 자주 선택하지는 않는 것으로 드러났다.[38] 압도적으로 많은 여성이 외식을 할 때 하얀 고기를 선택하는 반면, 남성은 주로 붉은 고기를 선택한다. 우리가 여기에 아무 문제를 느끼지 못하는 이유는 음식을 먹을 때 남성은 '붉은 고기를 좋아한다'는 견해에 너무 익숙해져 있기 때문이다.

하지만 정작 붉은 고기가 필요한 사람은(붉은 고기가 필요한 사람은 아무도 없다고 주장하는 사람도 있겠지만) 남성이 아니라 여자 청소년이다. 음식에 대한 우리의 성 차별적 접근 방법에서 아주 해로운 요소는 이것이 남자아이와 여자아이 모두에게 자신의 몸에 필요한 것과 어긋나는 방식으로 음식을 섭취하게 만든다는 데 있다. 우리는 일을 반대로 처리하고 있는 셈이다. 헤모글로빈을 만드는 데 도움을 주는 음식은 남성보다 여성에게 더 절실하게 필요하다. 그리고 샐러드와 채소 섭취가 부족한 쪽은 여성이 아니라 남성이다. 여성 음식과 남성 음식 개념은 남녀의 음식 섭취에서 진정한 문제를 보지 못하도록 하는 위험한 개념이다.

신문의 건강 면이 제공하는 인상과는 반대로 우리의 식사에서 영양학적으로 가장 취약한 단일 요소는 '슈퍼푸드superfood, 체내에서 활성 산소를 제거하는 기능을 하고 필요한 영양소를 많이 함유하고 있는 식품'를 충분히 먹지 못하는 것이 아니다. 그것은 바로 여성의 철 결핍이다. 생리를 시작하면 몸에 필요한 철분의 양이 급증하는데(8밀리그램에서 15밀리그램으로), 세계 전체적으로

식습관의 인문학

부자이건 가난하건, 뚱뚱하건 말랐건, 수많은 여자 청소년이 이것을 보충할 수 있을 만큼 철분이 풍부한 음식을 식사를 통해 섭취하지 못해 빈혈에 시달리고 있다. 철 고갈에 시달리는 여자 청소년은 더 많은데, 체내에 저장된 철이 하나도 없는 이 상태가 되면 피로와 두통, 인지 기능 손상 등이 생긴다.[30] 세계보건기구에 따르면, 전 세계에서 철 결핍증이 있는 사람은 약 20억 명이나 된다. 남성과 소년 중에도 빈혈인 사람이 많지만, 젊은 여성은 그보다 훨씬 많다. 빈혈인 여성은 특히 개발도상국에 많은데, 아이를 낳다가 죽는(과다 출혈 때문에 죽는 경우가 많은데, 임신한 여성은 10대 소녀보다 두 배나 많은 철이 필요하다) 여성 다섯 명 중 한 명은 빈혈이 그 원인이다. 하지만 소녀들이 영양 섭취를 잘할 것으로 예상되는 나라들에서도 빈혈은 보편적으로 발생하는데, 소녀는 상추 잎과 초콜릿만으로 살아남을 수 있다는 고정 관념은 문제를 악화시킬 뿐이다.

2001년부터 유럽에서 실시한 조사에 따르면, 스웨덴의 15~16세 소녀 중 많게는 40퍼센트가 저장된 철이 고갈되었고(소년의 경우에는 15퍼센트), 덴마크에서는 16~17세의 소년 중 7퍼센트, 같은 나이의 소녀 중 20퍼센트가 그런 것으로 나타났다.[40] 중국에서는 2007년에 여자 청소년 1037명을 대상으로 조사한 결과, 철 결핍증은 40.5퍼센트, 완전한 빈혈은 19.5퍼센트에 이르는 것으로 나타났다.[41] 영양 보충제(변비와 구역질의 부작용이 있는)와 강화 시리얼이 부족한 상황에서 철분이 풍부한 음식을 충분히 섭취하기란 쉽지 않다. 지금까지 철분이 가장 풍부하면서 '생물학적으로 이용할 수 있는' 공급원은 간(닭 간 85그램에는 철이 11밀리그램 들어 있다)이고, 그 다음은 붉은 고기(등심 스테이크 179그램에는 철이 6밀리그램 들어 있다)이다.[42] 홍차나 커피를 함께 마시면 철 흡수를 방해하는 반면, 비타민 C는 철 흡수를 촉진한다.

아침에 마시던 주스를 갑자기 커피로 바꾸고, 채식주의자로 변해 아침에 달걀을 먹지 않는(달걀은 남자아이가 먹는 음식이니까!) 10대 소녀는 어려운 상황에 빠질 수 있다. 여성은 남성보다 비건[vegan, 유제품과 동물의 알을 포함해 모든 종류의 동물성 음식을 먹지 않는, 엄격한 채식주의자]과 채식주의자가 될 확률이 훨씬 높다. 약 100만에 이르는 미국인 비건 중 여성 비율은 79퍼센트나 되며, 채식주의자 중에서는 59퍼센트가 여성이다. 호박 씨, 견과류, 양념, 푸른 잎채소, 당밀, 말린 과일, 달걀 노른자위, 강낭콩 같은 콩류, 겨, 통밀빵을 포함해 채식주의자가 먹을 수 있는 훌륭한 철 공급원이 많이 있다. 문제는 충동적으로 채식주의자가 된 아이는 이런 음식들을 제대로 균형을 맞춰 먹는 습관이 있을 가능성이 낮다는 데 있다. 육류가 아닌 식품을 통해 섭취하는 철은 몸에 흡수되는 것도 더 어렵기 때문에, 채식주의자는 육식을 하는 사람들보다 철분을 더 많이 섭취할 필요가 있다. 빈혈증에 걸릴 위험이 가장 높은 소녀 집단은 다이어트를 하는 채식주의자이다. 1990년대에 그 전해에 체중을 줄이려고 노력했던 11~14세의 채식주의자 영국인 소녀 중 43퍼센트는 혈액 속의 헤모글로빈 수치가 낮았던 반면, 다이어트를 하지 않은 채식주의자 소녀 중에서는 15퍼센트만이, 그리고 다이어트를 하지 않고 고기를 먹은 소녀 중에서는 8퍼센트만이 헤모글로빈 수치가 낮았다.[43]

놀랍게도 과체중인 사람은 빈혈에 걸릴 위험도 높다. 문제는 섭취하는 음식의 양이 아니라 질이다. 이란의 여자 청소년을 표본으로 한 조사에서는 과체중 소녀들은 필요한 것보다 더 많은 칼로리를 섭취하는데도 불구하고 다른 사람들보다 빈혈에 걸릴 가능성이 34.1퍼센트 대 27.8퍼센트로 더 높게 나타났다.[44] 이들은 탄수화물이 많고 영양학적으로 불균형한 식사에서 철을 충분히 섭취하지 못하고 있다. 테헤란의 거리에서 새로 인기를 끌고 있는 식품인 피자나 아이스크림, 감자칩에는 철이 많이 들어 있지 않다.

철 결핍은 과체중의 결과일 뿐만 아니라 원인일지도 모른다. 철 결핍은 카르니틴(지방산 대사에 관여하는 화합물) 농도를 낮춤으로써 대사 속도를 늦추는 것으로 보인다.[45] 빈혈인 여성은 유산소 운동 능력이 떨어지는데, 이것은 철 보충제로 바로잡을 수 있다. 빈혈이 있는 10대 청소년이 선뜻 러닝머신에 올라서려고 하지 않는 것은 충분히 이해할 수 있는데, 철이 부족하면 어지럽고 정신이 멍해 한 발을 다른 발 앞으로 옮기기가 어렵기 때문이다(적어도 첫 아이를 낳고 나서 빈혈에 걸려 얼굴이 백짓장처럼 하얗던 나는 그랬다).

과체중인 10대 소녀들은 사실은 더 나은 영양 섭취(이것은 체중을 줄이는 데에도 분명히 도움이 된다)가 필요한데도 가족에게서 체중을 줄이라는 압력을 받는 경우가 많다. 체중과 상관없이 철이 부족한 소녀들은 반숙한 달걀과 통밀빵 토스트, 어두운 색의 잎채소, 플랭크 스테이크, 양고기 캐서롤, 구운 정어리, 영양가 많은 미네스트로네minestrone, 야채와 파스타를 넣은 이탈리아식 수프, 검정콩 칠리 같은 음식으로 '몸을 만들' 필요가 있다. 아직도 자신의 몸이 초콜릿을 원한다고 생각한다면, 대부분 설탕과 식물 지방이 주성분인 값싼 밀크초콜릿 대신에 코코아 함량이 70퍼센트 이상인 다크초콜릿을 선택하는 편이 조금이라도 도움이 된다(다크초콜릿 30그램에는 철이 5밀리그램 들어 있다).

하지만 소녀에게 몸을 만들라는 이야기를 하는 사람은 거의 없다. 수플레를 예쁘게 먹는 이 섬세한 생물은 공기와 칭찬만 먹고도 살아갈 수 있을 것처럼 보인다. 대신에 몸을 만들라는 요구는 남자아이들에게 쏟아지는데, 이것은 이들에게 필요한 음식의 양에 대해 위험한 망상을 부추긴다. 오늘날의 음식 환경에서 남자아이들에게 지나치게 많은 음식을 먹이는 것은 여자아이들에게 음식을 덜 먹이는 것 못지않게 좋지 않다.

과체중이나 비만인 어린이가 체중을 줄이는 것을 가로막는 한 가지 큰 장애물은 부모가 문제를 전혀 느끼지 못하는 것이다. 로라 스튜어트 Laura Stewart 박사는 유럽에서 가장 심각한 아동 건강 문제를 몇 가지 안고 있는 스코틀랜드의 테이사이드에서 아동 비만 클리닉을 운영하고 있다. 2013년 10월에 내가 참석했던 건강 전문가들의 회의에서 스튜어트는 "많은 부모는 자녀의 체중에 문제가 있다는 사실을 인식하지 못하고 있습니다"라고 말했다.[46] 스튜어트의 견해에 따르면, 문제는 언론이 비만 문제를 다룰 때 "극심하게 비만인 어린이" 사진들만 보여주기 때문이라고 한다. 그래서 약간 비만인 자녀를 둔 사람들은 아무 문제가 없다고 생각하기 쉽다. 주변 사람들이 대부분 과체중이면, 그런 사람들이 정상으로 보인다.

스튜어트는 2010년에 테이사이드에서 자신이 실시한 실험 이야기를 소개했다. 그것은 자녀에게 체중 문제가 있다는 사실을 부모가 인지

식습관의 인문학

하려면 무엇이 필요한지 알아내려고 한 실험이었다. 부모들에게 어린이 사진들을 보여주고 나서 그 어린이들을 '정상'과 '과체중'으로 분류하게 했다. 부모들은 자기 앞에 있는 것이 무엇인지 제대로 파악하지 못하는 것처럼 보였다. 부모들은 '심하게 비만'인 경우에만 그 어린이가 과체중이라고 인식했다. 비만은 아니지만 과체중인 어린이 사진들은 모두 '정상'이라고 보았다. 어린이와 체중 문제에는 이렇게 집단 부정이 존재한다. 심지어 그 문제를 전문으로 다루는 일부 의사와 간호사 사이에서도 이런 현상이 나타난다. 현재 영국의 국민의료보험에 고용돼 일하는 사람들 중 약 절반은 과체중이거나 비만이기 때문에, 이들 역시 과체중을 정상으로 볼 수 있다. 스튜어트가 발표를 끝내자, 청중 속에서 한 보건 요원이 손을 들더니 스튜어트가 체질량 지수를 사용해 어린이를 측정했다고 비판했다. "뚱뚱하지만 건강한 어린이도 있어요! 체질량 지수를 사용하면, 보디빌더도 비만으로 분류될 수 있거든요!" 스튜어트는 애써 마음을 진정시킨 뒤, 미소를 지으며 대답했다. "건강한 근육질 어린이가 제 클리닉에 온 적은 단 한 번도 없었습니다. 우리는 자신의 눈에 의지할 수밖에 없습니다."

'체중 착각' 문제는 그동안 줄곧 여자아이보다 남자아이에게서 더 심각하게 나타났던 것으로 드러났다. 여러 연구를 통해 부모는 딸의 과체중보다 아들의 과체중을 잘 인식하지 못하는 것으로 밝혀졌는데, 남성의 외모는 여성의 외모보다 사교적으로 큰 문제가 되지 않기 때문일 것이다. 간호사나 영양사가 체중과 키 도표를 바탕으로 아이가 비만이라고 말하면, 매우 방어적인 태도를 보이는 부모가 많다. 그들은 자신의 아이가 단지 '기골이 장대할' 뿐이고, 평소에 건강에 좋은 음식만 먹으며, 도표에 문제가 있다고 항의한다. 이러한 방어적 태도는 남자아이뿐만 아니라 여자아이의 부모에게서도 볼 수 있지만, 남자아이의 경우에는 부모가 아들의 큰 체격을 자랑스럽게 여기는 경향이 있다. 비만인 소년을 '몸이 단단하다'거나 '체격이 다부지다'라고 묘사하기도 하는데, 이런 표현은 '뚱뚱하다'보다 훨씬 건강하게 들린다. 한 저소득층 어머니는 아직 학교에 들어가지 않은 아들이 비만에 가까운 상태였는데, 연구자들에게 이렇게 말했다. "나도 아들을 볼 수 있어요. 물론 체중은 많이 나갈지 모르지만, 그것은 모두 근육일 수도 있죠. 왜냐하면 아들은 아주 튼튼한 아이거든요."[47]

부모가 아들의 체중을 과소평가하고 몸에 필요한 음식을 과대평가하면, 그것은 아들의 자기상과 평생 동안 음식을 먹는 방식을 결정하는 데 큰 영향을 미칠 수 있다. 미국인 성인 1만 6000명 이상을 대상으로 체중 지각을 조사한 대규모 연구 결과에 따르면, 자신의 체중을 과소평가하는 비율은 남성이 여성보다 2~3배나 높았다.[48] 과체중(하지만 비만은 아닌) 남성 중 약 43퍼센트는 자신의 체중이 '적당하다고' 대답했다. 비만 남성 중에서는 약 12퍼센트가 자신의 체중이 적당하다고 대답했다. 오스트레일리아의 남성과 여성 사이에서도 비슷한 결과가 나왔는데, 실제로는 '생의학적으로 비만'일 경우에 대부분의 남성은 자신이 '약간 과체중'이라고 인정했다.[49] 이것은 아주 우려스러운 상황인데, 자신의 체중에 문제가 있다는 사실을 인식하지 못한다면, 체중 문제를 해결하기 위해 아무 노력도 하지 않을 가능성이 높기 때문이다.

식습관의 인문학

이에 못지않게 우려스러운 경향은 건강한 체중이나 표준 체중 이하인 여성 중 상당수가 자신의 체중을 정반대로 잘못 진단하여 비만이라고 생각하는 것이다. 2003년에 미국의 대학 캠퍼스 여섯 곳에서 대학생 2000명 이상을 대상으로 조사한 연구에서는 여성 중 72퍼센트가 자신의 "넓적다리가 너무 뚱뚱하다고" 대답했는데, 남성 중에는 11퍼센트만이 그렇게 대답했다.[50] 실제 체중과는 상관없이 대학생 나이의 여성은 공개적으로 체중을 재는 것을 남성보다 더 불안해하는 것으로 나타났다.[51] 신체 형태 이상(자신의 신체에 결함이 있다고 생각하는 완벽주의자의 과장된 믿음)에 대한 여성의 불안은 섭식 장애가 있는 사람들에게만 나타나는 것이 아니다. 연구 결과는 우리 사회에서 사춘기가 지난 여성 대다수가 그런 불안에 시달리고 있음을 시사한다.[52]

남성과 여성의 자기상에 나타나는 이러한 괴리는 양 성 모두에게 문제가 된다. 이것은 '비만 위기'와 건강에 더 좋은 식사 방법에 대한 대부분의 공중 보건 메시지를 엉뚱한 사람들이 경청하고, 정작 필요한 사람은 듣지 않는다는 것을 의미하기 때문이다. 이것은 계속 말썽을 피우는 아이들에게 화가 난 선생님이 문제 학생들이 자신의 미래를 어떻게 낭비하고 있는지 보여주기 위해 모든 학생이 듣도록 야단치는 것과 같다. 착한 학생들은 화난 선생님의 말을 들으면서 그 야단이 자신을 겨냥한 게 아닌데도 자신이 야단을 맞는다고 생각하여 기분이 상한다. 정작 말썽을 피운 아이들은 교실 뒤쪽에서 선생님이 하는 말은 자신과 상관이 없다고 생각하면서 꾸벅꾸벅 졸거나 계속 말썽을 피운다. 비만 퇴치 캠페인이 우리가 끔찍한 미래를 향해 몽유병자처럼 걸어가고 있다고 말할 때, 건강한 체중을 가진 여성 상당수는 자신의 굵은 위팔을 직접 비난하는 말이라고 생각하는 반면, 비만 남성 중 상당수는 자신과 아무 상관없는 말이라고 생각한다.

일반적으로 여성은 식생활 지침을 더 잘 따르고, 설사 계속 이어가진 못하더라도 건강에 좋은 식사를 하려는 시도도 더 많이 하는 것으로 보인다.[53] 어린 시절에 남자아이는 과일과 채소 섭취가 점점 줄어드는 반면, 여자아이는 아주 약간 늘어나는 경향이 있다. 얼마 전에 영국 어린이들을 조사한 결과에서는 4~6세 남자아이 중 70퍼센트가 사과를 먹지만 15~18세에서는 39퍼센트로 줄어드는 것으로 나타났다. 앞에서 보았듯이, 부모는 건강에 좋은 음식 문제로 나이 많은 아들에게 간섭하길 꺼린다.[54] 하지만 여성은 나이를 먹을수록 샐러드 섭취량이 늘어난다. 4~6세의 여자아이 중 절반만 샐러드를 먹지만 십대 소녀 중에서는 66퍼센트가 먹는데, 아마도 당연히 자신들은 샐러드를 먹어야 한다고 생각하기 때문일 것이다. 어쨌든 많은 소년은 여성처럼 먹는 법을 배우면 많은 혜택을 얻을 수 있다. 태국에서는 소녀가 소년보다 과일과 야채를 훨씬 많이 먹는데, 이것은 비만율에 그대로 반영되어 소년의 비만율이 소녀보다 2배나 높다.[55] 하지만 조사 자료에 따르면, 태국의 어머니들은 아들이 채소를 먹지 않는 것을 문제라고 생각하지 않는 것으로 보인다.

우리는 남성의 비만을 여성의 비만만큼 큰 문제로 생각하지 않기 때문에, 비만이 남성을 얼마나 불행하게 만드는지 제대로 보지 못한다. 쿠웨이트는 세계에서 청소년 비만율이 손꼽을 정도로 높은 나라인데, 14~19세의 청소년 중 거의 절반이 과체중 또는 비만이다. 쿠웨이트의

10대는 다른 아랍 국가의 10대보다 훨씬 뚱뚱하다. 한 조사 결과에 따르면, 14~18세의 쿠웨이트 남자 청소년 중 비만 또는 과체중 비율은 시리아나 리비아보다 두 배 이상 높다.[56] 쿠웨이트는 중동 지역의 다른 나라들보다 '영양 전환'이 훨씬 빨리 일어났다. 즉, 쿠웨이트 사람들은 서양의 패스트푸드를 받아들이는 속도가 다른 나라들보다 예외적으로 빨랐다. 여러 세대 동안 쿠웨이트 사람들은 레바논 같은 이웃 아랍 국가들보다 고기와 지방이 훨씬 많은 음식을 먹어왔다. 이웃 아랍 국가들의 가정식은 가지 소스와 파투시(허브와 빵 샐러드) 등 채소를 기반으로 한 메Mezee, 중동, 그리스, 터키에서 식사 시작 무렵 내놓는 다양한 전채 요리가 주를 이룬다. 쿠웨이트의 전형적인 가정식은 막부스 다자지로, 닭을 통째로 삶은 뒤에 기름에 튀겨 육수에 끓인 쌀밥과 함께 내놓는 요리이다.[57] 미국의 프라이드 치킨과 햄버거가 쿠웨이트시티에 들어왔을 때, 현지 주민의 입맛은 이미 그것을 즐기도록 준비돼 있었다.

쿠웨이트의 비만 위기는 현대의 풍족한 음식 공급 상황에서 전통적인 식사 개념이 아주 잘못된 결과를 낳을 수 있음을 보여주는 또 하나의 사례이다. 쿠웨이트 사람들을 환대를 아주 중요하게 여기는데, 가족 모임조차 추수감사절처럼 성대하게 치를 때가 많다. 뛰어난 중동 음식 전문가인 클로디아 로덴Claudia Roden은 전통 아랍 문화에서 훌륭한 손님이 되려면, "배가 부르더라도 다른 사람들이 먹는 접시에서 음식을 계속 갖다 먹어야 한다. 한 사람이 그만 먹으면, 나머지 사람들도 그만 먹어야 하나 하는 느낌을 받기 때문이다"라고 말한다.[58] 쿠웨이트는 오일 머니 덕분에 1인당 국민 소득이 세계에서 손꼽는 국가가 되어 곳곳에 널따란

쇼핑몰이 들어서고, 외식과 고급 대형 승용차 문화가 확산됐으며, 간식을 즐길 현금도 두둑했다. 이러한 부 때문에 많은 쿠웨이트 사람들은 음식을 지나치게 많이 먹었고, 시리아나 알제리처럼 가난한 나라 사람들보다 체중 증가 속도가 훨씬 빨랐다.

쿠웨이트는 또한 '이상 섭식'이라는 유행병이 특히 소년들 사이에서 크게 번지고 있다. 아랍 세계의 영양에 관한 대표적 전문가인 압둘라만 무사이거Abdulrahman O. Musaiger 교수는 섭식 장애가 이 지역 전체에 광범위하게 퍼지고 있으며, 가장 심각한 섭식 장애를 보이는 10대 청소년은 모두 쿠웨이트의 남자 청소년이라는 사실을 발견했다.[59] 무사이거는 "도저히 멈출 수 없을 것 같은 폭식" 행동을 하거나 "음식이 내 인생을 지배하는 느낌"이나 "음식을 먹고 나서 큰 죄책감"이 드는 횟수를 스스로 평가하는 EAT-26 테스트를 사용해 섭식 장애를 테스트했다. 테스트에 응한 쿠웨이트의 10대 남자 청소년 중 무려 47퍼센트가 '이상 섭식 태도'를 가진 것으로 나타났다(쿠웨이트의 여자 청소년도 상당수가 이상 섭식 행동을 나타냈는데, 그 비율은 43퍼센트였다). 무사이거는 이런 결과는 쿠웨이트 남자 청소년이 '문화적 적응 장애'를 겪기 때문일 수 있다고 결론내렸다. 쿠웨이트는 경제적 현대화에도 불구하고 많은 중동 국가들보다 사회적으로 더 보수적이다. 얼마 전인 2013년에 대학생 약 2000명을 대상으로 조사한 결과에 따르면, 쿠웨이트 젊은이들 중 남녀 평등을 믿는 비율은 겨우 70퍼센트(남성이건 여성이건)에 불과하다.[60] 이 조사에서는 또한 많은 학생들이 서양의 '소비 문화'를 싫어한다고 주장했다. 쿠웨이트 남자아이들은 친척들이 1990년 걸프 전쟁에 대해 이야기하는 걸 듣고 자라며, 미국을 적으로 간주할 수도 있다.

하지만 이들은 미국 문화를 비난하면서도 피자헛(쿠웨이트에는 피자 헛 점포가 마흔아홉 개 있다)에서 슈퍼슈프림 피자를 집어들거나 애플비에서 양념 맛이 강한 갈비를 집어들 때 미국 문화에 동참해 즐긴다. 많은 쿠웨이트 소년들은 매일 적의 음식을 먹고 적의 청량음료를 마신다. 무사이거 교수의 분석에 따르면, "식습관과 날씬함을 조장하는 체형 선호에 미치는 서양 문화의 영향과 평소의 식습관과 정상 체형 또는 살찐 체형을 선호하는 전통 문화 규범의 영향 사이에 놓인" 이 소년들은 동양의 가치와 서양의 가치 사이에서 갈피를 잡지 못하고 있다.[61] 전통적으로 원하는 만큼 맘껏 먹는 것은 소년의 특권이다. 모든 아들(그리고 주변의 어른들 대부분도)이 비만인 쿠웨이트 가정에서는 부모가 아들들을 보면서 건강하다고 생각할 수 있다. 하지만 무사이거의 연구 결과로 판단한다면, 이들은 육체적으로나 정신적으로 절대로 건강하지 않다.

쿠웨이트의 비만 위기에는 단순히 성적 특징뿐만 아니라 더 많은 요소가 관련돼 있다. 하지만 어디에 살건 간에, 건강에 좋은 식사법을 배우는 길을 향해 한 걸음 나아가는 방법은 성별에 기초한 음식 개념을 뛰어넘는 것이다. 상대방의 식습관에서 좋은 점을 모방하려고 노력한다면, 남녀 모두 큰 혜택을 얻을 수 있다. 남성은 채소 섭취에 더 신경을 쓰고, 자신의 몸 크기에 더 정직해질 필요가 있다. 여성은 설탕이 듬뿍 든 핑크색 컵케이크와 초콜릿 대신에 남성처럼 푸짐한 메인코스 요리를 좋아하면 건강에 큰 도움이 될 것이다. 남성과 마찬가지로 여성도 배고플 때 마음껏 먹어도 된다는 점을 알 필요가 있다.

형제(혹은 친구들 중에서 자주 만나는 가상 형제)의 최대 장점은 식탁에서 우리를 덜 외롭게 해준다는 점이다. 우리는 형제의 입맛과 버릇을 모방한다. 그들의 본보기를 통해 콘플레이크 한 접시가 아침 식사로 양이 많지 않다는 사실이나, 반대로 아삭아삭한 셀러리가, 특히 땅콩 버터와 건포도를 곁들인다면, 놀랍도록 맛있다는 사실을 깨달을 수 있다. 가족 중에 테이크아웃 모로코 음식이나 중국 요리 또는 허브에 열광하는 형제가 있으면, 우리의 지평이 그만큼 넓어진다. 그리고 함께 식사를 하면(단, 티격태격 다투지 않고서), 모든 음식이 훨씬 맛있다.

형제는 식탁에서 반드시 경쟁자여야 할 이유가 없다. 요즘 나는 언니와 서로 다른 대륙에 살고 있어(언니는 미국으로 건너갔고, 나는 유럽에 남아 있다) 내가 원하는 만큼 식사를 자주 함께 하진 못한다. 하지만 우리가 만나면, 식사 역학은 이전과는 아주 딴판으로 펼쳐진다. 이제 우리는 중년이 되었고 자식도 있기 때문에 둘 다 차분해졌으며, 그 결과로 먹는 것에서 전에는 가능하리라고는 꿈도 꾸지 못했던 일종의 수렴이 일어났다. 자리에 앉아 나란히 음식을 먹을 때 우리는 서로 크게 다르지 않다는 사실을 확인한다. 둘 다 아주 진한 커피와 크림치즈 대신에 버터를 바른 베이글, 아보카도 스시 롤, 모든 종류의 과일, 특히 가을에는 어머니를 생각나게 하는 아삭아삭하고 시큼한 사과나 잘 익은 배를 좋아한다. 내가 언니 집을 방문할 때면 우리는 언니 집 근처에 있는 베트남 델리카트슨에 가끔 들르는데, 이 집은 샌드위치를 맛있게 만든다. 언니는 두부 반미를 주문한다. 이것은 부드럽고 긴 빵 샌드위치에 아삭아삭한 고수 잎을 곁들여 간장에 재운 두부와 당근 피클과 무가 들어간다. 나는

식습관의 인문학

나다움을 증명하기 위해 호밀빵에 로스트비프를 주문할까 생각하면서 잠깐 망설인다. 그러다가 언니와 똑같은 것을 주문한다.

초콜릿

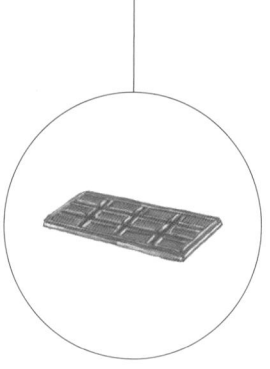

마케팅 전문가 브라이언 어빅은 "무슨 이유에서인지 여성은 초콜릿과 특별한 관계가 있다"라고 썼다.[62] TV에서 내보내는 초콜릿 광고는 거의 다 여성을 겨냥해 만들어지며, 마음을 녹이는 그 매력 앞에서 여성은 속절없이 무너지는 것으로 묘사한다.

소녀와 여성을 위한 음식(갈망의 대상이지만 먹고 나서는 곧 후회하는)이라는 초콜릿의 지위는 너무나도 깊이 뿌리박혀 있어서 초콜릿에 포함된 화학 물질을 갈망하게 만드는 요소가 여성의 마음속 깊은 곳에 있는 게 아닌가 하는 생각이 들기 쉽다. 소녀들 자신도 생리 기간이기 때문에 초콜릿의 행복한 세로토닌 성분이 '필요'하다면서 자주 그런 식으로 이야기한다.

초콜릿에 강력한 화학 물질이 들어 있다는 것은 의심의 여지가 없다. 그런 물질 중에는 페닐에틸아민(암페타민 비슷한 물질)과 카페인과 아난다마이드(대마초 성분인 카나비노이드의 일종)가 있다. 하지만 대다수 여성이 갈망하는 초콜릿은 다크초콜릿이 아니라 밀크초콜릿인데, 밀크초콜릿은 이런 성분들이 아주 적은 대신에 설탕과 지방 함량이 높다. 만약 '초콜릿 중독자'가 갈망하는 게 있다면, 그것은 필시 설탕이 촉발하는 도파민 분비일 것이다. 월경 호르몬이 여성에게 초콜릿을 갈망하게 만든다는 개념은 최근의 연구[63]를 통해 그 근거가 약해졌는데, 이 연구에서 연구자들은 폐경기 여성은 더 이상 생리를 하지 않는데도 초콜릿을 갈망하는 욕구가 아주 약간만 감소했다는 사실을 발견했다. 연구자들은 호르몬이 아니라 스트레스가 여성에게 초콜릿을 갈망하게 만든다는 결론을 얻었다.

여성이 초콜릿과 특별한 관계에 있는 이유는 우리 문화가 그렇게 하라고 시키기 때문이다. 그 뿌리는 단것은 '숙녀'를 위한 것인 반면, 짭짤한 맛은 남성을 위한 것이라는 케케묵고 실없는 소리로 거슬러 올라간다. 자극적인 향기, 달콤한 맛, 체온에서 녹는 방식 등의 특징을 지닌 초콜릿이 매력적인 물질이라는 것은 의심의 여지가 없다. 하지만 반드시 여성이 남성보다 그 경험을 더 추구해야 할 생물학적 당위성은 없다.

2006년, 에스파냐와 미국에서 학생들을 대상으로 흥미로운 연구를 했다.[64] 미국인의 경우, 남성은 59퍼센트만이 초콜릿을 몹시 원한다고 대답한 반면, 여성은 91퍼센트가 몹시 원한다고 대답했다. 에스파냐에서는 남성은 78퍼센트가, 여성은 90퍼센트가 초콜릿을 몹시 원한다고 대답하여 남녀 사이의 차이가 더 작았다. 이 결과는 여성이 초콜릿을 갈망하는 성향은 선천적으로 타고나는 것이 아니라 문화적으로 결정된다는 것을 분명히 시사한다.

여성이 초콜릿을 갈망하는 성향은 대표적인 학습 행동이다. 여성은 아주 어릴 때부터 초콜릿은 특별한 것이고, '자신들을 위한 것'이라는 사실을 받아들인다. 여성은 생일과 축일에 또는 눈물을 진정시키기 위해 초콜릿을 선물로 받는다. 우리는 기분이 울적할 때 초콜릿이 자신을 달래주고, 행복할 때에는 더 행복하게 해줄 것이라는 메시지를 받아들인다. 우리는 스스로에게 단지 초콜릿을 원하기만 하는 게 아니라 그것이 필요하다고 말한다. 하지만 초콜릿을 살 때 죄책감을 느끼는 쪽은 남성보다 여성이 더 많은 것으로 보인다.[65]

여성의 생리학 때문에 한 달에 한 번씩 초콜릿이 필요한 것은 아니다. 그것은 마시멜로나 마카롱, 소금을 섞은 캐러멜 에클레어가 필요하지 않은 것과 마찬가지다. 만약 초콜릿을 좋아하는 성향이 학습된 것이라면, (비록 불가능해 보일지라도) 그것은 잊어버리거나 적어도 약간 감소시킬 수는 있다.

6장

배고픔

그래서 내가 배고픔에 대한 글을 쓸 때면
실제로는 사랑에 대한 글을 쓰게 된다……

_피셔M. F. K. Fisher, 『식사의 예술The Art of Eating』

한 아이가 정신이 멍해져 책상 아래로 몸이 스르르 내려가더니 바닥으로 쓰러진다. 또 한 아이는 매일 아침 몇 시간씩 하품을 하다가 점심을 먹고 나서야 겨우 정신을 차린다. 세 번째 아이는 마치 뇌가 없는 듯이 아주 단순한 수업에도 집중하지 못하는 것처럼 보인다.

이러한 굶주림우리말에서는 굶주림과 배고픔이란 단어가 서로 다른 뜻으로 쓰이지만, hunger라는 영어 단어는 두 가지 뜻을 다 담고 있다. 어쩔 수 없이 이 책에서는 문맥에 따라 굶주림으로 번역하기도 하고 배고픔으로 번역할 것이다은 먹을 것이 풍족한 문명 사회에서는 더 이상 존재하지 않아야 마땅하지만, 굶주린 사람들을 돕는 자선 단체에서 일하는 사람들은 부유한 서양 국가들의 일부 학교에서도 이런 장면이 매일 연출된다고 증언한다. 노 키드 헝그리No Kid Hungry 운동은 아침 식사를 하지 않은 어린이는 공부를 할 준비가 제대로 되지 않았다는 전제 하에 미국 전역의 2만 5000여 개 학교에서 저소득층 어린이에게 무료 아침 식사를 제공하기 위해 주와 시 단위에서 활동을 펼치고 있다.[1] 아이에게 시리얼과 과일 약간, 우유 한 통을 주는 것은 아주 작은 일이다. 반면에 한 아이의 미래라는 관점에서 보면, 아침을 먹는 것은 결코 작은 일이 아니다. 그것은 교육을 제대로 받고 그 교육이 가져다주는 모든 이득을 누릴 준비가 되느냐, 아니면 그럴 준비가 전혀 되지 않느냐 하는 차이를 빚어낸다. 노 키드 헝그리를 위해 일하는 사람들은 다른 저소득층 학생들에 비해 학교에서 공짜 아침을 먹는 아이들이 수학 성적과 출석률이 더 높고, 고등학교를 졸업할 확률도 더 높으며, 가장 중요하게는 어른이 되어서 굶주림을 경험할 확률이 낮다는 사실을 발견했다. 아침을 반드시 먹는 패턴이 일단 정착되면, 이 습관은 평생 동안 음식을 먹는 방식을 바꾸어놓는다.

배고픔을 채우는 것은 식사의 가장 기본적인 기능이다. 음식이 충분히 많이 있다고 가정하면(푸드 뱅크와 학교 아침 식사 계획의 존재가 상기시키듯이 늘 이렇게 가정할 수 있는 것은 아니다), 배고픔을 관리하는 법은 반드시 배워야 하는 것으로 보이지 않는다. 특정 음식에 대한 식욕과 달리 배고픔은 타고난 동물적 메커니즘이다. 하지만 오늘날의 음식 환경에서 발생하는 배고픔은 결코 간단한 것이 아니다. 굶주리는 제3세계에서나 배부른 서구 세계에서나 유아기가 지난 뒤에 지나치지 않을 정도로 적절하게 배고픔을 달래는 능력을 습득하는 것은 아주 복잡한 과제가 되었다.

식습관의 인문학

약간의 배고픔은 권태와 마찬가지로 현대의 양육 방식과 풍족한 세계의 결합에 힘입어 중산층 가정에서는 거의 사라진 것으로 보이는 어린 시절의 불편 중 하나이다. 어린이와 어른 할 것 없이 모두 다 나쁜 기분을 몰아내기 위해 늘 간식을 입에 달고 산다. 내 핸드백에는 내 아이들이 "배고파요!"라고 외칠 때마다 주려고 캐슈, 시리얼 바, 말린 과일을 넣는 칸이 따로 마련돼 있는데, 이 아이들은 진짜 배가 고파서 위를 할퀴는 듯한 공복감을 경험한 적이 없다. 오늘날 사람들은 배에서 꾸르륵 소리가 나기도 전에 아예 싹을 잘라 배고픔을 해결하려는 경향이 있다. 하지만 진짜 아동 영양실조 문제에 대해서는 우리는 그런 것이 아예 존재하지 않는 듯이 군다. 가난한 나라들의 영양실조는 아직도 전 세계에서 아동 사망의 첫 번째 원인으로 남아 있지만, 그 효과는 주변의 가까운 곳에서도 볼 수 있다.

아동 비만 증가는 우리의 식사 문제는 오로지 너무 많이 먹는 것에만 있다는 착각을 불러일으키며, 영양실조가 바로 눈앞에 있는데도 우리는 그것을 제대로 알아보지 못한다. 어떤 사람들은 선진국에서 정말로 굶주리는 어린이가 있다는 사실을 믿으려 하지 않는다. 하지만 미국에서 가장 큰 기아 구호 단체인 피딩 아메리카Feeding America는 1580만 명의 미국 어린이가 적어도 때로는 '음식 공급이 불안정한' 가정에서 살고 있으며, 따라서 굶주림을 겪고 있다고 추정한다. 2014년에 피딩 아메리카의 푸드 뱅크food bank, 가난한 사람들에게 무료로 음식을 제공하는 곳를 사용하는 가정들의 가계 소득 중앙값은 겨우 9175달러였다.[2] 그들이 돌보는 가족 중 84퍼센트는 건강에 좋은 것이건 나쁜 것이건 상관없이 가장 싼 식품을 산다고 보고한다. 값싼 식품이라고 해서 '반드시' 건강에 좋지 않거나 불만족스럽거나 필수 영양소가 부족한 것은 아니지만, 대개는 그런 것이 많다. 오늘날 부유한 나라의 많은 어린이는 값싼 탄수화물에서 많은 칼로리를 얻지만 몸에 필요한 미량 영양소를 충분히 섭취하지 못해 과체중이면서 영양실조에 빠지는 역설적 상황에 놓여 있다(이것을 '숨겨진 기아hidden hunger'라 부른다). 하지만 그와 동시에 많은 어린이는 전통적인 의미의 굶주림을 겪고 있는데, 음식 섭취 부족으로, 특히 어린이가 성장하는 데 필요한 단백질 부족으로 어지러움을 느낀다. 그리고 어떤 굶주림도 어린이가 경험하는 굶주림만큼 극심하게 고통스럽지 않다.

교사들은 운동장에서 실신하는 어린이, 단것과 청량 음료 또는 먹다 남은 배달 튀김 음식으로 아침을 때우고 학교에 오는 어린이, 그리고 드물게는 TV 뉴스에 나오는 아프리카 어린이처럼 복부가 빵빵하게 부어오른 남녀 어린이가 있다고 보고한다. 2001년에 여성 기업가 출신인 카멜 매코넬Carmel McConnell이 책을 쓰기 위해 자료 조사차 런던 도심의 학교들을 방문했다가 배고픔을 호소하는 학생들에 대한 이야기를 듣고서 충격을 받아 세운 자선 단체가 매직 브렉퍼스트Magic Breakfast이다. 현재 매직 브렉퍼스트는 모닝 '클럽'을 통해 8000명 이상의 어린이에게 건강에 좋은 아침 식사를 제공하고 있다. 차가운 시리얼과 우유, 신선한 과일, 버터와 잼과 함께 특별히 단백질 함량이 높은 베이글, 그리고 먹도록 설득하는 데 성공하기만 한다면 어린이에게 포만감을 주는 포리지도 가끔 제공한다.

7월의 어느 화창한 날 아침, 나는 남부 런던의 가난한 지역에 있는

'훌륭한' 학교 키워스 초등학교에서 매직 브렉퍼스트를 먹는다. 아이들 (4~8세)은 버터를 바른 베이글과 함께 사과와 오렌지 조각을 먹고 있다. 교실 안에는 향긋한 토스트 냄새가 감돈다. 분위기는 평온하다. 식탁 한 쪽 끝에는 축구에 미친 남자아이들이, 반대쪽 끝에는 재잘거리는 여자 아이들이 앉아서 식사를 한다. 교장 선생님인 수시 위텀Susi Whittome은 아침 식사 클럽을 도입하기 전에는 아이들이 졸린 상태나 '기분 나쁜' 상태로 학교에 오는 일이 많았다고 한다. 그래서 많은 아이들이 수업 시간에 말썽을 피우거나 잠이 들었는데, 그것은 모두 굶주림 때문에 일어나는 일로 밝혀졌다. 이제 더 이상 굶주리지 않자, 아이들의 행동과 교육적 성과가 크게 개선되었다. 위텀은 아이들이 '사회 정의를 위한 대사'가 되어 학교를 떠나길 원하는데, 배가 고픈 상태에서는 그러기가 쉽지 않다.

장기간의 굶주림에서 나타나는 증상은 끔찍하고 복잡한데, 어린이의 경우는 더욱 그렇다. 어린이는 체중 감소 외에도 늘 피곤하고, 춥고, 불안하고, 침울하거나 고립된 느낌이 들 수 있다. 다치기도 쉽고, 집중력이 떨어진다. 피부에 윤기가 사라지고, 영구적인 소름이 돋거나 입술이 갈라질 수 있다. "흑인 어린이의 하얀 입술"은 1960년대에 플로리다 주에서 농촌 지역 노동자들과 그 가족들과 함께 일한 사회복지사이자 교사인 마빈 데이비스Marvin Davies가 관찰한 굶주림의 한 가지 징후였다.[3] 장기간의 만성 영양실조는 뇌의 발달과 성장에 영향을 미치기 때문에 평생 동안 지속되는 효과를 남긴다. 전 세계의 어린이 네 명 중 한 명은 굶주림 때문에 발육에 지장을 받으며, 그 결과 중 많은 것은 되돌릴 수가 없다.[4] 하지만 단기적으로 음식에는 영양실조의 증상을 아주 빨리 되돌릴 수 있는 힘이 있다. 단 3~4주일만 적절한 음식을 섭취하더라도, 아이의 몸은 정상 상태로 돌아갈 수 있다. 개발도상국에서 굶주린 사람들을 돕는 자선 단체들 역시 음식을 제대로 먹인 아이들의 빠른 회복 속도를 이야기한다. 매직 브렉퍼스트는 아이들이 첫 번째 베이글을 먹는 바로 그 순간에 기운이 돌아온다고 이야기하는데, 그러한 아침 식사는 오전 수업 동안 말짱한 정신으로 버틸 만큼 충분한 에너지를 공급할 수 있다. 굶주림이 초래하는 심리적 결과는 말할 필요도 없이 훨씬 오래 지속된다.

내가 키워스 초등학교에서 어린이들과 함께 앉아 밥을 먹으면서 아침 식사에서 좋은 점이 무엇이냐고 물었을 때, 내심 주로 음식에 관한 이야기가 나오리라고 기대했다. 분명히 그들은 베이글을 맛있게 씹고 있었다. 하지만 대부분의 어린이가 한 말은 사교적 측면에 관한 이야기였다. 한 아이는 "이렇게 아침 식사를 하는 게 재미있어요"라고 대답했고, 또 한 아이는 "가장 좋은 것은 게임을 하는 거예요"라고 대답했다. 아이들이 식사를 마치고 그릇을 치우고 나면, 밀린 숙제를 하거나 모노폴리와 커넥트 포 같은 보드게임을 할 수 있다. 세 자매는 나란히 앉아 웃고 있었다.

많은 아이들은 온 가족이 함께 둘러앉아 식사를 할 수 있는 방이 없을 만큼 아주 작은 집에서 산다. 한 여자아이에게 주말 아침에는 무엇을 먹느냐고 묻자, "아무거나 대중없어요"라고 대답했다. 이들의 삶에서 부족한 것은 음식뿐만이 아니다. 식사를 함께 할 공간도 부족하고, 잘 조직된 공동 식사에서 얻는 편안하고 안정된 분위기도 부족하다. 2011년, 어

식습관의 인문학

린 자녀가 있는 저소득층 2만 2000가구 이상을 조사한 연구에서는 비좁은 집에서 사는 사람들은 음식 불안정성을 겪을 가능성이 더 높은 것으로 나타났다.[5] 100년 전에 글래스고에서 연구자들은 어린이가 사는 집 크기와 음식을 제대로 먹지 못하는 형편 사이에 직접적인 상관관계가 있다는 사실을 발견했다. 방 네 개짜리 집에서 사는 어린이는 평균 체중이 29.5킬로그램인 반면, 방 세 개짜리 집에서 사는 어린이는 27킬로그램이었고, 단칸방에서 사는 어린이는 겨우 23.6킬로그램이었다.[6] 집 크기와 어린이의 체중은 모두 가난에 그 원인이 있을 것이다. 단칸방에서 사는 가족들은 음식에 쓸 돈도 가장 적었다. 어느 쪽이건, 비좁은 집은 지금도 가족에게 영양을 제대로 공급하는 데 큰 장애물 중 하나인데, 식사의 만족도는 음식 자체뿐만 아니라 식사하는 장소와 함께 먹는 사람에 따라서도 달라지기 때문이다.

아침 식사 클럽은 이 어린이들에게 쪼들리는 가족이 아무리 열심히 노력하더라도 줄 수 없는 것을 제공한다. 그것은 바로 널찍한 식탁에 친구들과 함께 둘러앉아 식사를 하는 기회이다. 굶주림을 예방하려면 당연히 음식(적절한 음식)이 필수적이다. 고단백질 베이글은 좋은 음식인데, 제대로 먹지 못해 배가 꾸르륵거리고 머리가 흐릿했던 아이에게는 특히 그렇다. 하지만 키워스 초등학교의 어린이들과 대화를 나누면서 나는 이들에게 충족시켜야 할 갈망은 단지 토스트가 아니라는 사실을 분명히 알게 되었다. 이것과 같은 아침 식사 클럽이 큰 효과를 거둔 이유는 음식의 굶주림뿐만 아니라 사회적 상호작용의 굶주림까지 해소시켜주기 때문이다.

굶주림은 아주 깊은 곳까지 파고든다. 그것을 완전히 해소하기 전에 자신이 정말로 굶주리고 있는 것이 무엇인지 알 필요가 있다.

식사 문제에서 단일 요소로 가장 중요한 기술은 필요에 따라 먹는 음식의 양을 조절하는 능력일 것이다. 이것은 숙달하기 아주 어려운 기술이기도 하다. 가까운 관계에 있는 식욕과는 대조적으로 배고픔은 기본적인 충동처럼 보인다. 즉, 몸이 음식을 원하는 생물학적 필요가 배고픔으로 표현되는 것으로 보인다. 하지만 배고픔을 더 자세히 들여다보면, 배고픔이 단순한 충동이 아니라는 사실이 분명해진다. 배고픔은 항상 일종의 텅 빈 상태(영양분의 부족)이지만, 그것을 채우는 데 무엇이 필요한지는 분명하지 않다. 어렸을 때 우리는 우리 몸에 필요한 음식에 대해 부분적으로만 반응하는 방식으로 배고픔에 반응하는 법을 배웠다. 우리는 체중을 줄이기 위해 덜 먹는 식으로 배고픔을 억제했을 수도 있고, 더 많이 먹기 위해 배고픔을 가장했을 수도 있다. 혹은 친구들과 계속 놀기 위해 배고픔을 완전히 무시했을 수도 있다. 현대 세계에서는 배가 고프니까 먹는다는 아주 단순한 방식으로 식사를 하는 경우는 아주 드물다. 대부분의 사람들에게 큰 문제는 음식을 충분히 먹었음을 인식하는 법을 배우는 것이다.

생리학자 앤턴 칼슨Anton J. Carlson은 "먹을 것을 찾는 갓난아기의 울음소리"는 "가장 순수한 형태"의 배고픔이며, 젖을 먹이는 즉시 멈추는 고통이라고 말한다.[7] 나머지 인생을 사는 동안 배고픔은 다시는 그 정도로 순수한 형태로 나타나지 않는다. 동물의 경우, 배고픔을 가늠하는 주

식습관의 인문학

요 지표는 음식을 갈망하는 정도이지만, 인간의 한 가지 별난 점은 배가 터질 지경인데도 더 먹으려고 할 때가 가끔 있다는 것이다. 거식증 환자의 존재는 배가 고픈데도 음식을 먹고 싶은 생각이 없는 게 가능함을 보여준다. 배가 너무 불러 이제 한 숟가락도 더 못 먹겠다고 말하면서 메인 코스 요리를 옆으로 치운 어린이도 컵케이크가 나오면 실제로는 자신이 몹시 '굶주린' 상태라는 사실을 발견한다. 많은 사람들은 '배고픔'이 음식을 먹기 위한 궁극적인 핑계라는 것을 금방 배운다. 10대 시절에 나는 실제로는 외롭고 따분할 때 배가 고프다고 말한 적이 자주 있었다. 배가 고프다고 애원하면서 간식을 달라고 하는 아이의 요청을 뿌리치기란 무척 어렵다. 아마도 어른도 크게 다르지 않을 것이다. 나는 웨이터가 상냥한 미소를 지으며 우리에게는 위가 두 개 있는데, 하나는 짭짤한 음식을 위한 것이고, 또 하나는 단것을 위한 것이라고 한 말(디저트 메뉴에서 뭔가를 더 팔기 위해)을 몇 번이나 들었는지 셀 수조차 없다.

치즈케이크를 한 조각 더 먹는 걸 정당화하기 위해 스스로에게 하는 작은 거짓말은 무시하더라도, 배고픔은 측정하거나 정의하기가 쉽지 않다. 메스꺼움이나 복통의 느낌(배고픔의 정반대 느낌이어야 마땅하지만)은 초기 단계에서는 놀랍게도 배고픔의 느낌과 비슷하다. 위장관에서 꾸르륵거리는 소리, 복부를 찌르는 듯한 통증, 몸에 뭔가 고장이 나 고치려면 뭔가를 투입해야 한다는 불안한 느낌 같은 것이 그렇다. 마찬가지로 배가 너무 고프면, 배고픔을 전혀 느끼지 못할 수도 있다. 심한 영양실조에 걸린 어린이를 돕는 구호 요원은 '식욕 테스트'를 한다. 만약 아이가 너무 쇠약해져서 부모가 주는 적은 양의 음식도 거부한다면, 위험이 임박한 상태이므로 얼른 병원으로 데려가야 한다. 배고픔 감각을 측정할 때 영양사들 사이에서 보편적으로 인정된 기준은 없다.[8] 상식적으로는 마지막으로 음식을 먹고 나서 흐른 시간으로 배고픔을 측정할 수 있을 것 같다. 만약 음식이 연료라면, 우리는 마지막으로 연료 탱크를 채운 뒤(대개 아침에) 가장 오랜 시간이 흘렀을 때 연료 탱크가 가장 많이 비어 있다고 느낄 것이다. 한밤중에 열린 연회에서 음식을 먹지 않은 이상 식사와 다음 식사 사이의 가장 긴 간격은 저녁을 먹고 나서 아침을 먹기까지의 한밤중이다. 하지만 많은 실험 결과에 따르면, 저녁 식사와 아침 식사 사이의 긴 시간 간격에도 불구하고, 사람들은 아침에 가장 배가 고프다고 느끼지 않는 경향이 있다.[9]

대부분의 사람들은 가장 심한 배고픔을 주중의 아침 식사 시간에 느끼지 않는다(주말 아침에 배고픔을 느낄 가능성이 더 높은데, 이것은 배고픔이 사회적 충동임을 뒷받침하는 또 하나의 단서이다).[10] 어떤 사람은 아침에 뭐든지 많이 먹게 하려면 잘 구슬려야 한다(내게는 신기하게 보이지만). 내가 살아오면서 가장 크게 후회하는 일 중 하나는 열일곱 살 때 언어 교환 학습을 위해 프랑스의 어느 가정에 가서 바로 그런 사람인 것처럼 행세했던 일이다. 첫날 아침에 그들은 내게 아침 식사로 무엇을 좋아하느냐고 물었다. 나는 부자연스러운 프랑스어로 그냥 블랙커피만 마시면 된다고 말했다. 그렇게 말하면 좀 세련돼 보일 거라고 생각하고서 말이다(아, 물론 집에 돌아갈 때쯤이면 프랑스 소녀처럼 날씬해질 거라고 스스로를 정당화하면서). 매일 아침 나는 그 집 가족이 껍질이 딱딱한 바게트에 흰 버터와 살구 잼을 발라 우유를 탄 커피와 핫 초콜릿과 함께 맛있게 먹는 것을 속으로 부러워하면서 말없이 지켜보았다. 나는 얼얼한 블랙커피만 홀짝였다. 자존심 때문에 내가 얼마나 배가 고픈지 차마 털어놓을 수 없었다.

식사와 식사 사이의 간격 외에 배고픔을 측정하는 또 한 가지 방법은 다양한 호르몬 '바이오마커biomarke, 생물학적 지표'를 사용하는 것이다. 이것은 어떤 사람이 배고픈지 아닌지 판단하는 데 더 객관적이고 과학적인 방법을 제공하는 것처럼 보이지만, 실제로는 배고픔이 완전히 객관적인 것이 아님을 확인시켜준다. 1950년대에 저혈당은 배고픔의 주요 원인으로 간주되었다(하버드대학교의 영양학자 진 메이어Jean Mayer가 주장한 이 이론을 '당질 조절 이론glucostatic theory'이라 부른다). 어린 아기와 오후를 함께 보내면, 가끔 아기의 혈당치가 1초가 지날 때마다 뚝뚝 떨어지는 게 보이는 느낌을 받는다. 그때를 놓치지 않고 바나나로 대처한다면, 아무 문제가 없다. 하지만 제때 적절히 대처하지 않는다면, 아기는 온갖 짜증을 다 부린다.

혈당과 배고픔 사이에는 분명히 어떤 연관 관계가 있다. 당뇨병 환자에게서 보듯이, 혈당치가 너무 낮을 때 우리 몸은 떨림과 메스꺼움, 발한 등의 심한 반응을 나타낸다. 하지만 그렇다고 해서 혈당을 그대로 배고픔의 척도로 사용할 수 있다는 말은 아니다. 절대 혈당 수치와 배고픔 또는 배부름 사이의 상관관계는 아주 미약한 것으로 밝혀졌다.[11] 포도당 주사를 맞아도 식욕은 별로 줄어들지 않는다. 이상하게도 혈당치가 높더라도 작은창자의 당 수치는 높아지지 않는다.[12] 배고픔을 촉발하는 것은 혈당치가 급격히 떨어질 때이다. 실험실 상황에서 짧은 시간(수 분

정도) 동안 혈당이 감소하면, 인간 피험자에게서 음식을 달라고 요구하는 반응이 거의 확실히 나타난다. 하지만 이게 다가 아니다. 한 연구에서는 과체중인 남성 15명에게 시계를 비롯해 식사 시간이 언제인지 알려주는 단서가 전혀 없는 고립된 방에 머물게 하면서 혈당치를 계속 관찰했다.[13] 그들은 원할 때면 언제든지 먹을 것을 달라고 요구할 수 있었다. 그들은 식간의 '흡수 후 상태'에 있을 때, 즉 마지막으로 먹은 음식이 전부 다 소화관에서 흡수된 뒤에 40번의 식사를 요구했다. 하지만 배가 고팠던 순간은 혈당치 감소와 전혀 일치하지 않았다.

배고픔을 알려주는 또 하나의 '바이오마커'는 창자에서 분비되는 CCK(콜레시스토키닌cholecystokinin. 쓸개의 수축과 이자의 소화액 분비를 촉진시키는 물질. 샘창자에서 분비된다)라는 호르몬이다. CCK는 몸이 지방이나 단백질을 감지할 때 혈액 속으로 분비된다. 적어도 열여섯 건의 연구에서 CCK가 배고픔을 억제한다는 사실이 밝혀졌지만, CCK는 주로 위가 가득 찼을 때 작용하기 때문에 배고픔의 척도로 사용될 전망은 그다지 밝아 보이지 않는다. 건강한 남성 열두 명에게 정맥 주사로 CCK를 천천히 주입하자, 그들은 먹던 음식(딸기 젤리를 곁들인 리츠 크래커를 포함해)의 양을 자발적으로 평균 122그램 줄였다. 하지만 평균값은 큰 편차를 가리는 경향이 있다. 열두 명 중 세 명은 실제로는 CCK를 주입했을 때 음식을 '더 많이' 먹었다. 2003년에 실시된 한 연구에서는 CCK의 식욕 억제 효과는 위가 팽창했을 때 크게 증가한다는 사실이 밝혀졌다.[14] 하지만 위가 팽창한 사람은 CCK와 상관없이 배부른 느낌을 받는다는 사실을 우리는 이미 알고 있다.

식습관의 인문학

과학계는 둘이 함께 작용해 배고픔에 영향을 미치는 것으로 보이는 렙틴leptin과 그렐린ghrelin이라는 호르몬에 흥분된 반응을 보였다. 이론에 따르면, 렙틴은 배고픔을 감소시키고, 그렐린은 배고픔을 증가시킨다고 한다. 동물 실험에서는 분명히 렙틴(몸에 저장된 체지방을 얼마나 이용할 수 있는지 뇌에 지시하는 호르몬) 농도가 높으면 음식을 덜 먹었다. 하지만 인간의 경우에는 문제가 간단하지 않다. 드물긴 하지만 비만이 심하고 렙틴이 부족한 아동이 배고픔에 사로잡혀 쓰레기통에서 썩어가는 음식이나 냉동실에서 조리되지 않은 피시 핑거를 뒤지는 사례가 있다. 이들에게 렙틴을 주사하자 배고픔과 체중이 모두 정상 수준으로 돌아왔다. 하지만 평균 체중을 가진 사람들의 경우에는 식사를 하고 나서 어느 정도 시간이 지나도 렙틴 농도에 큰 변화가 없다. 렙틴 농도가 눈에 띌 만큼 떨어지려면 더 오래(24시간 정도) 굶어야 한다.[15]

렙틴이 이용 가능한 지방이 얼마나 많은가 하는 정보를 뇌에 보낸다는 사실을 감안하면, 배고픔의 척도로 쓸 수 있는 렙틴의 유용성은 몸에서 일어나는 그 밖의 일에 달려 있다. 폭식을 하는 사람은 비만인 사람처럼 몸 속에 순환하는 렙틴 농도가 상대적으로 높을 때가 많지만, 그렇다고 해서 이들이 배고픔을 전혀 경험하지 않는 것은 아니다.[16] 비만은 몸 속에서 렙틴에 대한 내성을 촉발하여 렙틴이 식욕을 감소시키는 신호 기능을 잃을지 모른다는 주장이 제기되었다.[17]

배고픔의 바이오마커로는 그렐린(배고픔을 자극하는 물질)이 더 유망할지 모른다. 프라더-윌리 증후군Prader-Willi syndrome이라는 희귀 질환 환자는 달랠 수 없는 극심한 배고픔을 경험하는데, 몸속의 그렐린 농도가 보통 사람보다 4.5배나 높다. 하지만 그렐린의 존재 유무는 배고픔을 촉발하는 충분한 원인이 못 된다. 규칙적인 식사를 하는 사람들의 경우, 배고픔 느낌은 몸속에서 그렐린의 양이 증가하기 '전에' 찾아오는 것으로 보인다.[18]

누가 배가 고픈지 아닌지 측정하기 위해 과학자들이 가장 보편적으로 사용하는 방법은 아직까지도 직접 당사자에게 물어보는 것이다. 그리고 그 대답을 도표 위에 점수로 나타낸다. 예를 들면, "배가 얼마나 고픕니까?"라고 묻고, 그 대답을 "전혀 배고프지 않다"와 "평생 동안 경험한 것 중 가장 배고프다"가 양 끝에 위치한 직선 위에 표시하게 한다. 우리 몸은 음식을 원할 때 상당히 분명한 신호를 일부 내보낸다. 예를 들면, 배가 꽉 조이는 느낌, 소화관이 꾸르륵거리는 소리, 속이 텅 빈 느낌, 약간 어지러운 느낌, 입이나 목이 바싹 마르는 느낌, 그리고 때로는 기묘한 흥분성 등이 그런 것이다. 뇌에서 대뇌를 제거한 비둘기는 배가 고프면 매우 초조하게 이리저리 뛰어다니는 행동을 보이지만, 밀을 몇 알 주워먹고 나면 즉각 그런 행동을 멈춘다.[19] 사람은 비둘기가 아니다. 주관적인 배고픔 보고는 사람마다 배고픔을 아주 다른 방식으로 경험한다는 문제점이 있다.

내 어머니는 전시(1941년)에 태어났는데, 전쟁이 끝난 뒤 여전히 배급제가 시행 중이던 1940년대 후반에 겪었던 배고픔에 대해 언니와 내게 자주 이야기했다. 어머니는 평생 동안 양이 적은 음식에 대한 두려움을 떨치지 못했는데, 그 원인을 이때 경험했던 내핍 탓으로 돌렸다. 배급제는 어머니에게 음식은 아무리 많아도 지나치지 않다는 교훈을 주었

식습관의 인문학

다. 세월이 한참 지난 뒤, 가족끼리 자동차로 긴 여행에 나섰을 때, 도로변에 있던 리틀 셰프라는 식당을 보고서도 그냥 지나쳐야 했는데, 그곳 음식이 나빠서가 아니라(사실, 음식이 나쁘긴 했다) '리틀'이라는 형용사에서 음식을 충분히 먹을 수 없을 것이라는 인상을 받았기 때문이다. 배급제가 시행되던 시절의 배고픔이 얼마나 심했는지 설명하기 위해 어머니가 반복적으로 하는 이야기가 있다. 그 당시 어렸던 어머니는 너무나도 배가 고픈 나머지 식품 저장실로 달려가 마가린 한 덩어리를 다 먹어치웠다고 한다. 그토록 엄청난 배고픔이라니! 그런데 어느 날, 어머니의 오빠, 즉 내 외삼촌이 우리 집에서 점심 식사를 할 때, 어머니가 그 마가린 이야기를 또 꺼냈다. 그러면서 외삼촌에게 전시의 그 끔찍한 배고픔을 아직도 기억하고 있느냐고 물었다. 그러자 외삼촌은 특별히 기억하고 있진 않다고 말하면서 화제를 돌렸다.

배고픔이 인체에 실제로 어떤 일을 하는지 측정하려는 시도 중에서 가장 유명한 것은 1944~1945년에 미네소타대학교에서 실시한 미네소타 기아 실험이다.[20] 24주일 동안 건장하고 건강한 젊은이 36명이 오늘날 많은 체중 감량 다이어트에 해당하는 하루 1560칼로리의 음식으로 살아가는 실험을 했다. 이들은 평균적으로 체중이 4분의 1 정도 감소했을 뿐만 아니라, 심리적 및 육체적으로 심한 고통을 겪었다. 일부 젊은이는 코드북을 읽는 데 집착했다. 많은 젊은이는 성 충동이 감퇴했고, 사교성이 위축되었다. 그리고 보편적으로 어지러움을 느끼고, 기분이 침울해지고, 불안감을 느꼈다. 또, 손톱을 물어뜯고, 껌을 씹고, 커피를 많이 마셨다. 몇 사람은 다른 사람들보다 음식을 적게 받는다는 피해 망상에 시달리거나 음식을 물과 양념에 푹 담그는 것과 같은 이상한 행동을 했다.[21] 하지만 이들은 모두 똑같은 양의 음식을 먹었는데도, 배고픔에서 느끼는 고통의 정도와 질에는 차이가 있었다. 3분의 2는 항상 배고픔을 느낀다고 보고했지만, 나머지 3분의 1은 그렇지 않다고 보고했다. 일부 젊은이는 배고픔을 복부의 가벼운 불편 정도로 느끼는 데 그쳤지만, 어떤 사람들은 날카롭고 참을 수 없이 찌릿거리는 통증으로 느꼈다. 실험이 끝나고 나서 몇 달 동안 이들은 배고픔을 가늠하는 능력이 뒤죽박죽이 되었다. 하루에 많게는 6000칼로리까지 음식을 섭취하기도 했는데, 불편을 느낄 정도로 배가 그득할 때까지 먹어치우고도 성이 차지 않았다.

우리가 아주 기본적인 메커니즘으로 간주하는 배고픔은 가장 복잡한 신체 충동 중 하나로 드러났다. 배고픔을 달래기 위해 음식을 먹는 것은 자동차에 가솔린을 집어넣는 것과 같은 것이 아니다. 내부에서건 외부에서건 그 정도를 가늠하는 것은 결코 간단한 일이 아니다. 배고픔을 끝내는 것 역시 쉬운 일이 아니다. 우리가 배고픔을 단순한 것으로 이야기한다는 사실은 배고픔을 극복하는 게 무엇을 의미하는지 우리가 알고 있는 게 아주 적다는 증거일지 모른다.

"네가 정말로 배가 고프다면, 그걸 먹겠지." 더 나은 것을 주길 기대하면서 먹다 남은 으깬 감자를 쟁반 가장자리로 밀어놓는 아이에게 나는 이렇게 말한다. "네가 정말로 배가 고프다면, 빵 한 조각에도 행복해할 거야." 걸신들린 듯이 저녁 식사를 이미 다 먹어치운 뒤에 푸딩과 여분의 요구르트 한 그릇 더, 그리고 과일과 꿀, 치즈 샌드위치까지 꿀꺽 하고는 마지막 간식을 먹기 전에는 잠을 잘 수 없다고 말하는 10대에게 는 이렇게 쏘아붙인다. (참을 만큼 참다가 더 이상 참을 수 없어 튀어나오긴 하지만) "네가 정말로 배가 고프다면"이라는 말이 튀어나올 때 듣기 싫 은 잔소리처럼 들리는 그 목소리가 나도 싫다. 그것은 마치 더 나은 대우 를 받아 마땅한 이 세상의 다른 아이들, 즉 '정말로' 배고픈 아이들처럼 행동하지 않는다고 내 아이들을 나무라는 것처럼 보인다. 이 말은 "네가 정말로 배가 고프다면," 아무거나 다 먹을 것이라는 뜻을 내포하고 있 다. 하지만 실제로는 그렇지 않다.

한 가지 진실은 배고픔이 사람들에게 더 광범위한 음식을 받아들이 게 한다는 것이다. 2009년부터 시작한 한 실험에서는 사람들에게 열다 섯 시간 동안 음식을 아무것도 먹지 못하게 하거나 먹을 것을 많이 주고 마음대로 먹게 했다.[22] 그리고 나서 식욕이 뚝 떨어지는 음식 사진(토사 물을 연상시키는 스튜나 걸쭉한 상태의 시금치 같은)을 보여주자, 배고픈 사람들에게서는 혐오감을 나타내는 신호인 입의 올림근 활동이 덜 나타 났다. 반대로 먹음직스러운 음식 사진(파스타나 피자 같은)을 보여주자, 배고픈 피험자들에게서는 웃게 만드는 큰광대근 활동이 더 활발하게 나 타났다. 배고픔은 역겨운 음식을 더 괜찮아 보이게 만들고, 좋은 음식을 더 좋아 보이게 만들었다.

하지만 여기에는 한계가 있다. 비참한 음식 박탈 상태에서도 절대로 먹으려고 하지 않는 금기 음식이 있다(식인 행위가 아주 드물다는 사실이 이것을 증언한다). 배가 고프건 고프지 않건, 선진국 사람 중에서 곤충이

나 눈알 또는 개고기로 식사를 하려는 사람은 드물다. 기이한 음식에 맞닥뜨렸을 때, 대부분의 상황에서는 혐오감이 배고픔을 쉽게 물리친다. 어린이가 아무거라도 먹으려고 하는 절대 배고픔 상태가 있다고 믿는 것은 잘못이다. 세상에서 가장 배고픈 아이들 사이에서도 배고픔은 여전히 구체적인 것이지 추상적인 것이 아니다. 그것은 단순히 아무 음식으로도 충족시킬 수 있는 것이 아니다.

지난 10년 사이에 땅콩을 기반으로 한 반죽 음식인 플럼피너트 Plumpy'Nut의 발명과 배급으로 금방 죽음을 맞이할 위험이 큰 급성 아동 영양실조 치료에 혁명이 일어났다.[23] 플럼피너트는 에너지 밀도가 높은 혼합물이다. 이것은 칼로리가 아주 높은 일종의 땅콩버터로, 포일로 싼 작은 용기에 담아 제공함으로써 아이가 직접 짜서 자기 입에 넣을 수 있다. 이 발명품은 프랑스의 소아과 영양학자 앙드레 브리앙 André Briend이 영양실조를 치료하기 위해 도넛과 팬케이크를 비롯해 수많은 음식을 갖고 시험을 거듭한 끝에 마침내 찾아낸 것이다. 브리앙은 누텔라 초콜릿 스프레드 병을 쳐다보다가 이 영양 반죽 아이디어가 떠오르는 '아하 순간'을 맞이한 것으로 보인다. 땅콩과 굶주린 아이가 모두 넘치는 말라위로 여행을 갔을 때, 브리앙은 현지의 한 식당에서 전기 믹서를 빌려 땅콩과 가루우유, 비타민, 미네랄, 설탕, 식용유 등을 넣고 땅콩 맛이 나는 혼합물을 만들었다.

플럼피너트가 발명되기 전에 다섯 살 미만의 어린이가 급성 영양실조가 의심되는 증세로 급식소에 도착하면, 가장 안전한 방법은 병원으로 보내 튜브 영양을 제공하는 것이었다. 그래도 아주 높은 비율의 아이들이 죽어갔다(일부 급식소에서는 많게는 75퍼센트까지). 어머니는 아이에게서 좀체 떨어지려 하지 않기 때문에, 필요한 도움을 받을 수 있는 곳까지 데려가는 데 시간이 지체되는 일이 많아 때를 놓치는 경우도 있었다. 또 다른 방법은 집에서 먹일 수 있는 F100이라는 강화 가루우유를 가족에게 주는 것이었다. 하지만 F100은 물에 희석시켜 먹어야 했는데, 대부분의 개발도상국에서는 안전한 식수가 부족하다는 사실을 감안하면 위험한 일이었다. 또한, 가루우유의 용량과 희석은 가족에게 맡겼는데, 많은 사람들은 죽음의 위험에 처한 아이보다는 집 안의 모든 아이에게 나눠 먹이려고 가루우유를 지나치게 묽게 희석했다.

플럼피너트의 큰 장점 한 가지는 반죽 상태이기 때문에 희석시킬 필요가 없어 병원에 입원하지 않고 집에서 안전하게 줄 수 있다는 점이다. 이런 식품을 즉석 치료식RUTF, Ready to Use Therapeutic Food이라 부른다. 플럼피너트를 사용한 첫 번째 시험에서 기적 같은 결과가 나왔다. 말라위에서 활동하던 미국인 소아과 의사 마크 매너리Mark Manary는 2001년에 현장에서 플럼피너트를 시험했다.[24] 매너리는 정통 의학 관행을 무시하고 자신의 병동에 있던 모든 어린이에게 6주일 치의 땅콩 반죽을 주어 집으로 돌아가게 했다. 그들 중 95퍼센트가 건강을 완전히 회복한 반면, 병원에서 영양실조 치료를 받던 어린이가 건강을 완전히 회복한 비율은 평균적으로 25퍼센트에 불과했다. 6개월이 지난 뒤에도 플럼피너트 처방을 받은 어린이들은 여전히 건강했다. 이제 땅콩 즉석 치료식은 전 세계에서 급성 아동 영양실조를 치료하는 주요 방법으로 쓰이고 있다. 아프리카 국가들에서 이 달콤한 반죽은 어린이와 어머니 모두에게 큰 인기를 얻고 있다. 어린이들은 끈적끈적한 땅콩 반죽을 좋아하고, 어머니들은 그 간편성을 좋아한다. 그리고 의사들과 구호 요원들은 회복률이 그토록 높은 데 만족한다.

하지만 아직까지는 플럼피너트가 모든 곳에서 환영을 받는 것은 아니다. 아프리카에서는 명백한 성공을 거두었지만, 인도와 방글라데시에서는 어머니와 어린이의 반응이 그다지 좋지 않다. 이곳 어린이들이 충분히 굶주리지 않아 그 진가를 느끼지 못해서 그런 것은 아니다. 인도에서 심각한 급성 영양실조로 죽을 위험에 처한 어린이는 약 800만 명이나 된다. 방글라데시 역시 아동 기아가 세상에서 손꼽을 정도로 최악의 상태에 있는데, 다섯 살 미만 어린이 중 46퍼센트가 발육 저하 상태에, 15퍼센트가 쇠약한 상태에 있다.[25] 앞에서 인도의 여자아이들 이야기가 나왔을 때 언급했듯이, 발육 저하는 오랫동안 영양 섭취가 부실해 성장이나 발달이 제대로 일어나지 않는 상태를 말한다. 쇠약은 다른 종류의 배고픔으로, 급성 쇠약은 갑작스런 음식 결핍이나 질병으로 몇 주일 만에 목숨을 앗아갈 수 있다. 플럼피너트가 맞서려고 하는 바로 그런 종류의 중대한 배고픔이다. 하지만 방글라데시에서 땅콩 반죽은 현지인의 '음식' 개념과 맞지 않으며, 특히 아이의 배고픔을 달래는 음식 개념과 잘 맞지 않는다.

호세 루이스 알바레스 모란Jose Luis Álvarez Morán은 40개국 이상에서 아동 영양실조에 대응하기 위해 활동하는 자선 단체인 기아대책행동Action Against Hunger에서 일한다. 알바레스 모란은 이 단체가 활동하는 대부분의 나라에서 플럼피너트가 급성 영양실조를 치료하는 데 큰 효과를 거두는

식습관의 인문학

것을 직접 목격했다. 하지만 인도와 방글라데시에서는 그렇지 않았다. 배고픔이 아무리 심하다 하더라도, 음식과 관련된 문화적 개념은 쉽게 사라지지 않는다. 전체적으로 인도의 어머니들은 일상적으로 먹는 음식이 아닌 땅콩보다는 렌즈콩이나 쌀로 만든 음식을 먹이려고 한다. 알바레스 모란은 "그리고 방글라데시 사람들은 그냥 그것을 좋아하지 않아요. 그들은 오로지 현지에서 생산된 식품만 원해요"라고 말한다.[26]

2011년에 방글라데시 다카의 도시 지역 빈민가로 간 연구자들은 부모와 어린이 사이에서 플럼피너트를 받아들이는 비율이 아주 낮다는 사실을 발견했다.[27] '정말로 배고픈' 아이는 어떤 음식이라도 먹으려고 한다는 게 사실이라면, 방글라데시의 빈민가에서 사는 사람들은 공짜로 주는 고칼로리 플럼피너트 봉지를 그저 감사하게 받아야 할 것이다. 하지만 실제로는 그렇지 않았다. 영양실조 아동을 돌보는 방글라데시인(대부분 그 아이의 어머니) 149명 가운데 60퍼센트는 플럼피너트를 식품으로 받아들일 수 없다고 말했다. 많은 사람들은 땅콩 냄새를 싫어했다. 또 어떤 사람들은 단맛과 끈적끈적하고 걸쭉한 질감을 욕했다. 부모 중세 명은 암갈색 때문에 똥처럼 보인다고 했다. 부모 중 20명은 자기 아이가 그것을 먹으려면 상당한 부추김이 필요할 것이라고 했고, 50명은 강제로 먹여야 할 것이라고 했다. 마치 그들은 이 이상한 갈색 반죽(그들이 아는 한 도저히 음식 같지 않은)이 아이의 굶주림을 충족시킬 수 있다는 사실을 받아들이길 거부하는 것 같았다. 37퍼센트는 아이가 그것을 먹고 토했다고 말했으며, 13퍼센트는 설사를 했다고 보고했다. 다만, 부모 중 112명은 그것을 먹는 동안 아이의 체중이 늘었다고 인정하긴 했다.

플럼피너트를 거부하는 행동은 배고픈 어린이에게 구호의 손길을 뻗는 작은 '기회의 창'의 중요성을 역설하는 액션 어게인스트 헝거^{Action Against Hunger} 같은 자선 단체에 잠재적으로 큰 문제가 된다. 이들의 과제는 구빈원에 배급품을 나눠주는 것이 아니라, 어린이에게 뇌와 신체가 가장 빨리 발달하는 바로 그 시점에 충분한 영양을 제공하는 것이다. 어린이의 배고픔을 달래려면 구호 요원들은 먼저 그 어머니에게 접근해야 한다. 그것은 임신하기 전부터 여성에게 충분한 영양을 공급하는 것으로 시작한다(여성 사이에 만연한 빈혈이 왜 그토록 심각한 일인지 보여주는 또 한 가지 이유). 그 창은 아이가 두 살 무렵에 닫힌다. 이 처음 3년 동안(수태에서부터 아장아장 걷기 시작할 때까지) 아이의 배고픔을 없앨 수 있다면, 미래를 향해 수십 년 동안 계속 뻗어나갈 가능성을 만들어낸다. 만약 그렇게 하지 못한다면, 그 결과는 수 세대 동안 미칠 수 있다.

1944~1945년 겨울에 독일 점령군이 식량 공급을 봉쇄하면서 일어난 네덜란드 대기근 동안 2만 2000여 명이 굶어죽고, 450만 명이 심한 영양실조를 겪었다. 이 굶주린 겨울(하루에 겨우 400~800칼로리의 식량 배급으로 살아간) 동안 임신한 여성에게서 태어난 아이들은 출생체중이 적었고, 당뇨병과 비만을 포함해 다양한 건강 문제를 안고 살아갔다. 그리고 이 아이들이 자라서 낳은 아이들 역시 출생체중이 적었다. 이들은 나중에 어떤 음식을 먹으며 살아가건 상관없이, 자신이 태어나기도 전에 어머니가 경험한 굶주림 때문에 평생 동안 여러 가지 건강 문제로 시달렸다. RUTF를 사용한 조기 개입의 효과는 바로 이런 종류의 '돌이킬 수 없는 해'를 예방하는 데 있다.

하지만 이 방법은 어머니와 아이가 그 음식이 자신들의 굶주림을 해소하는 데 도움이 된다는 사실을 받아들일 때에만 효과가 있다. 누가 당신에게 플럼피너트를 제공할 때쯤에는 이미 굶주림이 상당히 많이 진행된 상태이고, 많은 칼로리를 빨리 공급받는 게 필요하다. 알바레스 모란은 "사람들은 영양실조가 단순히 음식 결핍 문제가 아니라 질병 문제라는 사실을 망각합니다. 이들 어린이 중 상당수는 설사를 하며, 사실 영양실조를 겪지 않은 어린이보다 더 많은 음식 섭취가 필요합니다"라고 말한다. 통념과 달리 영양실조는 음식을 전혀 섭취하지 않아서 일어나는 경우는 아주 드물다. 알바레스 모란은 "이들 가족은 대개 곡물 가루와 포리지를 먹습니다"라고 말한다. 혹은 인도와 방글라데시에서는 쌀과 콩류를 먹는다. "하지만 질과 양이 모두 부족하지요." 이들이 먹는 곡물 가루는 탄수화물이 풍부하지만, 필수 미량 영양소와 단백질이 부족하다. 이런 점에서 이 음식은 부유한 선진국의 비만 아동이 먹는 음식과 별반 다르지 않다.

발달 전문가들과 제약회사들은 현재 인도와 방글라데시 어린이들의 굶주림을 해소하기 위해 땅콩 반죽의 대안을 급히 찾고 있다. 어떤 사람들은 거대 제약회사가 만든 상업적 RUTF에 의존하기보다는 각 가정에서 방글라데시인 어머니들과 함께 협력하면서 에너지 밀도가 높은 음식(달고 끈적끈적한 할바halva나 우유가 많이 들어간 푸딩 같은)을 만드는 법을 가르치는 게 더 효과적이고 지속 가능한 방법이라고 제안했다. 하지만 급성 영양실조 치료를 위해 적절한 음식을 집에서 요리하는 걸 방해하는 장애물(깨끗한 물과 부엌, 기본적인 위생 시설 부족)이 있는데, 애초에 플럼피너트를 발명한 이유 중 하나도 바로 이 때문이었다. 참깨나 병아리콩처럼 현지에서 나는 재료로 만든 RUTF를 사용한 실험도 있었다. 알바레스 모란은 방글라데시의 국제설사병연구센터에서 '잠재력이 큰' RUTF를 여러 가지 시험하고 있다고 말한다. 이것은 쌀, 렌즈콩, 병아리콩, 식용유, 가루 우유, 설탕을 재료로 만들었고, 플럼피너트와 동일한 영양학적 가치를 가지도록 설계되었다.

진정한 시험대는 공동체 내에서 직접 해보는 시행이다. 어머니들과 아이들은 자신들의 굶주림을 악화시키도록 두지 않고 과연 이 쌀과 렌즈콩과 설탕 혼합물을 굶주림을 해소시켜줄 음식으로 받아들일까? 결과를 예측하기는 어렵다. 아이의 배고픔은 음식 자체만으로는 사라지지 않는다. 그 음식이 무엇이냐가 아주 중요하다.

배고픔이 무엇인지 딱 꼬집어 정의하기 어려운 한 가지 이유는 그것이 부재를 나타내는 부정적 개념이기 때문이다. 그것은 음식이 없는 상태, 만족이 없는 상태를 가리킨다. 모든 사람이 각자 다른 방식으로 원하는 것은 배부른 상태이다. 더 이상 한 숟가락도 더 먹고 싶은 생각이 들지 않을 정도로 행복한 상태 말이다. 하지만 신체적으로 배부른 상태에는 적어도 두 가지 측면이 있다. 첫번째는 이제 식사를 그만 먹어야겠다는 결정을 내리게 하는 단기적 배부른 상태, 즉 포만satiation이다. 두번째는 식사를 하고 나서 다음 식사를 할 때까지 버텨나갈 수 있게 해주는 장기적 배부른 상태, 즉 충만satiety이다.우리나라 의학계에서는 satiation과 satiety를 둘 다 '포만'으로 번역하는 게 일반적이지만, 이 맥락에서는 구분이 필요하므로 satiety를 '충만'으로 번역하기로 한다.

식습관의 인문학

과식을 피하는 문제에서는 충만이 더 유용하다. 충동적으로 간식을 먹거나 아침을 먹은 지 불과 30분도 지나지 않았는데 점심을 애타게 기다리지 않도록 해주는 것이 바로 충만이다(적어도 이론상으로는). 오늘날 다이어트를 하는 사람들 중 상당수는 충만에 집착하는데, 최소한의 칼로리로 최대한의 시간 동안 배부른 상태를 유지할 수 있는 음식을 찾는다. 하지만 내 기억을 더듬어보면, 어린 시절에 세 시간 동안 배를 부르게 해줄 것이라는 이유로 음식을 선택한 적은 단 한 번도 없다. 나는 어떤 음식이 지금 이 순간 배를 부르게 해주느냐에만 관심이 있었다.

어릴 때 생각하는 배부름이라는 개념은 멀리까지 내다보지 않는 경향이 있다. 어린이가 생각하는 배부름은 '포만', 즉 음식을 실컷 먹고 나서 느끼는 만족감에 해당한다. 어린이는 배가 얼마나 부른지 나타낼 때 신체에서 각각 다른 부분을 가리킨다. 예컨대, 배꼽까지 가리키거나, 목까지 가리키거나, 머리 위 하늘까지 가리킨다. 이론적으로는 포만 상태에 이르면 우리는 식사를 멈춘다. 하지만 실제로는 훨씬 복잡한 양상을 띤다. 음식이 부족한 상태에서 가족끼리 식사를 하면, 포만 상태에 이르기 한참 전에 식사를 멈출 수 있다. 반대로 음식이 풍족하다면, 포만 상태에 이르고 나서도 그만 먹어야 한다고 스스로를 설득하기 어려울 수 있다. 우리는 배가 가득 찬 동시에 가득 차지 않을 수 있다. 허리 밴드가 팽팽해진 걸 느끼는데도 식탁 위에 놓인 구운 감자가 우리를 부른다. '하라 하치 부腹八分'는 먼 옛날부터 일본에서 전해 내려오는 유교적 교훈이 담긴 격언인데, 배가 8할이 찰 때까지만 먹으라는 뜻이다. 그 후 영양학자들이 이 격언이 옳다는 이론적 근거를 내놓았는데, 음식을 먹을 때 신체가 음식을 받아들이는 순간과 뇌가 배부름을 느끼는 순간 사이에 약간의 시간 간격이 있다고 지적했다. 두번째 그릇에 달려들려는 충동이 생긴다면, 20분 정도 기다려보는 게 좋다. 그러면 더 먹고 싶은 충동이 사라질지 모른다. 배가 하늘까지 찰 때까지 계속 먹는다면, 실제로는 배가 지나치게 많이 부르게 될 것이다.

전 세계 모든 곳의 어린이는 식사에 만족을 표시할 때 불룩 솟아오른 배를 만진다. 물론 이것은 배가 가득 찼다는 뜻이다. 포만이 주로 위에서 일어난다는 어린이의 생각은 옳다. 음식이 위로 들어가면, 미주 신경迷走神經은 뇌에 배가 부르기 시작한다는 것을 알린다.[28] 이 위의 '팽창' 느낌은 포만의 중요한 요소이다. 이것은 불어난 체중(특히 폭식을 통해 체중이 늘어났을 때)을 되돌리기가 어려운 한 가지 이유인데, 비만인 사람은 위 용량도 늘어나 위가 가득 찼다는 느낌이 들 때까지 시간이 더 오래 걸리기 때문이다. 만약 위가 가득 찬 느낌을 받지 않는다면, 뇌 역시 배가 부르다고 느끼지 않는다. 한 연구에서는 피험자에게 관을 통해 위로 토마토 수프를 주입하면 피험자가 배가 부른 느낌이 들지만, 수프를 창자로 주입하면 몸에 동일한 양의 영양분이 투입되었는데도 피험자는 같은 정도의 만족감을 얻지 못한다는 결과를 얻었다. 하지만 영양분이 위에서 창자로 들어가면, 뇌는 창자에 있는 호르몬으로부터 이제 그만 먹어야 할 때가 되었다는 메시지를 추가로 받는다.

우리의 식습관이 잘못된 길로 나아가게 되는 보편적인 방법 중 하나는 더 오래 지속되는 충만 대신에 배에 즉각적인 포만을 제공하는 음식을 계속 선택하는 식습관이다. 생각해보면, 내 식습관이 통제 불능 상태에 이르렀을 때, 나는 샐러드 같은 음식이 충분할 리가 없다고 생각했던 것 같다. 어린이처럼 포만을 추구하다 보면 우리는 소화가 잘 안 되는 음식—부드럽고 푹신한 케이크와 번빵, 잼 타르트, 보송보송한 바게트, 버터가 잔뜩 들어간 누들, 부드럽고 끈적끈적한 피자—을 찾게 되는데, 이런 음식은 마치 테디 베어의 속을 채우는 천처럼 우리의 속을 채워줄 것이라고 생각한다. 우리가 갈망하는 그런 음식의 매력은 대개 배를 든든하게 채워주리라는 기대에 있는데, 실제로 그런 음식을 섭취하면 혈당량이 빠르게 증가한다. 이런 음식이 지닌 매력은 어른이 되고 나서도 계속 이어지는데, 특히 소득이 낮은 사람들 사이에서 그렇다. 음식에 쓸 돈이 얼마 없다면, 풍부한 탄수화물로 신속한 만족을 약속하는 인스턴트 누들이나 가공 시리얼 대신에 허기를 달래기에 부족해보이는 브로콜리를 선택하는 모험을 꺼리게 된다. 가난한 사람들이 섬유질은 적은 대신에 탄수화물과 지방이 많고 칼로리가 높은 식품, 곧 '배를 채워줄' 것처럼 보이는 식품을 선호한다는 사실은 조사 결과를 통해 입증되었다.

'배를 채워주는' 이 음식들의 단점은 역설적이게도 배부른 상태가 오래 유지되지 않는다는 점이다. 고도로 정제된 녹말과 설탕은 혈당을 치솟게 했다가 곧 곤두박질치게 한다. 영양학자들이 배부름에 대해 이야기할 때에는 즉각적인 포만보다는 충만에 중점을 두는 경향이 있다. 서서히 타는 충만이 주는 이 배부른 느낌은 식사를 한 후에도 오래 지속되면서 다음 번 식사를 늦추게 해준다. 충만을 더 오래 유지하는 데 가장 효과적인 식품은 많은 어린이가 그걸 먹고서는 배가 차지 않을 것이라고 생각하는 식품들로, 고단백질 식품(그중에서도 특히 생선), 수프, 가끔

'혈당 지수glycaemic index, GI'가 낮다고 이야기하는 통밀과 채소처럼 섬유질이 많은 식품 등이다. 혈당 지수가 낮은 식품은 혈당을 조금밖에 증가시키지 않는다. 이런 식품에는 콩류와 연어, 달걀 등이 있다. 혈당 지수가 높은 식품에는 쌀, 설탕이 많이 들어간 시리얼, 식빵 등이 있는데, 정제 탄수화물을 주 재료로 쓴 모든 식품이 이에 해당한다.

1994년, 열한 살짜리 아이를 둔 어머니가 어린이 식품에 대한 설문조사를 하던 연구자들에게 자포자기한 어조로 "나는 그저 아이들이 과일과 채소를 더 많이 먹길 바라지만, 우리 딸은 감자칩과 비스킷만 좋아하는 것 같아요. 모두 배를 채우는 음식들만 말이에요"라고 말했다.[29] '배를 채우는' 음식은 보편적인 매력을 지니고 있다. 배우이자 요리책 저자인 귀네스 팰트로는 자기 집에서는 잎채소와 콩류, 생선을 중심으로 저탄수화물, 고단백질 식사를 실천하는데, 매일 자기 딸이 금지된 음식인 으깬 감자를 달라고 조른다고 썼다.[30]

배부른 상태를 더 오래 유지해주는 음식을 찾으려는 노력은 최근의 영양학 연구에서 성배에 해당하는 것이었다. 대부분의 연구는 다양한 영양분으로 구성된 '전식preload, 前食'을 사용해 실험실에서 이루어졌다. '전식'은 오르되브르hors-d'œuvre, 즉 식욕을 달랠 목적으로 본격적인 식사 전에 나오는 간단한 음식에 해당하는 전문 용어이다. 피험자들에게 특정 음식을 전식으로 먹게 한 뒤에 그것이 추후의 에너지 섭취와 배고픔 수준에 어떤 영향을 미치는지 관찰했다. 이 연구들에서는 단백질이 충만에 도움을 주는 유력한 후보 중 하나로 떠올랐는데, 탄수화물이나 지방보다 효과가 더 뛰어났다. 실험실에서 피험자들에게 상당량의 단백

식습관의 인문학

질 전식(두부나 고기, 달걀, 또는 보디빌더들이 사용하는 유청 단백질)을 주자, 이들은 한 시간 뒤인 점심 식사 때 일반적으로 음식을 덜 먹었다. 전식을 더 배부르게 만드는 또 한 가지 요소는 음식의 점성이다. 과학자들은 위 속에서 점성이 큰 겔 상태로 변해 몇 시간 동안 배고픔을 늦출 수 있는 새로운 섬유질을 만들었다.[32] 기본 개념은 바닷말에서 추출한 알긴산 액체를 마시는 것이다(내게는 좀 오싹하게 들린다). 이 액체는 위산과 닿으면 겔로 변해 배부른 느낌을 준다.

다른 연구들에서는 섬유질 함량이 높은 곡물이 충만을 지속시키는 효과가 좋다는 결과가 나왔다. 귀리나 아삭아삭한 과일 같은 섬유질 식품의 장점은 씹는 데 더 오랜 시간이 걸리기 때문에 몸에 배가 부르다는 것을 느낄 시간을 충분히 준다는 점이다. 옛날부터 어른들은 어린이에게 '음식을 급하게 먹지' 말라고 야단쳤는데, 이것은 건강을 위해 좋은 충고이다. 현미나 케일은 흰 빵 햄 샌드위치보다 급하게 먹기가 훨씬 어렵다.

하지만 충만을 위한 전식으로 가장 훌륭한 재료 두 가지는 놀랍게도 공기와 물인데, 이것은 배부름이 단순히 영양 문제가 아님을 시사한다.[33] '마른 남성 28명'에게 밀크셰이크를 전식으로 주는 실험에서 밀크셰이크를 휘저어 공기를 집어넣었을 때 점심을 훨씬 적게 먹었다. 두 가지 밀크셰이크에 포함된 칼로리는 똑같은데도, 밀크셰이크의 부피가 300cc일 때보다 600cc일 때 피험자들은 배가 더 부르다고 느꼈다. 추가된 공기 때문에 위가 더 팽창한 느낌을 받았을 수 있다. 하지만 연구자들은 피험자들이 밀크셰이크의 "더 늘어난 부피를 보고" 밀크셰이크를 더

많이 먹는다는 느낌을 받았다고 결론내렸다.[34]

더 오랫동안 배가 더 부른 느낌을 받도록 몸을 속이고 싶다면 좋은 방법이 한 가지 있는데, 바로 수프를 먹는 것이다.[35] 음료수의 형태로 액체 칼로리(예컨대 설탕이 든 청량음료)를 섭취하면 별로 배가 부른 느낌이 들지 않는데, 그 이유는 액체가 입속을 너무 빨리 통과하는 바람에 췌장과 창자와 뇌에 영양을 섭취한다는 신호를 미처 보내지 못하기 때문으로 추정된다. 하지만 액체 칼로리를 더 천천히 섭취하고(한 숟가락씩 떠먹으면서) 그것을 음식이라고 부른다면, 배가 부른 느낌을 강하게 받는데, 심지어 고체 음식보다 배가 더 부를 때가 많다.[36] 예컨대 한 연구에 따르면, 닭고기 수프는 구운 닭 가슴살보다 배가 더 부른 느낌을 주는 것으로 나타났다. 또 다른 연구에서는 오르되브르로 수프를 먹은 사람들은 치즈와 크래커를 먹은 사람들보다 메인 코스를 덜 먹는다는 결과가 나왔다. 실제로는 치즈와 크래커가 칼로리가 더 높은데도 이런 결과가 나왔다. 이렇게 배가 부른 느낌을 주는 수프의 성질은 공기가 들어간 밀크셰이크와 마찬가지로 큰 부피에서 일부 원인을 찾을 수 있다. 보통 사람들의 생각과는 반대로 우리가 실제로는 에너지 밀도가 낮은 음식에서 충만감을 더 많이 얻는다는 증거가 있는데, 더블 크림을 300cc쯤 첨가한 바닷가재 테르미도르 수프나 감자 크림 수프 같은 것만 아니라면 수프가 바로 그런 음식에 딱 어울린다. 우리는 일반적으로 매일 에너지 가치와 상관없이 거의 같은 무게의 음식을 먹는 경향이 있기 때문에, 수분이 많은 수프가 칼로리는 적으면서 다른 음식보다 배부른 느낌을 준다는 설명은 일리가 있다.

하지만 이렇게 수프에 배부른 느낌을 주는 성질이 있다는 설명은 완전히 합리적인 것은 아니다. 수프가 우리에게 배부른 느낌을 주는 원인은 무엇보다도 바로 수프라는 '개념' 자체에 있다. 베스트셀러인『영혼을 위한 닭고기 수프Chicken Soup for the Soul』에 이 제목을 단 데에는 다 이유가 있다. '영혼을 위한 베트남 쌀국수'나 '영혼을 위한 대합조개 차우더'라는 제목을 달더라도 문제가 없는데, 모든 수프는 솔 푸드soul food, 영혼을 흔들 만큼 인상적이고, 어릴 때의 추억이나 삶의 애환을 떠올리게 하는 음식. 일반적으로는 미국 남부에서 노예 제도 하에서 태어난 아프리카계 미국인의 전통 요리를 가리킨다. 그리고 영어에서는 쌀국수나 차우더 같은 것도 모두 수프라고 부른다이기 때문이다. 전 세계의 거의 모든 나라에서 뜨겁고 걸쭉한 수프를 냄비에 끓인 뒤 그릇에 담아 내오는 것은 특별히 영양분이 많은 음식으로 간주한다. 수프는 먹는 사람에게 부담을 덜 준다. 수프는 우리를 나이프와 포크를 사용하는 법을 알 수도 있고 모를 수도 있는 어린이처럼 대한다. 자를 필요도 없고, 심지어 씹을 필요도 없다. 수프는 우리가 아플 때 어머니가 주던 음식이다. 수프는 우리가 힘든 하루 일과를 보내고 돌아와 소파 위에서 태아와 같은 자세로 웅크리고 싶을 때 찾게 되는 음식이다.

집에서 사골 국물과 콩, 다양한 채소, 올리브유, 파스타로 만든 훌륭한 미네스트로네는 섬유질과 단백질이 많고 영양분이 아주 풍부한 음식이기 때문에, 먹고 나서 배가 든든한 느낌이 드는 것은 전혀 놀라운 일이 아니다. 하지만 우리의 영혼은 적은 양의 수프로도 만족할 수 있다. 1980년대의 많은 직장 여성처럼 내 어머니는 포장해서 파는 인스턴트 수프를 애용했다. 시간이 있을 때면 어머니는 크림과 파슬리, 양파로 매력적인 맛을 내 포옹하는 것처럼 사랑스러운 느낌이 드는 버섯 수프를 만들었다. 하지만 너무 바쁠 때에는 내게 인스턴트 닭고기 누들 수프를 주었는데, 축축한 파스타와 감자녹말, 소금, 양념, MSG가 재료였고, '닭고기'는 눈에 띄지도 않을 정도로 가느다란 조각으로 들어 있었다. 나는 닭고기 누들 수프의 영양가 표시를 들여다보았는데, 만약 그동안 바뀌지 않았다면 내가 점심으로 먹었던 수프는 43칼로리로, 사과 하나보다도 칼로리가 낮았다. 하지만 나는 배가 고픈 채로 식탁을 떠난 기억이 없다. 그에 못지않게 중요한 것은 버니킨스Bunnykins, 귀여운 여섯 토끼 가족 그림이 새겨진 식기 제품 그릇에 담겨 나온 수프를 주방 식탁에 앉아 사랑이 넘치는 분위기에서 먹었다는 것이다. 그래서 그 수프는 만족감을 주었다.

수프를 먹으면 배가 부른 이유는 수프가 배를 부르게 한다고 우리가 믿기 때문이다. 2004년에 퍼듀대학교 과학자들이 수프와 배부름에 관해 아주 흥미로운 실험을 했다. 그들은 사과 주스를 가열해 '사과 수프'로 만든 뒤 그릇에 담아 숟가락과 함께 내놓으면, 피험자들이 유리잔에 담긴 사과 주스를 마셨을 때보다 더 배부른 느낌을 받는다는 사실을 발견했다. 칼로리와 부피는 둘 다 동일했지만, 15분이 지난 뒤와 한 시간이 지난 뒤에도 사과 수프를 먹었을 때가 사과 주스를 먹었을 때보다 배가 더 든든했다. 연구자들은 수프가 주스보다 만족감을 더 주는 이유는 우리가 그렇게 인지하기 때문이라고 말했다. 그들은 수프가 충만감에 그토록 긍정적인 효과를 미치는 주요 이유는 '인지적'인 것이라고 결론내렸다.[37] 우리는 수프를 배고픔을 사라지게 하는 음식으로 생각하며, 그래서 수프는 그런 효과를 발휘한다. 사과 수프 실험은 '배를 채워줄 것'

식습관의 인문학

을 찾아 이런저런 음식을 기웃거리는 것은 번지수를 잘못 찾은 것이라고 시사한다.

배부름을 가져다줄 특별한 음식을 찾는 노력은 우리 몸이 배가 부르다는 것을 알아채면 먹는 것을 멈출 것이라고 가정한다. 이것은 논리적으로 타당한 가정이지만, 앞에서 보았듯이 실제로는 우리가 먹는 방식에서 논리적인 것은 거의 없다. 캐롤라이나인구센터의 비만 전문 연구자 배리 팝킨Barry Popkin 교수는 실험실 밖의 현실에서는 배고픔과 충만이 더 이상 우리의 식습관을 이끄는 주요 요소가 아니라고 주장한다. 우리(혹은 우리의 자녀) 중에서 배고픔 느낌을 경험할 때까지 기다리는 사람은 극소수이다. 우리는 여기서 조금 저기서 조금 집어먹으면서 제대로 된 식사로 보이지 않는 전식을 통해 대부분의 시간을 반쯤 배가 찬 상태로 보낸다.

팝킨은 조사 자료를 사용해 1977년부터 2006년까지 미국에서 식사 패턴이 어떻게 변했는지 추적했다.[38] 그 결과, 어린이와 어른 모두 '음식을 먹을 기회'(즉, 식사와 간식을 모두 포함한 기회) 사이의 시간 간격이 23퍼센트 줄어들었다는 가실을 발견했다. 1977년에는 식사와 식사 사이의 평균 시간이 어린이는 4.1시간이었고, 어른은 4.4시간이었다.(비교를 위해 인용하자면, 18세기의 유럽에서는 식사와 식사 사이의 간격이 6시간 혹은 7시간이 표준이었다.)[39] 2006년에는 그 시간이 어린이는 3.1시간, 어른은 3.5시간으로 줄어들었다. 다시 말해서, '식사 기회' 사이의 시간이 한 시간이나 줄어든 것이다. 이것은 섭취 칼로리 증가에 반영되었다. 1977

년에는 하루 평균 섭취 칼로리가 2090칼로리이던 것이 2003~2006년에는 2533칼로리로 늘어났다(만 두 살 이상의 모든 미국인 연령 집단에서). 흥미롭게도, 어린이가 식사를 통해 섭취하는 칼로리는 1977년 이후에 약간 줄어들었다(하루에 약 62칼로리 정도). 어린이와 어른 모두 증가한 칼로리는 주로 간식에서 얻었다. 만약 팝킨의 데이터가 음식을 먹는 패턴을 정확하게 반영한 것이라면(팝킨은 이 데이터가 보수적이라고, 즉 실제보다 낮게 나온 것이라고 생각한다), 오늘날 평균적인 어른은 30년 전에 비해 간식을 통해 180칼로리를 더 섭취하는 셈이다. 이것은 음료를 통해 섭취하는 여분의 칼로리(어른의 경우, 290칼로리에서 422칼로리로 증가했다)는 제외한 수치이다. 전에는 '식간에 뭔가를 먹는 행동'은 눈살을 찌푸리게 했지만, 지금은 일부 다이어트 전문가들이 적극적으로 권장한다. 이들은 3~4시간마다 간식을 먹으면 혈당량이 더 일정한 상태로 유지된다고 주장한다. 문제의 간식이 피칸 한 움큼이나 배 하나라면 이 주장은 타당하지만, 사람들이 가장 많이 사는 간식(감자칩, 설탕이 듬뿍 든 머핀, 당과 등)을 보면 이 주장은 설 자리를 잃는다.

가끔 아무리 많이 먹더라도 배고픔이 사라지지 않을 때가 있다. 배고픔을 다른 정서 상태와 혼동하기 쉽다. 생일날이라면 당연히 케이크를 몹시 갈망하게 된다. '정서적 섭식'은 대개 슬픈 감정과 관련이 있지만, 행복한 기분도 음식을 더 먹게 만들 수 있다. 우리는 축하를 위해 여분의 칼로리를 섭취하도록 조건화되어 있다. 연구자들은 단순히 새끼 판다가 재채기를 하는, 가슴 뭉클한 2분 30초짜리 영상을 보여주어 피험자들의 기분을 좋아지게 함으로써 축하하는 폭식 행동을 촉발하는 게 가능하다는 사실을 발견했다. 한 실험에서는 이 영상을 본 집단이 사막의 새에 관한 지루한 영상을 본 대조군에 비해 간식을 100칼로리 더 섭취했다.[40]

　일반적으로 우리가 너무 자주 그리고 너무 많이 먹는 이유는 배고픈 상태에 대해 몸이 보내오는 신호와 대체로 단절되었기 때문이다. 우리는 먹어야 한다는 단서를 많은 장소에서 받는데, 대부분 뇌와 창자에서 배부름을 알려주는 바이오마커와 아무 관련이 없는 곳들이다. 앞에서 보았듯이, 어떤 음식을 먹어야 할지 아는 것은 나이와 경험과 함께 발달하는 기술이다. 하지만 얼마나 많이 먹어야 할지 아는 데에는 나이가 더 많은 어린이나 어른보다 어린 아이가 더 낫다. 세 살이 될 때까지 아이는 배가 부르면 그만 먹어야 하는 것을 아는 능력이 있다.[41] 음식을 많이 주건 적게 주건, 그것은 문제가 되지 않는다. 아이는 배가 고프지 않을 때까지 먹다가 배가 부르면 그만 먹는다(강제로 먹이지 않는다면). 하지만 그 나이가 지나면, 배고픔을 자율적으로 조절하는 이 능력이 부분적으로 사라지며, 때로는 영영 되살아나지 않는다.

　언제 배가 부른지 정확하게 알아채는 어린 아이의 능력은 여러 연구를 통해 확인되었다. 한 연구에서는 2000년부터 펜실베이니아 주에서 취학 전 아동 32명을 세 살배기와 다섯 살배기의 두 연령 집단으로 나누어 마카로니 치즈를 주었다.[42] 세 살배기들은 마카로니의 양을 적게 주건 중간으로 주건 많이 주건, 거의 같은 양을 먹었다. 이 아이들은 주어진 음식의 양에 신경을 쓰지 않고, 자신의 몸이 하는 말에 귀를 기울였다. 반면에 다섯 살배기들은 마카로니의 양이 많으면 훨씬 더 많이 먹었다. 마치 그릇에 담긴 많은 양의 음식이 자신의 배부름을 무시하고 계속 먹으라고 권하는 것 같았다. 네 살 이후에 배고픔 조절 능력이 사라지는 현상은 문화와 대륙을 초월해 보편적으로 나타나는 현상이다. 2013년에 중국 쿤밍에서 다양한 양의 쌀밥과 채소와 단백질을 가지고 실험을 했는데, 펜실베이니아 주 실험에서 얻은 결과가 재현되었다.[43] 이번에는 네 살배기와 여섯 살배기의 두 어린이 집단이 실험에 참여했다. 쿤밍의 네 살배기들은 많은 양의 음식을 받았을 때 많은 음식에 압도된 듯 약간 덜 먹었다. 하지만 여섯 살배기들은 상당히 더 많은 양을 먹었다. 이 실험을 한 과학자들은 "배고픔과 충만 문제와 관련된 발달 과정 중 어린이들이 음식의 양 같은 맥락 단서에 반응하기 시작하는 지점이 있다"라고 주장했다.[44]

대부분의 사람들은 그 후 평생 동안 실제 배고픔보다는 이러한 맥락 단서에 계속 반응한다. '바닥이 없는 수프' 실험이라는 유명한 연구에서는 어른들에게 토마토 수프를 먹게 했는데, 수프를 먹는 동안 숨겨진 관을 통해서 몇 개의 그릇에는 수프가 계속 채워졌다.[45] 식탁에 함께 앉은 다른 사람들은 정상적인 그릇에서 수프를 먹었다. 식사가 끝난 뒤, 피험자들에게 배가 얼마나 부른지, 그리고 수프를 얼마나 먹었다고 생각하는지 물어보았다. 계속 채워지는 그릇에서 수프를 먹은 사람들은 정상적인 그릇에서 먹은 사람들보다 아주 약간 더(평균적으로 4.8칼로리 정도 더) 먹었다고 평가했다. 실제로는 정상적인 그릇에서 먹은 사람들보다 76퍼센트나 더 많은 수프를 먹어 한 그릇을 더 먹은 거나 다름없었는데도 말이다. 하지만 그들은 정상적인 그릇에서 먹은 사람들보다 배가 더

식습관의 인문학

부르다고 생각하지 않았다.

어린 시절부터 우리가 생각하는 배부름 개념은 제공받는 음식의 양에 크게 영향을 받는다. 나온 음식의 양이 많으면 많이 먹는 것이 정상인 듯한 생각이 든다. 우리는 샌드위치 하나, 사과 하나, 비스킷 하나 등 어떤 것을 '하나' 먹으면 배가 부를 것이라고 생각하는 경향이 있다. 그렇긴 하지만, 배가 아주 고프면 하나 더 원할 수도 있다. 비스킷 크기가 작은 접시만 한 대신에 커피 잔만 하던 시절에는 그래도 아무 문제가 없었다. 하지만 양이 아주 많은 음식들이 유행하자(특히 패스트푸드 식당에서), 이제는 만약 필요한 칼로리만큼만 먹는다면 주어진 음식의 절반 혹은 심지어는 4분의 1만 먹고 멈춰야 할 지경에 이르렀다. 그렇지만 어린이와 어른을 막론하고 어느 누구도 컵(혹은 접시)이 반쯤 비어 있는 느낌을 좋아하지 않는 것처럼 보인다.

내 막내아들은 비스킷을 양 손에 하나씩 쥘 수 있도록 하나가 아니라 두 개를 달라고 할 때가 많다. 내가 집에서 초승달 모양의 아몬드 버터 비스킷을 만들어줄 때에는 아무 문제가 없다. 이것은 동전보다 별로 크지 않으니까. 하지만 모든 제품이 큼지막하게 나오는 카페에 가면, 나는 쿠키를 둘로 쪼개 "자, 이러면 두 개지?" 하면서 아이에게 주었다. 물론 아이는 거기에 속아넘어가지 않는다. 게다가 커다란 쿠키를 둘로 쪼갰다 하더라도 그 두 조각은 여전히 양이 너무 많다.

뉴욕대학교의 메리언 네슬Marion Nestle 교수는 "음식 크기의 법칙: 앞에 놓인 음식의 양이 많을수록 더 많이 먹게 된다"라는 주장을 수십 년 동안 비난해왔다. 하루는 한 동료가 그들이 그때까지 본 것 중 가장 큰 피자 조각을 들고 사무실로 들어왔는데, 길이가 35센티미터, 무게가 약 450그램으로, 포함된 칼로리는 약간 활동적인 여성의 1일 섭취 권장량에 해당하는 2000칼로리나 되었다.[46] 이 피자를 사는 고객들은 스스로에게 "그냥 한 조각인데 뭐"라고 말하면서 그것을 다 먹어도 별 문제가 없다고 생각할 수 있다. 어쨌든 피자 한 판을 다 먹어치우는 것 같은 느낌은 들지 않으니까. 그러니 오늘날 음식을 제공하는 새로운 방식에 대응해 우리도 먹는 법을 새로 개발할 필요가 있다.

마케팅과 영양 분야의 전문가인 브라이언 완싱크[Brian Wansink]의 연구는 어린이와 어른 모두 먹어야 할 음식의 양을 결정할 때 외부의 영향에 크게 휘둘릴 수 있음을 보여주었다.[47] 우리는 배가 부를 때까지만 먹는다고 믿기 쉽지만, 그만 먹으라는 단추를 누르지 못하도록 작용하는 요인들이 무수히 많다. 완싱크는 자신이 크기 대비 착각이라고 부르는 것을 보여주기 위해 음식 관련 기구의 크기를 조작하는 것을 포함한 일련의 연구를 했다. 큰 그릇은 우리에게 아이스크림을 아주 많이 먹게 하고, 큰 접시는 감자를 너무 많이 내놓게 하며, 낮고 땅딸막한 유리잔은 주스를 너무 많이 따르게 한다. 액체의 양을 가늠할 때, 대부분의 사람들은 높이에만 신경을 쓰고 폭을 무시한다. 이런 실수는 심지어 경험 많은 바텐더도 저지르는데, 높은 하이볼 글라스 대신에 짧은 텀블러를 사용하면 거의 항상 샷을 지나치게 많이 따른다.

이처럼 먹어야 할 양에 대한 단서를 주변에서 얻는 것은 위험한 일이다. 완싱크는 때로는 음식을 보는 것만으로도 배가 부른 느낌을 압도할 만큼 충분히 강한 자극이 된다는 사실을 발견했다. 몸이 보내는 배고

식습관의 인문학

품과 관련된 신호를 제대로 감지하지 못한다면, 더 먹으라는 자극을 피하기가 어렵다. 우리는 "날 먹어요"라고 말하는 케이크와 "날 마셔요"라고 말하는 병에 지배당하는 이상한 나라의 앨리스 같은 신세가 된다. 다이어트를 하는 사람들에게 왜 다이어트를 멈추었는지 혹은 음식을 먹기 시작했는지 물으면, 어떤 사람들은 단순히 "내 눈에 그 음식이 보였거든요"라고 말한다.[48]

수많은 연구에서 우리는 TV나 태블릿 또는 컴퓨터 화면에 정신이 팔렸을 때 더 많이 먹는다는 사실이 입증되었다. 9~14세 소년을 대상으로 실시한 한 연구는 이들 어린이가 TV를 볼 때 더 많이 먹을 뿐만 아니라, 더 많은 양의 음식을 먹어도 배가 더 부르다는 느낌이 들지 않는다는 것을 보여주었다.[49] 이들 소년에게는 화면에서 일어나는 일이 현실에서 일어나는 일보다 훨씬 더 흥미로웠다.

완싱크는 음식을 덜 먹도록 우리의 음식 환경을 재설계할 수 있는 간단한 방법을 몇 가지 내놓았다. TV를 보거나 컴퓨터를 하면서 간단히 먹을 수 있는 음식처럼 '딴 데 정신이 팔린 채 먹을 수 있는' 음식은 피하는 게 좋다. 비스킷 병은 과일 그릇으로 바꾼다. 식품을 더 작은 용기들로 옮겨 담고 재포장한다. 식당에 가서 음식을 주문할 때, 보통 음식의 절반 크기로 주문한다. "폭이 넓고 높이가 낮은 유리잔을 폭이 좁고 높이가 높은 유리잔으로 교체한다." 그리고 접시를 더 작은 것으로 구비하라. 이 마지막 조언은 내게 큰 효과가 있었다. 가끔 나는 식사를 마친 뒤에 배가 고프지 않다는 사실을 알면서도 식사의 대미를 장식하기 위해 단것을 원한다. 나는 가장 작은 접시(중국 슈퍼마켓에서 소스를 담는 용도로 산 파란색과 흰색의 자기 접시)를 가져와 다크초콜릿 케이크, 아몬드가 섞인 바닐라 아이스크림, 끈적끈적한 생강 쿠키 등 원하는 것으로 가득 채운다. 접시를 얼마나 가득 채우는가는 중요하지 않은데, 아무리 많이 담더라도 그 양은 여전히 아주 적기 때문이다. 그러면 나는 아무런 죄책감이나 후회 없이 그것을 먹을 수 있다. 나는 맨 처음 이렇게 할 때, 내 뇌가 작은 접시에 속을 만큼 어린애 같을 수 있을까 하는 의심이 들었다. 하지만 실제로 나는 어린애가 되었다.

우리에게 필요한 것 이상으로 계속 먹도록 자극하는 또 하나의 요인은 다양성이다. 음식 연구에 참여한 피험자들에게 왜 먹기를 그만두었느냐고 물으면, 그 이유로 배부름에 못지않게 지겨움을 많이 꼽는다. 단 것을 위한 위가 따로 있다는 웨이터의 말에 일말의 진실이 있는 것처럼 보인다. 존스홉킨스대학교에서 근무하는 바버라 롤스Barbara Rolls 교수는 '감각 특이적 포만sensory-specific satiety'이라는 용어를 만들었는데, 이것은 어떤 음식을 먹으면 그 음식에 대한 배고픔이 감소하지만, 새로운 음식에 대한 배고픔은 그대로 남아 있다는 뜻이다. 뷔페 음식이 매우 위험한 이유는 여기에 있다. 한 가지 음식에 대한 배고픔이 줄어들더라도, 더 먹으라고 유혹하는 다른 음식이 항상 있기 때문이다. 롤스는 수렵채집인 조상들 사이에서 감각 특이적 포만이 진화한 원래 목적은 건강에 좋은 다양한 식사를 촉진하기 위해서였다고 주장했다.[50] 하지만 다양성이 색깔이 제각각 다른 단것이나 향미가 제각각 다른 팝콘을 의미할 수도 있는 오늘날의 음식 환경에서는 감각 특이적 포만이 제대로 작동하지 않는다.

식습관의 인문학

아무 생각 없이 먹는 식사가 배부름에 눈을 감게 만든다면, 오늘날의 뉴에이지 유행어인 마음 챙김mindfulness에서 그 해결책을 찾을 수 있을지 모른다. 마음 챙김 식사법을 훈련하면 음식과 몸의 감각에 주의를 더 집중할 수 있다. 식사를 위해 자리에 앉기 전에 정말로 배가 고픈지 물어보라. 양초와 냅킨까지 갖춰 식탁을 근사하게 준비한다. 한눈을 팔게 하는 전자 장비를 모두 끈다. 그리고 한 입 먹고 나서 또 한 입 먹기 전에 포크를 내려놓고 음식의 향기와 향미를 천천히 음미한다. 그러면 자신이 음식을 즐기는지 즐기지 않는지 알아챌 수 있는데, 만약 즐기지 않는다면 식사를 멈춘다. 만약 당신이 아침 식사를 얼른 다 먹지 않으면 학교에 늦을 것이라고 부모가 소리를 질러대는 식탁에 앉아 있는 어린이라면, 이 모든 것은 실천하기가 당연히 다소 어려울 것이다.

하지만 소아과 의사 수전 존슨Susan L. Johnson의 연구는 어린이에게 자기 내면의 배부름에 더 잘 반응하도록 가르치는 게 가능함을 보여주었다.[51] 많은 부모, 특히 자신의 체중 때문에 고민하는 부모는 아이는 먹는 것에서 자가 조절 능력이 없다고 믿는다. 부모 자신이 배고픔 단서를 감지하지 못하기 때문에 아이가 배고플 때에만 먹는 법을 배울 능력이 있다고 믿지 못한다. 하지만 쌍둥이 연구 결과는 배부를 때 먹길 멈추는 능력에 관여하는 유전적 요인은 아주 적다고 시사한다. 이 능력은 기본적으로 환경에 대한 반응이며, 따라서 배울 수 있다.

존슨은 6주간의 집중 개입을 통해 어린이를 훈련시켜 먹는 음식의 양을 자가 조절하는 능력을 향상시키는 게 가능함을 보여주었다. 유치원에 다니는 그 어린이들의 평균 나이는 4~5세로, 음식의 양을 자가 조절하는 선천적 능력이 사라지는 바로 그 단계에 있었다. 사전 평가 결과, 이 어린이들이 배고픔을 조절하는 능력은 아주 다양했다. 음식을 많이 먹는 아이도 있었고, 적게 먹는 아이도 있었으며, '정확하게 조절하는' 아이도 있었다.[52] 다이어트를 하면서 음식 섭취를 조절하는 데 어려움을 겪는 어머니를 둔 아이가 배고픔에 반응해 먹는 것을 조절하는 능력이 가장 떨어졌다.

존슨과 동료들은 배고픔과 과식에 대해 이야기하고, 또 배가 꾸르륵거리는 것에서부터 배가 빵빵하게 부풀어오른 불편함에 이르기까지 다양한 상태의 느낌이 어떤지 이야기하는 동시에 인형놀이를 사용해 아이들에게 자신이 배가 고픈지 고프지 않은지 인식하도록 도왔다. 나일론 '위'를 다양한 양의 소금으로 채워 특수 제작한 인형을 유치원으로 가져왔다. 어떤 인형은 위가 텅 비어 '배가 고팠고', 어떤 인형은 배가 약간 불렀으며, 어떤 인형은 배가 아주 불렀다. 간식 시간에 어린이들에게 자기 배 위에 손을 얹고 배가 얼마나 부른지 살펴보고, 자신과 상태가 가장 비슷한 인형을 고르게 했다. 개입이 끝날 무렵, 어린이들은 "난 이제 배가 고프지 않으니 그만 먹을래요"와 같은 말을 자발적으로 하기 시작했다.[53] 6주일이 끝날 무렵, 어린이들이 간식 시간에 음식을 먹는 방식에 '유의미한 개선'이 일어났다. 과식을 하던 아이들은 더 적게 먹기 시작했고, 적게 먹던 아이들은 더 많이 먹기 시작했다. 존슨의 연구는 올바른 가르침과 지원만 있으면, "어린이가 음식을 '얼마나 많이' 먹어야 할지 조절할 능력이 있음"을 시사한다. 첫 단계는 자신의 위가 비었는지 비지 않았는지 인식하는 법을 배우는 것이다.

이것은 어른도 배울 수 있다. 체중 감량 실험에서 피험자들에게 배고픔에 대해 마음 챙김 방법을 가르쳤더니 그냥 다이어트만 한 피험자들에 비해 체질량 지수가 더 많이 감소하는 결과가 나왔다.[54] 네덜란드에서 비만과 과체중 어른들을 대상으로 7주일 동안 개입을 한 다른 실험에서는 음식에 대한 갈망을 받아들임으로써 그 갈망을 가라앉히도록 훈련시켰다.[55] 음식에 대한 갈망을 느끼면 즉각 음식을 먹는 대신에 좀 기다리면서 몸과 마음에 무엇이 느껴지는지 관찰하라고 가르쳤다. 개입을 한 심리학자들은 피험자들에게 자신의 배고픔을 더 잘 인식하는 기술과 그것이 신체적인 것인지 정서적인 것인지 관찰하는 기술을 가르쳤다. 이들은 신체의 각 부분에 체계적으로 주의를 기울이면서 배고픔이나 포만의 단서를 알아내는 방식으로 스스로 '신체 스캔'을 하는 법을 배웠다. 이것은 뱃속을 소금으로 채운 인형을 가지고 노는 것과 크게 다르지 않다. 7주간의 과정이 처음 시작될 때, 많은 참여자들은 자신의 배고픔을 전혀 통제할 수 없다고 믿었다. 그들은 "그릇이 바닥날 때까지 먹는 걸 도저히 멈출 수 없어요"와 같은 말을 했다. 훈련 과정은 그들에게 배고픔에 지배당하지 않고 몸이 느끼는 다양한 배고픔을 경험하는 방법을 가르쳐주었다. 그들은 음식을 먹고 싶은 갈망에 늘 굴복하는 대신에 자신의 갈망을 받아들이는 법을 배웠다.

가장 최근의 1월에 나온 다이어트 방법들은 책과 DVD를 사기만 하면 다시는 배고픔을 느끼지 않을 것이라고 흔히 주장한다. 나는 배고픔과 친해지는 것이 잘 먹는 법의 일부라는 사실을 깨닫기까지 오랜 시간이 걸렸다. 우리는 굶주리는 어린이가 아니다. 하루에 두세 번 배고픔을 약간 느끼는 것(만약 당신이 운이 좋은 사람이어서 곧 식사가 다시 나오리란 것이 확실하다면)은 좋은 일이다. 나는 평생 동안(체중을 줄이려고 노력한 순간을 빼고는) 배가 조금만 꾸르륵거려도 당장 그것을 달래야 하는 것처럼 즉각 반응했다. 이제 와서야 나는 약간 배가 고픈 상태로 한두 시간 동안 살아도 아무 문제가 없다는 것을 알게 되었다. 사실, 그렇게 하면 다음 번 식사가 훨씬 맛있다("시장이 반찬"이라는 속담도 있지 않은가?). 배고프지 않은데 먹고, 목마르지 않은데 마시는 행동은 습관으로 굳어질 수 있는데, 그렇게 되면 적절한 식사 리듬을 되찾는 느낌이 얼마나 좋은 것인지 잊어버리게 된다. 즉, 음식을 먹기 전에 그 음식을 얻기 위해 노력하는 과정이 있어야 한다. 설사 음식을 얻기 위해 하는 일이 단지 기다리는 것뿐이더라도 말이다.

그것은 도로 어린이가 된 것과 비슷하다. 친구들과 밥때가 지날 때까지 시간 가는 줄 모르고 놀다가 부모가 부르는 소리를 듣고서야 뺨이 발그레하게 상기된 채 허기진 배를 거머쥐고 집으로 들어오던 그 시절의 어린이로 말이다.

식습관의 인문학

아침 식사용 시리얼

이것은 너무나도 일상적인 의식이어서 우리는 의문조차 품지 않는다. 상자를 열고, 시리얼을 그릇에 쏟는다. 그리고 거기다 우유를 붓고 먹는다. 아침 식사로 시리얼을 먹는 습관은 아주 어린 시절부터 습득하는데, 이 습관은 배고픔을 달래는 데 별로 좋지 않은 방법을 가르칠 수 있다. 이 습관은 배가 고플 때 가스 레인지로 향하거나 과일처럼 그 장점 때문에 우리가 선택할 수 있는 자연 식품으로 향하는 대신에 화려한 색깔로 포장된 시리얼 상자로 향하라고 가르친다. 시리얼은 우리에게 배고픔을 마케팅과 혼동하도록 가르치는 매개체이다.

바로 먹을 수 있는 시리얼은 아침과 한밤중, 그리고 그 사이의 다양한 때에 약간의 배고픔을 달래기 위해 가장 많이 먹는 음식이 되었다. 상자에 담긴 시리얼(1863년에 제임스 케일레브 잭슨James Caleb Jackson 박사가 처음 시장에 내놓은)은 원래는 본질적으로 미국인의 관습이었다. 하지만 그 후로 나머지 세계 사람들도 그 뒤를 따르기 시작했다. 2013년에 인도에서 소비된 시리얼은 34억 달러어치였고, 러시아에서는 38억 달러어치, 브라질에서는 48억 달러어치, 중국에서는 167억 달러어치에 이르렀다. 전 세계의 시리얼 매출액은 매년 약 10퍼센트씩 증가하고 있다.

시리얼은 부모가 슈퍼마켓 카트에 앉힌 어린이에게 직접 고르게 하는 최초의 음식 중 하나이다. 그런데 아이에게 무제한의 재량권을 주는 음식 중에서 시리얼은 가장 납득하기 어려운 음식이다. 부모들은 아이에게 시리얼을 마음대로 고르게 하면서 채소는 어떤 것을 먹으라고 골라준다. 하지만 이것은 정반대로 해야 옳다.

시리얼은 또한 하루 중 어느 때건 배고픔을 달래기 위해 우리가 직접 '만드는' 최초의 음식인 경우가 많다. 시리얼은 불이나 칼이 전혀 필요 없기 때문에 어린이가 준비하기에 '안전한' 음식으로 간주된다. 식탁에 앉아 시리얼 포장지 뒷면을 읽는 행동은 평생 동안 지속될 정서적 유대를 만들어낸다. 보기에 상쾌한 서체로 인쇄된 글자는 설탕으로 뒤덮인 플레이크가 그러한 겉모습에도 불구하고 첨가된 비타민과 미네랄 덕분에 영양분이 많다는 믿음을 준다.

어린이를 겨냥한 시리얼은 모든 시리얼 제품 중에서 설탕이 가장 많이 들어 있고 가공도 가장 많이 한다. 어린이는 감각적 특성(이것은 상자 속에 숨겨져 있다) 때문에 특정 시리얼을 선택하지 않는다. 어린이는 가장 특이한 모양, 가장 멋진 만화 캐릭터, 가장 좋은 공짜 선물, 덤으로 주는 가장 좋은 초콜릿처럼 가장 많은 것을 약속하는 시리얼을 선택한다. 이것은 음식을 선택하는 데 나쁜 교훈을 준다. 오트밀이나 스크램블드에그처럼 정말로 포만감을 주는 아침 식사를 접하더라도, 뭔가 빠진 것 같은 느낌을 떨치기가 어렵기 때문이다.

7장

섭식
장애

레베카는 단지 마당의 축축한 흙과 벽에서
손톱으로 긁어낸 회반죽 덩어리를 먹길 좋아했을 뿐이야.
부모는 물론이고 레베카를 키운 사람은
누구건 그 버릇을 나무란 게 분명한데,
왜냐하면 레베카는 그 짓을 은밀하게
그리고 죄책감을 느끼면서 했기 때문이지……

_가브리엘 가르시아 마르케스, 『백 년 동안의 고독』

다이앤은 회사에서 정규직 관리자로 일하는 48세의 여성이었는데, 과체중 말고는 의학적으로 문제가 있다는 외부적 징후가 전혀 없었다. 어떤 종류의 섭식 장애 때문에 전문적 치료를 구하거나 받은 적은 한 번도 없었다. 그런데 2014년에 다이앤의 사례는 영국 중부 지방의 한 가난한 자치구에서 스스로를 '식성이 까다로운 사람'으로 분류한 어른들을 조사하던 연구자들에게 주목을 끌게 되었다. 다이앤은 지역 도서관들과 레저 센터들을 통해 모집한 참여자 중 한 명이었다. 연구자들은 총 스물여섯 가족과 대화를 나누었는데, 카페와 집에서 오랫동안 면담을 했다. 또한 '식성이 까다로운 사람'들에게 나흘 동안 먹은 것과 함께 먹은 사람을 모두 자세히 촬영한 사진 일기를 작성해달라고 요구했다. 이를 통해 겉보기에는 정상이지만 식사를 아주 비정상적으로 하는 사람들의 그림이 만들어졌다. 식성이 까다로운 어른들은 모두 다 어린 시절부터 그런 식으로 음식을 먹어왔다고 말했다. 50세가 거의 다 된 다이앤의 식사는 주로 치즈와 가공 감자 제품, 식빵, 시리얼로 이루어져 있었다.[1]

직장에서 자신이 하는 일을 너끈히 해낼 수 있는 기술과 자신감이 있는데도 불구하고, 음식에 관한 한 다이앤은 수동적이고 어린아이 같았다. 음식을 먹는 방식 때문에 죄책감을 느낀다고 했고, 과거에 더 순응적인 태도를 보이지 않아 어머니의 마음을 상하게 했다고 생각했다. 다이앤의 까다로운 식성은 재료 성분뿐만 아니라 온도에도 영향을 받았다. 유일하게 먹을 수 있는 채소는 아주 차가운 샐러드 채소였는데, 얇게 잘라 드레싱도 없이 아주 소량만 먹었다.[2] 조리한 음식은 아주 뜨거운 것이어야 했으며, 뜨겁지 않으면 손도 대려 하지 않았다. 다이앤은 한 연구자와 함께 카페에 갔는데, 거기서 달걀과 토스트를 주문했지만 반쯤 먹다가 중단했는데, 식어서 "위가 뒤집히기" 때문이라고 설명했다.

이렇게 까다로운 식습관 때문에 다이앤은 친구 집에 가서 음식을 먹기가 어려웠다. 기껏 자신을 위해 요리한 음식이 나와도 거부하기 일쑤였고, 자신의 얼굴에서 혐오감의 표정을 지우기 어려웠기 때문이다. 다이앤은 자신의 식습관에 문제가 있다는 사실을 잘 알고 있었다. 하지만 그녀의 관점에서 본다면, 자신이 먹고 싶지 않은 음식을 억지로 먹으려고 노력하는 것이 오히려 더 문제가 될 수 있었다. 다이앤은 요리하기를 싫어한다고 말했다. 가끔 균형 잡힌 식사를 하려고 시도했지만, '정크푸드' 외에는 어떤 것도 '좋아할' 수가 없었다. "이제 마흔여덟 살인데, 나를 변화시키는 것은 무리일 것 같아요. 그렇지 않나요?"[3]

　이 사례는 우리가 상상하는 전형적인 섭식 장애와 일치하지 않는다. 다이앤은 10대 소녀가 아니고, (우리가 아는 한) 패션 잡지에 집착하거나 발레를 하지 않았으며, 더 작은 위를 가지려고 지나치게 집착하지도 않았다. 사실, 다이앤은 다른 음식들을 먹으면 더 건강해진다는 사실을 잘 알고 있었다. 다이앤은 칼로리 섭취를 제한하려는 방편으로 음식을 피한 게 아니라, 특정 음식을 먹을 수가 없어서 피할 뿐이었다. 하지만 이런 식습관이 그녀의 삶을(그리고 건강에도) 힘들게 만든다는 것은 의심의 여지가 없다. 다이앤의 사례는 임상적으로 '섭식 장애'로 분류되지 않는 식습관도 얼마나 큰 문제가 될 수 있는지 보여준다.

　섭식 장애에 대해 흔히 오해하는 사실들이 많다. 하나는 거식증이나 폭식증처럼 섭식 장애를 그저 체중을 줄이려는 시도와 관련이 있는 것으로만 보는 것이다. 또 하나는 섭식 장애가 나머지 우리하고는 아무 상관이 없다는 견해이다. 사실, 섭식 장애(그 형태는 눈송이처럼 무수하다)는 우리 모두가 먹는 법을 배우면서 맞닥뜨리는 딜레마와 함정의 극단적인 버전으로 보면 가장 이해하기 쉽다.

　섭식 장애가 너무 심해 섭식 장애 클리닉에서 도움을 구하는 사람들(혹은 그 부모들)은 우리의 음식 문화 속으로 깊숙이 뻗어 있는 전체 빙산 중 수면 밖으로 드러난 일부분에 불과하다. 이 빙산은 불행한 식습관이 수많은 방식으로 발현되면서 아주 멀리까지 뻗어 있는 거대한 구조물이다. (매일) 힘든 하루를 TV 앞에서 위안 음식으로 보상하는 사무직 직원을 생각해보라. 혹은 단것이 아니면 어떤 것도 마시길 두려워하는 어린이를 생각해보라. 채소를 보면 여전히 욕지기가 나는 남자 어른과 디저트를 절대로 주문하지 않는 여자 어른이 나머지 음식들은 다른 사람들의 두 배에 해당하는 양을 먹는 경우도 있다. 가장 흔한 것은 요요 다이어트를 하는 사람들인데, 끝없이 살이 빠졌다 쪘다 하길 반복하는 이들은 살쪘을 때 입는 옷과 살이 빠졌을 때 입는 옷을 넣는 옷장이 각각 따로 있다. 이런 행동은 너무나도 흔해서 우리는 그것이 얼마나 심각한 기능 장애를 초래하는지 제대로 인식하지 못한다. 미국에서 대학생 2000명을 대상으로 조사한 결과, 여성 중 41퍼센트, 남성 중 18퍼센트가 현재 '다이어트 중'이라고 대답했다.[4]

다이어트를 하는 사람들은 그 놀라운 절제력 때문에 거식증 환자가 부럽다고 일종의 블랙 유머로 말할 때가 가끔 있다. 음식 섭취량을 거의 제로에 가깝게 줄인 사람이 겪는 어려움은 나머지 사람들이 더 일상적으로 겪는 섭식 장애와는 너무나도 다른 것처럼 보이기 때문에 우리는 섭식 장애를 거식증과 아무 관련이 없는 것처럼 취급한다. 맛있는 케이크를 먹는 걸 꿈꿀 수 있을 때, 설사제 남용이나 굶주림으로 인한 기관의 기능 장애에 대해 조금이라도 생각하려는 사람이 있을까? 우리는 체육관 탈의실에서 돌출한 쇄골(빗장뼈)과 수척한 다리를 보고 싶지 않아 거식증 환자에게서 눈길을 돌린다. 다만, 그 사람과 나의 감정 중 어느 쪽에 상처를 주지 않으려고 그런 행동을 하는지는 분명하지 않다. 하지만 좀더 자세히 살펴보면(시선을 마주친다면 더욱 좋지만), 섭식 장애를 겪는 사람들이 나머지 사람들에게도 음식에 관한 교훈을 줄 수 있다는 사실을 발견할 수 있다. 무엇보다도 그들은 식습관이 잘못될 때 그 위험이

식습관의 인문학

얼마나 큰지 보여준다. 그보다 더 중요한 것은 섭식 장애가 식습관을 원점에서부터 다시 배울 수 있는 모델을 제공한다는 점이다. 심지어 유전적 소질 때문에 자연적으로 식사를 하기가 더 어려운 사람들에게도.

적절한 환경에서 올바른 도움을 받으면, 어떤 사람들은 해로운 식습관을 지속되고 즐거움을 주는 식습관으로 점차 바꿔나갈 수 있다. 거식증은 사망률이 아주 높은데, 모든 환자 중 많게는 20퍼센트가 정상보다 일찍 죽음을 맞이한다. 거식증 환자는 자살률도 전체 인구에 비해 57배나 높다.[5] 하지만 그래도 대부분의 환자는 살아남으며, 심지어 회복하기까지 한다. 한 연구에서는 많은 여성 거식증 및 폭식증 환자로 이루어진 코호트Cohort, 통계적으로 동일한 특색이나 행동 양식을 공유하는 집단를 7년 반 동안 추적했다.[6] 연구 기간이 끝날 무렵, 거식증 환자 중 83퍼센트는 적어도 부분적으로 회복했고, 33퍼센트는 완전히 회복했다(여기서 회복은 최소한 연속적으로 8주일 이상 '증상이 사라진 것'으로 정의했다). 폭식증 환자의 회복률은 더 높았는데, 부분적으로 회복한 사람은 99퍼센트였고, 완전히 회복한 사람은 74퍼센트였다. 이것이 무엇을 의미하는지 잘 생각해보라. 한때 폭식증과 거식증의 소용돌이에 휘말려 있던 사람들 중 대다수가 이제 음식을 정상적으로 먹고 소화하는 법을 터득한 것이다.

섭식 장애에서 회복하기 위한 첫 단계는 자신에게 문제가 있다는 사실을 인식하는 것이다. 10대 거식증 소녀라는 전형적인 모형에 딱 들어맞지 않으면서 섭식 장애가 있는 사람은 우리가 상상하는 것보다 훨씬 많다. 나는 섭식 장애를 치료하지 않고 방치함으로써 1970년대의 어린 시절을 비참하게 보낸 친구를 안다. 동생이 태어난 직후인 일곱 살 무렵에 이 아이는 집에서 먹는 음식이 메스꺼웠고, 일주일에 며칠은 토하면서 학교 수업에 빠졌다. 몸무게도 크게 줄어들었다. 하지만 현지 병원은 이 아이의 증상이 신체적인 것이 아니라, '그저' 정신신체적인 것에 불과하다고 진단했다. 그러자 부모는 이것을 아이가 꾀병을 부리는 것이라고 해석했고, 더 이상 아이를 돕기 위한 행동을 아무것도 하지 않았다. 그 아이는 부모가 이혼한 뒤에 혼자서 천천히 회복했다.

어린 나이에 식습관이 잘못될 수 있는 방식은 그 스펙트럼이 아주 넓어 공식적인 범주와 정의에서 벗어나는 영역까지 멀리 뻗어 있다. 사실, 거식증은 어린이의 섭식 장애 중 가장 흔한 것이 아니다. 폭식증 역시 마찬가지다. 그 영예는 EDNOS^{Eating Disorder Not Otherwise Specified, 달리 명시할 수 없는 섭식 장애}에게 돌아간다. 줄여서 그냥 'Other', 즉 기타 섭식 장애라고 부르기도 한다. 풍요로운 우리 마음은 여기서는 약간의 폭식증을, 저기서는 약간의 거식증을, 그리고 그 사이에는 끼니를 거르는 행동을 나타내는 식으로 자신만의 특이한 섭식 장애를 만들어내는 데 아주 능하다.

어떤 어린이는 특정 음식에 병적으로 집착하는가 하면, 어떤 어린이는 어떤 음식에도 전혀 식욕을 느끼지 못한다. 촉감에 과민하여 식습관이 잘못될 수도 있다. 어떤 사람은 입 속에 들어온 덩어리 감촉을 매우 고통스러워한다. 냄새에 과민한 사람도 있다. 어떤 어린이는 학교 식당의 냄새 때문에 식욕이 싹 사라진다. 부드럽지 않은 것은 어떤 것도 삼키지 못하는 어린이가 있는가 하면, 새로운 음식을 생각만 해도 토하는 어린이도 있다. 어떤 어린이는 흙에서부터 베이비파우더에 이르기까지 음식이 아닌 것을 먹는다(이런 행동을 이식증異食症이라 부른다). 어

식습관의 인문학

떤 어린이는 음식을 반복해서 씹고 도로 게워내는데(되새김이라 부르는 행동), 그러고 나서 게워낸 음식을 다시 씹을지 아니면 뱉어낼지 결정한다. 되새김질을 하는 한 어린이는 자신의 사고 과정을 다음과 같이 설명했다. "만약 맛있는 피자 조각이라면, 그것을 버리고 싶지 않아요. 하지만 애초에 먹은 것이 시금치였다면, 당연히 뱉어내야죠."[7]

식습관 문제는 다음의 두 범주 중 하나로 분류할 수 있다. 하나는 어린 아이의 '급식 장애(먹이기 장애)'이고, 또 하나는 나이가 더 많은 어린이와 어른의 '섭식 장애(먹기 장애)'이다.[8] 예를 들어 대표적인 섭식 장애는 거식증인 반면, 대표적인 급식 장애는 일종의 음식 공포증이거나 극단적으로 까다로운 식성이다. 급식 장애는 섭식 장애만큼 심각한 것으로 여기지 않는 경우가 많다. 2013년까지 정신 건강 전문 임상의들을 겨냥한 공식 설명서의 지침에는 만약 여섯 살 미만의 아이에게서 나타난 것이라면 그것은 오로지 '급식 장애(먹이기 장애)'라고 적혀 있었다. 그 기본 개념은 까다로운 식성(아주 극단적으로 까다로운 식성도)은 하나의 발달 단계이며, 아이가 나이를 먹으면 저절로 해결된다는 것이었다. 급식 장애는 극단적으로 철없는 행동의 한 형태로 보일 수 있으며, 실제로 일부 형태의 급식 장애는 우유나 유아식 외에는 아무것도 먹지 않으려는 어린이에게서 나타난다. 이와는 대조적으로 섭식 장애(먹기 장애)는 어른의 다이어트 행동이 왜곡된 경우처럼 자신의 체중에 과도하게 집착하는 태도를 동반한다. 섭식 장애는 우울증, 불안, 강박 장애, 자살 생각과 관련이 있는 경우가 많다.

하지만 '급식 장애'는 어린 아이에게만 일어나고, '섭식 장애'는 10대와 어른에게만 일어난다고 말하는 것은 옳지 않다. 식사 장애를 연구하다 보면, 우리가 살고 있는 시대에는 일부 어린이는 실제 나이보다 일찍 철이 드는가 하면, 어떤 어른은 영원히 어린이 상태에 머물러 있는 모습을 보게 된다. 충분히 '날씬하지' 않을까 봐 두려워 자신의 음식 섭취량을 위험할 정도로 낮은 수준으로 제한하기 시작한 사춘기 이전의 어린이(적게는 6~7세까지)도 있다. 마찬가지로 직장 생활을 하고 대출금을 갚으면서 통조림에 든 베이크트 빈즈baked beans, 삶은 콩과 베이컨 등을 구운 요리 외에는 아무것도 먹지 않으려는 어른도 있다. 이들은 소위 '식성이 까다로운 어른'인데, 대부분은 레이더망에서 벗어나 있어 의료계에서 제대로 다루지 않는다.

어른에게서 나타나건 어린이에게서 나타나건, 섭식 장애와 급식 장애는 서로 종류가 아주 다른 상태이다. 섭식 장애가 있는 사람은 건포도 빵 같은 프랑스 케이크, 페이스트리에서 버터가 많은 층, 설탕과 과일을 먹길 두려워할 수 있는데, 그것을 먹으면 살이 찐다고 생각하기 때문이다. 선택적 섭식(섭식 장애 중 주요한 종류) 습관에 깊이 물든 사람도 그것을 먹으면 살이 찐다고 두려워하진 않지만, 건포도 페이스트리를 두려워할 수 있다. 이들은 건포도 자체를 두려워한다. 그 모습과 냄새, 질감, 색, 그리고 무엇보다도 그것을 생각하는 것 자체를 두려워한다.

하지만 섭식 장애와 급식 장애의 광대한 스펙트럼에서 공통되는 점이 몇 가지 있다. 이 조건들의 원인과 경험은 서로 아주 다르지만, 치료법은 놀랍도록 비슷할 수 있다. 모든 섭식 장애의 치료에서 핵심은 바로 다양한 음식을 단호하면서도 사랑을 듬뿍 담은 방식으로 제공하는 체

식습관의 인문학

계적인 식사이다(불안과 우울증 치료를 돕기 위한 다양한 대화 치료와 약물 치료를 병행하면서). 아이에게 음식을 '다시 먹일' 때 사용하는 가족 식사는 현재 아동 거식증 치료의 표준으로 자리잡았다(환자를 입원시킬 필요가 없다면). 마찬가지로 급식 장애 치료에는 음식 맛을 보는 과정을 계속 반복함으로써 아이의 음식 목록을 천천히 늘려가는 게 필요하다. 온 가족이 음식의 양(폭식증 환자에게는 더 적게, 거식증 환자에게는 더 많이)과 어디서 어떻게 음식을 먹을지 다시 생각할 필요도 있다. 섭식 장애가 나머지 가족에게 너무 성가신 문제가 되는 바람에 아이 혼자서 음식을 먹는 버릇이 생기는 경우가 많다. 회복은 아이가 식사 시간의 사교 생활에 행복하게 동참할 때, 그리고 나머지 가족도 아이의 동참을 기뻐할 때 일어난다. 장애가 거식증이건 제한적 섭식이건, 회복하려면 먹는 법을 처음부터 완전히 다시 배우는 것이 필요하다.

섭식 장애가 있는 사람에게 음식은 독이자 치료제인데, 이것은 나머지 사람들에게도 마찬가지이다. 음식은 피할 수 없는 인생의 현실이며, 우리 각자에게 주어진 과제는 음식과 잘 조화하는 방법을 찾는 것이다. 섭식 장애는 금주가 치료법인 알코올 중독과는 아주 다르다. 섭식이 잘못되었을 때, 그 해독제는 음식을 먹지 않는 삶이 아니라, 어떻게 하면 새로운 음식을 새로운 방식으로 먹을 수 있는지 그 방법을 생각해내는 것이다.

섭식 장애에 대해 상투적으로 하는 이야기 중 하나는 섭식 장애가 실제로는 음식과 '관련된' 문제가 아니라는 것이다. 이것은 아주 무분별한 이야기이다. 이것은 건초열이 실제로는 꽃가루와 관련된 문제가 아니라고 말하는 거나 다름없다. 거식증이나 폭식증이 표면적인 섭식 행동 외에 훨씬 많은 요소를 포함하고 있다는 것은 분명하다. 굶거나 토하는 것은 더 깊은 우울증이나 인지적 기능 부전이 신체적으로 발현되는 것이다. 이런 것은 정신 질환이며, 그 원인은 나중에 보게 되겠지만 환경적 요인에 못지않게 유전적 요인의 비중도 크다. 하지만 거식증이라는 증상이 겉으로 드러날 때에는 그것은 음식과 깊은 '관련'이 있다. 요리책을 열심히 탐독하고, 과일 한 조각만 천천히 먹으면서 끼니를 때우고, 영양 부족 상태에서 뇌가 변하는 방식 등이 모두 이와 관련이 있다.

선택적 섭식은 처음부터 끝까지 음식과 관련이 있다. 이것은 노란색 음식만 먹는데 주황색 음식이 나왔을 때 느끼는 고통이나 참고 먹을 수 있는 요구르트 브랜드와 구역질이 나는 요구르트 브랜드 사이의 미묘한 차이가 이에 해당한다. 어떤 아이는 '싫어하는' 음식 냄새에 너무 민감하여 누가 그것을 먹을 때에는 그 사람이 설사 가족이라고 해도 함께 앉아 있을 수가 없다. 이런 종류의 극단적인 식습관은 자폐증처럼 그 이면에 다른 조건을 수반하고 식탁에서의 행동 장애(극도의 짜증이나 분노 또는 슬픔)와 결합될 때가 많아, 극소수 음식 외에는 아무것도 먹지 못하는 태도는 더 깊은 문제를 표출하는 하나의 수단이며, 따라서 섭식 자체에만 너무 주의를 기울이는 것은 잘못이라고 생각하기 쉽다. 하지만 드러난 증거는 정반대가 옳다고 시사한다. 핵심 조건이 무엇이건, 이 아이들이 식탁에서 제대로 행동하지 못하는 이유는 음식이 그러한 괴로움을 야기하기 때문이다. 구역질나는 음식을 계속 식탁에 내놓는다면, 당신

식습관의 인문학

은 화가 나지 않겠는가?

지난 20년 동안 섭식 장애와 급식 장애 치료에서 일어난 큰 발견을 꼽는다면, 식사 문제에 정면으로 대응해야 회복 가능성이 높다는 것이다. 치료사가 선택적 섭식을 하는 아이에게 다양한 음식을 좋아하도록 훈련시키는 데 성공할 때, 부모는 식탁에서 아이의 행동 역시 극적으로 좋아졌다고 보고한다(심지어 자폐 스펙트럼이 있는 아동에게서도). 음식 문제는 오로지 음식하고만 '관련된' 문제가 아니다. 선택적 섭식을 하는 아이(혹은 그 부모)가 돼보려고 시도하면, 음식이 한 사람의 삶에서 음식 자체 외에 통제와 근심, 고립, 안전한 느낌 등 많은 것을 대변하는 방식을 깨달을 수 있다. 식습관을 개선할 수 있다면, 삶의 나머지 측면들도 약간 개선될 것이다.

만약 당신이 선택적 섭식자라면, 당신의 삶은 자신이 먹을 수 없는 것을 먹어야 하는 상황을 피하려고 애쓰느라 피폐해질 것이다. 많은 사교적 상황이 음식을 중심으로 돌아가기 때문에, 나이가 들면 여행이나 친구와의 만남을 피할지도 모른다. 그때마다 배가 고프지 않다거나 배탈이 났다거나 식사를 하고 왔다거나 하면서 왜 음식을 먹을 수 없는지 핑계를 대야 할 것이다. 그것은 마치 문맹으로 자랐으면서 글을 읽을 줄 모른다는 사실을 감추려고 종종 장황한 설명을 늘어놓는 사람과 비슷하다.

선택적 섭식자에게 음식은 살아가면서 내리는 중요한 결정들의 기반이 될 수 있다. 열여덟 살 먹은 딸 문제 때문에 섭식 클리닉에 상담을 한 어머니가 있었다. 딸은 이제 막 대학에 입학할 예정이었다. 그녀는 대학을 선택할 때 장래의 경력을 위해 최선의 학업 과정을 제공하거나 그 장소가 마음에 들어서 선택한 게 아니라, 학생 식당에서 피자가 점심때와 저녁때 하루에 두 번 나온다는 사실 때문에 선택했다. 만전을 기하기 위해 사전에 캠퍼스를 방문해 자신이 좋아하는 종류의 피자(오레가노나 향신료가 들어가지 않은 일반적인 보통 피자)인지 먹어보기까지 했다.

식성이 너무나도 제한적이어서 빵이나 프렌치프라이, 팬케이크를 먹을 수 없는 사람도 있다는 사실을 보통 사람들은 이해하기 어려울 수 있다. 해마다 급식 장애 아동 약 1000명을 치료하는 펜주립허시아동병원에서 급식 프로그램을 운영하는 키스 윌리엄스Keith Williams는 "그것은 공포증과 별반 다르지 않습니다"라고 말한다. 윌리엄스와 동료들은 일부 어린이는 음식에 대한 두려움이 너무나도 커서 이전에 맛본 적이 없는 음식이 담긴 쟁반을 들고 누가 방 안으로 들어오기만 해도, 그 음식이 정확하게 어떤 것인지 제대로 살펴보기도 전에 자연발생적으로 토하거나 구역질을 한다.

그 음식을 입속에 넣으면 어떤 일이 일어나는지 구체적인 공포와 연관이 있는 음식에 대해 두려움을 가진 경우도 있다. 독에 대해 불합리한 공포를 가질 수도 있다. 혹은 목이 막히거나 구역질을 하거나 토하는 것이 두려워 삼키는 것에 민감해지도록 만든 아주 충격적인 사건을 겪었을지도 모른다. 덩어리가 많은 음식을 삼키는 것에 대한 불안은 특히 보편적으로 나타난다. 음식을 씹는 기술은 생후 6~10개월에 가장 빨리 발달하지만, 아이에게 실제로 씹을 만한 것을 줄 때에만 그렇다. 부드러운 유아식만 오랫동안 계속 먹이면, 씹는 행동을 배우는 것이 늦어지고, 그

식습관의 인문학

러면 아이는 덩어리에 과민해질 수 있다. 이를 '구강 방어^{oral defensiveness}'라 부른다. 실험 결과들에 따르면, 생후 10개월이 지난 뒤에야 덩어리가 많은 고형 음식을 먹이기 시작한 아이들은 유아기에 급식 장애가 나타날 가능성이 훨씬 높다. 한두 살짜리 아이가 덩어리를 경계하는 태도는 매우 보편적이지만, 어떤 어린이들은 나이를 먹으면서 그 두려움이 점점 더 커진다. 실제로는 아무것도 없는데 목에 공 같은 것이 걸린 느낌이 드는 이 증상을 '히스테리구^{globus hystericus}'(히스테리성 목걸림이라고도 함)라고 부른다. 이 환자들(체중이 많이 줄어드는 경향이 있어 거식증 환자로 종종 오해받는)은 고형 음식을 이물질로 인식하며, 음식을 먹을 때 식도에 극심한 경련을 느낄 수 있다. 이것은 다시 불안을 낳고 그래서 덩어리 음식을 피하는 악순환을 낳으며, 그런 음식을 만났을 때 어떻게 처리해야 할지 더욱 어려워하게 된다.

음식을 삼키지 못하는 증상은 비교적 드물지만, 익숙한 위안 음식이 아닌 다른 음식을 먹는 것에 대해 느끼는 일반적인 불안은 매우 보편적이다. 전문 섭식 클리닉에 오는 사람들 중 대다수는 '특별한 도움이 필요한' 어린이인데, 특히 자폐 스펙트럼이 있거나 구강 운동 근육에 문제가 있어 음식을 씹거나 삼키기 어려운 어린이가 많다. 급식 장애 진단을 받은 열 살 미만의 어린이 700명을 조사한 한 연구에서는 86퍼센트가 그 이면에 의학적 문제가, 18퍼센트는 행동 문제가, 61퍼센트는 어떤 종류의 구강 기능 장애가 있는 것으로 드러났다.[9] 하지만 주위를 둘러보면, 이 문제는 의학계가 인정하는 것보다 일반 대중 사이에 훨씬 더 일반적으로 나타난다는 사실을 알 수 있다.

연구자들은 배심원으로 선발된 미국인 성인 약 500명에게 음식을 어떻게 먹는지 물었다. 3분의 1이 좀 넘는 35.5퍼센트는 자신의 식성이 까다롭다고 말했다.[10] 이 통계 자료에 지나치게 당황하기 전에 여기서 식성이 까다롭다는 것은 사람마다 다른 뜻으로 쓰인다는 사실을 알아둘 필요가 있다. 어떤 사람은 '식성이 까다롭다'는 표현을 분별력이 있다는 뜻으로, 즉 자신의 안녕에 도움이 되는 속성이란 뜻으로 쓴다. 나의 경우, 식습관이 통제 불능 상태에 빠졌을 때에는 식성이 전혀 까다롭지 않았다. 나는 싫어하는 페이스트리를 마주친 적이 없다. 지금의 나는 비에누아즈리Viennoiserie, 비엔나풍의 페이스트리에는 까다롭게 구는 법을 배웠는데, 대개 예외적인 것을 위해 식욕을 아껴둔다. 음식에 대해 고상한 체하는 것도 나름의 쓸모가 있다.

다른 형태의 까다로운 식성 중에는 그다지 도움이 되지 않는 것도 있다. 배심원으로 선발된 성인 중에서 자칭 식성이 까다로운 사람들은 식성이 까다롭지 않은 사람들보다 식사에 대해 더 높은 수준의 사회적 불안과 고통을 보고했다. 아주 제한적인 섭식 패턴 때문에 식사(그리고 삶)에 제약을 받는 사람들이 상당히 많다는 것은 틀림없는 사실이다. 키스 윌리엄스는 "수많은 어린이는 선택적 섭식을 하면서도 섭식 클리닉에 오지 않는데, 그것 말고는 성장과 발달이 정상적으로 일어나기 때문입니다"라고 말한다. 부모들은 아이가 다른 문제 때문에 이미 의학적 치료를 받거나 심하게 저체중일 정도로 상황이 아주 심각한 경우에만 전문가의 도움을 구하는 경향이 있다. 윌리엄스의 경험에 따르면, 어린이의 선택적 섭식 문제는 자신의 클리닉에 온 환자들에게만 국한된 문제가 아니다. 어떤 장소들에서는 너무나도 많은 어린이가 충분히 다양한 음식을 좋아하는 법을 배울 기회를 얻지 못해 이 문제가 '표준'에 가까운 것이 되어가고 있다. 윌리엄스는 "피자를 일주일에 다섯 번, 일곱 번, 혹은 열 번이나 주는 가정도 있습니다"라고 말한다.[11] 그는 아이가 당의를 입힌 시리얼과 이따금 먹는 비타민제 외에는 아무것도 먹지 않아도 문제가 없다는 태도에 절망한다. 윌리엄스는 저소득층뿐만 아니라 중산층 가족들 사이에서도 이런 태도를 목격한다. "부모들은 '쟨 괜찮아질 거예요'라고 말하지만, 변화를 위한 메커니즘이 전혀 없어요. 저런 아이가 어떻게 갑자기 다른 것을 먹을 수 있겠어요?"

우리는 시간이 지나면 자신의 식성이 꽃처럼 점차 저절로 만개할 것이라고 생각하지만, 선택적 섭식의 경우, 식성은 점점 더 닫히는 쪽으로 변해가는 게 일반적인 패턴이다. 선택적 섭식은 음식을 잘 먹는 행동이 사람에게 본능적이거나 자연스럽거나 쉬운 것이라는 견해를 조롱한다. 선택적 섭식을 하는 사람이 섭식 장애 클리닉에 올 무렵이면, 그의 식성은 이미 불과 몇 가지 음식으로 축소돼 있을 가능성이 높다. 지금까지 가장 보편적으로 안전한 음식으로 선택된 것은 탄수화물이고, 그 다음으로 유제품, 육류, 땅콩버터, 일부 형태의 과일과 채소가 그 뒤를 따른다. 전형적인 사례는 땅콩버터 샌드위치와 치즈, 토마토 피자, 사과만 먹는 열 살짜리 여자아이이다. 이 여자아이를 담당한 정신과 의사들은 "트레이시는 새 음식을 먹어보고 싶다고 말했지만, 그것을 먹자마자 게워내고 말았어요"라고 말했다.[12] 어떻게 그런 상태에 이르렀을까? 문제는 부모가 아이의 음식 목록을 넓히려고 개입을 할 때, 비명을 지르거나 구역질을 하거나 접시에 토하는 것과 같은 강한 혐오 행동에 맞닥뜨리게 된다는 점이다.[13] 잘못된 땅콩버터로 만든 샌드위치를 주는 실수 때문에 아이가 음식을 게워내는 모습을 보면 부모는 큰 고통을 느낀다. 그래서 다음 번에는 반드시 '제대로' 된 종류를 사겠다고 다짐하게 되고, 아이의 버릇은 더욱 단단하게 자리를 잡게 된다. 선의의 제3자는 아이가 좋아하는 음식을 치우고 그냥 굶게 내버려두면 결국은 새로운 음식을 먹을 것이라고 충고할지 모른다. 하지만 윌리엄스가 돌보는 종류의 아이들은 길게는 나흘 동안 아무것도 먹지 않고 버티기도 해 튜브로 영양분을 공급해야만 할 위험에 처하게 되는데, 그렇게 되면 관련 당사자들은 더욱 견디기 힘든 고통을 겪게 된다.

선택적 섭식의 전통적인 치료법은 아이가 온갖 종류의 정상적인 음식에 익숙해지길 기대하는 대신에 목표를 아주 낮게 잡고서 뭔가를(어떤 것이라도) 먹이려는 데 초점을 맞추는 경향이 있었다. 심지어 임상의들도 일부 선택적 섭식 환자가 보이는 격렬한 수준의 저항에 기가 꺾이는 일이 흔하다. 이런 상태는 치료하기가 아주 어렵다. 치료 과정은 아이의 다른 문제(행동 문제나 극단적 불안, 또는 그 이면에 있는 섭식과 관련된 신체적 문제)가 무엇이냐에 따라 달라지지만, 많은 클리닉에서는 일종의 심리학적 개입과 함께 영양학적 조언과 의학적 감시를 병행하는 방법을 사용한다. 이런 접근법은 아무것도 하지 않는 것보다 낫긴 하지만, 섭식 문제 자체를 제대로 해결하지 못하기 때문에 극적인 변화를 가져오기 어렵다.

열세 살 먹은 소년을 그 어머니가 섭식 장애 클리닉에 데리고 온 일

식습관의 인문학

이 있었다. 소년은 감자칩과 마른 시리얼, 막대빵, 그리고 어머니가 매일 만들어주는 프로바이오틱 음료 외에는 거의 아무것도 먹지 않았다. 소년은 얼굴이 창백하고 피로를 느꼈으며, 나이에 비해 체중과 키가 모두 작아 학교에서 놀림을 받았다. 어머니는 아들이 '먹는 것에 게으른 아이'라고 표현했고, 먹지 않는 음식에 돈을 낭비하기 싫어서 다른 음식을 제공하려는 노력을 다소 포기한 듯 보였다. 소년은 불안 장애가 있다는 진단을 받았다. 인지 행동 요법(행동 방식을 바꾸도록 돕는 대화 요법) 과정을 거치고 영양학적 조언을 한 뒤에 소년에게 새 음식을 '한두 가지' 시도해보라고 권했다. 클리닉에서 퇴원할 무렵에 임상의들은 소년이 먹는 음식은 여전히 "전혀 폭이 넓지 않은" 편이라고 평가했다. 자신의 음식 목록에 추가한 게 있긴 했다. 이제 소년은 요구르트와 과일 스무디, 프렌치프라이를 먹었고, 거기다가 복합 비타민도 복용했다. 그것 말고는 소년의 식성에는 변화가 없었다.[14] 채소는 물론이고 단백질을 기반으로 한 적절한 메인 코스 음식 비슷한 것은 여전히 전혀 먹지 않았다. 하지만 치료를 담당한 의사들은 그 치료가 실패라고 생각하지 않는 것처럼 보였다. 그들은 "많은 경우, 피하거나 삼가는 음식이 전혀 없는 식습관을 달성하려고 하는 것은 현실적이지도 않고 **꼭 바람직하지도 않다**"라고 결론내렸다.

담당 의사조차 가끔 치료가 불가능하다고 시사한다면, 부모와 아이가 선택적 섭식의 치료 가능성에 대해 운명론적 태도에 빠지는 것도 놀라운 일이 아니다. 하지만 어떤 경우에는 임상의들이 비교적 짧은 시간 (몇 년이 아니라 몇 주일 혹은 몇 달)에 선택적 섭식을 다소 완전히 극복하도록 도움을 줄 때도 있다. 치료 방법은 다양하지만, 가장 성공적인 개입 방법들은 선택적 섭식이 음식과 '관련된' 문제이며, 환자가 음식을 섭취하는 덜 불행한 방법을 찾는 게 가능하고 또 바람직하다는 가정으로 시작한다는 공통점이 있다.

아홉 살 소년인 디에고는 약 7년 동안 선택적 섭식을 하다가 시드니의 한 클리닉에 치료를 받으러 왔다.[15] 디에고는 치킷 너겟과 감자칩, 식빵만 먹었고, 그 외에는 아무것도 먹지 않았다. 음식은 정해진 순서대로 먹어야 했고, 만약 음식이 조금이라도 이상해 보이면(감자칩이 이상한 모양으로 만들어졌다든가 하여) 쟁반에 있는 음식을 모두 버리고 처음부터 다시 만들어야 했다. 디에고는 생일 파티 초대를 자주 거절했고, 스포츠 행사에도 나가지 못했는데, 거기서 나오는 음식을 먹을 수 없다는 사실을 잘 알고 있었기 때문이다. 디에고의 식습관은 부모의 결혼 생활에도 큰 부담을 주었는데, 아주 다양한 음식을 먹던 부모는 아들에게 새 음식을 먹게 하려면 어떤 방법이 좋을지 합의하지 못했기 때문이다. 식사를 한 번 하는 데에는 길게는 세 시간이 걸리기도 했는데, 그동안 디에고는 점점 고통이 심해져 새 음식을 단 한 입도 먹으려 하지 않았다.

디에고를 담당한 의사들은 디에고가 음식에 아주 큰 두려움을 느낀다는 사실을 인정하고 들어가는 새 치료 방법을 찾아야 한다는 사실을 깨달았다. 그들은 디에고에게 자신의 불안에 이름을 붙이게 했다. 그 이름은 '비스터 더 워리 와트Beaster the Worry Wart, 근심 사마귀 괴수'였다. 부모는 이제 디에고에게 맞서싸워야 하는 괴수가 그토록 힘겨운 상대였다니 정말 미안하다고 말할 수 있었다. 그리고 함께 "괴수를 길들일 방법을 찾을"

식습관의 인문학

때까지 새 음식은 먹으려고 하지 않는 게 좋겠다고 제안했다. 이런 형태의 역제안은 '치료적 역설therapeutic paradox'이라 부른다. 식사 때마다 구슬림과 눈물과 스트레스가 계속된 7년의 세월을 보낸 끝에 마침내 맞이한 이 새로운 방법은 디에고에게 큰 위안으로 다가왔을 것이다. 이제 디에고는 부모와 함께 한 편이 되어 괴수와 대항하게 되었다. 1주일 뒤 다음번 치료 회기 때 디에고는 스테이크와 채소를 포함해 자발적으로 시도한 열 가지 새 음식 명단을 가지고 클리닉에 왔다. 그 후 4개월 동안 디에고는 새 음식을 계속 시도했고 마침내 완전 회복 단계에 이르렀다. 디에고는 괴수가 이제 아주 작아져서 더 이상 무섭지 않다고 말했다.

이러한 접근 방법이 선택적 섭식 환자 모두에게 효과가 있는 것은 아니다. 나이가 더 많은 어린이는 이 방법을 유치하게 여길 수 있고, 나이가 더 어린 어린이는 음식에 대한 공포를 이런 식으로 말로 표현할 수 없을지 모른다. 급식 장애에 더 분명하고 보편적으로 적용할 수 있는 방법은 식습관을 직접 바꾸도록 돕기 위해 강도 높은 음식 맛보기 훈련을 시도하는 것이다. 만약 다른 음식을 충분히 먹지 않는 것이 문제라면, 해결책은 더 다양한 음식을 먹도록 하는 것이다. 섭식 장애의 복잡성을 감안할 때 이것은 너무 간단해 보이지만, 키스 윌리엄스와 그 동료들이 선택적 섭식 치료를 위해 '미각 노출'이라는 개입 방법을 개척한 펜주립허시아동병원에서 시도해 큰 성공을 거둔 방법이다. 윌리엄스는 앞에서 나왔던 로버트 자이언츠의 '단순 노출' 개념을 잘 알고 있었다. 윌리엄스는 어떤 사람에게 새 음식을 충분히 많이 그리고 충분히 자주 맛보게 할 수 있다면, 그 사람이 그중 일부를 좋아하게 될 가능성이 높다는 사실을 알고 있었다. 윌리엄스는 "비결은 그 사람에게 음식을 맛보게 하는 것입니다"라고 말한다.

통원 치료를 하는 표준적인 선택적 섭식 환자의 경우, 부모에게 매일 가족 식사 때마다 아이에게 새 음식을 반 찻숟가락 정도 주고, 아이에게 음식 일기에 자신의 반응을 기록하라고 권할 수 있다. 이 방법이 실패할 수 있는 이유가 적어도 두 가지 있다(어린 아이가 일기 쓰는 것을 귀찮아할 가능성은 제외하더라도). 첫째, 대부분의 부모는 새 음식을 어떤 식으로 제공해야 하는지 아무 훈련도 받지 않았다. 이들이 눈물과 분노와 바닥에 내팽개친 숟가락을 무시하기 어렵다는 점은 충분히 이해할 수 있다. 집에서 자폐아의 급식 장애를 치료하느라 노력하면서 3개월을 헛되이 보낸 부모들을 치료사들이 관찰한 결과, 권장한 단계들 중 절반 정도만 따른 것으로 드러났다.[16] 부모에게 새로운 맛을 제공하는 방법과 아이의 방해를 무시하는 법, 그리고 첫번째 한 입을 뱉어내면 적은 양을 새로 조용히 권하는 방식 등을 집중 훈련시키고 나자, 식사 시간에 어린이의 태도가 극적으로 개선되었다. 부모에게는 음식 맛보기 회기를 시작하기 이전에 아이가 자신의 안전한 음식을 먹는 행동에 더 단호하게 대응하라고 권했는데, 새 음식을 아주 약간 먹고 싶은 생각이 들 기회를 주기 위해서였다. 음식의 양은 아주 중요하다.

숟가락에 담긴 음식에 역겨움을 느낀다면, 반 찻숟가락의 양 역시 지나치게 심한 것으로 느낄 것이다. 윌리엄스의 클리닉에서는 새 음식을 처음에는 콩알만 한 크기만큼 적게, 심지어는 쌀알만 한 크기로 제공

식습관의 인문학

했을 때 긍정적인 결과를 얻었다. 만약 음식의 양이 충분히 적고, 체계적인 음식 맛보기 회기를 통해 제공한다면, 극단적인 선택적 섭식 버릇이 있는 자폐아도 1주일 이내에 광범위한 음식을 좋아하는 법을 배울 수 있었다. 치료 과정에서 열흘 동안 계속해서 콩알만 한 양의 음식을 제공하는 방식을 포함한 개입에서 세 자폐아 소년은 예상치 못하게 50가지나 되는 새 음식을 좋아하게 되었다. 불과 나흘 뒤에 이들은 식탁에서 '파괴적 행동'을 다소 멈추었다.[17] 그 부모들에게는 집에서 음식 맛보기 회기를 계속하는 방법을 훈련시켰다.

윌리엄스가 선택적 섭식 환자를 위해 최근에 개발한 미각 노출 방법은 '접시 A와 접시 B^Plate A and Plate B'라 부른다.[18] 먼저 부모는 아이에게 먹일 새 음식 스무 가지를 선택한다. 접시 A에는 이 스무 가지 명단 중에서 고른 새 음식 서너 가지(예컨대 당근, 닭고기, 오렌지)가 쌀알보다 크지 않은 양만큼 담겨 있다. 접시 B에는 아이가 이미 어려움 없이 먹는 음식(예컨대 팝타르트, 비스킷, 크래커)이 담겨 있다. 부모는 아이에게 접시 A와 접시 B 식사를 하루에 4~6번 준다. 각각의 식사 시간은 10분이고 (타이머로 시간을 정확하게 잰다), 그 외에 다른 식사는 일절 제공하지 않는다. 그리고 아이의 "울음이나 거부를 무시하면서" 접시 A의 음식을 한 입 먹어야 접시 B의 음식을 한 입 먹고 음료를 마셔도 된다고 말한다. 아이는 시간이 다 될 때까지 두 접시 사이에서 계속 왔다갔다하며 음식을 먹는다. 울거나 구역질을 하지 않고 세 번의 식사에서 연속으로 접시 A의 음식을 먹는 법을 배운다면, 음식의 양을 쌀알만 한 크기에서 콩알만 한 크기로 늘린다. 그 다음에는 반 숟가락만 한 크기로, 그리고 마지막에는 한 숟가락만 한 크기로 늘린다. 한 숟가락을 먹는 시점에 이르러야 아이가 접시 A의 음식을 좋아하는 법을 배운 셈이다. 목표는 궁극적으로 접시 A의 음식 중에서 최대한 많이 먹은 것이 접시 B의 음식, 즉 아이가 기꺼이 즐겁게 먹을 수 있는 음식이 되도록 하는 것이다.

접시 A와 접시 B가 큰 효과가 있는(엄격하게 적용했을 때) 이유는 아이에게 요구하는 것이 아주 적기 때문이다. 음식의 양이 쌀알만큼 적다면, 사실상 하나도 없는 것이나 다름없다. 각각의 접시에 여러 가지 음식이 있다는 사실도 아이가 느끼는 압력을 줄이는 데 도움이 된다. 만약 아이가 접시 A에 있는 음식 중 두 가지를 정말로 참을 수 없다면, 언제든지 세번째 음식을 선택할 수 있다. 윌리엄스는 이 단순한 개입이 성공을 거두는 이유는 새 음식을 맛보는 걸 도저히 참아낼 수 없는 아이에게 그 음식을 맛볼 기회를 주기 때문이라고 말한다. 이 방법은 아이에게 저항의 벽을 뛰어넘어 그 음식을 입속에 집어넣도록 도와준다.

선택적 섭식을 극복하는 것은 어린 아이보다 나이가 많은 어린이와 어른이 훨씬 더 어렵지만, 그래도 극복하는 게 가능하다. 타일러는 아스퍼거 증후군이 있는 16세 소년이었다.[19] 타일러는 음식 제한이 너무나도 심해서 9년 동안 영양관을 통해 음식물을 공급했다. 키는 열 살 소년만 했고, 체중은 아홉 살 소년과 비슷했다. 타일러는 햄스테이크와 시리얼, 파스타(그것도 나비넥타이 모양의 파르팔레farfalle만), 이렇게 딱 세 가지 음식만 먹었다. 영양관이 없었더라면, 타일러는 살아남는 데 필요한 칼로리를 충분히 얻지 못했을 것이다. 식습관을 고치려는 이전의 시도들은 모두 실패로 돌아갔다. 펜주립허시아동병원의 치료사들은 2주간

식습관의 인문학

의 치료 과정 동안 타일러를 위해 접시 A와 접시 B의 변형 버전을 만들었다. 이것은 타일러가 랩톱 컴퓨터와 DVD 플레이어와 게임 콘솔로 게임을 할 시간을 주는 보상 시스템을 포함한 것이었다. 식사 때마다 타일러는 여섯 가지 음식을 선택하라는 지시를 받았는데, 쉬운 음식과 '어려운' 음식이 섞여 있었다. 타일러가 생각하기에 더 어려운 음식일수록, 그리고 더 많이 먹을수록 게임을 할 시간을 더 많이 얻을 수 있었다. 어려운 음식들은 모두 쌀알만 한 크기로 시작해 갈수록 점점 커졌다. 치료 과정의 마지막 3일을 남겨둔 시점에서 타일러는 보통 크기의 정상적인 음식(메인 코스에다가 서너 가지의 곁들임 요리까지)을 즐겁게 먹었다.

치료가 끝날 무렵, 타일러는 모두 78가지나 되는 음식을 먹었고, 퇴원하고 나서 몇 달이 지난 뒤에는 새 음식을 자신의 식단에 자진해서 추가했다. 이제 끔찍한 영양관에서도 완전히 벗어났다. 비용 측면에서 보더라도, 타일러의 치료는 큰 성공이었다. 1년 동안 영양관으로 영양 공급을 하는 비용은 2007년 가격으로 최소한 1만 6000달러가 든 반면, 치료비는 하루에 500달러 미만으로, 모두 합쳐도 7000달러가 못 되었다. 하지만 가장 큰 혜택은 바로 타일러의 건강과 행복이었다. 부모는 이제 가족 식사를 정말로 제대로 즐기게 되었으며, 타일러의 체중도 영양관 급식을 할 때보다 더 빠르게 증가하고 있다고 보고했다. 타일러는 영양관을 통한 영양 공급의 외로움에서 영원히 벗어났고, 이제 공동 식사의 사교적 상호작용을 즐기고 있다.

키스 윌리엄스는 변화를 위해 적절한 동기만 있다면, 나이에 상관없이 미각 노출을 사용해 선택적 섭식을 치료할 수 있다고 믿는다. 가장 큰 장애물은 대부분의 선택적 섭식 환자(그리고 그 부모)가 자신의 상태를 치유 불가능한 것으로 간주하고서 치료 효과를 진심으로 믿지 않는 태도이다. 이들은 새로운 음식에 대한 저항이 너무나도 커서 섭식 장애에 맞서싸워 새로운 삶을 살아가려고 노력하기보다는 섭식 장애를 중심으로 자신의 생활을 조직하는 쪽을 택한다(하루에 피자가 두 번 나오는 대학을 선택한 소녀처럼). 어린이보다는 어른의 선택적 섭식을 치료하기가 훨씬 어렵다. 어른은 울거나 구역질을 하거나 침을 뱉지는 않더라도, 새로운 기술을 배울 수 있는 자신의 잠재력을 긍정적으로 바라보는 자세가 어린이보다 훨씬 못하다. 대부분은 섭식 장애 클리닉을 찾아가 상담하기보다는 자신의 상태를 부끄러운 비밀로 간직하는 쪽을 선호한다.

예외도 있다. 윌리엄스는 식습관이 까다로운 어른 여러 명을 대상으로 다년간 연구를 진행했는데, 그들은 제한적인 식성에서 벗어나고 새로운 음식에 겁을 먹지 않길 간절히 원했다. 윌리엄스는 변하겠다는 동기만 있다면, 어린이와 마찬가지로 어른에게도 미각 노출 방법이 효과가 있다는 사실을 발견했다. 초등학교 교사가 윌리엄스에게 연락해온 적이 있었는데, 그녀는 아시아에서 선교사로 활동하길 원했지만, 식습관을 바꾸지 않으면 외국에서 그 일을 제대로 할 수 없다는 사실을 잘 알고 있었다. 그 당시에 그녀는 케첩 샌드위치와 오레오 비스킷과 인스턴트 누들만 먹었다. 이 식습관을 바꾸지 않으면, 극동 지역의 음식에 제대로 적응하지 못할 게 뻔했다. 문제가 되는 것은 간장과 생강, 파, 쓰촨고추처럼 자극성이 강한 향미뿐만이 아니었다. 심지어 단순한 쌀밥조차 먹지 못했다. 하지만 그녀는 미각 노출을 사용하면서 적은 양으로 시작

식습관의 인문학

해 천천히 그리고 점진적으로 견뎌낼 수 있는 음식의 종류를 늘려갔다. 이 교사는 현재 식초와 마늘의 나라인 필리핀에서 활동하고 있다.

의사나 조산사가 예쁜 아기를 처음 건네줄 때, 당신은 아기의 흐릿한 눈에서 아기의 미래를 보려고 하는데, 아기가 나중에 케첩 샌드위치와 오레오 비스킷과 인스턴트 누들만 먹는 사람으로 자라리라고는 결코 상상하지 않을 것이다. 부모는 나중에 아기에게 거식증이 생기면 얼마나 끔찍할까 하는 생각을 하면서 많은 시간을 보낸다. 그토록 상냥하게 먹여 키운 아기가 부모가 주는 음식을 거부하고 그와 함께 부모의 사랑까지 거부하면서 쇠약해져가는 모습을 바라본다면 얼마나 불행한가! 부모는 아기를 위해서뿐만 아니라 자신을 위해서도 그런 사태를 피할 수만 있다면, 어떤 일이라도 하려 할 것이다.

어리석은 식습관 때문에 젊은 시절을 너무 많이 낭비한 사람들은 특히 자기 자식에게는 절대로 섭식 장애가 '나타나도록' 하지 않겠다고 다짐할지 모른다. 그래서 자식을 구하려는 일념에 사로잡힌 나머지 큰 불안에 빠진다. 어린 딸이 끄적거리며 그림을 그리기 시작할 때, 내가 주문처럼 읊조린 구호는 "세상에 완벽한 것은 없어"였다. 나는 딸이 높은 예술적 기준을 자신의 몸에 적용해 자신의 몸을 미워할까 봐 두려웠다. 그래서 나는 내가 한 말을 잊어버리고, 어떤 일을 '완벽하게' 했다고 딸을 칭찬했다. 그러면 딸은 세상에 완벽한 것은 없으니 그것은 완벽할 리가 없다면서 내 말을 정정했다. 나는 매일 밤 "잘 자, 예쁜 우리 딸"이라고 말하면서 딸의 자존감을 높여주려고 노력했다. 그러다가 딸이 아름다움을 자부심과 동일시할까 봐 그 말을 그만두었다. 나는 케이크를 경계하는 조짐이 나타나지 않을까 노심초사하며 딸을 줄곧 지켜보았다. "케이크 한 조각은 괜찮아. 배가 고프다면 두 조각도 괜찮지." 나는 어떤 음식도, 심지어 샐러드조차도, 절대로 건강에 좋거나 건강에 나쁘지는 않다고 강조했다. 나는 날씬하거나 뚱뚱한 것보다 정상 체형이 왜 좋은지 많은 이야기를 했지만, 약간 뚱뚱한 것도 괜찮으며, 10대 시절에는 특히 그렇다고 이야기했다. 나는 딸에게 잡지 모델들의 사진이 어떻게 포토샵을 통해 변하는지 밝힌 폭로 기사를 보여주었는데, 기만적으로 아름다운 모델 사진에 속아넘어가지 않도록 하기 위해서였다.

지금까지는(딸은 현재 열두 살이다) 섭식 장애가 전혀 나타나지 않았다. 하지만 나의 미약한 예방 조처가 딸을 구했을 가능성은 거의 없다(만약 정말로 구했다고 한다면). 가족이 신체와 음식에 대해 건전한 생각을 최대한 불어넣는 것은 아주 좋은 일이지만, 결국 자식을 거식증에서 구하려는 우리의 시도는 악귀를 쫓기 위해 어깨 너머로 소금을 던지는 것처럼 마술적 생각에 지나지 않는다. 거식증을 완벽하게 차단할 수 있는 주문은 없다. 불가사의하고 기묘한 이 질병의 원인은 현재까지 나온 증거에 따르면 사회적인 것이라기보다는 생물학적인 것이다. 거식증을 유발하는 단일 유전자는 없는 반면, 거식증이 생길 위험 중 최대 85퍼센트는 유전적인 데 그 원인이 있다.[20]

지난 20년 동안 거식증을 대하는 임상적 사고에는 상전벽해 같은 변화가 일어났다. 현재 거식증을 치료하는 사람들의 주류 견해에 따르면, 거식증은 고압적인 엄마 밑에서 자라거나 날씬한 모델이 나오는 광고를

식습관의 인문학

너무 많이 봐서 나타나는 증상이 아니라, 주로 유전되는 뇌의 상태 때문에 생긴다. 과학자들은 완벽을 추구하는 충동과 통제 욕구와 낮은 자존감과 관계가 있는 거식증 유전자 무리를 확인했다. 2013년에 사이먼 배런코언Simon Baron-Cohen이 이끄는 케임브리지대학교 과학자 팀이 실시한 연구 결과에 따르면, 여자 청소년 거식증 환자는 인지 검사에서 대조군에 비해 자폐증 소질이 높게 나타났다.[21] 이 결과는 거식증 환자의 특징적인 뇌 구조(신경 표현형)가 자폐아의 뇌와 비슷한 면이 있음을 시사한다. 많은 거식증 연구에서는 거식증 환자가 사회적 불안감이 높고 대인관계에 어려움을 겪는 것으로 나타났다.[22] 자폐증과 거식증은 모두 사회적 쾌감상실증social anhedonia과 관련이 있다. 이것은 다른 사람들이 즐기는 많은 사회적 상호작용에서 즐거움을 느끼지 못하는 상태를 말한다. 그렇다고 해서 거식증과 자폐증이 동일하다는(혹은 모든 거식증 환자가 내성적이라는) 것은 아니지만, 이들은 각각 다른 방식으로 표출되는 특정 신경학적 소질을 공유하고 있다. 자폐증 환자의 경우 남녀 비율이 10 대 1인 반면, 거식증은 반대로 1 대 9라는 사실이 눈길을 끈다. 배런코언은 거식증 환자의 엄격한 정신적 태도는 자폐증의 폭이 좁고 반복적인 행동이 반영된 것이지만, "거식증 환자의 경우에는 그것이 음식이나 체중에 초점을 맞춰 표출된다"라고 지적했다.[23]

거식증 환자의 뇌는 보통 사람의 뇌와 약간 다르게 작용하는데, 뇌의 기능 장애가 굶주림의 원인인지 결과인지 분명하지 않다. 거식증 환자의 뇌를 촬영한 결과에서는 다양한 형태의 인지 손상이 드러났다. 특히 거식증 환자는 불안을 조절하는 일을 돕는 부위인 뇌섬엽이 제 기능을 하지 못한다. 뇌섬엽은 향미를 인식하는 데에도 중요한 역할을 한다. 이러한 뇌의 오작동 중 일부는 음식 공급 부족에 대한 반응으로 나타나는지도 모른다. 하지만 거식증 환자의 뇌섬엽은 회복 뒤에도 여전히 손상된 상태로 남아 있는데, 이것은 거식증 증상보다 구조적 결함이 선행한다는 것을 시사한다. 한 연구에서는 거식증에서 회복한 열여섯 명을 대상으로 설탕물을 마시게 하면서 즐거운 맛에 대한 뇌의 반응을 측정했다. 대조군과는 확연히 달리, 이 여성들은 설탕물을 마실 때 뇌섬엽의 활동이 저조했다. 마치 이들의 뇌는 즐거움을 인식하는 데 어려움이 있는 것처럼 보였다.[24]

하지만 모든 유전적 특성과 마찬가지로, '거식증 뇌'를 가졌다고 해서 반드시 섭식 장애가 나타나는 것은 아니다. 거식증 유전자가 있더라도 거식증이 전혀 나타나지 않을 수도 있다. 거식증에서 회복하고 있는 환자이자 생물학자인 캐리 아널드Carrie Arnold는 자신의 상태를 "오작동하는 배고픔 신호들과 불안, 우울증, 의사 결정의 어려움 사이에 일어나는 복잡한 상호작용"에서 깨어나는 것 같다고 묘사했다.[25] 만약 거식증에 사회적 요인보다 생물학적 요인이 더 크다면, 이것은 부모들에게 좋은 소식이 될 수 있는데, 거식증 아이가 있는 가족이 깊은 죄책감에서 벗어날 수 있기 때문이다. 아널드는 자신의 부모가 음식에 대해 느긋한 태도를 보였고, 칼로리를 계산하거나 자신에게 살을 빼라고 압력을 가한 적이 전혀 없다고 말한다. 대부분의 경우(물론 학대나 잔학 행위가 섭식 장애를 촉발하는 경우처럼 예외는 있지만), 부모는 자신의 유전자를 물려주었다는 사실 말고는 '비난을 받을' 이유가 전혀 없다. 가족력에 불안이나

　　　　　　　　　　　　　　식습관의 인문학

우울증이 있으면, 아이에게 섭식 장애가 생길 위험이 훨씬 높다. 하지만 여기에는 부정적인 면도 있는데, 설사 부모를 탓할 수는 없다 하더라도, 아이에게 섭식 장애가 생기는 것을 막기 위해 부모가 할 수 있는 일이 거의 없기 때문이다.

거식증의 무서운 측면 중 하나는 아주 어린 아이에게도 나타날 수 있다는 점이다. 2011년에 영국에서 섭식 장애를 조사한 결과에 따르면, 발병률이 전체적으로는 안정세를 유지했지만, 더 어린 아이들 사이에서는 증가하는 양상이 나타났다.[26] 섭식 장애가 새로 나타난 어린이 중 59퍼센트(남녀 구별 없이)는 사춘기 이전의 나이였다. 열 살이나 열한 살 어린이들 사이에서도 흔하게 나타났다. 훨씬 특이하게 여덟 살, 일곱 살, 여섯 살 어린이에게 발병하는 사례도 있었다. 섬뜩하게도 그렇게 어린 아이도 거식증의 특징인 왜곡된 신체상body image과 비만에 대한 두려움을 가질 수 있는 것으로 보인다. 돌이켜보면, 대부분의 사람들에게 어린 시절의 마법 중 일부는 자신의 몸에 대해 느끼는 자유 감각—이 다리가 줄넘기에 안성맞춤이라는 느낌 같은 것—이었다. 세상에 대한 근심이 아무것도 없이 공원에서 얼음과자를 먹고 있어야 할 일곱 살짜리 아이가 계획적으로 스스로 굶다니, 이 얼마나 잔인한 일인가!

이토록 어린 아이에게 거식증이 나타나는 이유가 무엇일까? 명백해 보이는 설명은 우리 문화에 뭔가 끔찍하게 잘못된 일이 일어나고 있다는 것이다. 거식증과 폭식증이 마른 몸매를 숭배하는 동시에 마른 몸매를 어렵게 만드는 음식을 강요하는 서구 사회나 서구화된 사회에서 더 많이 나타난다는 것은 의심의 여지가 없다. 거식증은 대개 다이어트 시기에 시작된다. 학교에서 설탕이 건강에 해롭다는 말을 듣거나 수영복을 입었다가 몸매 때문에 놀림을 받고 나서 디저트를 덜 먹기로 결정할 수 있다. 고급 잡지에 실린 광고에 나오는 이상적인 여성 체형은 전체 여성 중 5퍼센트에만 해당하는 것으로 추정되기 때문에, 나머지 95퍼센트는 자신의 체형이 부적절하다는 느낌을 받을 수 있다. 남자의 경우, 이상적인 초영웅 체형—나무 줄기 같은 넓다리 네갈래근과 가느다란 허리, 초고층 건물 주위를 날 수 있는 능력—을 가진 사람은 아무도 없다. 어린 아이들은 평소에 부모가 하는 말 중에서 체중이 줄었으면 좋겠다고 하거나, 푸딩을 '좋지 않은' 음식이라고 부르거나, '날씬함'을 칭찬하는 말을 자주 듣는다. 그러면 거식증은 당연한 논리적 반응처럼 보이게 된다.

하지만 섭식 장애는 단지 현대 생활의 산물만은 아니다. 만약 우리 문화가 거식증을 유발한다면, 어떻게 1890년대에 거식증 사례가 기록될 수 있겠는가? 1895년에 한 영국 아동병원에서 일하던 의사는 열한 살 소녀에게 일어난 '신경성 거식증의 치명적 사례'를 기술했다. 이 의사는 "이 소녀는 사납고 우스꽝스러운 외모를 가졌고, 안절부절못했으며, 모든 음식을 거부했다"라고 기록했다.[27] 그는 쇠고기 수프와 브랜디와 우유를 먹이려고 해보았지만, 입원한 지 15일이 지났을 때 소녀는 고열로 시달리다가 죽었다.

100년 뒤인 1990년대 중엽에 일곱 살 소녀 VE가 매사추세츠종합병원에 입원했다. 체중은 26킬로그램밖에 나가지 않았지만, 소녀는 의사들에게 체중을 23킬로그램 미만으로 줄이면 다른 아이들이 "자신을 더 좋아할" 것이라고 말했다. 더 이상 정상적인 식사를 하지 않았고, 물 말

식습관의 인문학

고는 아무것도 마시지 않았다. 체중이 늘까 봐 먹는 것을 두려워했고, 심지어 자신의 손톱을 씹는 것조차 두려워했다. 소녀는 "어린 아이 어투로" 이야기했지만, 자신의 허벅지와 배가 너무 뚱뚱하다는 말을 하기도 했다. 소녀는 접힌 지방이 파자마 위로 늘어지는 느낌에 시달렸는데, 실제로는 작은 몸이 옷에 '감싸인' 것이었다. 입원 전에 VE는 경쟁이 치열한 무용과 피겨스케이팅, 체조를 했다. 어머니는 젊을 때 무용가가 되고 싶었는데, 이제 VE가 브로드웨이에서 춤을 추는 모습을 상상한다고 말했다. 부모의 결혼 생활에는 갈등이 있었다. VE의 어머니는 툭하면 격분하는 경향이 있는 반면, 아버지는 논쟁을 하는 대신에 응대하지 않고 그냥 방에서 나가는 편이었다.

이 슬픈 사례는 언뜻 보기에는 부모와 문화가 거식증을 낳는다는 견해를 강하게 뒷받침하는 것처럼 보인다. 일곱 살 소녀가 경쟁이 아주 치열하고 게다가 마른 몸매를 강조하는 개인 활동(피겨스케이팅, 무용, 체조)을 한 가지도 아니고 세 가지나 했으니, 거기서 받는 압력이 엄청났을 것이다. VE가 입원하기 넉 달 전에 어머니는 무용 레슨을 그만 하게 해달라는 딸의 요구를 들어주지 않고 레슨을 계속 받게 했다.

하지만 발레와 엘리트 스포츠가 거식증을 '유발'한다는 가정에는 의심이 끊이지 않았다. 언뜻 보기에는 매일 여러 시간 육체적 활동을 하는 어린이는 강박적으로 운동을 하는 '운동성 거식증' 환자와 상당히 비슷해 보인다. 날씬한 체형을 강조하는 종목에서는 지구력이 필요한 종목이나 구기 종목에 비해 섭식 장애 발생률이 더 높다. 한 연구는 발레리나 중 80퍼센트 이상이 평생 동안 섭식 장애를 겪는 것으로 추정했지만, 다른 연구들은 그 비율이 10퍼센트 미만이라고 주장한다.[28] 최근에는 섭식 장애에서 신체적 활동이 담당하는 역할을 재고하게 되었다. 이전의 치료법에서는 증상을 악화시킬지 모른다는 염려에서 거식증 환자에게 운동을 하지 말라고 권했다. 하지만 2013년에 의학 데이터베이스를 대대적으로 검토한 결과, 적절한 관리 하에 하는 운동은 체력과 심장혈관계의 적합성을 높이고 우울증 증상을 완화함으로써 거식증 환자의 회복에 도움을 주는 것으로 드러났다.[29]

병원에서 VE의 완벽주의적 성향은 얼마 전에 피겨스케이팅과 무용과 체조를 시작한 시점보다 앞서 나타났다는 것이 분명히 밝혀졌다. 아주 어린 시절부터 부모는 VE가 또래 아이들과 '다르며' 경쟁력이 높다는 사실을 발견했다. VE는 자신의 약점이 드러나는 것을 크게 두려워하는 것처럼 보였고, 얼마 전에 학교에서 나쁜 수학 점수를 받고서 몹시 괴로워했다. 병원에서 VE는 자신이 좋은 환자임을 보여주려고 노력했고, 직원들로부터 칭찬을 받고 싶어 안달했다. 거식증 환자들은 체중을 줄이려고 시도하기 오래전부터 다양한 방식으로 불안과 두려움, 사회적 취약성, 강박감을 느꼈다고 말한다. 거식증 환자 중 약 3분의 2는 불안 장애도 함께 있다. VE의 부모는 섭식 장애가 없었지만, 둘 다 가끔 우울증에 시달렸다. 어머니는 산후우울증으로 두 번이나 입원했고, 강박 장애 치료도 받았다.

피겨스케이팅과 체조 경쟁에서 비롯된 그 모든 압력이 없었더라면, VE에게 거식증이 나타나는 데에는 더 오랜 시간이 걸렸을지 모른다. VE의 치료법에는 음식을 다시 먹이는 것 외에 취미를 축구와 걸스카우트

식습관의 인문학

같은 팀 스포츠와 집단 활동으로 바꾸는 것도 포함되었는데, 이런 활동은 자신이 '특별하다는 느낌'을 주었다. 하지만 VE의 거식증은 스포츠나 무용하고는 아무 '상관'이 없었다. 섭식 장애를 전혀 겪지 않고 엘리트 운동 선수나 최고의 무용수가 되는 사람도 많다. 우울증과 강박 장애 가족력이 있는 VE는 피겨스케이팅과 무용과 체조를 하지 않았더라도, 타고난 생물학적 체질 때문에 섭식 장애에 취약했을 것이다.

거식증은 유전적으로 거식증에 걸린 소질이 있는 사람이 스트레스나 외상을 겪을 때 나타나는 경향이 있다. 그런데 사춘기가 바로 그 외상이 될 때가 많다. 어린이의 몸이 어른의 몸으로 변할 때 일어나는 자연적인 체중 증가는 신체 불만족을 조장할 수 있다. 기묘하게 부풀어오르는 이 팔다리가 정녕 내 것이란 말인가? 거식증은 소녀가 자신의 성적 매력을 없애고 사춘기 이전의 안전한 시기로 되돌아가는 하나의 방법일 수 있다. 체중이 줄어들면 가슴과 엉덩이도 작아지고 생리도 멈춘다. 사춘기의 호르몬은 또한 일부 사람들에게서 거식증을 촉발하는 역할을 하는 것처럼 보인다. 쌍둥이 연구에서 새로 나온 데이터는 여성 호르몬인 에스트라디올estradiol이 일부 사람들에게서 거식증에 취약하게 만드는 유전자의 '스위치를 켤' 수 있다고 시사한다.[30]

사춘기가 시작되는 나이가 점점 어려짐에 따라 섭식 장애가 나타나는 어린이의 나이 역시 낮아지고 있다. 수전 링우드Susan Ringwood는 영국에서 선도적인 섭식 장애 자선 단체인 비트Beat의 책임자이다. 링우드는 갈수록 나이가 더 어린 어린이가 자신들의 전화 상담 서비스에 전화를 하는 사례가 점점 늘어나고 있다고 말한다. 그녀는 "우리는 그 원인이 정확하게 무엇인지 모릅니다"라고 말한다. 그렇지만 한 가지 가능성은 바로 사춘기가 시작되는 나이가 갈수록 낮아지는 것이다. 링우드는 "지난 50년 사이에 사춘기가 시작되는 평균 나이는 약 5년이나 빨라졌어요"라고 지적한다. 사춘기 시작이 거식증 발생 위험을 증가시킨다는 사실을 우리가 알고 있기 때문에, 빨라지는 사춘기와 점점 발생 나이가 어려지는 거식증 사이에 아무 관계가 없다면 오히려 이상할 것이다.

만약 이 추정이 옳다면, 현재의 아동 거식증 중 일부는 역설적이게도 비만 위기에 그 뿌리가 있다. 사춘기의 원인은 밝혀내기가 쉽지 않지만, 여성의 경우 빠른 생리 및 가슴 발달이 높은 체질량 지수와 관련이 있음을 뒷받침하는 근거가 분명히 있다. 링우드는 "사춘기는 주로 체중에 좌우됩니다"라고 말한다. "42킬로그램이 되면 사춘기에 진입하지요."[31] 2000년, 영국에서 여성 여섯 명 중 한 명은 이미 여덟 살에 사춘기 징후가 나타나는 것으로 밝혀졌다. 그리고 여덟 살 소년 열네 명 중 한 명꼴로 음모가 났는데, 아버지 세대에서는 150명 중 한 명꼴로 나타났다. 링우드는 "사춘기의 생물학적 마음은 신체적 효과가 나타나기 약 2년 전부터 시작된다고 알려져 있어요"라고 말한다. 아동 비만에서 조기 사춘기로, 조기 사춘기에서 아홉 살짜리 거식증 환자로, 일종의 도미노 효과가 일어난다. 링우드는 "이것은 이중의 부담이 됩니다. 아직 마음은 어른에 이르지 않았는데, 어른의 신체가 발달하기 시작하거든요"라고 말한다. 어린 아이가 거식증에 걸리면, 그 증상이 10대에 비해 더 빨리 발전하는 것으로 보인다. 어린이 거식증 환자와 청소년 거식증 환자를 비교한 결과, 어린이 쪽이 체중이 훨씬 빨리 감소했으며, 어린이가(혹은 부모가) 의학적 도움을 요청하는 시점

식습관의 인문학

에 체중이 이상적인 체중보다 훨씬 더 낮은 것으로 나타났다. 성장과 장기적 골밀도 발달에 도움을 줄 영양이 많이 필요한 나이라는 점을 감안하면, 이 점은 더욱 염려스럽다.

아주 어린 나이에 거식증에 걸린 것이 유일하게 좋은 점(분명히 구름 사이의 한 줄기 빛 같은 희망에는 못 미치지만)은 나이가 더 많은 거식증 환자에 비해 회복률이 높고 지속 기간이 짧은 경향이 있다는 것이다.[32] 어떤 면에서는 어린이라는 사실이 이 상황을 타개하는 데 도움이 된다. 링우드는 "어린이 거식증 환자가 회복을 하려면 음식을 먹도록 만들 필요가 있어요"라고 말한다. 어린이이기 때문에 유리한 점은 이미 다른 사람이 음식을 먹여주는 데 익숙해져 있다는 점이다. 또한, 어른에게서 무엇을 하라는 지시를 듣는 데에도 익숙해져 있어, 어른이 음식을 먹는 것 외에는 다른 선택의 여지가 없다고 말하더라도 그렇게 이상하게 받아들이지 않는다. 회복을 위해서는 이러한 어린이의 복종이 큰 도움이 될 수 있다. 그런 복종적 태도가 지속되기만 한다면 말이다.

아이에게 섭식 장애가 있을 경우, 가족 식사는 아이는 드러눕고 부모는 구슬리면서 아무도 음식을 제대로 먹지 못하는 상황이 벌어져 우울하고 낙담스러운 것이 될 수 있다. 혹은 누가 오이 두 조각과 요구르트 반 컵 외에는 아무것도 먹지 않았다는 사실을 아무도 모르는 척하는 가식적 태도를 연습하는 장이 될 수도 있다.

하지만 가족 식사는 아이의 거식증을 치유할 수 있는 최선의 희망이기도 하다. 거식증의 프리즘을 통해 바라보면, 식사가 얼마나 강력한 치유 효과가 있는지 보인다. 식사가 제대로 진행되기만 한다면, 아이는 갑자기 영양과 사랑을 얻고 그리고 불행한 감옥에서 탈출할 수 있는 방법을 얻게 된다. 이 단계에 이르는 것은 양쪽 당사자 중 어느 쪽에도 쉬운 것은 아니다. 9년 동안 심한 거식증에 시달린 딸을 둔 어머니는 "아이에게 그저 먹으라고 강요하면 아이가 먹고, 그러면 문 주위에 장미가 피고, 삶이 다시 멋진 것으로 변했다는 부모"에 관한 지나치게 낙관적인 이야기를 읽고서 좌절감을 표시했다.[33]

거식증 및 관련 섭식 장애는 선택적 섭식보다 위험성이 더 크다. 제한적 섭식 환자는 적극적으로 굶으려고 노력하지 않지만, 거식증 환자는 그렇게 한다. 거식증에 관한 끔찍한 진실 한 가지는 회복하지 못할 경우 죽음을 맞이할 가능성이 높다는 것이다. 2002년에 한 연구는 거식증 환자 5000명 이상을 대상으로 한 연구 결과들을 체계적으로 검토했다. 거식증 환자 중 약 절반은 '좋은 결과'(모든 증상이 사라졌다는 의미에서)를, 약 30퍼센트는 '괜찮은 결과'(증상이 개선되었지만 남아 있는 증상이 일부 있다는 의미에서)를 맞이한 반면, 20퍼센트 이상은 '나쁜 결과'(이 섭식 장애가 만성이 되었다는 의미에서)를 맞이한 것으로 나타났다. 거식증에서 나쁜 결과는 어떤 경우에는 죽음을 의미한다.[34]

하지만 1980년대에 런던 남부에 위치한 모즐리병원의 일부 치료사들은 거식증 환자 치료에서 통계적 표준보다 훨씬 희망적인 결과를 얻을 수 있다는 사실을 발견했다. 이들은 이 장애의 증상, 즉 먹는 것 자체에 더 집중함으로써 그런 결과를 얻었다. 치료사들은 환자가 식사를 할 때 간호사가 함께 앉아 말을 건네고 때로는 등을 토닥여주면, "먹지 않으면…… 안 되는" 일종의 집요한 분위기를 조성할 수 있다는 사실을 알아챘다.[35] 모즐리병원의 이 의사들은 부모에게 집에서 동일한 역할을 하도록 가르치면 어떨까 하는 생각을 했다. 이것이 바로 오늘날 눈길을 끄는 '가족 기반 치료family based treatment, FBT' 운동의 핵심이다. FBT는 그 토대를 이루는 연구가 대부분 1990년대에 미국의 스탠퍼드대학교와 시카고대학교에서 일어난 것인데도 불구하고, 가끔 '모즐리 접근법'이라고 부른다. FBT는 어린이 거식증 환자가 자신의 식사를 책임질 수 있을 만큼 충분히 상태가 호전될 때까지 부모가 음식을 체계적으로 '다시 먹여야' 한다는 전제를 바탕으로 한다. FBT의 두 선구자 대니얼 르 그레인지Daniel Le Grange와 제임스 록James Lock이 한 연구 결과에 따르면, 18세 미만이면서 발병 기간이 비교적 짧은 거식증 환자의 경우 회복률이 90퍼센트에 이르며, 1년 뒤에도 완치 상태이고, 그로부터 다시 5년이 지난 뒤에도 완치 상태가 유지된다고 한다. FBT는 (체계적으로 실행에 옮겼을 때) 대부분의 섭식 장애 치료사들이 하지 말라고 훈련받은 바로 그것을 함으로써 이처럼 놀라운 회복률을 달성했는데, 그것은 바로 부모에게 아이의 식사를 통제하도록 허용하는 것이다.

전통적인 섭식 장애 치료는 부모에게 잘못이 있다는 개념을 기반으로 했다. 독일 출신의 미국인 정신 분석가 힐데 브루흐가 써서 큰 영향력을 떨친 『황금 새장The Golden Cage』(1978)은 거식증 딸을 둔 부모(특히 어머니)를 괴물로 묘사했는데, 이 부모는 불가능할 정도로 높은 기대와 신경증에 가까운 분위기로 아이들을 억압했다.[36] 브루흐는 회복을 위해서는 환자가 가족과 떨어져야 할 필요가 있다고 생각했다. 개인 치료는 환자에게 '독립을 향해 나아가도록' 장려한다. 가족 식사를 치료의 일환으로 사용하는 것은 논외였는데, 가족 식사야말로 애초에 거식증을 유발한 원인이라고 보았기 때문이다. 브루흐의 모델에서는 부모에게 자녀와 함께 앉아서 식사를 해서는 안 된다고 자주 경고하는데, 부모의 존재 자체가 억압적인 분위기를 만드는 걸 막기 위해서이다. 부모는 자녀가 먹는 것에 어떤 비판도 해서는 안 되며, 스스로 먹을 것을 결정하도록 허용해야 한다. 어떤 경우에 치료사들은 '부모 제거술parentectomy', 즉 부모를 자식에게서 완전히 떼어놓는 방안을 권할 필요가 있다고 느꼈다. 기본 개념은 거식증이 실제로는 음식과 '관련된' 문제가 아니기 때문에, 다른 문제들이 해결되기만 하면 아이가 스스로 음식을 먹으려고 선택하리라는 것이었다. 하지만 섭식 장애에서 핵심은 아이가 자신이 먹는 것을 통제하지 '못한다는' 것이다. 제멋대로 하게 내버려둔다면, 아이는 십중팔구 폭식을 하건 굶건 섭식 장애 행동으로 되돌아갈 것이다. 전통적인 치료법을 사용한 경우, 거식증 클리닉들은 환자가 적극적으로 음식을 먹이는(영양관으로 먹이건 실제 음식을 먹이건) 병원에서는 회복하더라도, 집으로 돌아가면 금방 증상이 재발하는 사례를 자주 보았다. 부모가 자녀의 식사에 간섭하지 말라는 지시를 들었다는 점을 감안하면, 이런 결과는 전혀 놀라운 일이 아니다.

FBT는 이 역학을 뒤집는다. FBT는 부모를 책망하지 않는 태도를 전제로 한다. 그렇다고 가족 역학이 섭식 장애에 아무런 영향을 미치지 않는다는 말은 아니지만, 아주 아픈 아이에게 필요한 것은 그 원인을 둘러싼 끝없는 토론이 아니라 시급한 치료이다. 죄책감은 부모를 절망에 빠

식습관의 인문학

뜨려 아무 행동도 하지 못하게 만드는 파멸적 감정이다. FBT의 기본 개념은 자녀가 음식을 다시 먹도록 하는 데 부모가 책임감을 느껴야 하고, 따라서 자책을 그만두어야 한다는 것이다. 스스로를 용서하고 나면, 자녀에게 음식을 다시 먹이는 힘든 과제를 시작할 수 있는 위치에 서게 되는데(치료사의 도움을 받아), 이것은 아이에게 고형 음식을 먹는 법을 가르치는 것과 약간 비슷하다. 섭식 장애 환자에게 필요한 것은 우리 모두가 먹는 것을 배울 때 맞닥뜨리는 고통이 변형된 버전과 비슷하다.

젖떼기의 경우와 마찬가지로, '음식 다시 먹이기'는 느린 과정이어서 지구력이 필요하다. 우선 부모는 으깬 호박을 아이가 찻숟가락(많은 거식증 환자는 유아용 수저로 되돌아간다)으로 먹기 시작하는 걸 보고 기쁨을 느낄 수 있다. 시간이 지나면 단계별로 칼로리를 높여가면서 아이가 더 많이 먹길 기대한다. 선택적 섭식 환자의 경우와 마찬가지로 음식 명단에 새로운 음식을 추가할 필요가 있다. 부모는 아이에게 저지방 음식 선택권을 주지 말아야 한다. 어떤 식사도 걸러서는 안 되며, 아이에게 원하는 것보다 한 숟가락 더 먹도록 권해야 한다. 음식은 절대로 강요해서는 안 되지만, 아이에게 먹고 싶지 않다는 말을 하도록 허용해서도 안 된다. 제임스 록은 아이가 먹고 싶지 않다고 말할 때 아이의 목소리를 존중하는 것은 잘못이라고 주장하는데, 그 말을 하는 것은 아이가 아니라 바로 거식증이기 때문이다.[37]

FBT 과정을 시작할 때, 가족은 '코치를 받은 식사'를 한 가지 이상 손에 쥐고 있다. 이것은 아이가 먹을 수 있는 가족 식사를 준비하는 방법에 대해 치료사에게서 조언을 받아 준비하는 식사를 말한다. 섭식 장애 클리닉에 아이를 데리고 오는 가족은 흔히 식사 시간에 "할 수 있는 것은 다 해보았다"라고 말하지만, (선택적 섭식 아동을 둔 부모와 마찬가지로) 그런 방법을 계속 밀고 나갈 자신이 없다고 느꼈을 가능성이 높다. 제임스 록이 만나본 가족 중에는 식사 시간이 규칙적이지 않고, 아무 때나 되는대로 식사를 하는 가족이 많았다. 환자뿐만 아니라 가족 전체가 아침과 점심과 저녁, 그리고 그 사이의 간식까지 규칙적으로 먹는 법을 다시 배울 필요가 있다. 여기에는 물론 형제자매도 포함시켜야 한다. 다만, 부모는 식탁에서 각자가 어떤 음식을 먹는지 비교하는 함정에 빠지지 않도록 훈련을 받아야 한다. '코치를 받은 식사'는 부모에게 아이의 식사에 대해 조심스러운 태도를 버리는 법을 가르친다. 아이 가까이에 앉아 차분하고 설득력 있게 앞에 있는 음식을 먹어야 한다고 반복해서 이야기한다. 설사 음식을 거부하거나 울거나 심지어 당신이 싫다고 하더라도 말이다. 식사를 하기 전에 부모는 아이가 음식을 얼마나 많이 먹길 기대하는지, 그리고 그만큼 먹지 못할 때 어떻게 할지(예컨대 하루 동안 컴퓨터 게임을 못하게 한다든지)에 대해 의견 일치를 볼 필요가 있다. 이혼한 부모의 경우, 록은 아이가 당분간 식사를 잘 준비해줄 수 있는 부모와 함께 살아야 한다고 말하기까지 한다.

FBT 지지자인 해리엇 브라운Harriet Brown은 거식증에 걸린 열네 살 딸과 함께 살아간 삶을 기록한 회고록『소녀의 용감한 식사Brave Girl Eating』에서 음식을 다시 먹이기 위한 식사가 어떠해야 하는지 설명한다.[38] 브라운은 우유에 섞은 시리얼과 딸기로 이루어진 키티의 아침 식사를 내놓는다. 키티는 그것 말고 코티지 치즈를 먹고 싶다고 말한다. 브라운은 코티지 치즈가 하나도 없다고 말한다. 키티는 시리얼이 눅눅하다고 불평한다. 브라운은 시리얼을 새로 만들어 내놓으면서 키티에게 최대한 차분한 어투로 "이제 자리에 앉아 먹거라"라고 요구한다. 이렇게 길고 복잡한 절차는 키티가 그 음식을 먹으면 뚱뚱해질 거라고 자주 흐느끼고, 브라운은 음식은 키티에게 '약'이니 반드시 먹어야 한다고 주장하면서 하루에 여러 차례 반복된다. 브라운이나 남편은 매번 식사가 끝날 때마다 한 시간 동안은 딸 곁에 머무는데, 딸이 화장실로 가서 먹은 걸 게워내는 위험을 방지하기 위해서이다. 그런 식사를 자주 했는데, 키티는 두 시간마다 간식을 먹어야 했기 때문이다. 그렇게 4년이 지나자, 키티는 혼자 학교로 보내도 음식을 잘 챙겨먹을 것이라고 안심해도 될 정도로 회복되었다. '악마'가 식탁으로 돌아와 키티의 체중이 줄어드는 일이 재발하는 순간들이 여전히 있지만, 적어도 가족 모두가 키티와 음식의 관계를 정상화하기 위해 할 수 있는 일을 다 했다고 생각한다. 더 중요한 것은, 이제 체중이 줄어드는 상태로 되돌아가는 상황이 발생할 때 그런 상황을 바꾸기 위해 키티 자신이 실천할 수 있는 방법이 있다는 점이다. 음식은 약이다.

음식을 다시 먹이려고 할 때 맞닥뜨리는 어려움 중 하나는 환자가 정상 체중인 사람에게 건강에 좋은 양만큼 먹는 것만으로 충분하지 않다는 점이다. 거식증 환자는 몸과 뇌가 회복하는 데 필요한 체중을 되찾기 위해 이전보다 훨씬 많은 칼로리를 섭취할 필요가 있다. 거식증 환자가 1000칼로리의 밀크셰이크를 마시겠다고 자발적으로 '선택'하는 일은 절대로 없겠지만, 회복한 뒤에 이들은 부모한테서 먹는 수밖에 선택의 여지가 없다는 말을 들었을 때 기묘하게도 해방감이 들었다고 자주 이야기하는데, 부모의 그런 완강한 태도가 창피함을 덜어주기 때문이다. 가족은 아이의 위를 다치게 할 정도로 배를 가득 채우지 않으면서 많은 칼로리를 제공하는 음식에 대해 전문가가 될 필요가 있다. 이것은 대부분의 사람들이 추구하는 식사법과 정반대인 셈인데, 많은 사람들은 많이 먹어도 칼로리가 적은 음식을 선호하기 때문이다.

음식을 다시 먹이는 이 과정은 나이가 많이 들어 주위에 도움을 줄 부모가 없는 상태에서 거식증이 생긴 사람에게는 훨씬 힘들 수 있다. 몇 년 전에 나는 30대와 40대, 50대에 접어들어 거식증에 시달리는 여성들에 관한 기사를 쓴 적이 있다.[39] 내가 만난 사람 중에 53세의 보조 교사로 일하던 제인이 있었는데, 그녀는 중년의 나이에 거식증 환자가 된 것이 얼마나 창피한지 묘사했다. 제인의 경우, 거식증의 불행은 창피함이라는 감정 때문에 더 악화되었다. 자신의 표현대로 그 나이에는 '더 현명해야' 마땅한데 그렇지 못해 창피함을 느꼈다. 가장 말랐을 때에는 그렇지 않아도 마른 몸매에 32킬로그램이나 살이 더 빠졌다. 한번은 너무 절망한 나머지 망치로 자신의 손을 내리친 적도 있다. '유행의 첨단을 걷는' 십대 소녀 여섯 명과 같은 치료 집단에 속했을 때, 자신의 느낌을 솔직히 털어놓아야 했다. 제인이 느낀 것은 "왜 내밀한 내 감정을 낯선 사람들과 함께 나누어야 하는가?"였다. 제인의 회복을 가로막은 또 하나의 장애물(내가 면담한 나이 많은 거식증 환자에게서 공통적으로 나타난 것이지만)은 가족 중에서 나머지 사람들을 위해 식사를 준비하는 사람이 바로 자신이라는 점이었다. 제인은 남에게 음식을 먹이는 데에는 아주 뛰어났지만, 스스로에게 음식을 먹이는 것은 경우가 달랐다. 남편과 두 아들을 위해 풍성하고 야심찬 식사를 준비했지만, 자신은 사과 한 개나 요구르트 한 그릇만 먹는 데 그쳤다. 드물게 남편과 함께 외식을 하러 가면, 수프가 나올 때 눈물을 쏟는 상황이 벌어질 수 있었다. 나와 만났을 때 제인은 천천히 스스로 먹는 법을 가르치고 있었고, 섭취량을 조금씩 늘려 하루에 최대 1000칼로리까지 섭취하는 데 성공했다. 충분한 양은 아니었지만(제인은 여전히 심각하게 마른 상태였다), 병원에서 퇴원하기에는 충분했다.

일부 어른 거식증 환자의 경우, 최선의 치료 과정은 다시 한 번 가족 식사라는 보호 환경 속에서 환자(나이가 몇이건)가 어린이와 같은 대우를 받을 수 있는 거주 프로그램일지 모른다. 나는 노위치에 있는 거식증 전문 치료 센터인 뉴마켓하우스를 방문한 적이 있다. 이곳은 클리닉보다는 널찍한 집 같은 분위기를 풍기는데, 다채로운 색의 소파들이 준비돼 있고, 공기 중에는 식욕을 자극하는 요리 냄새가 감돈다. 베스Beth도 제인처럼 자신감이 넘치는 요리사로, 아이들을 위해 만드는 생일 케이크에 큰 자부심을 느꼈지만, 본인 자신은 상추와 토마토 외에 다른 것을 먹는 데 큰 어려움을 겪었다. 베스는 자신이 사라져버렸으면 좋겠다고 말했고, 완전히 회복되려면 아직 멀었다. 하지만 적어도 뉴마켓하우스(간호사들이 치료사라기보다는 가족처럼 느껴지는 곳)의 체계적인 식사는 다른 사람들이 변화를 위해 그녀의 식사를 신경 써주는 환경을 선사했다.

하지만 일부 섭식 장애의 경우, 나이가 많고 독립성이 강할수록 회복에 더 유리하다. 폭식증은 거식증보다 더 늦은 나이에 나타나는 경향이 있다(폭식증 사례 5653건을 조사한 결과, 폭식증이 시작된 평균 나이는 17세였지만, 20대에 시작한 경우가 많았다.)[40] 폭식증에서 완전히 회복한 여성 40명을 대상으로 한 조사한 결과, 이들은 회복을 위해 스스로 동기를 부여하는 경향이 있었고, "자신의 문제에 무력하다는" 생각을 좋아하지 않았다.[41] 폭식증에서 회복한 이들 여성 중 80퍼센트는 궁극적으로 더 나은 삶에 대한 갈망과 증상에서 느끼는 피로(폭식증에 시달릴 때, 이들은 평균적으로 일주일에 22차례나 토했다) 때문에 변해야겠다는 동기를 얻었다. 비록 대부분은 전문가의 도움을 받긴 했지만, 거의 절반은 스스로 문제를 해결하는 데 도움을 주는 책을 읽음으로써 이 노력을 뒷받침했다. 또 다른 조사에 따르면, 오스트리아의 어느 폭식증 환자 집단에서 많은 사람들은 인지 행동 요법 과정을 따르는 대신에 전문가의 안내를 받아 자기 노력을 기울이고 스스로 지침서에 따라 실천함으로써 증상이 사라졌다.[42]

폭식증을 겪고 나서 균형 잡힌 식습관을 새로 배우는 것은 거식증 환자에게 음식을 새로 먹이는 것과는 아주 다르다. 폭식증 환자는 많은 칼로리를 공급하는 대신에 매일 폭식을 유발하는 요소를 모두 피하면서 확실하게 식사량을 제한하는 방법을 찾을 필요가 있다. 폭식증 환자는 선택적 섭식 환자와 달리 '덜' 잡식성이 되도록 스스로를 가르칠 필요가 있다. 폭식증에서 회복한 45세의 여성은 스스로 만든 엄격한 식이 요법을 설명했는데, 그 덕분에 그녀는 아무 증상 없이 18개월을 보낼 수 있었다.[43] 폭식을 불가능하게 만들기 위해 식품을 살 때 일부러 소량으로 샀

식습관의 인문학

고, 생선, 육류, 과일, 채소로 이루어진 식사를 소량으로 하루에 다섯 번 먹었다. 아침은 참치 통조림이나 찬 닭고기로 때웠는데, 빵은 폭식을 떠오르게 해 토하고 싶은 유혹을 일으켰기 때문이다. 이제 밀과 유제품은 식단에서 제외되었다. 거식증 환자에게는 이와 같은 엄격한 음식 규칙은 위험한 길이 될 수 있지만, 폭식증 환자에게는 음식 제한에 해방의 길이 있을 수 있다.

하지만 거식증 환자와 폭식증 환자가 처한 상황에 서로 아주 비슷한 측면이 최소한 한 가지 있다. 무엇을 먹느냐 하는 문제를 해결하기 전에 무엇보다 가장 시급한 문제는 어떻게 먹느냐 하는 것이다. 폭식증에서 회복하기 위한 첫 번째 단계는 규칙적인 식사 시간을 되찾는 것이다. 폭식도 안 되지만 굶는 것도 안 된다. 그러면 하루하루 지남에 따라 서서히 리듬 감각을 회복하게 된다. 시차를 경험해본 사람은 알겠지만, 왜곡된 시간 감각만큼 정신에 혼란을 일으키는 것도 별로 없다. 폭식증을 악몽 비슷한 것으로 만드는 일부 요소는 다른 섭식 장애와 마찬가지로 일상적인 식사 템포를 혼란에 빠뜨린다는 점이다. 폭식증에서 회복한 한 여성은 자신이 어떻게 '음식이 빚어낸 안개' 속에서 살다가 지금은 규칙적으로 정해진 식사를 하면서 확실성의 느낌을 되찾았는지 이야기했다.[44] 오전 중반에 이미 시리얼 한 통을 먹었다면(그리고 아마도 토했다면), 점심은 아무 의미 없는 개념이 되고 만다. 항상 음식을 먹는다면, 음식은 기묘하게도 의식과 사교성 느낌과 함께 그 즐거움까지 사라지고 만다.

이번에도 섭식 장애 환자들의 경험은 나머지 사람들과 같은 연속선상에 있다. 식사에 합당한 관심을 쏟지 않는다면, 누구라도 행복한 삶을 살기 어렵다. 〈뉴요커〉에 글을 기고하는 작가 애덤 고프닉Adam Gopnik은 "식탁이 먼저다"라고 주장했는데, 이것은 음식에 관한 끝없는 난제— "이 주키니zucchini, 오이 비슷한 서양호박가 어디에서 왔고, 얼마나 먼 거리를 여행했는가?"와 같은—를 해결하기 전에 매일 어느 시간에는 모든 것을 멈추고 자리에 앉아 식사를 하는 기본 패러다임을 확립해야 한다는 뜻이다.[45]

많은 점에서 폭식증 환자나 거식증 환자에게 필요한 것은 다이앤처럼 식성이 까다로운 어른이나 체중을 줄이려는 강박적 욕구에 사로잡힌 보통 사람들에게 필요한 것과 크게 다르지 않다. 거식증을 다룬 한 학술적 기사는 거식증 환자가 "자신의 내적 경험과 단절돼 있어" 자신의 내적 배고픔 신호를 효과적으로 읽을 수 없다고 지적한다.[46] 하지만 이미 보았듯이 대부분의 사람들도 이와 비슷하게 언제, 무엇을, 얼마나 많이 먹어야 하는가와 관련이 있는 내적 신호와 단절돼 있다. 문제는 섭식장애 행동이 아주 심하지 않은 사람들은 도움을 덜 받을 가능성이 높다는 점이다. 음식을 먹기 위해 식탁에 앉은 사람은 자신이 곧 부모인 동시에 아이이고, 의사인 동시에 환자인 상황에 맞닥뜨린다. 많은 사람들은 1000칼로리 밀크셰이크를 앞에 둔 거식증 환자처럼 패스트푸드 대신에 건강에 좋은 음식을 먹는 쪽을 결코 '선택'하지 않지만, 우리 몸에 필요한 음식을 충분히 자주, 그것도 충분히 친절하고 지속적으로 제공할 수 있다면, 우리는 마침내 회복을 향해 나아갈 수 있다. 먹는 것은 바로 음식과 '관련된' 문제이다. 우리 모두에게 필요한 것은 규칙적으로 식사를 하고, 다양한 음식에서 즐거움을 얻고, 부정적 감정에 사로잡히지 않고서 그것을 먹는 방법을 찾는 것이다.

영양분이 풍부하고 건강에 좋은 가족 식사를 사랑이 넘치는 분위기 속에서 함께 먹는 것은 어린이의 안녕에 아주 중요하기 때문에 인생의 나머지 모든 것은 부차적인 것이 되어야 한다는 메시지를 섭식 장애 치료사들에게서 듣는 것은 아주 놀랍다. 대부분의 가족들(그리고 대부분의 사람들)은 이런 식으로 살아가지 않는다. 식탁 상석에서 가족을 지배하던 가부장 시대는 다행히도 지나갔다. 엄격한 식탁 예절("어린이는 얌전히 있어야지 떠들어서는 안 된다")의 와해는 어떤 면에서 해방을 가져다주었다. 하지만 우리는 사회 전체적으로 새로운 식사 구조가 차 안에서 급하게 먹는 샌드위치 같은 것이 되어서는 안 된다고 생각하지만, 과연 어떤 모습이 되어야 할지 아직 제대로 알지 못한다. 매일 식탁 주위에 함께 앉아 식사를 하는 경험은 다른 활동(숙제, 방과 후 활동, 인스타그램과 이메일 등) 때문에 뒷전으로 밀려나고 만다. 바쁜 삶에서 규칙적인 공동 식사에 필요한 조직을 구축하는 것은 불가능해 보일 수 있으며, 설사 장보기와 요리를 할 수 있다 하더라도, 부모들은 모두에게 똑같은 음식을 먹으라고 강요하는 것은 고사하고, 식탁 주위에 불러모으는 권위를 행사하는 것조차 망설이기 쉽다. 하지만 섭식 장애의 경험은 이것이 부분적으로 우선순위에 관한 문제임을 보여준다. 먹는 것이 생사가 달린 문제가 되고, 한 숟가락 더 입에 집어넣는 것이 축복할 일이 된다면, 나머지 모든 것은 식탁 주위에 둘러앉아 빵을 함께 뜯어먹는 것만큼 중요하지 않다는 사실을 깨달을 것이다.

감자칩

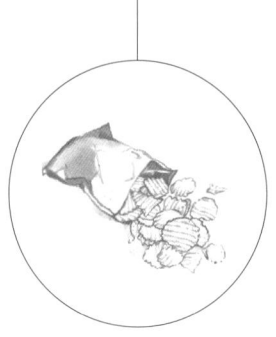

나는 아이들이 여러 나라의 감자칩을 수집하는(그리고 먹는) 가족을 안다. 친구들이 외국에 갈 때마다 이들은 감자칩을 한두 봉지 사달라고 부탁한다. 이들은 벨기에의 커리칩, 태국의 새우 크리스프, 오스레일리아의 크링클컷, 캥거루처럼 생긴 독일의 파프리카 크리스프도 먹어보았다. 이들이 생각하는 글로벌 푸드는 감자튀김의 변형이었다.

선택적 섭식 장애가 있는 사람은 감자칩(대개 소금을 뿌린 평범한 것)을 가장 '안전한' 음식으로 여길 때가 많다. 편식증이 있는 어른을 돕는 지원 단체의 설립자 중 한 명인 '밥 K$^{Bob \ K}$'는 감자칩이 자신들이 요구하는 음식의 주요 요건 두 가지를 충족시킨다고 말한다. 하나는 맛이 담백해야 한다는 것이고, 또 하나는 질감이 아삭아삭해야 한다는 것이다. 감자칩은 색깔도 안도감을 주는 베이지색이다. 2012년, 신문들이 '세상에서 식성이 가장 까다로운 사람'이라고 표현한 54세의 여성은 기자들에게 오직 세 가지 음식만 먹는다고 말했는데, 그 세 가지는 우유, 흰 빵, 감자

튀김(프렌치프라이의 형태이건 감자칩의 형태이건)이었다. 그중에서 가장 좋아한 것은 감자칩이었는데, "아주 짭짤하고 신선하고 감자 맛이 제대로 나기" 때문이었다.

감자칩을 아주 사랑하는 사람은 선택적 섭식자뿐만이 아니다. 우리가 감자칩을 좋아하는 습관으로 판단한다면, 지구상에 사는 대부분의 사람들이 섭식 장애 스펙트럼에서 어딘가에 위치하는 게 아닌가 하는 생각이 들기 쉽다. 어떤 사람은 감자칩을 젠가 블록처럼 쌓아 입 속에 최대한 많이 집어넣으려고 하는 반면, 어떤 사람은 하나씩 입 속에 집어넣는데, 씹기 전에 먼저 소금부터 핥아먹는다. 얇게 썬 감자 조각을 튀긴 것은 한때 귀족적인 음식이었는데, 사냥한 새 구이에 고명으로 사용해 소량으로 먹었다. 그런 관행은 이제 먼 과거의 일이 되었다. 1964년에 영국인이 소비한 감자칩은 연간 1인당 약 250그램이었다. 20년 뒤에 그 양은 1.33킬로그램으로 크게 늘어났다. 그리고 지금은 감자칩 비슷하게 가공된 짭짤한 스낵과 크래커를 제외하더라도 3킬로그램을 넘는다.

우리는 그토록 많은 감자칩을 먹는 법을 어떻게 배웠을까? 『미각의 지배The Omnivorous Mind』를 쓴 존 앨런John S. Allen은 바삭바삭함은 모든 문화권에서 거의 보편적으로 사랑받는 질감이라고 지적한다. 그 매력 중 일부는 바삭바삭한 음식을 씹을 때 미각과 후각뿐만 아니라 청각까지 자극을 받는 데 있다. 아삭아삭한 소리가 크게 나는 것도 즐거운 느낌을 주는데, 이 소리 자극은 따분한 느낌을 없애주고 음식을 더 많이 먹게 한다. 앨런은 아삭아삭한 음식을 좋아하는 우리의 성향은 그 뿌리가 아삭아삭한 곤충이 소중한 단백질 공급원이었던 영장류 조상까지 거슬러 올라갈지 모른다고 주장한다.

하지만 음식을 먹는 법과 관련된 많은 것과 마찬가지로 아삭아삭함을 좋아하는 우리의 본능은 그 유용성보다 훨씬 오래 살아남았다. 상업적으

로 생산되는 아삭아삭한 식품(감자칩에서부터 프라이드치킨과 빵가루로
튀김옷을 입힌 너겟에 이르기까지)은 거의 다 적게 먹어야 건강에 좋다. 짭
짤한 튀김 음식이 맛있다는 점은 나도 부정하지 않는다. 아삭아삭한 맛
을 즐기는 방법으로 좀더 나은 것은 예컨대 비트와 파스닙 크리스프처럼
야채 형태의 튀김 음식을 먹는 것이다. 감자칩이 상대적으로 단조로워
보이게 만들 만큼 매력적인 야채 튀김─콜리플라워 파코라, 가지 튀김,
사탕옥수수 팬케이크 등─을 만드는 것이 가능하다. 하지만 아삭거리는
질감을 모방하는 것은 여전히 어렵다.

8장

변화

아이는 자신이 변했다는 사실을 알아채지 못할 수도 있다.
오직 어른만이 알아챌 수 있다.

_핀란드의 사페레 음식 교육 제도에 관한 보고서

나머지 세상 사람들의 관점에서 볼 때, 일본인과 음식의 관계는 부러움을 살 만하다. 일본 요리—신선한 채소, 더 신선한 생선, 섬세한 수프와 정교하게 만든 쌀 요리 등—는 세계적으로 건강에 좋은 음식이라는 명성을 누리고 있다. 일본인은 식사에 대해 이상적인 태도를 확립하는 데 성공했는데, 음식의 즐거움에 집착하는 태도가 자연스럽게 건강에도 도움이 된다. 평균 수명이 어떤 나라보다도 길다는 사실을 감안하면, 일본인의 식사법에는 뭔가 옳은 길이 있는 게 분명하다.

단위 면적으로 따질 때, 미슐랭이 별을 붙여준 식당의 수는 파리나 뉴욕, 런던보다 도쿄에 더 많다. 일본에서는 음식이 문화의 모든 측면에 스며들어 있다. 스시 테마파크가 있는가 하면, 라멘에 바친 노래("후루

룩후루룩 면발을 빨아들이네. 짭짜름한 이 맛 울음이 날 정도네. 눈물일까, 꿈일까?"이 노래의 제목은 '눈물의 라멘(涙のラーメン)'임)도 있다.[1] 그와 동시에 일본은 부유한 국가 치고는 놀랍도록 비만율이 낮다. 20년 전보다 비만인 사람(특히 남성)이 훨씬 많고, 이전 세대들에 비해 청소년이 정크푸드를 더 많이 먹고, 섭식 장애가 더 많은 것은 사실이다. 하지만 2013년부터 체계적으로 조사한 통계 수치에 따르면, 일본인 여성의 비만율은 3.3퍼센트로, 폴란드 20.9퍼센트, 미국 33.9퍼센트, 이집트 48.4퍼센트에 비해 현저히 낮다.[2] 일본인의 체중 증가를 억제하는 한 가지 요소로 2008년에 도입돼 논란이 된 법을 꼽을 수 있는데, 이 법에 따르면 허리둘레가 상한선(남성은 33.5인치, 여성은 35.4인치)을 넘는 직원이 너무 많은 회사는 벌금을 내야 한다.[3] 하지만 일본 정부가 이런 법을 통과시킬 수 있었다는 사실은 일본인의 식습관이 이미 충분히 잘 관리되고 있다는 반증이다. 전 세계에서 평균 비만율이 일본보다 낮은 나라는 에티오피아와 북한처럼 기아가 광범위하게 발생하고 식량 자체가 부족한 몇몇 나라밖에 없다. 굶주리는 주민이 없으면서 비만율이 이렇게 낮은 나라는 일본이 거의 유일무이하다.

전체 국민의 식습관이 이토록 좋은 일본의 사례를 대하면, 그 본질적 원인이 문화 자체에 있는 게 아닐까 생각하기 쉽다. 우아하고 아름답게 꾸며 내놓는 음식을 먹는 것은 종이접기나 절, 비단 기모노, 벚꽃과 같은 종류의 취향처럼 보인다. 많은 중국 여성은 '일본 음식'(즉, 쌀밥과 채소와 미소 된장국)을 먹는 것을 건강과 아름다움의 비결로 간주한다. 일본인도 훌륭한 일본 요리를 먹는 것을 일본인의 고유한 본질 중 하나

식습관의 인문학

로 여긴다는 단서들이 있다. 일본 농림수산성은 예전부터 일본 요리가 전 세계 사람들이 부러워하는 음식이었다는 개념을 널리 퍼뜨리려고 노력한다.[4]

일본에 살지 않는 사람들은 일본 음식 찬양 열기에 좌절을 느낄 수도 있다. 그러면서 우리도 도쿄에 산다면, 건강에 좋은 음식을 먹기가 얼마나 쉬울까 하고 생각한다. 우리도 미소 된장국과 생선으로 아침을 먹고, 채소와 밥과 두부로 저녁을 먹으며 살아갈 수 있을 테고, 그러면 허리도 가늘어지고 심장 건강도 좋아질 것이다. 그리고 가장 행복한 어린 시절의 기억은 우유에 탄 시리얼과 정크푸드 대신에 어머니가 정성스럽게 만든 메밀국수와 해초가 될 것이다. 그리고 불가능해 보이는 일, 즉 탐닉하지 않고 음식을 즐기는 법을 익히게 될 것이다. 하지만 우리는 일본에 살지 않기 때문에, 건강에 나쁜 음식을 먹고 살아가야 하는 운명을 타고난 것이 아닐까 하는 생각이 들 수 있다. 우리는 오사카나 도쿄에 사는 사람들과 똑같은 방식으로 음식을 먹을 수 없을 것이다. 일본인이 아니면서 어떻게 일본에 사는 사람들처럼 먹을 수 있겠는가?

하지만 이런 생각은 일본인 자신들도 현재와 같은 방식으로 음식을 먹기 시작한 것이 얼마 되지 않았다는 사실을 간과하고 있다. 우리는 자신의 식사 패턴을 운명론적으로 생각하면서 자신의 변화 능력을 부정하는 경우가 많은데, 이러한 운명론은 개인뿐만 아니라 더 넓은 사회적 및 문화적 수준에서도 나타난다. 자신의 개인적 식습관에 대해 생각할 때, 현재와 다른 방식으로 음식을 먹지 못하도록 방해하는 중요한 요인이 우리 내면에 있다고 믿는 경우가 많다. 한편, 우리는 전체 국민의 식습관에 대해서도 정제 탄수화물 함량이 높고 건강에 좋지 않은 '서구식 음식'이 일단 도입되면 이전으로 돌아가는 것은 불가능하다는 운명론적 태도를 보인다. 우리는 거대하고 모든 것을 아우르는 음식 환경 같은 것은 바뀌지 않는다고 여긴다. 실제로 식품 체계를 아주 조금만 개혁하려는 시도(뉴욕 시에서 블룸버그Bloomberg 시장이 탄산 음료의 용량을 법으로 제한하려고 했다가 실패로 끝난 시도처럼)조차도 혁명적이라고 공격받는다. 식습관을 바꾸려는 생각에는 문화적 차원과 개인적 차원 모두에서 뿌리 깊은 저항이 존재한다. 하지만 식습관은 학습 행동이라는 전제를 받아들인다면, 식습관을 바꾸는 것이 적어도 가능하다는(비록 가능성이 낮고, 분명히 쉽지는 않다 하더라도) 결론에 이르게 된다.

사실, 일본은 전체 음식 환경이 예상하지 못했던 긍정적 방식으로 변할 수 있음을 보여주는 본보기이다. 20세기 이전까지 일본 요리는 중국 요리보다 훨씬 못하다는 말을 들었다. 일본은 중국에서 음식과 관련된 측면(국수와 젓가락을 포함해)을 많이 빌려온 반면, 중국은 20세기 후반까지 일본을 모방하려 한 적이 없다는 사실은 주목할 만하다.[5] 일본에서 음식은 다양하지도 매력적이지도 않았고, 충분했던 적도 없었다. 7세기부터 20세기까지 대부분의 일본인은 굶주림 속에서 고립된 요리법에 의존해 살아갔다. 식사는 예술적 형태는 고사하고, 즐거움이 아니라 그저 필요한 연료로 간주되었다. 이웃 나라인 한국과 달리 일본인은 양념도 좋아하지 않았다. 중국인은 음식에 관한 시와 요리책을 쓰고, 식사의 사교적 측면을 음미한 반면, 일본인은 식탁에서 침묵을 지켰다. 일본이 쇄국 정책으로 외부 세계와 대체로 단절된 채 지냈던 도쿠가와 막부 시대(1603~1868)에 중국을 방문한 일본인은 중국인이 식사를 하면서 대화를 나누는 모습을 충격적으로 받아들였다. 1930년대까지만 해도 일본인의 가족 식사에서는 침묵을 지키는 것이 관습이었으며, 음식도 밥과 단무지를 기본으로 한 단순한 것이었다.

케임브리지대학교에서 일본사를 전공하는 유명한 역사학자 버락 쿠시너Barak Kushner는 얼마 전까지만 해도 일본 요리는 '그다지 훌륭한 수준'이 아니었다고 주장한다.[6] 스튜 요리와 스터프라이stir-fry. 프라이팬을 흔들면서 음식을 센 불에 재빨리 익히는 방법의 기본 기술은 1920년대가 되어서야 도입되었다.[7] 전통 음식은 단백질 함량이 낮았는데, 위험할 정도로 낮은 경우도 많았다. 쿠시너는 20세기 이전에는 일본인이 우리가 생각하는 것보다 신선한 생선을 훨씬 덜 먹었다고 말한다(중산층 가정에서도 생선은 매일 먹는 음식이 아니라, 일주일에 한 번 정도 먹는 음식이었다). 수백 년 동안 일본에서 전형적인 식사는 거친 곡물로 지은 소량의 밥에 잘게 찢은 얌 잎과 무, 미소 된장국, 단무지를 반찬으로 곁들인 것이었다. 먹기에 끔찍한 것은 아니었지만, 아주 즐겁거나 풍성한 식사는 결코 아니었다.

내가 쿠시너를 처음 만난 것은 런던의 소호에 있는 소형 누들 가게에서 그가 개최한 '라멘 워크숍'에서였다. 쿠시너는 1990년대에 영어 교사로 일본에 처음 갔을 때, 많은 요리, 그중에서도 특히 생선회에 거부감을 느꼈다고 말했다. 쿠시너는 뉴저지 주에서 자라면서 작은 알루미늄 포장지에 싸인 링 딩스Ring Dings라는 특정 종류의 초콜릿 케이크가 가장 맛있는 음식이라고 생각했다. 하지만 한동안 일본에서 살아야 했기 때문에 여러 가지 일본 요리를 계속 먹어보았다. 20년이 지난 지금 그는 일본인 여성과 결혼했고, 어떤 음식보다도 일본 음식을 먹고 싶다고 말한다.

쿠시너의 워크숍에 참석한 식품 전문 작가들은 막 끓여 나와 김이 무럭무럭 나는 라멘을 먹었다. 돼지고기를 우려 만든 짭짤한 국물에 해산물 추출물로 양념을 하고, 탄력이 좋고 미끌미끌한 면, 맛있는 돼지고기 한 조각, 반숙 달걀 반 토막, 어두운 색의 채소를 약간 넣은 것이었다. 쿠시너는 아주 맛있게 라멘을 먹으면서 나머지 사람들에게 국물을 후루룩 먹는 법과 한 입 먹을 때마다 입 속으로 공기를 들이마시는 법을 가르쳐주었다. 그는 "후루룩 먹는 것은 빨리 먹기 위한 것이 아닙니다. 즐겁게 먹기 위한 것이지요"라고 말했다.

이 훌륭한 음식—라멘—은 일본의 많은 식도락가가 집착하는 음식 중 하나가 되었다. 라멘은 학생들의 삶에서 값싼 주식으로 통하는 인스턴트 라면과는 큰 차이가 있다. 초밥에 비하면 초라하고 값싼 음식이지만, 쿠시너가 일본에서 라멘이 발달한 역사를 훌륭하게 서술한 책『후루룩!Slurp!』에서 썼듯이, "훌륭한 라멘은 만들기가 어렵고 시간도 많이 걸린다". 일본의 지역마다 제각각 다른 국물은 세심한 신경을 써서 오랜 시간 끓여서 만들어야 하고, 면은 주문받을 때마다 그 자리에서 신선한 상태로 조리해야 하며, 위에 얹는 양념은 많은 주의를 기울여 예술적으로 배열해야 한다.

쿠시너가 다루려고 하는 진짜 주제는 라멘이 아니라, 한 나라 국민 전체가 그 식습관과 음식을 대하는 태도를 완전히 바꾸는 방식이다. 그는 "일본 요리는 먼 옛날부터 변치 않고 내려온 것도 아니고, 결코 변하지 않는 것도 아닙니다"라고 주장한다. 워크숍이 끝나고 나서 몇 주일

후, 나는 쿠시너와 함께 차를 마셨다. 쿠시너는 자신이 음식에 대한 '본질주의', 즉 일본에는 일본인에게 특정 방식으로 음식을 먹도록 만드는 본질적으로 '일본적인 것'이 있다는 개념을 얼마나 싫어하는지 이야기했다. 오늘날 일본에서 크게 사랑받는 음식 중 많은 것은 중국과 한국에서 빌려온 것이다. 쿠시너는 연구를 통해 일본 음식의 진짜 이야기는 일본 음식이 여행, 산업, 정치, 지리, 전쟁, 도시의 성장, 그리고 과학을 포함해 '다양한 요소' 덕분에 탄생한 것이라는 사실을 알게 되었다. '참맛 deliciousness'이란 개념은 1908년에 일본에서 이케다 키쿠나에池田菊苗라는 화학자가 감칠맛'이라는 '제5의 맛'을 발견하면서 탄생했다. 감칠맛은 쓴맛도 짠맛도 단맛도 신맛도 아니지만, 이것들 중 어떤 것보다도 더 훌륭하고 매력적인 맛이다. 감칠맛은 다시마와 미소 된장국과 간장에서 나는 향긋한 육질의 맛이다. 감칠맛은 대체로 일본 요리를 건강에 좋으면서 동시에 매력적으로 만드는 개념이기도 하다. 서양에서 '참맛'이란 단어는 설탕과 지방과 소금이 듬뿍 포함된 음식을 연상시키기 쉽지만, 일본에서는 버섯과 구운 생선, 옅은 국물 등에서 느끼는 맛을 가리킨다.

하지만 일본인이 참맛을 찾기까지는 아주 오랜 시간이 걸렸다. 향미와 질감이 섬세하게 균형을 이룬 라멘은 음식에 대해 일본인이 전통적으로 믿어온 대부분의 개념과 어긋나는 것이다. 라멘의 면을 만드는 데 쓰이는 밀은 수백 년 동안 외래 곡물로 인식되었다. 쌀밥이 포함된 것이어야만 '일본' 음식으로 간주되었겠지만, 대부분의 사람들은 밥의 부피를 늘리기 위해 보리와 기장처럼 더 거친 곡물이나 혹은 기근이 아주 심할 때에는 도토리 가루를 섞지 않을 수 없었다. 국수는 중세 때 중국에서 온 불교 승려들이 일본에 들여왔지만, 20세기 이전까지는 메밀로 만들거나 밀과 쌀을 섞어 만들었다. 일본인은 돼지고기에도 거부감을 보였는데, 돼지고기를 중국적인 음식으로 여기거나 약간 더러운 것으로 여겼다. 하지만 시간이 지나자, 일본인은 돼지고기 국물에 밀로 만든 국수를 넣은 음식을 시끄럽게 후루룩거리면서 아주 즐기게 되었는데, 쿠시너는 "현대 일본은 사실상 국수 수프 바다 위에 떠 있는 거나 다름없어요"라고 표현한다.

일본 요리는 단번에 확 바뀐 것이 아니라, 여러 단계를 거치며 바뀌었다. 일본 역사를 살펴보면, 일본인이 새로운 맛을 받아들인 중요한 순간이 세 번 있었는데, 매번 그 변화는 영양 부족에 시달리던 국민의 건강을 개선해야 한다는 국가적 긴급 과제를 해결하기 위해 일어났다.

음식을 대하는 일본인의 태도에 일어난 첫 번째 큰 변화는 일본이 서양 국가들에 문호를 처음 개방한 메이지 유신(1868~1912) 시절에 시작되었다. 마침내 일본은 자신들의 음식과 식사 방법을 다른 나라들과 비교하기 시작했다. 메이지 정부는 일본 음식이 국민을 너무 허약하고 작게 만들어 서양 사람들과 경쟁하기 어렵게 만드는 것이 아닌가 하는 문제를 놓고 긴급 논의를 벌였다. 교육자들은 진정한 제국 국민이 되려면 육류를 먹기 시작하고 우유 섭취량을 늘려야 한다고 주장했다.[8] 1872년, 일본 천황은 1200년 동안 이어져온 금기, 즉 붉은 고기를 먹지 않는 관행을 깨면서 이제 자신은 고기를 먹는다고 일반 국민에게 알렸다. 대다수 일본 국민 사이에서 돼지고기와 소고기 섭취량이 크게 늘어난 것은 그로부터 50년이 더 지나서였다. 하지만 메이지 정부의 육류 섭취 권

　　　　　　　　　　　　　　　식습관의 인문학

장 선전은 적어도 일본인이 전통적으로 먹어온 방식대로 음식을 먹어야 할 필요가 없다는 개념이 뿌리를 내릴 수 있는 기반을 제공했다. 그럼으로써 서양 음식을 먹는 것이 처음으로 애국적 행위가 되었다. 메이지 시대의 개막은 사람들에게 낡은 식습관을 버리고 새로운 식습관을 배우면 더 나은 영양을 공급할 수 있다는 생각을 심어주었다. 1871년의 한 육류 섭취 권장 광고는 "우리 일본인은 소고기와 우유[의 이로움]에 눈을 떠야 한다"라고 선언했다.

일본인의 식습관 변화에서 두 번째로 중요한 시기는 1920년대였다. 그 당시 일본군은 위기 상황에 처해 있었다. 미소 된장국과 채소, 곡물로 이루어진 전통적인 식사를 하면서 살아온 많은 농촌 출신 신병들의 영양실조 상태가 아주 심했기 때문이다. 1921년, 영양학의 최신 지식을 군 식사에 적용하기 위해 군 식사 연구 위원회가 설립되었다. 위원장인 쇼조 마루모토丸本彰造의 지휘하에 일본군 병사들이 먹는 식사에 큰 변화가 일어났다. 연간 육류 배급량은 소고기 13킬로그램으로 늘어났는데, 일본인의 기준으로서는 아주 많은 양이었다. 하지만 쇼조가 가져온 정말로 놀라운 변화는 병사들에게 제공하는 식사를 지방과 단백질 함량이 전통 일본식보다 높은 중국과 서양 음식으로 바꾼 것이었다. 개선된 메뉴(주방에 새로운 장비를 도입하는 게 필요했던)에는 포크커틀릿, 튀김옷을 입힌 닭고기, 카레 소스와 함께 내놓는 면, 비프스튜, 다양한 종류의 크로켓, 볶음 요리 등이 포함되었다. 이것은 쇼조로서는 아주 과감한 조처였는데, 병사들의 식사를 책임진 사람들 중에서는 그 누구도 감히 생각하기 힘든 것이었다. 병사들은 축구 선수처럼 새로운 음식에 저항이 강한 것으로 유명하다. 하지만 그동안 음식을 제대로 먹지 못하고 살아온 일본군 신병들은 이국적인 새 음식들을 감지덕지하며 먹었고, 1930년대 말에 이르자 병사들은 새 음식들을 지속적으로 좋아하게 되었다. 한편, 일본 정부는 영양분이 많은 새로운 군 식사에서 얻은 교훈을 나머지 국민에게까지 확대했다. 군에서 요리사로 일하던 병사들은 선전용 이야기나 시범을 통해 혹은 라디오 방송에 출연해 일본의 어머니들에게 군대식으로 요리를 함으로써 국력 증강에 일조하도록 설득하라는 명령을 받았다.

하지만 일본인이 우리가 일본 음식이라고 생각하는 음식을 제대로 먹기 시작한 것은 제2차 세계대전이 끝난 뒤부터였다. 전쟁 동안에 일본은 전쟁에 휘말려든 나라들 중 최악에 가까운 굶주림을 겪었다. 1941년부터 1945년까지 사망한 군인 174만 명 중 최대 100만 명은 굶어죽었다.[9] 일본인은 이전에 자주 그런 것처럼 도토리와 거친 곡물과 아주 적은 양의 쌀로 연명해야 했다. 일본은 식량을 수입에 크게 의존했기 때문에, 전쟁으로 식량 공급이 크게 줄어들자 큰 타격을 받았다. 형편없이 적은 양으로 배급받는 쌀은 '오색미'라고 불렸는데, 흰 쌀과 오래되어 누런 쌀, 마른 초록색 깍지콩, 거친 붉은색 곡물, 갈색 곤충이 섞인 것이었기 때문이다. 하지만 1950년대에 마침내 굶주림에서 벗어나자, 일본인은 유례없는 번영을 누리면서 음식의 즐거움에 완전히 새로운 개방성을 보여주었다.

미국의 전후 식량 원조도 일본인의 새로운 음식 모험을 거들었다. 1947년, 미군 점령 당국은 일본 학생들의 굶주림을 덜어주기 위해 새로

식습관의 인문학

운 학교 급식 제도를 도입했다.[10] 그전에는 어린이들이 집에서 도시락을 싸왔는데, 밥과 단무지가 다였고, 거기에 가끔 가다랑어 몇 조각이 추가되긴 했지만 단백질은 사실상 거의 전무했다. 많은 어린이는 불충분한 식사 때문에 늘 코를 질질 흘렸다.[11] 새로 도입된 미국식 점심 급식은 모든 어린이에게 우유와 흰 롤빵(미국 밀로 만든)에 따뜻한 음식 한 가지를 제공했다. 따뜻한 음식은 주로 일본군의 재고품으로 쌓여 있던 통조림으로 만든 스튜에 카레 가루로 양념을 해 만들었다. 이런 절충식 점심을 먹고 자란 일본의 어린이 세대는 특이한 향미 배합에 열린 태도를 가진 어른으로 성장했다. 1950년대에 1인당 국민 소득이 두 배로 늘어나자, 시골에서 살던 사람들은 도시의 소형 아파트로 이주했고, 그 당시 '세 가지 신성한 보물'로 불리던 텔레비전과 세탁기와 냉장고를 너도 나도 구입하길 원했다. 새 돈과 함께 새 식품 재료가 쏟아져 들어왔다. 일본 국민의 음식에서 주 재료가 탄수화물에서 단백질 쪽으로 이동했다. 일본 음식의 역사를 연구하는 학자 이시게 나오미치石毛直道는 음식 소비 수준이 전쟁 이전 수준으로 다시 증가하자, "일본인이 과거의 식사 패턴으로 돌아가지 않고, 새로운 식습관을 창조하는 과정에 접어들었다는 것이 분명해졌다"라고 설명했다.[12]

1955년에 평균적인 일본인은 일 년에 달걀 3.4개, 육류 1.1킬로그램을 섭취한 반면 쌀은 110.7킬로그램을 섭취했지만, 1978년에는 쌀 소비량은 1인당 81킬로그램으로 크게 줄어든 반면 달걀은 14.9개, 돼지고기(소고기와 닭고기와 생선은 제외하더라도)는 8.7킬로그램을 섭취했다. 이것은 단지 일본인이 궁핍 상태에서 벗어나 풍요로운 상태로 나아갔다는 것만 의미하지 않는다.

이것은 무엇보다도 싫어하던 것이 좋아하는 것으로 변하는 미각 이동이 일어났음을 의미한다. 전에는 저녁 식사로 나오는 쌀밥에 음식을 한두 가지 이상 차리는 것을 사치라고 생각했지만, 지금은 새로 얻은 풍요 덕분에 쌀밥과 국과 단무지 외에 음식을 세 가지 이상 차리는 것이 보편적이 되었다. 신문들은 레시피 칼럼을 처음으로 실었고, 수백 년 동안 식탁에서 침묵을 지켜온 일본인이 마침내 높은 안목을 갖고 음식에 관한 대화를 나누기 시작했다.[13] 일본인은 한국의 불고기 요리와 튀김옷을 입힌 서양식 새우 요리, 중국의 볶음 요리 같은 외국 레시피를 받아들여 독자적인 레시피로 발전시킴으로써 일본을 방문해 그 맛을 본 외국인은 그 음식을 '일본 음식'이라고 생각하게 되었다.[14] 요리 분야에서 오랫동안 고립된 탓에 일본인 요리사들은 새로운 서양 음식을 만났을 때, 그것을 액면 그대로 받아들이지 않고 음식의 크기와 식사를 조직하는 방식을 일본인의 전통 개념에 맞게 변형시킨 것으로 보인다. 예를 들면, 일본에서는 오믈렛을 내놓을 때 서양에서처럼 튀긴 감자를 곁들이지 않고, 미소 된장국과 채소와 쌀밥을 곁들인다. 마침내 일본인은 우리가 기대하는 방식으로 음식을 먹기 시작했다. 까다롭고 즐겁게, 그리고 건강에 좋게.

이렇게 이상적인 것에 가까운 음식을 낳은 일본인의 정신에 필연적이거나 선천적인 것은 아무것도 없다. 우리는 일본인의 식습관에 낙담하는 대신에 용기를 얻어야 한다. 일본인은 식습관이 어디까지 발전할 수 있는지 보여준다. 우리는 가끔 이탈리아인은 태어날 때부터 파스타

식습관의 인문학

를 사랑하고, 프랑스 아기는 자기 핏속에 흐르는 아티초크를 날 때부터 안다고 상상한다. 식품학자 엘리자베스 로진Elizabeth Rozin은 헝가리의 '양파, 라드, 파프리카'나 서아프리카의 '땅콩, 후추, 토마토'처럼 수백 년이 흘러도 거의 변하지 않는, 민족 요리에 흐르는 '향미 원리'를 강조했다. 로진은 "중국인이 국수에 사워크림과 딜을 양념으로 넣는다는 것은 스웨덴인이 청어를 간장과 생강으로 맛을 내는 것처럼 상상하기 힘든 일이다"라고 썼다.[15] 하지만 일본의 사례는 그렇게 상상하기 힘든 일이 일어날 수 있음을 보여준다. 향미 원리도 변하고, 음식도 변하고, 그 음식을 먹는 사람도 변한다.

태어난 곳이 어디이건, 사람들은 먹는 것뿐만 아니라, 먹고 싶은 것과 식사 행동까지 바꿀 능력이 있다. 생강 외에는 양념을 거의 쓰지 않는 '향미 원리'를 가진 일본인이 커민과 마늘과 고추로 만든 카츠카레 소스에 푹 빠졌다는 사실은 정말로 놀랍다. 한때 침묵 속에서 식사를 하던 민족이 음식을 놓고 열띤 토론을 벌이고, 음식의 즐거움을 높이기 위해 국수를 시끄럽게 후루룩 소리를 내며 먹는 민족으로 변했다. 따라서 던져야 할 진짜 질문은 이것이다. 일본인이 변할 수 있다면, 우리라고 변하지 말란 법이 있는가?

식습관 변화가 민족 차원에서 일어날 수 있다고 해서 개인 차원에서도 쉽게 일어날 것이라고 단정해서는 안 된다. 날씬한 사람들과 훌륭한 음식으로 둘러싸인 주변 환경에도 불구하고, 일본 인구 중 3.3퍼센트에 속해 비만인 사람으로 살아가는 삶이 어떤 것일지 상상해보라. 일본에서 과체중인 사람은 '메타보^{metabo}'(대사 증후군$^{metabolic\ syndrome}$의 준말)라는 놀림을 받거나 낯선 사람이 배를 만지는 것을 포함해 큰 사회적 압력을 받는다. 하지만 이런 것도 체중 감량을 유발할 만큼 충분히 강한 자극이 되지 못한다. 개인의 식습관 변화는 이런 식으로 강제할 수 없다.

체중 감량 전문 잡지들은 변신을 강조하면서 '이전'과 '이후' 사진을 선전 수단으로 사용한다. 이 사진들의 목적은 독자에게 체중 감량을 충분히 달성할 수 있음을 보여주는 것이다. 다만, 독자에게 아직 그런 성공 이야기의 주인공이 되지 못했다는 사실 때문에 더 낙담하게 만드는 효과를 나타낼 수도 있다. '이전' 사진은 신축성 있는 커다란 바지를 입고서 어색하게 카메라의 시선을 피하는 사람의 모습을 보여준다. '이후' 사진은 똑같은 사람이 몸집이 반쪽으로 줄어들어 몸매에 꼭 맞는 라이크라나 수영복을 입고서 활짝 웃는 모습을 보여준다. 우리는 '이후' 사진을 보고서 용기를 얻어야 하지만, 두 사진 사이의 차이가 너무 크다. '이전' 단계에 빠져 거기서 헤어나지 못하고 있을 때, '이후' 단계는 딴 세계 이야기처럼 보일 수 있다.

과체중이었던 17세 때 나는 두 친구와 함께 다이어트와 운동 프로그램을 함께 시작했다(두 번 이상). 우리는 높은 기대를 품고 시작했지만, 처음 며칠은 지나치게 열심히 하다가 배고픔과 에어로빅에 녹초가 되어 첫 번째 주말이 다가오기 전에 다이어트를 포기하고 말았다. 남의 시선을 의식하고 몸매가 엉망이라면, 사람들이 보는 장소에서 조깅을 하는 것은 쉬운 일이 아니다. 머릿속은 온통 킷캣$^{Kit\ Kat,\ 초콜릿을\ 입힌\ 와플\ 비스킷}$ 생각뿐인데, '간식'으로 셀러리를 먹는 것이 즐거울 리가 없다. 한 가지 장

식습관의 인문학

애물은 우리가 '이후' 단계에 도달할 수 있는 종류의 사람이라고 진정으로 믿지 않았다는 점이었다. 우리는 그냥 자연스럽게 좋은 조건을 타고난 것처럼 보이는 소녀들에 대해 불만을 쏟아냈다. 슈퍼모델 같은 외모와 황갈색 피부를 가지고, 땅콩버터와 잼을 듬뿍 바른 토스트 다섯 조각보다 작은 그릇에 담긴 '파워 뮤즐리'와 요구르트를 진정으로 더 좋아하는 소녀들 말이다. 우리는 이 소녀들이 가끔 뭔가를 먹다가 중간에 멈추면서 더 이상 배가 고프지 않다고 말하면 의심을 품었다. 그 아이들은 우리에게 일본 같은 딴 세계에서 온 사람처럼 보였다. 우리는 절대로 그들과 똑같이 될 수 없을 것 같았다. 우리는 음식을 건강에 좋은 방식으로 먹는 그들의 능력을 타고난 본질적인 능력이어서 절대로 모방할 수 없는 것이라고 생각했다.

음식을 먹는 것이 큰 문제가 되지 않는 반대편으로 건너오고 난 지금에서야 나는 그때 우리가 무엇을 잘못했는지 눈에 보인다. 그 소녀들의 식습관은 머리카락 색처럼 타고난 것이 아니었다. 우리가 토스트를 먹으면 기운이 나고, 설탕으로 스스로 보상을 하고, 배가 부른데도 그릇을 싹 비우도록 배운 것과 마찬가지로, 그런 식사 방식은 환경과 양육의 결합을 통해 습득한 습관과 선호였다. 샌드위치보다 샐러드(특히 맛있는 갖가지 채소에 안초비와 오일과 레몬을 드레싱으로 얹고, 버펄로 모차렐라가 곁들여 나온다면 더욱더)를 더 갈망하는 종류의 사람이 되는 게 얼마든지 가능하다는 사실을 나는 발견했다. 최근에 들어 가정 요리에 고무적인 진전이 일어났다. 주류 음식 문화에 대한 반응으로 새로운 버전의 '건강한 식사'가 인기를 끌며 등장했는데, 이것은 (퀴노아quinoa, 남아메리카 안데스 산맥의 고원에서 자라는 곡물 또는 그 열매를 제외한다면) 1970년대에 유행한 건강식의 금욕적 분위기에서 탈피한 것이다. 채소를 기반으로 한 이 새로운 요리는 현명하게도 영양뿐만 아니라 맛에도 신경을 많이 쓰는데, 그 예로는 아삭아삭한 방울다다기양배추, 박하와 땅콩을 채운 베트남 서머롤, 거뭇거뭇하게 구운 피망, 푸짐한 병아리콩과 마늘, 고구마튀김 등이 있다. 식품 전문 작가 다이애나 헨리Diana Henry는 '식성의 변화'라는 용어를 사용해 이런 식사 방식의 매력을 묘사한다.[16]

식성의 변화는 개성의 완전한 변화를 수반하지 않는다. 좋아하던 음악이나 영화에는 아무 변화가 없다. 잡지들의 건강 면은 당신도 그런 걸 가질 수 있다고 가끔 암시하지만, 슈퍼모델 같은 몸매와 매끈한 황갈색 피부는 결코 이룰 수 없는 꿈일지도 모른다. 하지만 건강에 좋은 음식을 아주 다양하게 적극적으로 원하는(그래서 먹는) 방법을 발견한다면, 죄책감 없이 음식을 먹기 때문에 기분이 좋아지고, 운동을 할 에너지가 더 많이 넘치고, 덜 아프고, 식사를 더 즐길 가능성이 높다. 대부분의 사람들이 매년 1000번이 넘는 식사를 한다는 사실을 고려하면, 이것은 아주 훌륭한 목표이다.

여기서 떠오르는 중요한 질문은 어떻게 하면 그곳에 도착할 수 있고, 어떻게 하면 도착할 수 없느냐 하는 것이다. 이유야 무엇이건 체중이 조금씩 증가하는 사람은 청하지도 않은 조언을 듣는 위치에 서게 된다. 동료에서부터 가족과 의사에 이르기까지 주변 사람들은 당신이 변하려면 어떻게 해야 하는지에 대해, 실천해야 할 다이어트, 먹지 말아야 할 음식, 잘못한 부분이 어디인지 '도움을 주는' 힌트를 포함해 나름의 의견을 갖고 있다. 그들은 자신의 충고나 힌트가 당신을 변하게 만들 수 있다고 믿는 것처럼 보인다. 하지만 합리적 의견을 통해 다른 사람의 식습관을 변하게 할 수 있다면, 우리는 모두 날씬한 몸매로 렌즈콩을 먹는 사람이 되어 있어야 마땅하다. 개인적 변화를 다룬 한 교과서에는 "콩팥 기능 상실, 실명, 절단이라는 실질적 위협은 당뇨병 환자에게 자신의 혈당량을 관리하려는 동기를 부여하기에 충분하리라고 생각할 것이다"라고 적혀 있다.[17] 하지만 많은 경우에 이 끔찍한 위협만으로는 충분하지 않다. 두려움이나 조언은 변화를 위한 훌륭한 동기 요인이 아니다. 나를 고치려고 애쓰는 사람은 역설적이게도 내가 '이후'라 부르는 마법의 장소에 도달하지 못하도록 방해하는 요인 중 하나이다.

딤프나 피어슨Dympna Pearson은 부드러운 아일랜드 악센트로 이야기하는데, 가끔 너무 조용조용하게 이야기해 제대로 들으려면 목을 길게 뽑아야 할 때도 있지만, 그 목소리에는 묘한 매력이 있어 귀를 기울이게 만든다. 피어슨이 평생을 쏟아부은 일은 영양사들에게 체중을 줄이려는(혹은 글루텐이 포함되지 않은 식사를 하거나 당뇨병을 관리하거나 그 밖의 실천하기 어려운 음식 조절을 하려는) 사람이 행동을 바꾸는 데 성공하도록 돕는 방식으로 이야기하는 법을 가르치는 것이었다. 1990년대 후반부터 피어슨은 영국의 영양사들을 위해 몸소 수천 건의 교육 과정을 진행했다. 피어슨은 자신의 연구를 통해 어떤 사람이 식습관을 바꾸느냐 바꾸지 않느냐 하는 것은 의료계 사람들이 그 사람에게 어떤 식으로 이야기하는가와 같은 아주 사소해 보이는 것에 달려 있다는 사실을 배웠다.

아주 화창한 초여름날, 열대여섯 명의 여성이 마을 회관에 모여 의자에 앉아 커피를 마시고 있다. 한 여성이 "평생 동안 몸에 붙은 습관을 바꾸기가 무척 힘들었다는 사실을 고백하지 않을 수 없군요"라고 말한다. 여기서 말하는 습관은 과식이나 온종일 소파에 앉아 연속극을 보는 것을 가리키는 게 아니다. 이것은 의료 전문가들을 위해 연 피어슨의 한 교육 과정 중 2단계에 해당하는 것이다. 발언을 한 여성은 영양사로, 환자의 말에 제대로 귀를 기울이지 않고 체중 감량에 관한 조언을 일방적으로 전달한 자신의 습관에 대해 이야기하고 있다. 피어슨은 공감한다는 표정을 지으면서 "오랜 습관은 쉽게 사라지지 않지요, 그렇지 않나요?"라고 응답한다.

다년간의 임상 경험을 통해 피어슨에게 생긴 확고한 신념에 따르면, 식습관에 대한 조언은 대부분(그 의도가 좋은 것이라 하더라도) 단지 쓸모없을 뿐만 아니라 오히려 역효과를 초래한다. 그녀는 "우리가 저지르는 가장 큰 실수 중 하나는 설득입니다"라고 말한다. 영양학계의 전문가로 진입하는 사람들은 다른 사람을 변화시키겠다는(물론 좋은 의도로) 의지가 아주 강한 경향이 있다. 병적으로 비만이면서 계속 그런 식으로 먹다간 위밴드 수술을 받아야 할 게 뻔한데도 불구하고, 체중을 줄이지 못하거나 그럴 동기조차 크게 느끼지 못하는 사람과 함께 같은 방에 앉아 있으면 큰 좌절을 느끼게 된다. 그와 동시에 그런 상황을 바로잡고 싶어서 몸이 근질거린다. 이들은 피어슨이 "훌륭하고 설득력 있는 온갖 미사여구"라고 부르는 말로 환자를 설득하려는 경향이 있다. "좀 작은 접

　　　　　　　　　　　　　식습관의 인문학

시를 사용하는 게 어떻겠어요?" "초콜릿 대신에 사과를 먹는 걸 생각해본 적이 없나요?" "조금 더 천천히 씹으면 도움이 될 텐데요?"

이러한 의견들 자체는 나쁜 것이 아니지만, 이런 식으로 다른 사람의 식습관에 대해 조언을 하는 것은 그 사람을 고집스러운 아이로, 그리고 자신을 모든 답을 알고 있는 어른으로 여기는 것이나 진배없다. 이런 종류의 대화에 따르는 문제(이 점에서는 친구와 가족도 의사와 영양사와 정부와 마찬가지로 잘못을 저지를 수 있다)는 아무리 근사한 말과 미소와 거짓 겸손으로 포장한다 하더라도, 상대방에게 어떻게 하라고 지시한다는 데 있다. 사람은 남에게 지시를 받는 것을 기분좋게 받아들이지 않는 경향이 있는데, 자기 입속에 집어넣는 음식처럼 개인적인 문제에 관한 것이라면 특히 그렇다. 그런 조언은 잘해야 환자를 수동적으로 만들어 환자는 제시받은 의견대로 그저 따르기만 할 뿐 직접 그 상황을 책임지려 하지 않는다. 그리고 최악의 경우에는 환자를 이전보다 변화에 더 저항하게 만드는데, 사람들은 어떻게 하라고 지시를 받으면 정반대로 행동할 때가 많기 때문이다. 피어슨은 조언에 대한 환자의 반응이 "알았어요. 하지만……"과 같은 답이 이어지는 경향이 있다는 사실을 알아챘다. "알았어요. 하지만 더 작은 접시를 살 형편이 안 되어서요" "알았어요. 하지만 구내 매점에서는 사과를 팔지 않아요" "알았어요. 하지만 바빠서 천천히 씹을 시간이 없어요."

피어슨은 '아주 오래전에' 더블린에서 영양사로 훈련을 받았는데, 그 당시의 전통적인 모델은 규정 식단을 읽어주고 환자가 그것을 따르길 기다리는 것이었다. 혹은 기다리지 않기도 했다. 만약 환자가 조언을 따르지 않으면, 그것은 어디까지나 환자 자신의 책임이었다. 영양사 자격을 딴 뒤에 당뇨병 환자들을 대상으로 일을 시작한 피어슨은 그들의 삶을 더 낫게 만들고, 당뇨병 때문에 생기는 실명이나 혼수 같은 최악의 결과로부터 그들을 구해줄 규정 식단을 따르는 일을 돕겠다는 열정이 넘쳤다. 하지만 환자들과 나누는 대화가 비생산적 결과를 낳는 경향이 있다는 사실을 알아챘다. 오늘날 피어슨은 그때를 돌아볼 때마다 민망함에 몸을 움찔한다. 금지 음식 식단을 읽어줄 때마다 방 안에는 딱 꼬집어 말할 수 없지만 뭔가 불편한 분위기가 자주 감돌았다. 그리고 환자들이 규정 식단을 지키지 못하는 경우가 많았다. 완강하게 자기 주장을 고수하면서 변화를 거부하는 사람들(치료 회기를 다 마치지 않고 떠나 집에서 설탕이 듬뿍 든 스낵을 실컷 먹는 당뇨병 환자 같은 사람들)에게 점점 화가 났다. 상담 과정을 듣고 나서야 피어슨은 자신에게 무엇이 부족했는지 깨달았다. 열심히 조언을 하기만 했을 뿐, 환자에게 정말로 필요한 것이나 환자가 원하는 것이 무엇인지 귀를 기울인 시간이 별로 없었다. 상담 과정을 마친 뒤에 피어슨은 사람들의 식습관을 바꾸도록 돕는 전체 접근 방법을 다시 생각했다. 이제부터는 일방적으로 조언이나 설득을 하는 데 치중하는 대신에 환자가 스스로 행동을 바꾸도록 돕는 대화 방법을 찾는 데 중점을 두었다.

'동기 부여'는 피어슨이 많이 쓰는 단어이지만, 그녀의 동기 부여 대화 개념은 이 단어가 일반적으로 의미하는 것과는 정반대이다. 이것은 드라이아이스와 호언장담의 구름 속에서 무대에 올라 사람들을 윽박질러 복종시키는 것이 아니다. 피어슨이 하는(그리고 다른 사람들에게 하라

식습관의 인문학

고 가르치는) 일은 대부분 침묵을 지키거나 상대방이 방금 한 말을 조용히 되들려주는 것으로, '반성적 경청reflective listening'이라 부른다. 피어슨은 그 책을 처음 읽었을 때 자신의 기본 접근 방법 중 대부분을 이미 완성한 상태였긴 하지만, 1991년에 나온 윌리엄 밀러William Miller와 스티븐 롤닉Stephen Rollnick의 『동기 면담Motivational Interviewing』이란 책을 아주 좋아한다.[18] 밀러와 롤닉은 문제성 음주를 하는 사람들을 돕기 위해 1980년대에 'MI(동기 면담)'을 개발했다. 뉴멕시코대학교에서 알코올 중독을 치료하고 연구하던 밀러는 어떤 환자들이 가장 잘 회복하는지에 관한 데이터를 수집하기로 마음먹었다. 밀러는 알코올 중독자들이 치료를 받고 나서 6개월 뒤에 회복한 정도는 "상담자가 환자의 말에 얼마나 귀를 잘 기울였는가를 바탕으로" 예측할 때 전체 환자 중 3분의 2를 정확하게 맞힐 수 있다는 사실에 깜짝 놀랐다. '공감적 관심'이 가장 많은 상담자를 만난 환자들은 모두 중독을 치료하는 데 성공한 반면, '공감적 관심이 가장 적은' 상담자를 만난 환자 중에서는 4분의 1만이 증상이 개선되었다. 여기서 이야기하는 공감은 단순히 상대의 감정에 세심하게 신경 쓰는 것이 아니다. 이 능력에 따라 성공과 실패가 갈릴 수 있다.

체중 감량을 위해 영양사를 찾아올 때쯤이면, 그 사람은 대개 수동적이고 절망적인 상태에 있다. 이들은 수십 년은 아니더라도 수 년 동안 '모든 것을 다 시도해' 보았으며, 어떤 방법도 효과가 없다고 생각할 수 있다. 어떤 사람들은 실제로는 변하고 싶지 않다고 주장한다. 이런 사람들은 위안 음식을 너무 좋아하고, 너무 바빠서 운동할 시간이 없으며, 여기에 온 것은 의사가 그래야 한다고 했기 때문이라고 말한다. 이런 상태에서 조언은 가장 효과가 떨어지는 방법이다. 직관에 반하는 것처럼 보일지 몰라도, 피어슨의 접근 방법은 '힘든 상황을 회피하는 방법'을 포함한다. 상대방과 논쟁을 벌이거나 그렇게 나쁜 음식을 먹는 것은 나쁘다고 말하는 대신에(이런 태도는 오히려 적개심만 더 불러일으킬 뿐이다) "오, 그러니까 지금은 건강에 좋은 방식으로 음식을 먹기가 힘들겠군요?" 또는 "운동할 시간이 없어서 힘들다는 말씀이군요?"라는 식의 말을 한다. 대화가 멈추더라도 문제가 되지 않는데, 그것은 상대방에게 생각할 시간을 준다는 것을 의미하기 때문이다.

대화를 계속하면서 환자에게 변하는 게 얼마나 중요하다고 생각하는지 물어볼 수도 있다. 피어슨은 여기서 흥분을 금치 못한다. 변하고 싶다는 의지를 조금이라도 내비치는 이야기를 들으면, 피어슨은 그 이야기를 그대로 되풀이해서 환자에게 들려준다. 그것은 "어쩌면 체중을 좀 줄여야 할지 모르겠어요"라거나 "내 당뇨병을 적절히 통제할 수 있었으면 좋겠어요"라거나 "내 아이들이 음식을 건강에 좋은 방식으로 잘 먹었으면 좋겠어요"처럼 사소한 말에 불과할 수도 있다. 하지만 피어슨에게 그런 말은 황금이나 다름없는데, 아무리 사소하다 하더라도 그것은 달라지기 위해 어떤 노력을 기울이겠다는 의향을 내비친 신호이기 때문이다. 피어슨은 "우리는 변화에 관한 이런 이야기를 그냥 흘려보내요. 늘 그것을 놓치고 말죠"라고 말한다. 하지만 상담자가 그것을 듣고 반복해서 환자에게 돌려줄 수만 있다면, 환자는 변화를 요구하는 사람이 건강 전문가가 아니라 바로 자신이라는 사실을 깨달을 것이다. "환자가 태도를 누그러뜨려 '음, 내가 ……을 할 수 있을 것 같아요'라고 하는 말을 들

식습관의 인문학

을 때마다 제 얼굴에는 미소가 번지지요……"

모든 사람은 변화에 대해 양면적인 생각을 한다. 막 구운 특별히 유혹적인 비스킷을 볼 때, 우리는 모차르트의 오페라 〈돈 조반니〉에서 "보레이 에 논 보레이Vorrei e non vorrei(그러고 싶으면서도 그러고 싶지 않아)"라고 노래 부르면서 유혹에 넘어가지 않으려고 애쓰는 체를리나Zerlina와 비슷한 심정에 사로잡힌다. 체중을 줄이고 싶은 마음이 간절하지만, 그와 동시에 온갖 재료를 곁들인 부드러운 베개 같은 햄버거가 주는 위안을 간절히 원할 수 있다. 먹는 양을 매일 먹을 수 있는 것보다 약간 줄이더라도 불편한 점이 전혀 없는 척하는 것은 솔직한 태도가 아니다. 하지만 햄버거나 비스킷을 먹지 '않으려고' 하는 나의 일부 역시 실재한다. 영양사는 환자에게서 '변화에 관한 이야기'를 처음 들었을 때, 곧장 다이어트나 운동 프로그램을 실천에 옮기려고 서둘러서는 안 된다. 대신에 환자에게 자신이 말한 것을 들려주는 방식으로 변화의 욕구를 살리도록 노력해야 한다. 영양사가 해야 할 일은 설득이 아니라, 환자 자신의 변화 욕구를 강화하는 것이다. 처음에 환자는 "그러고 싶으면서도 그러고 싶지 않아요"라고 말할지도 모른다. 혹은 "그래야 한다는 걸 잘 알아요"라고 말하면서도 머뭇거리는 태도를 보일 수 있다. 만약 영양사가 충분히 참고 기다려준다면, 환자는 자신의 양가감정에서 헤어날지 모른다. 피어슨은 자신의 임무를 "그러고 싶어요"나 "그래야 하지요"라고 말하는 것에서 "그렇게 할래요"로 옮겨가도록 돕는 것이라고 생각한다. 피어슨은 이 말이야말로 가장 강력한 표현이라고 생각하는데, 모호한 의향이 아니라 단호한 의지를 나타내기 때문이다.

피어슨은 이 접근법이 '상대의 감정에 세심하게 신경 쓰는 것'처럼 들릴 수 있다는 사실을 안다. 하지만 피어슨이 생각하는 이 접근법은 증거에 기초한 훌륭한 의학이다. 사실, 동기 면담이 식습관을 변화시키는 최선의 방법이라는 결정적 증거는 아직 없지만, 이를 뒷받침하는 지표들은 고무적이다. 네 건의 무작위 대조 연구에서는 행동 변화를 위한 조언과 정보와 인지 훈련을 포함한 종래의 식이 요법만 사용할 때보다 동기 면담 회기에 참여할 때 사람들에게 다이어트 계획—그 계획이 어떤 것이건—을 계속 고수하도록 만들 가능성이 높다는 결과가 나왔다.[19] 증거에 따르면, 동기 면담이 새로운 식사 행동을 습관으로 굳어질 정도로 충분히 오래 유지하는 데 도움을 주는 것으로 보인다. 한 연구에서는 비만 여성 148명 전원에게 1년 동안 집중 다이어트 치료를 받게 했다.[20] 각자는 식습관 변화를 돕는 기술과 정보를 제공할 목적으로 설계된 18회의 집단 회기에 참여했다. 그중 절반은 영양사와 개별적 동기 면담 회기를 3회씩만 가졌다. 1년이 지나자, 무작위로 동기 면담 집단에 배정된 여성들은 그렇지 않은 여성들보다 체지방이 2.6퍼센트 이상 더 빠졌다.

2014년에 실시한 소규모 실험에서도 비만과 과체중 아동이 체질량지수를 낮추는 데 동기 면담이 도움이 된다는 결과가 나왔다.[21] 하지만 다이어트 대신에 중독을 다루는 실험에서는 엇갈리는 결과가 나왔는데, 동기 면담의 효과는 클리닉에 따라 서로 다르게 나타났다. 밀러와 롤닉은 그 원인을 "동기 면담을 실행에 옮기는 임상의의 기술 차이" 때문이라고 보았다.[22]

분명한 것은 일방적으로 조언을 하는 예전 방식이 효과가 거의 없다는 사실이다. 동기 면담을 다룬 한 기사는 "환자와의 대면은 방어적 자세와 신뢰감 단절, 그리고 궁극적으로는 나쁜 결과를 낳을 수 있다"라고 주장했다. 피어슨이 표준적인 조언 전달 방식 대화가 어떤 것인지 보여주기 위해 모델로 만든 것을 들어보면, 이런 종류의 대화가(아무리 그 의도가 좋은 것이라 하더라도) 왜 아무 효과가 없는지 명백히 알 수 있다. 피어슨은 "그 핵심은 사람들을 어떻게 대하느냐에 있습니다"라고 말한다. 나는 그 방법이 변화에 관한 비생산적 대화로 흐르기가 얼마나 쉬운지 보여주기 위해 피어슨이 역할극 연습을 하는 걸 여러 번 본 적이 있다. 효과가 없는 것이 어떤 것인지 다른 상담자들에게 보여주기 위해 피어슨은 '도움을 주는' 지시봉을 가지고 계속 끼어들고, 아주 약간 날카로워진 목소리로 듣기보다 말을 더 많이 한다. 이것은 그저 역할극에 불과하지만, 상대방이 방어적 태도로 변해 짜증을 내는 것을 보고 들을 수 있다. 그것은 지켜보기에도 고통스럽다. 그것을 보고 나는 10대 아들과 자주 나누었던 무익한 대화가 떠올랐다. 나는 아들에게 양말을 마루에 벗어놓지 않는 행동이나 도시락을 씻지 않는 행동을 나무랐는데, 그런 대화에서는 둘 다 그전보다 기분만 좀더 나빠졌을 뿐 아무것도 얻는 것이 없었다. 더 심하게 몰아붙일수록 상대방은 왜 그렇게 할 수 없거나 변할수 없는지 변명거리를 더 많이 들고 나온다.

다른 사람을 변하게 할 수 없다는 말은 하나마나 한 뻔한 소리이다. 피어슨은 "들어갈 준비가 되지 않은 사람을 수영장으로 밀어넣어서는 안 돼요"라고 말한다. 식습관 변화에는 이득뿐만 아니라 손실도 따른다. 수영장에 발가락을 처음 담그면 물이 차갑다. 정크푸드를 포기한다는 것은 어린 시절의 좋은 기억 일부와 헤어지는 것과 다름없다. 새로운 음식을 좋아하는 법을 배우는 것은 이전의 자신과 결별하는 것처럼 느껴질 수 있다. 섭식 장애에서 회복하려면 오랫동안 확립된 대처 메커니즘을 포기해야 한다. 역겹게 여기는 음식을 먹어보려는 시도는 역겹다. 외부에서 할 수 있는 최선은 그 사람이 양가감정에서 벗어나도록 돕는 것이다. 만약 피어슨이 옳다면, 여기서 가장 어려운 부분은, 잘못된 시작과 잘못된 방향 전환을 수없이 겪고, 그 모든 오명과 창피를 뒤집어쓰고, 스스로에게 이번 다이어트는 이전과 다를 것이라고 되뇌지만 번번이 실패한 그 모든 시간을 보낸 뒤, 이제 수영장으로 돌아가 적응할 때까지 충분히 오래 머물려는 동기를 찾는 것이다.

식습관을 바꾸려는 목적으로 펼치는 공중 보건 캠페인은 대개 사람들이 특정 음식과 행동이 건강에 좋지 않다는 사실을 알기만 한다면, 그런 음식과 행동을 포기할 것이라는 개념에 기반을 두고 있다. 하지만 드러난 증거에 따르면, 식습관 변화는 그런 식으로 일어나지 않는다. 당신이 당뇨병 환자 앞에 앉아 있는 영양사이건 '비만 위기'에 대처하는 정부이건 간에 설득은 별 효과가 없는데, 우리는 먹는 법을 그런 식으로 배우지 않기 때문이다. 사회적 차원에서 식습관을 개선하는 열쇠는 사람들에게 저항감을 가진 일을 하라고 강요하는 게 아니라, 변화를 방해하는 장애물을 제거하는 데 있다. 그런 장애물은 심리적인 것이거나 문화적인 것, 경제적인 것일 수도 있고, 또는 우리가 살고 있는 환경과 관련이 있을 수도 있다. 때로는 전체 음식 체계가 변화를 가로막는 거대한 장애

식습관의 인문학

물처럼 보이는데, 매일 우리에게 설탕을 많이 먹는 것이 정상이라고 가르치고, 아름답고 건강한 사람들이 나와 건강에 나쁜 음식을 먹는 광고 이미지로 우리 머릿속을 가득 채운다. 우리는 사람들이 더 나은 음식을 선택하도록 도와야 한다고 이야기하지만, 오늘날의 많은 식품점에서는 건강에 좋은 식품을 선택하려면 진열된 식품 중 90퍼센트를 무시해야 한다.

평생 동안 살아가면서 개인에게 일어나는 가장 보편적인 식습관 변화 방법은 의식적인 노력을 기울이는 일 없이 일어나는 '감쪽같은 변화seamless change'로 보인다.[23] 감쪽같은 변화의 예로는 가격이 내려가는 제품을 자동적으로 더 많이 사거나, 제조업체가 제품의 성분을 바꾸었기 때문에 자기도 모르게 성분이 다른 제품을 섭취하는 걸 들 수 있다. 2003년부터 2010년까지 영국인의 평균 염분 섭취량은 15퍼센트 감소했는데, 이것은 개인의 선택을 통해 일어난 것이 아니라, 식품 회사들이 로비 단체와 정부의 압력으로 제품에 들어가는 나트륨 함량을 줄였기 때문에 일어났다. 이것들은 아주 유순한 형태의 감쪽같은 변화이다.[24] 문제는 대부분의 감쪽같은 변화가 우리에게 건강에 좋은 음식을 먹도록 하는 것이 아니라, 건강에 좋지 않은 음식을 먹도록 한다는 데 있다. 크루아상이 마치 우연히 그러기라도 한 것처럼 어느 날부터 매일 당신의 입속으로 들어오기 시작하는데, 사실은 새로 옮긴 회사에서 크루아상을 커피와 함께 내놓기 때문에 그런 일이 일어난다. 또, 항상 주문하던 화이트 와인 잔이 10년 전보다 훨씬 커졌고 거기에 포함된 알코올의 양도 훨씬 많아졌다는 사실을 당신은 눈치채지 못할 수 있다. 2008년에 영국인

400명 이상을 대상으로 조사한 바에 따르면, 약 40퍼센트가 어린 시절보다 테이크아웃 음식과 즉석 식품을 더 많이 먹고 있지만, 대부분의 사람들은 그 이유를 제대로 대지 못하고, "그냥 그런 변화가 일어났어요"라고 말했다.[25] 이와는 대조적으로 누가 건강에 좋은 음식을 먹으려고 의식적인 변화를 시도한다면, 그 앞길에는 온갖 장애물이 널려 있을 것이다.

당신이 매일 신선한 채소와 과일을 먹기로 결심했다고 하자. 당신은 계획 단계와 필요한 식품의 구매 비용을 결코 극복하지 못할지도 모른다. 한 연구에 따르면, 바나나를 더 많이 먹겠다는 결심은 집에 바나나가 없다는 첫번째 장애물에서 무너지는 경우가 많았다.[26] 신선한 식품이 수중에 있다 하더라도, 그것을 어떻게 조리하느냐 하는 문제에 봉착하게 된다. 시카고의 저소득층 가구 표본 중에서 집에서 요리한 식사를 가장 적게 먹은 가정들은 도마와 껍질 벗기는 칼과 거품기 같은 기본적인 조리 도구가 없었다.[27] 그리고 이런 도구가 있건 없건, 그것을 사용하는 방법을 잘 모를 수 있다. 더 다양한 채소를 먹으려는 계획은 그것을 좋아하지 않는 가족 때문에 방해를 받을 수도 있다. 그런 경우에 당신은 자신을 위해 별도의 음식을 준비하는가, 아니면 나머지 사람들을 위해 음식을 만들면서 좋은 식재료를 버리는 쪽을 선택하는가?

문화도 하나의 장애물이다. 앞에서 보았듯이, 식사에 관한 전통적인 지혜는 새로운 음식 공급 현실과 충돌할 때가 많다. 영국에서는 남아시아인(예컨대 인도, 방글라데시, 파키스탄에서 온)이 소수 인종 집단 중 그 인구가 가장 많은데, 통계적으로 심장병과 당뇨병에 걸릴 위험이 가장

식습관의 인문학

큰 소수 인종 집단이기도 하다. 연구에 따르면, 영국에 사는 아시아인이 건강에 좋은 행동을 하지 못하도록 하는 장애물이 여러 가지 있다.[28] 특히 나이가 많은 세대 사이에서는 질병에 대해 운명론적 태도를 가진 경우가 많다. 예컨대 당뇨병은 운명이나 알라 때문에 혹은 영국의 지독한 기후 때문에 생기며, 어떤 치료도 효과가 없다고 생각한다. 이슬람교를 믿는 일부 아시아인은 체육관에서 운동을 하는 것을 개인주의적이고 이기적인 행동으로 보며, 특히 여성의 경우에는 문제가 될 수 있는데, 많은 가정에서는 여성은 땀을 흘리거나 바쁘게 서둘거나 운동복을 입어서는 안 된다는 문화가 있기 때문이다. 또 음식을 적게 먹거나 기름진 음식을 제한하는 개념은 이들의 환대 관습과 정반대되는 것이다. 남아시아인 지역 사회에서 일하는 영양사 발디시 라이Baldeesh Rai는 "인도의 단것은 특별한 일이 있을 때 내놓는 음식이지만, 아시아인 가정에서는 어떤 일이라도 특별한 일이 될 수 있습니다"라고 말한다.[29] 라이는 많은 남아시아인 가정에서는 집안의 요리사(시어머니나 장모인 경우가 많음)가 나서기만 한다면, 식습관을 바꾸는 게 가능하다는 사실을 발견했다. 음식의 양을 분배하는 사람이 아니라면, 기ghee의 칼로리가 얼마인지 알아봤자 아무 소용이 없다.

변화를 가로막는 이 모든 장애물을 너무 오래 생각하다 보면, 장기적으로 체중 감량에 실제로 성공하는 사람은 거의 없다는 통설을 지지하기 쉽다. 그래서 다이어트를 하려고 마음을 먹더라도, 다이어트를 계속 이어가 성공할 가능성이 절망적으로 보이기 시작한다. 많은 사람들은 단기적으로는 체중을 6킬로그램 정도 줄일 수 있을지 몰라도, 곧 이

자까지 엊어 이전 체중으로 복귀하게 돼 이전보다 상황이 더 나빠진다고 생각한다. 체중 문제로 고민하는 사람은 모두 평생 동안 그 문제를 붙들고 씨름해야 할 팔자이며, 상황이 개선될 가능성은 희박하다(적어도 이런 견해에 따르면 그렇다). 이것은 매우 우울한 생각인데, 운 나쁘게도 어린 시절부터 비만이라면 더욱 그렇다.

다행히도 이 견해는 옳지 않다. 체중 감량과 그 상태를 계속 유지하는 것이 결코 쉬운 일은 아니지만, 증거에 따르면 과체중인 사람들 중 약 20퍼센트(5명 중 1명)는 실제로 의도적 체중 감량 상태를 장기간 유지하는데, 이것은 최초 체중에서 10퍼센트 이상을 감량하고 그 상태를 최소한 1년 이상 유지하는 것을 의미한다.[30] 체중 감량 참여자를 장기간 추적한 연구들에 따르면 전체적으로 소수이긴 하지만 꽤 많은 사람들이 1년이나 3년, 심지어 5년 안에 원상 복귀하는 일 없이 체중 감량에 성공한 것으로 드러났다. 일반인에게 잘 알려지지 않았지만 좋은 소식이 하나 있는데, 지난 20년 동안 체중 감량이 절실히 필요한 사람들 사이에서 체중 감량 상태를 장기간 유지하는 비율이 증가했다는 점이다. 제임스 앤더슨James Anderson은 켄터키대학교의 내분비학자이다. 앤더슨은 1990년대와 비교해 자신의 고도 비만 환자들 중 더 많은 사람들이 큰 폭의 체중 감량을 유지하고 있다는 사실을 발견했는데, 아마도 행동 지도 회기를 더 집중적으로 더 자주 활용한 덕분인 것 같았다.[31] 45킬로그램 이상을 감량하는 게 필요한 일부 환자(그렇게 하지 않으면 비만 수술을 받아야 할 수도 있는)들이 식사 대용 셰이크와 세심하게 관리된 메인 코스, 많은 과일과 채소를 섭취하고, 정기적인 의료 지원을 추가로 받음으로써 지속

적인 체중 감량(5년 뒤에 추적 조사를 한 결과)을 유지할 수 있음을 입증했다.[32]

여기서 중요한 질문은 성공하는 20퍼센트—연구 문헌에서는 이들을 체중 '유지자maintainer'라고 부른다—가 체중을 감량하고 그 상태를 계속 유지하는 비결이 무엇이냐 하는 것이다. 이들은 이전 상태로 되돌아가는 사람들과 구별되는 습관을 공통적으로 지니고 있는 것으로 보인다. 한 가지 요인은 체중 유지자가 규칙적으로 운동을 할 가능성이 더 높다는 것인데, 중간 수준의 신체 활동을 매일 한 시간 또는 그 이상 하는 게 이상적이다. 이 패턴은 많은 연구에서 확인되었다. 이전 상태로 되돌아가는 사람은 지속적으로 운동을 하지 않는 반면, 체중 유지자는 지속적으로 운동을 한다.[33] 운동이 이전 상태로 되돌아가는 것을 막는 데 도움이 되는 이유가 에너지 소비 때문인지, 그동안에 음식을 먹지 않기 때문인지, 아니면 행복감을 높이기(운동을 할 때 분비되는 도파민과 세로토닌은 우울증을 예방하는 데 도움을 준다) 때문인지는 알 수 없다. 물론 지속적으로 체중 감량 상태를 유지하는 사람들이 우연하게도 지속적으로 운동을 하는 사람일 수도 있다. 상관관계가 성립한다고 해서 반드시 인과 관계가 성립하는 것은 아니다.

그 밖에도 체중 유지자들이 공통적으로 지닌 습관들이 있다. 체중 유지자 4000명 이상을 조사한 결과에 따르면, 이들은 매일 아침을 먹고, 일주일 내내 그리고 일 년 내내 계속해서 중간 수준의 다이어트를 유지하는 경향이 있다. 주중에는 음식 섭취를 줄였다가 주말과 휴일에는 마음껏 먹는 사람들(5:2 다이어트를 하는 사람들처럼. 잘 기억해두라!)과는 확연한 차이가 있다. 이들은 처음의 체중 감량 '다이어트'가 끝나고 나서 한참 지난 뒤에도 자신이 먹는 음식을 계속 감시하며, 작은 실패를 겪더라도 이전 상태로 되돌아가는 대신에 자신을 자책하는 일 없이 거기에 충분히 대처하는 유연성을 보인다. 일부 성공 원인은 이들의 정서적 상태에 있을지도 모른다. 이들은 낙담에 빠질 가능성이 더 낮으며, 폭식에 빠질 가능성은 훨씬 더 낮다. 음식에 대한 '탈억제'와 정서적 섭식은 체중 회복을 예고하는 강한 예측 인자이다. 섭식에 관한 문제에서는 늘 그렇듯이, 여기서 복잡한 인과 관계의 그물을 풀어내기는 어렵다. 이전 상태로 되돌아가는 사람은 체중 유지자보다 자존감이 낮고 신체상이 나쁜 경향이 있지만, 이것은 거울을 들여다보면서 다시 찐 살에 낙담하기 때문일지 모른다. 이들은 음식을 먹는 전체 과정에 대해서도 더 낙담하는 것처럼 보인다.

직관에 반하는 이야기로 들릴 수 있지만, 체중 유지자는 음식을 더 즐긴다. 체중 유지자와 이전 상태로 되돌아가는 사람 사이의 이 중요한 차이는 1990년에 캘리포니아 주에서 실시한 연구 조사에서 확인되었다.[34] 연구를 이끈 공중보건 영양사 수전 케이먼Susan Kayman은 "체중을 줄였다가 다시 회복하는 사람들에 대해 알려진 정보가 놀랍도록 적다"라고 지적했다. 케이먼은 대부분 중년 여성으로 이루어진 세 집단을 대상으로 심층 면담을 통해 더 많은 것을 알아보기로 결정했다. 세 집단은 비만이었다가 체중 감량을 유지하는 데 성공한 여성들의 집단, 비만이었다가 체중을 줄인 뒤에 다시 회복한 여성들의 집단, 평균 체중이었다가 체중이 늘지도 줄지도 않은 여성들의 집단이었다. 면담 결과, 체중 유지자는 이전 상태로 되돌아가는 사람과 많은 점에서 별 차이가 없는 것으로 드러났다. 이들은 결혼 여부나 자녀 유무에서 큰 차이가 없었으며, 다만 대학 교육을 받았거나 밖에서 일을 하는 비율이 조금 더 높았다. 실질적으로 가장 큰 차이는 음식을 먹는 방식에 있었다. 체중 유지자들은 좋아하는 음식을 완전히 제한한 적이 전혀 없으며, "음식 패턴을 바꾸면서 박탈감을 피하려는 노력"을 했다고 말했다. 시간이 지나자, 이들은 식성이 변했다. 더 이상 음식을 많이 먹고 싶어 하지 않았고, 많은 사람들은 단것과 도넛을 너무 달거나 지방이 많다고 여겨 그것을 먹고 싶은 식욕을 잃었다. 조리를 하는 방법도 바뀌었는데, 이전처럼 음식을 많이 튀기거나 설탕을 많이 사용하지 않았으며, 과일과 채소를 음식에 더 많이 집어넣었고, 만드는 음식의 양을 이전보다 줄였다. 하지만 진짜 변화는 이들 자신에게 일어난 것이었는데, 이제는 바로 이렇게 바뀐 방식으로 음식을 먹길 원했기 때문이다. 이들도 일본인처럼 처음부터 건강에 좋은 방식으로 음식을 먹은 것이 아니었지만, 습관과 선호를 바꿈으로써 맛있는 음식과 건강에 좋은 음식이 동일한 것이 되게 했다.

반대로 이전 상태로 되돌아간 사람들은 체중 감량을 좋아하지 않는 음식을 먹는 것과 연결지었다. 체중 유지자는 자신의 삶과 식성에 맞는 다이어트 계획을 세우는 반면, 이전 상태로 되돌아가는 사람은 자신의 음식 선호와 크게 어긋나는 엄격한 다이어트 프로그램을 따르는 경향이 있었다. '다이어트 중'일 때, 이전 상태로 되돌아가는 사람은 자신이 정말로 즐기는 음식은 어떤 것이라도 먹지 않으려고 했다. 케이먼의 표현을 빌리면, 이들은 "자신의 다이어트 음식을 가족이 먹을 수 있는 음식이나 자신이 정말로 원하는 음식과는 다른, 특별한 음식이라고 여겼다".
다이어트 음식을 먹는 기간 내내 이들은 박탈감을 느꼈다. 이들은 아주
사소한 계기만 있어도 쉽게 다이어트 노력을 포기하고 이전의 패턴으로
돌아갔다. 케이먼이 면담한 이들 중 77퍼센트는 체중 증가를 촉발한 방
아쇠가 일상 생활에서 어떤 종류의 문제를 야기하는 상황이었으며, 그
것이 평소의 음식으로 되돌아가게 했다고 말했다.[35] 식습관 변화를 가
로막는 최대의 장애물은 어떤 면에서 명명백백한 것이라 할 수 있는데,
어른이건 어린이이건 누구도 싫어하는 음식을 먹고 싶어 하지 않는다는
점이다.

　이것은 당연한 것으로 보이지만, 지금까지 건강에 좋은 식사를 위해
만들어진 거의 모든 프로그램의 설계 방식(개인적 차원이건 사회적 차원
이건)과 어긋난다. 전체 인구의 음식을 개선하는 방식을 연구하는 공중
영양학 교수 애덤 드루노스키Adam Drewnowski는 "음식의 질을 개선하기 위
한 영양 교육과 개입 전략은 거의 다 음식의 영양학적 질에만 초점을 맞
춰왔고, 미각이나 즐거움 반응은 등한시해왔다"라고 지적한다.[36] 이것
은 많은 기회를 낭비하는 거나 다름없는데, 영양은 사람들에게 건강에
좋은 음식을 섭취하도록 할 때에만 개선될 수 있기 때문이다. 그리고 사
람들은 계속 그것을 먹겠다고 선택할 때에만 건강에 좋은 음식을 평생
동안 섭취할 수 있다. 다른 조건이 동일하다면, 그리고 건강에 좋은 음식
을 쉽게 구할 수 있고 가격도 너무 비싸지 않다면, 사람들은 그 맛을 즐
길 만한 것이라고 생각할 때에만 그것을 선택할 것이다. 영양과 정보 차
원에서 개입하는("설탕 섭취를 줄이세요!") 대신에 더 나은 방법은 즐거

　　　　　　　　　　　　　식습관의 인문학

움을 느끼게 하는 것이다. 이것은 도표를 사용해 보여줄 수도 있다. 다음은 건강에 좋은 음식을 먹으면서 영양학적 이득을 얻을 수 있는 지점에 어떻게 도달할 수 있는지 보여준다. 브로콜리를 예로 들어보자.

1. **감각** 브로콜리를 보고, 냄새 맡고, 맛을 본다. 그 초록색과 달콤하고 아삭아삭한 줄기와 부드럽고 솜털 같은 꽃 부분을 여러 가지 감각으로 느낀다.

2. **반응** 브로콜리에 반응을 보인다. 즐거운 반응일 수도 있고, 고통스러운 반응일 수도 있다. 각자의 반응은 브로콜리를 먹도록 강요받았는지 아니면 그것을 훌륭한 기술로 조리해 먹어보라는 제안을 열정적으로 받았는지에 따라 달라질 수 있으며, 또 자신이 '쓴맛을 감지하는' 사람인지 아닌지와 이전에 브로콜리를 먹어보라는 제안을 몇 번이나 받았는지에 따라서도 달라질 수 있다.

3. **선호** 자신의 반응을 바탕으로 선호가 생겨난다. 브로콜리를 좋아하는 사람이 되거나, 브로콜리를 싫어하는 사람이 되거나, 혹은 그 중간에 위치한 사람이 된다.

4. **먹기** 이 선호에 따라 자주 브로콜리를 선택해서 먹는 사람이 되거나 먹지 않는 사람이 된다.

5. **영양** 브로콜리를 먹느냐 먹지 않느냐에 따라 브로콜리를 먹는 데에서 얻는 영양학적 이득을 모두 누리느냐 누리지 못하느냐가 결정된다. 그런 영양학적 이득에는 엽산, 섬유질, 비타민 C, 칼슘과 함께 특정 질병을 억제하는 피토케미컬phytochemical(식물 화학 물질) 등이 있다.

1, 2, 3, 4단계를 따라 정확한 경로를 밟지 않는다면, 브로콜리가 주는 건강의 이득을 누리기 어렵다. 그 음식을 입속에 넣지 않는다면, 주어진 음식에 '영양'이 얼마나 많이 들어 있는가는 전혀 중요하지 않다. 공중 보건 캠페인과 다이어트는 거의 항상 4단계나 5단계에서 시작한다. 우리는 푸른 잎채소를 먹으면 얼마나 큰 이득이 있는지 이야기를 들으며, 그것을 더 많이 먹으라는 당부를 듣는다. 만약 우리의 행동이 바뀌지 않으면, 그들은 재차 같은 이야기를 반복한다. 그러고 나서 또 같은 일이 반복된다. 하지만 아무도 우리가 푸른 잎채소를 좋아하는지 혹은 심지어 그것을 맛본 적이 있는지 먼저 확인할 생각은 하지 않는다. 2010년, 제이미 올리버Jamie Oliver의 TV 시리즈 〈음식 혁명Food Revolution〉은 많은 어린이가 감자와 콜리플라워, 토마토, 비트, 가지를 포함해 많은 채소를 눈으로 보고 정확하게 알아맞히지 못한다는 것을 보여주었다. 이것은 어른들 역시 살아오면서 이런 채소들을 좋아하고 조리하는 법을 배운 적이 없었다는 것을 시사한다. 무엇인지도 모르는 것을 먹으려고 할 가능성은 아주 낮다. 그것은 수영장으로 떠밀려 들어가는 것과 같다. 진정한 목표는 사람들에게 건강에 좋은 음식을 충분히 좋아하도록 만들어 스스로 수영장으로 뛰어들도록 만드는 것이 되어야 한다. 우리가 4단계나 5단계에 있을 때쯤이면 이미 너무 늦다. 우리의 식습관에 진정한 변화가 일어나려면, 1단계와 2단계와 3단계로 돌아갈 필요가 있다. 선호가 제대로 형성된다면, 영양은 자연히 해결된다.

　　앞에서 나는 우리가 진정한 자연 식품을 즐기도록 '쾌락 이동'이 일어나려면 무엇이 필요할까라는 질문을 던졌다. 이제 그 답은 건강에 좋은 음식에 긍정적 노출이 자주 일어나야 하는 것이라고 말해도 당신은 별로 놀라지 않을 것이다. 정말로 놀라운 사실은 건강에 좋은 방향으로 우리의 미각이 바뀌는 데 필요한 시간이 아주 짧다는 것이다. 우리의 미각은 수십 년에 걸쳐 형성되었고, 매일 식사와 간식을 통해 강화된다. 하지만 실험을 통해 적어도 우리의 미각 반응 중 일부는 몇 주일 만에 다시 배울 수 있다는 사실이 밝혀졌다. 후각계는 어른의 뇌에서 늘 재건이 일어나는 몇 안 되는 부분 중 하나이다. 뇌는 아주 짧은 노출 기간에 향미에 대한 반응을 변화시킬 수 있을 만큼 충분히 유연하다(전문 용어로는 '가소성'이 좋다고 한다). 이것은 소금과 설탕을 사용한 실험에서 입증되었다. 짠맛과 단맛은 우리의 미각에서 가장 변하지 않을 것으로 생각되는 맛이다.

만약 계속해서 설탕을 덜 먹는다면, 그것은 실제로 단맛 감각에 변화를 가져온다. 1990년대 후반에 매사추세츠 주의 클라크대학교 생물학자들이 과당이나 포도당에 강하게 노출되면 다른 당류를 지각하는 개인의 능력이 영향을 받는지 알아보기 위한 실험을 시작했다. 그들은 이 실험에서 몇 주일 동안 포도당에 다섯 차례 짧게 노출된 것만으로도 피험자가 아주 묽은 설탕 용액의 단맛에 더 강한 반응을 보인다는 사실을 발견했다.[37] 하지만 좋은 소식도 있는데, 이 효과는 원 상태로 되돌릴 수 있다. 실험이 끝난 뒤, 피험자들은 설탕에 대한 반응이 불과 몇 주일 만에 이전의 정상 상태로 되돌아갔다. 이 결과는 만약 2주일 동안만 설탕을 멀리한다면, 우리가 설탕을 덜 좋아하게 될 수 있음을 시사한다.

소금도 마찬가지다. 실험 결과들은 단지 8~12주일만 음식에 들어가는 소금의 양을 줄이는 것만으로도 아주 짠 음식을 먹으면서 느끼는 즐거움을 줄일 수 있다고 시사한다.[38] 흥미롭게도 고혈압인 사람(소금에 민감한)은 다른 사람들보다 소금을 좋아하는 습관을 버리는 데 시간이 더 오래 걸리는 것처럼 보이는데, 그 이유는 분명치 않다. 하지만 정상인 어른들과 소금에 민감한 어른들을 대상으로 연구할 결과에 따르면, 나트륨 함량이 적은 음식을 석 달 동안 섭취하고 나자, 모든 피험자에게서 "상당한 수준의 쾌락 이동이 일어났다". 실험이 시작되기 전에는 이들 모두가 짠 음식이 짜지 않은 음식보다 훨씬 맛있다고 평가했다. 그런데 12주일이 지나자 평가가 달라졌다. 피험자들은 더 이상 나트륨 함량을 줄인 닭고기 수프와 감자칩과 크래커를 나트륨 함량이 높은 '정상' 식품보다 덜 맛있다고 여기지 않았다.[39]

우리의 식습관에 이런 변화들을 충분히 주면, 우리가 가장 갈망하는 음식(프렌치프라이는 여기에 들어갈 수도 있고 빠질 수도 있다)이 건강에도 좋은 음식이 되는 행복한 상태에 이를 수 있다. 우리가 어릴 때 그랬던 것처럼 건강에 좋은 음식을 좋아하는 법을 다시 배우는 것이 가능하다. 스폭 박사가 자신의 베스트셀러 『유아와 육아의 상식』(1946)에서 언급한 것처럼, "음식을 먹는 것은 학습이다".

내 딸에겐 릴리라는 친구가 있다. 릴리는 우리가 아는 어린이 중에서 식성이 아주 까다로운 아이였다. 릴리는 여러 가지 재료가 '섞인' 음식은 물론이고, 소스에 뭐라고 섞인 게 있으면 먹지 않았다. 좋아한 음식은 육류와 감자와 평범하게 자른 오이 조각이었다. 토마토를 못 먹었을 뿐만 아니라, 음식에 토마토 흔적만 있어도 참지 못했다. 이 때문에 대부분의 파스타와 샐러드, 카레, 스튜, 어머니가 집에서 만든 피자는 맛볼 생각도 하지 않았다. 산딸기 말고는 과일도 일절 먹지 않았다. 이런 식습관은 릴리뿐만 아니라 나머지 가족에게도 몹시 불편했는데, 나머지 가족은 모험적인 식도락가로, 시금치와 감자, 생강, 토마토로 만든 사그 알루처럼 양념 맛이 강한 인도 음식을 아주 좋아했다. 그래서 릴리는 혼자서 따로 피시 핑거와 감자칩으로 식사를 하는 일이 많았다. 제한적인 식습관에서 릴리를 벗어나게 할 방법은 전혀 없는 것처럼 보였다.

그러다가 열 살이 되던 해에 릴리는 새해 결심을 어떤 걸로 할까 궁리하다가 갑자기 제한적인 식성을 개선하기로 정했다. 그 생각은 혼자서 한 것이었고, 부모는 아무런 압력도 주지 않았다. 명랑하고 수다스러운 릴리는 매달 새로운 음식을 한 가지씩 맛보기로 했다. 그 달이 끝날 무렵에 새로운 음식을 여전히 좋아하지 않을 수도 있겠지만, 적어도 먹어보려고 시도는 한 셈이었다. 이 작은 계획에 포함된 재미와 모험 정신 덕분에 릴리는 전에는 질겁했을 새로운 음식을 입속으로 집어넣을 수 있었다. 그것은 대부분의 어른들이 하는 새해 결심과는 정반대였는데, 어른들은 어떤 것을 하려고 추가하기보다는 어떤 것을 하지 않기로 결심하는 경우가 많기 때문이다. 그 해에 릴리는 만날 때마다 그 달의 음식에 대해 신이 나서 이야기했다. 첫 번째 달에 릴리는 이전에는 절대로 먹지 않던 두 가지 음식인 치즈와 토마토가 들어 있었는데도 불구하고, 집에서 만든 피자를 좋아하는 법을 스스로 배웠다. 그 다음에는 치킨 카레와 사과, 스파게티 볼로네즈, 소스에 섞인 고기를 먹는 법을 배웠다. 연말이 되자, 릴리는 여전히 바나나나 샐러드를 좋아하지 않았고, 생선도 피시 앤 칩스 외에는 좋아하지 않았다. 하지만 열두 달 만에 릴리는 자신이 먹을 수 있는 음식 명단을 크게 늘렸고, 필요하다면 얼마든지 자신의 음식 세계를 확대할 수 있음을 스스로 입증했다.

영국에 사는 친구들에게는 릴리가 1년 동안 실천에 옮긴 새해 결심이 다소 특이하게, 심지어는 아주 괴상하게 보였을 것이다. 하지만 핀란드에서는 이제 이런 종류의 감각 탐험이 모든 어린이의 기본 교육에서 일부로 자리잡았다. 스웨덴과 덴마크, 네덜란드, 그리고 스위스와 프랑스 일부 지역에서도 학교에서 어린이들에게 미각 교육을 한다. 이러한 식습관 교육은 점점 확대되고 있는 '사페레Sapere' 운동의 일환이다. '사페레'는 라틴어로 '맛보다' '할 수 있다' '알다' 등의 뜻이다. 사페레 운동의 기본 개념은 어린이에게 음식의 즐거움을 가르치는 것이 가능하며, 그렇게 하면 평생 동안 건강에 좋은 식습관을 가지게 할 수 있다는 것이다. 먹는 것은 학습이다.

어린이에게 미각을 가르쳐야 한다는 영감은 프랑스 사람들에게서 얻었다. 프랑스는 어떤 곳보다도 오래전부터 식탁의 즐거움에 대한 '세련된 태도'를 어린이 교육에 포함시켜야 한다는 믿음이 강했다. 19세기에 이타르Itard라는 의사는 야생에서 자란 소년을 직접 돌보면서 유명한 실험을 했다. 이타르는 소년을 빅토르Victor라고 불렀다. 빅토르는 12년 동안 아베롱 주의 숲에서 살았고, 처음에는 그동안 먹어온 그 숲의 열매만 먹으려고 했다. 하지만 시간이 지나자 이타르는 소년에게 "지금까지 늘 경멸해온 온갖 음식"에 대해 새로운 미각을 '일깨우는' 데 성공했다.[40] 이타르는 빅토르에게 프랑스 요리의 즐거움을 주입했는데, 그는 그것을 문명의 세계로 가는 여권으로 간주했다.

100년도 더 지난 뒤에 자크 퓌제Jacques Puisais라는 또 다른 프랑스 과학자가 비슷한 생각을 했다. 1927년에 태어난 퓌제는 화학자이자 대단한 와인 애호가였는데, 어린이를 안목 있는 미식가로 훈련시켜야 하고 또 그럴 수 있다고 믿었다. 퓌제는 새로운 세대들이 복잡한 향미에 반응하거나 요리의 섬세한 부분을 제대로 음미하는 능력을 키우지 못하고 자랄까 봐 크게 염려했다. 그래서 프랑스미각연구소를 세우고, 1974년에 프랑스 초등학교들에서 최초의 '미각 교육 수업'(프랑스어로는 '레 클라스 뒤 구les classes du goût)을 시작했다.[41] 프랑스 학교들에서 퓌제의 개념을 바탕으로 실시한 전형적인 프로그램은 다섯 가지 감각으로 시작해 프랑스의 지역별 특산품에 대한 지식으로 옮겨간 뒤, 일류 레스토랑에서 성대한 '축제' 음식으로 학생들에게 식탁 매너와 세련된 태도를 가르치면서 마무리를 짓는다.[42]

아마도 당신은 대단히 프랑스적인 이러한 음식 교육을 왜 다른 나라들은 즉각 따라하지 않았는지 그 이유를 짐작할 것이다. 프랑스 이외의 다른 나라에서 식탁에 앉는 방법과 세 코스짜리 레스토랑 식사를 포크와 나이프를 적절히 사용해 먹는 법을 모른다고 해서 제대로 '교육받지' 않았다고 이야기한다면, 약간 (음, 이것을 뭐라고 표현해야 좋을까?) 고상한 체하는 걸로 들릴지 모른다. 하지만 유럽의 다른 나라들에서 영양사들과 교육자들은 퓌제의 통찰을 받아들여 더 민주적이고 건강 개선을 더 직접적으로 추구하는 방식으로 발전시켰다. 1990년대부터 스웨덴의 학교들은 '감각을 위한 음식'을 주제로 수업을 하기 시작했고, 2006년에는 네덜란드도 그 뒤를 따랐다. 하지만 사페레를 가장 전폭적으로 받아들인 나라는 핀란드이다.[43] 2009년부터 2014년까지 핀란드 정부는 야심적인 발걸음을 내디뎠는데, 전국의 모든 유치원과 어린이집에서 사페레 음식 교육을 하도록 예산을 지원했다. 현재 핀란드에서 사페레 방법을 훈련받은 전문가는 7000명이 넘는다. 이것은 지금까지 어린이의 미각을 더 나은 쪽으로 변화시키려는 목적으로 실시된 것 중 가장 규모가 큰 실험이다.

핀란드의 사페레 운동은 2000년대 초에 어린이의 식습관에 국가적 '경보'가 울린 상황에 자극을 받아 시작되었다. 핀란드는 이웃 나라인 노르웨이와 스웨덴보다 아동 비만 수준이 훨씬 높았다(핀란드 소년 중 비만인 비율은 9.2퍼센트로, 노르웨이의 5.1퍼센트와 스웨덴의 4.2퍼센트보다 높았다). 어린이집 교사들은 자신들이 돌보는 어린이 중 상당수가 단 음식과 음료를 많이 섭취하고, 과일과 채소는 많이 섭취하지 않는다는 사실에 주목했다. 그들은 어린이들이 장래에 건강 문제로 시달릴 것이라고 염려했다. 어린이집 직원들은 또한 어린이의 식습관이 가정 환경에 큰 영향을 받는다는 사실을 알아챘다. 만약 변화를 일으키려면, 가정이 아니라 학교에서 행동을 시작할 필요가 있었다.

사페레는 핀란드에서 급성장하던 도시인 이위베스퀼레에서 처음 시험했다. 호숫가에 위치한 이 도시는 겨울이 길고 몹시 추워, 잼과 휘핑크림으로 속을 채워 아주 달콤한 카다멈 번빵을 먹으면서 실내에 계속 머물고 싶은 유혹을 느끼기 쉽다.[44] 2004~2005년에 이위베스퀼레의 어린이집과 유치원은 1~7세의 모든 어린이에게 영양과 '다양한 식습관'에 대한 수업을 하도록 예산 지원을 받았다. 그 목표는 '음식과 식사와 긍정적이고 자연적인 관계'를 수립하는 것이었다. 한 영양 연구자 팀은 그렇게 하려면 "그릇에 있는 것은 하나도 남기지 말고 다 먹어라"라거나 "음식 가지고 장난치지 마라"처럼 부모가 가르친 도그마를 버려야 한다고 어린이집과 유치원에 조언을 했다. 대신에 어린이들에게 모든 감각을 사용해 재료 성분을 탐사하면서(호밀 비스킷에 생긴 딱딱한 금, 복숭아의 부드러운 보풀, 얼굴을 찡그리게 만드는 크랜베리의 신맛 등을 보고 느끼면서) 음식을 가지고 놀도록 적극적으로 권장하라고 했다. 이러한 감각 탐구는 점심 시간에 먹는 음식에서도 계속 발휘하게 했다. '교육학적' 메뉴는 어린이가 배우는 음식들로 이루어져 있었고, 채소와 과일을 강조했다. 어린이집에서 일하는 사람들은 어린이에게 직접 자기 손으로 고르도록 하면 채소를 훨씬 많이 먹는다는 사실을 발견했다.[45]

이위베스퀼레에서 매우 고무적인 결과가 나오자, 사페레는 핀란드의 모든 유치원과 어린이집으로 확대되었다. 교사들은 음식을 매일 어린이 교육에 포함시킴으로써 식사 태도를 근본적으로 변화시킬 수 있었다고 보고했다. 사페레 프로젝트를 진행하는 동안 어린이들은 이전보다 "더 낯선 음식을 과감하게 시험했다". 부모들은 아이들이 나이프를 쓰는 기술과 다양한 식성과 새로운 태도를 습득한 것을 보고 놀라워했다. 아이들은 이제 비트에 역겨움을 느끼는 대신에 비트가 어떻게 물을 자주색으로 변하게 하는가라는 질문에 흥미를 느꼈다. 아이들은 자신이 먹는 것을 더 의식했고, 자신이 배가 고픈지 배가 부른지에 따라 식사를 조절하게 되었다. 무엇보다 놀라운 사실은 이위베스퀼레에서 사페레가 아동 비만 발생률을 낮추는 데 어떤 역할을 했다는 희망적인 징후가 나타난 것이다.[46]

이 모든 일은 영양에 대한 명시적인 수업을 통해 일어난 것이 아니라, 어린이의 자연적인 호기심을 부추김으로써 일어났다. 변화는 대체로 무의식적으로 일어났다. 핀란드에서 사페레 프로그램을 관장하는 영양사인 아리아 뤼티캐이넨Arja Lyytikäinen은 그것은 "감각을 통한 학습과 놀이를 통한 학습"이라고 말한다. 어떤 날에는 아이들은 산딸기를 따러 가고, 다른 날에는 빵을 만들거나 과일 샐러드를 만들기 위해 과일을 자르거나 채소 그림을 그린다. 대개는 무엇을 배운다는 사실을 거의 인식하지 못한 채 그런 활동을 한다. 가끔 아이들은 '레몬 도둑 게임'을 하는데, 한 아이가 방에서 나가면 다른 아이가 아이들 손에 레몬을 비빈다. 잠시 후 '탐정'이 돌아와 누가 정원에서 레몬을 훔쳤는지 알아맞혀야 한다. 사페레 프로그램 활동 중 많은 것은 아무 제한이 없는 감각 게임의 형태를 띠는데, 여기서 어린이들은 각각 다른 음식의 모습과 맛과 냄새를 자기 나름대로 묘사한다. 어린이들은 당근을 그냥 날것으로 먹는 게 좋은지 조리를 해서 먹는 게 좋은지, 또 빵에 마늘을 바르는 게 좋은지 버터를 바르는 게 좋은지 아무것도 바르지 않는 게 좋은지를 놓고 토론을 한다. 이위베스퀼레에서 벌어진 한 사페레 활동에서 한 아이는 백후추가 "코를 찌른다고" 말했다. 또 다른 아이는 블루치즈가 "부드럽고, 마치 유령처럼…… 흰색과 초록색"이라고 표현했다.[47]

식습관의 인문학

이전 세대들은 음식을 이런 식으로 비판하는 것을 나쁜 식사 예절로 간주했을 것이다. 하지만 한 세대의 모든 어린이를 나쁜 식습관과 나쁜 건강에서 구할 수 있다는 전망은 식사 예절에 관한 모든 트집을 잠재운다. 사페레의 목표는 어린이에게 자신의 참된 미각을 알게 하는 것이다. 좌우명 중 하나는 "각자 자신만의 고유한 선호가 있다"이며, "맛에 관한 문제는 논쟁의 대상이 아니라 토론의 대상이다"라는 좌우명도 있다. 어린이들에게는 자신이 가장 좋아하는 속과 장식을 사용해 생일 케이크를 직접 디자인해보라고 장려한다. 핀란드에서 사페레를 실천하는 교사들은 딤프나 피어슨과 마찬가지로 식습관 변화는 좋아하지 않는 음식을 강요함으로써 일어나는 게 아니라, 자신이 좋아하는 것을 발견하도록 도울 때 일어난다는 사실을 발견했다. 사페레를 실천하는 어린이집에서 아이들은 아주 다양한 식성을 보여준다. 어떤 아이는 블루베리를 좋아하고, 어떤 아이는 월귤을 좋아한다. 신맛을 좋아하는 아이도 있고, 짠맛을 좋아하는 아이도 있다. 하지만 1장에서 클라라 데이비스의 실험에 참여한 어린이들처럼 모든 어린이는 나이를 더 먹은 뒤에도 건강에 좋은 방식으로 음식을 먹을 수 있을 만큼 충분히 다양한 미각 선호를 갖게 되었다. 사페레는 적절한 격려와 함께 다양한 음식을 접할 기회만 준다면, 어떤 어린이라도 음식을 잘 먹는 방법을 배울 수 있음을 보여주었다.

이런 종류의 '감각 교육'을 통해 발동이 걸린 섭식 행동의 변화는 아주 크다. 이것은 단순히 이 채소나 저 채소를 좋아하는 법을 배우는 것에 그치지 않고, 다양한 음식에 더 열린 자세를 보이고, 정크푸드의 단순한 설탕-소금-지방 맛에 덜 지배당하도록 전반적인 식사 태도를 발전시키는 것이다. 체중 감량 상태를 유지하는 데 성공한 사람들처럼 사페레 프로그램에 참여한 어린이들은 더 이상 단것과 청량음료의 단순한 단맛에 똑같은 방식으로 반응하지 않는다. 이들은 레몬의 '활기찬 맛'과 호밀 크래커의 흙냄새 맛을 갈망하기 시작한다. 헬뤼 투오릴라^{Hely Tuorila}와 쾨스터르를 비롯한 여러 심리학자가 실시한 일련의 연구는 8~10세의 어린이에게 감각 교육을 시키면, 새로운 맛과 복잡한 맛에 훨씬 긍정적으로 반응하게 만들 수 있음을 보여주었다.[48] 쾨스터르는 감각 교육의 한 가지 효과는 어린이에게 더 복잡한 음식의 맛을 느끼게 하는 것임을 보여주었다. 아이들은 처음에 단순한 맛을 선호하는 것으로 시작했지만, 감각 교육을 받은 뒤에는 복잡한 맛(어린이들이 '혼합' 음식이라 부르는)이 가장 좋아하는 맛이 되는 경향을 보였다. 어린이들은 아무 양념도 치지 않은 감자보다 으깬 감자에 셀러리와 육두구를 곁들인 것을 더 좋아하기 시작했다.[49]

무엇보다도 감각 교육은 새로운 음식을 맛보지 못하게 방해하던 많은 장애물에서 어린이를 해방시킬 잠재력을 지닌 것으로 보인다. 사페레에 대해 핀란드 정부에 자문을 제공한 투오릴라는 감각 교육을 받은 어린이는 수업 동안에 맛본 음식뿐만 아니라 나머지 모든 낯선 음식에도 더 호의적인 반응을 보인다는 것을 실험을 통해 보여주었다. 투오릴라는 사람들이 새 음식 공포증을 결코 변하지 않는 개인적 성향으로 여기는 경향이 있다고 지적한다. 핀란드 성인 중 약 40퍼센트는 이전에 한 번도 먹어본 적이 없기 때문에 많은 채소를 좋아하지 않는다고 말한다. 하지만 이런 태도는 새롭고 복잡한 맛을 거부하게 만드는 개인적 성향

식습관의 인문학

이 있는 사람(내 친구 릴리처럼)에게서도 변할 수 있고 실제로 변한다. 투오릴라의 견해에 따르면, 사페레 방식의 교육은 어린이가 먹는 기술을 개선하는 법을 배우는 게 가능하며, 그것도 자동적으로 건강에 더 좋은 식습관으로 이어지는 방식으로 배울 수 있음을 보여준다.[50]

유전자 때문에 건강에 나쁜 방식으로 음식을 먹을 운명을 타고난 사람은 아무도 없다(가난이나 방치 때문에 나쁜 식습관이 생길 수는 있지만, 그것은 다른 문제이다). 그럼에도 불구하고, 많은 사람들은 음식 문제에서 꼼짝달싹할 수 없는 처지에 빠진 것처럼 보인다. 우리는 벗어나는 게 불가능해 보이는 습관과 태도에 속박돼 있다. 우리는 음식이 사랑이라는 생각에 속박돼 있다. 우리는 자신이 여성이라는 사실 때문에 음식에 대한 죄책감에 속박돼 있다. 혹은 남성이기 때문에 채소를 좋아하지 않는다는 고정 관념에 속박돼 있다. 우리는 흔히 배가 아니라 뇌에만 존재하는 배고픔을 채우려는 생각에 속박돼 있다. 우리는 건강에 나쁜 음식에 대한 어린 시절의 행복한 기억에 속박돼 있다. 하지만 우리의 마음을 가장 강하게 속박하는 것은 우리의 식습관은 어떻게 할 수 없는 것이라는 믿음이다. 사실은, 어떻게 할 수 없는 것이 아니라 많은 것을 할 수 있다. 첫 단계는 먹는 것이 각자 학습을 통해 익히는 기술이며, 나이에 상관없이 우리에게는 그것을 배울 능력이 있다는 사실을 인식하는 것이다.

사페레는 개인의 식습관 변화가 어떻게 민족의 음식 문화 변화와 함께 일어날 수 있는지(이 장 첫머리에서 소개했듯이, 일본에서 일어난 변화처럼) 보여준다. 이상적인 세계에서는 다른 나라들도 핀란드 사례를 뒤따르면서 건강에 좋은 음식을 다양하게 먹는 법을 배우는 것이 모든 어린이의 교육에서 핵심이라는 사실을 인식할 것이다. 이런 기술들을 배우지 않을 경우 그 결과는 문자와 수를 셀 줄 모른 채 자라는 것만큼이나 어린이의 미래에 아주 나쁜 영향을 미칠 수 있으며, 건강에 미치는 해까지 고려한다면 그 결과는 훨씬 나쁘다. 앞에서 보았듯이, 아주 어린 시절은 새로운 미각 발달이 가장 쉽게 일어나는 시기이다. 나는 아리아 뤼티캐이넨에게 이런 종류의 음식 교육을 시키기에 가장 좋은 나이가 몇 살인지 물어보았다. 뤼티캐이넨은 1~6세의 어린이에게서 혹은 어쩌면 많게는 10세까지의 어린이에게서 가장 효과가 좋다는 결과를 얻었다고 대답했다. 쓴맛과 신맛은 어릴 때부터 맛보아야 습득하기가 더 쉬우며, 나이가 어릴수록 어린이의 음식 교육이 전체 가족의 식사 방식을 개선하는 데 도움을 줄 가능성이 더 높다. 어린이는 배우는 것에 더 열린 자세를 보인다는 사실도 장점이다.

하지만 너무 늦어서 식습관을 고치지 못한다는 법은 없다. 아리아 뤼티캐이넨은 핀란드에서 어른들을 대상으로 사페레를 적용한 실험을 해 아주 긍정적인 결과를 일부 얻었다고 말한다. 정신 건강 클리닉들에서 집단 상담을 할 때 감각 교육을 사용했다. 또, 감각 교육은 제1형 당뇨병에 걸린 10대 청소년의 식습관 개선을 도우는 데에도 사용되었다. 스칸디나비아에서는 '노인 미각 학교'를 통해 규모가 좀더 작은 실험을 했는데, 이곳에서는 말년에 이른 사람들이 취학 전 아동과 마찬가지로 새로운 음식을 탐험하는 법을 배운다. 사페레 시스템 외에 다른 방법들도 시험하고 있는데, 캐나다에서 노인을 대상으로 개입 방법을 실험한 결과는 가르치려 든다는 인상을 줄 수 있는 소책자나 강연 같은 방법들보다 미각 워크숍이 훨씬 효과적임을 시사한다.[51] 요양원에서 살아가는 노인 중 많게는 3분의 1은 영양실조 상태에 있다. 특히 단백질과 비타민 D, 신선한 채소 섭취 부족이 문제가 되고 있다.

노년에는 몰두해야 할 일이 없기 때문에 먹는 것이 중요한 관심사가 되지만, 음식을 잘 먹는 걸 방해하는 장애물은 더 많아진다. 후각과 미각이 약화되면 음식 맛을 제대로 느끼기 어렵다. 음식을 삼키기 어려운 증상도 아주 흔히 나타난다. 쥐는 힘과 팔 힘이 약해지면 요리를 하는 데 지장을 받는다. 하지만 가장 큰 장애물은 우리가 잘 알다시피 어린 시절부터 변하지 않고 지속된 것인데, 바로 필요한 영양분을 충족하기 위한 식욕을 불러내는 것이다. 2004년에 혼자 사는 영국인 남성 노인을 대상으로 조사한 결과에 따르면, 권장하는 대로 과일과 야채를 '하루에 다섯 번' 먹는 사람은 겨우 13퍼센트에 불과했다.[52] 79세의 한 응답자는 "나는 푸른 채소나 과일을 먹지 않아요. 나는 그것들이 싫어요. 푸른 것이 싫어요"라고 말했다. 이 응답자는 손주들이 할아버지가 시도해보길 바라는데도, 과일 가게에 발을 들여놓는 것을 몸서리치게 싫어했다. 아내가 살아 있을 때에는 의무감에서 채소를 먹었지만, 아내가 죽고 난 뒤에는 채소라면 '어떤 것이건' 일절 사지 않았다. 섭식 장애나 체중 문제가 있는 사람들과 마찬가지로 노인은 몸에 영양을 공급하는 음식에 대한 반응을 다시 배울 필요가 종종 있다. 노인 요양원에서 일하는 간호사와 건강 관리 전문가는 노인의 영양 부족 문제는 자신이 도울 수 없는 일이라고 일축하는 경향이 있는데, 그런 일이 너무나도 보편적이기 때문이다. 하지만 2006~2007년에 스웨덴의 한 연구팀은 '노인 미각 학교'를 통해 노년에도 건강에 좋은 음식에 대한 즐거움이 증가할 수 있는지 알아보는 실험을 하기로 결정했다.[53] 이 실험은 스웨덴 남부의 스코네에서 실시되었다. 한 요리 선생이 평균 나이가 75세인 노인 12명(모두 홀로 사는 여성 8명과 남성 4명)으로 이루어진 집단에 사페레 방식의 교육을 했다. 기본 개념은 "요리를 하고 싶은 열망과 건강에 좋은 음식을 즐기려는 의욕을 높이는 것"이었다. 이들은 운동 트레이너의 안내를 받아 산책도 했다.

스웨덴에서 노인을 위해 추진한 다른 영양 계획들은 건강을 강조하는 경향이 있었지만, 이 계획은 그와 달리 '즐거움'을 추구하는 것으로 시작했다. 실험에 참여한 사람들이 모두 다 처음부터 그렇게 받아들였던 것은 아니다. 세 남자는 먹는 방식을 바꾸는 데 아무 관심이 없다고 말했다. 평균 나이가 80세나 되는 이들을 누가 뭐라고 할 수 있겠는가? 하지만 석 달 후, 모든 참여자가 이 프로그램에서 '많은 것'을 배웠으며, 스스로 요리를 하는 데에서 느끼는 즐거움이 커졌다고 말했다. 각각의 음식 맛보기 회기는 사페레의 철학을 충실히 받들어 감각 훈련으로 시작했다. 한번은 70대 노인들에게 단맛과 신맛, 짠맛, 쓴맛 용액을 먼저 맛보게 한 뒤에, 마늘 드레싱을 곁들인 쓴 치커리 샐러드, 그리고 베리 소스를 끼얹은 미트볼에 소금을 넣은 채소와 소금을 넣지 않은 채소를 함께 내놓는 요리를 만들게 했다.

요리와 맛보기 회기를 통해 이 소집단은 이전에는 자신이 좋아하리라고 전혀 상상하지 않았던 양념의 향기를 음미하기 시작했다. 이들은 70년 동안 전혀 모르고 지냈던 회향과 고구마 같은 채소를 좋아하게 되었다. 12명은 아주 작은 표본이고, 긍정적인 결과에도 불구하고 안타깝게도 이 계획은 다시 추진되지 않았다. 이 계획을 이끈 연구자인 셰르스틴 울란데르Kerstin Ulander는 실험이 끝난 다음 해에 세상을 떠났고, 사페레 방법은 스웨덴이나 다른 곳의 요양원들로 널리 전파되지 않았다. 울란데르의 동료는 내게 사페레를 노인들 사이에 더 널리 제공하지 않는 것이 '놀랍다고' 말했다.[54] 그리고 그 이유는 노인 요양원에서 일하는 임상의들의 '지식 부족' 때문이라고 했다. 하지만 이 계획(비록 규모는 작더라도)은 적절한 조건 하에서라면 인생의 어떤 단계에서도, 심지어 삶의 끝에 이른 시점에서도 식습관을 더 나은 쪽으로 바꾸는 게 가능하다고 시사한다. 살아가면서 많은 노력을 쏟아붓지만 우리의 행복을 높일 가능성이 훨씬 적은 나머지 모든 일(다이어트를 포함해)과는 대조적으로, 음식 선호를 더 나은 쪽으로 바꾸기 위해 기울이는 노력이 얼마나 적은지 돌아보면 놀라지 않을 수 없다. 적절한 동기만 주어진다면 좋은 식습관—식물성 음식의 종류를 늘리는 것을 포함해 다양성을 높이고, 식사를 조직하고, 배고픔 신호에 더 잘 반응하는 것—을 기르는 기본 방법은 어떤 나이에서도 배울 수 있음을 시사하는 단서가 아주 많다. 앞 장들에서 우리는 자신의 '미각'을 자신의 친밀한 일부로 생각하지만, 실제로는 대부분 학습을 통해 습득하는 것이고, 따라서 다시 배울 수 있다는 것을 보았다. 칼 덩커(1장에 나왔던)가 30대의 나이에 영국 샐러드를 먹을 수 있도록 샐러드 크림이란 이상한 음식을 좋아하는 법을 스스로에게 가르쳤던 이야기를 상기해보라. 혹은 7장에서 키스 윌리엄스가 접시 A와 접시 B 시스템을 어떻게 사용해 어른과 어린이를 모두 평생 동안 집착해온 편식에서 해방시켰는지 떠올려보라.

당신도 한때는 어린이였다. 이 세상에 태어났을 때, 당신이 가졌던 유일한 음식 선호는 젖과 어머니의 식습관에서 온 잠재 기억이었다. 처음 몇 주일 동안은 식사—배고픔 자극, 배가 채워지는 달콤한 만족감—가 삶을 압도했지만, 당신은 아직 저녁 식사와 아침 식사를 구별할 줄도 몰랐다. 당신은 아직 트랜스 지방이 무엇인지 혹은 프라푸치노가 무엇인지도 몰랐다.(아, 얼마나 좋은 시절이었던가!) 아무도 당신에게 단백질을 충분히 섭취하도록 신경 쓰라고, 혹은 배가 부를 때 죄책감을 느끼라고 가르치지 않았다. 당신은 패스트푸드 광고도 본 적이 없었고, 퀴노아와 마카롱의 상대적 장점에 대해 아무 생각도 없었다. 음식은 당신 앞에 활짝 널려 있었다. 쓴 채소에서부터 달콤한 대추야자에 이르기까지 온갖 것이 널려 있는 거대한 음식 재료 정원도 당신은 전혀 몰랐다. 새롭고 기이한 그 모든 것이 당신이 발견하길 기다리며 널려 있었다.

그렇게 느껴지지 않을지 몰라도, 당신은 식습관을 바꿀 잠재력을 잃은 적이 없다. 잡식 동물의 놀라운 비밀 한 가지는 아주 나중에라도 자신의 욕망을 조절할 수 있다는 것이다. 그런 일은 처음 한 입에 일어나지 않는다. 긴 세월 동안 몸에 붙은 식성은 무시당하는 것을 좋아하지 않는다. 식사 사이의 간격을 늘리거나 늘 습관적으로 먹던 음식을 먹지 않으면, 처음에는 몹시 불안하다. 때로는 새로운 음식을 입속에 집어넣을 만큼 충분히 오랫동안 역겨움을 억누르기가 어렵다. 시간이 지나면 이 음식이 낯선 것이었다는 사실조차 잊어버린다. 그것은 즐거움 비슷한 것으로 자리잡는다. 언젠가는 오이를 박하와 함께 먹으면서 맛없다고 느끼는 대신에 상큼한 허브 맛에 감탄하게 된다. 이제는 이전의 배고픔과

식습관의 인문학

습관—느글거리는 설탕의 아찔한 맛, 사라지지 않는 짠맛의 뒷맛—이 불편하게 느껴진다. 충분히 반복하기만 한다면, 새로운 식습관이 젖처럼 익숙하고 달콤한 것이 될 수 있다.

고추

미각이 학습을 통해 습득된다는 사실이 아직도 의심스럽다면, 고추를 한 번 생각해보라. 고추는 혀에 있는 통증 수용기를 활성화시키는 화학 물질(캡사이신)을 포함하고 있어 처음 맛보면 견디기 힘들 정도의 얼얼함을 느끼게 된다. 고추는 화끈거리는 통증을 느끼게 한다! 하지만 아시아와 아프리카, 남아메리카의 많은 지역에서는 이 얼얼한 고추를 매일 맛있게 먹는다.

그래서 순한 식성을 가진 사람들은 고추를 많이 먹는 사람들에게는 고추 맛이 그렇게 고통스럽게 느껴지지 않을 것이라고 생각하기 쉽다. 하지만 폴 로진과 데버러 실러Deborah Schiller는 1980년에 발표한 획기적인 논문에서 이 가정을 논박했다.[55] 로진과 실러는 하루에 세 번이나 고추를 먹는 멕시코 농촌 마을 사람들을 대상으로 실험을 했다. 놀랍게도 이들은 고추의 얼얼한 맛에 둔감해지지 않은 것으로 드러났다. 그들은 평균적으로 일주일에 한 번만 고추를 먹는 미국인과 마찬가지로 고추의 얼얼한 맛을 강하게 느꼈다. 다만, 그 얼얼한 맛을 즐긴다는 차이점이 있을 뿐이었다.

고추를 즐겨 먹는 문화권에서도 일반적으로 아주 어린 아이들은 고추의 매운 맛으로부터 보호받는다. 이제 걸음마를 시작하는 아이가 고추를 맛볼 수 있는 기회는 어머니가 젖을 떼려고 젖가슴 위에 고추를 얹어놓을 때뿐인데, 이것은 어린 아이가 고추의 매운 맛을 끔찍하게 여긴다는 사실을 확인해준다. 그렇다면 로진과 실러가 표현한 것처럼 "어떻게 매년 어릴 때 고추를 싫어하던 사람들 수백만 명이 고추를 좋아하는 사람으로 변하는가?"라는 질문이 나오지 않을 수 없다. 그들이 조사한 멕시코 마을에서는 5~6세 이상인 사람들은 거의 전부 다 식사 때마다 어떤 형태로건 고추를 먹었다. 마을 사람들은 고추를 먹을 수 없으면 고추를 몹시 그리워했으며, 고추가 없으면 음식 맛이 심심하다고 말했다.

로진과 실러는 사람들이 고추를 좋아하는 쪽으로 식성이 바뀌는 것(쥐 같은 다른 잡식동물에서는 볼 수 없는 현상)은 '쾌락 이동'을 보여주는 예라고 주장한다. 다섯 살 무렵에 아이들은 자신의 음식을 양념으로 간을 맞추기 시작한다. 나이가 더 많은 형제와 부모가 식탁에서 살사 소스를 가져가 사용하는 것을 보고 그것을 따라하기 시작한다. 아마도 처음 한 입을 먹을 때에는 고통을 못 이겨 울지도 모르지만, 시간이 지나면 뒷맛을 즐기기 시작한다. 그리고 고추에서 토르티야와 리프라이드 빈삶은 콩을 으깨어 양념한 것처럼 맛좋은 음식을 연상한다. 처음에 싫어했던 바로 그 맛(입 안에 화끈거림과 통증을 유발하는)을 즐기는 취향이 발달한다. 로진은 이것을 공포 영화를 보거나 롤러코스터를 타는 순한 형태의 마조히즘과 비교했다.

모든 사람이 고추 맛을 좋아하는 법을 배워야 하는 것은 아니다. 어떤 사람은 영원히 고추 맛을 얼얼하고 고통스러운 맛으로 느낀다. 하지만 고추 대신에 쓴 채소에서부터 신맛이 강한 감귤과 향이 강한 치즈, 매운 올리브유에 이르기까지 자극적인 맛이 강한 다른 음식을 먹을 수 있다. 매년 수백만 명의 어린이가 고추를 좋아하는 법을 배운다는 사실은 우리 모두에게 희망을 던져준다. 다음 한 입은 처음 한 입보다 다를 것이라는 희망을.

이것은 조언이 아니다

음식에 관한 조언의 무용성과 효과 없음에 관한 글을 아주 많이 쓴 내가 당신에게 그런 조언을 한다면 참으로 어이없는 행동이 될 것이다. 내가 아무리 이 음식이나 저 음식을 먹으라고 권하더라도, 당신은 그것을 먹지 않을 것이다. 만약 내가 당신에게 아주 좋아하는 음식을 먹지 말라고 한다면, 당신은 내게 그 따위 말은 하지 말라고 따끔하게 말할 것이다(그 기분 충분히 이해한다). 그래서 나는 그런 시도는 하지 않으려고 한다. 나는 당신이 처한 개인적 상황을 전혀 모른다. 당신의 냉장고에 무엇이 들어 있는지, 치즈에 대한 견해가 어떤 것인지, 글루텐이 당신과 잘 맞는지, 당신이 마라톤을 하는지, 두번째 파이 조각을 쉽게 거절할 수 있는지, 당신이 울 때 어머니가 단것을 주었는지 등등에 대해 아는 게 전혀 없다. 어쩌면 당신은 음식이나 체중 문제로 한 번도 고민한 적이 없는 행운아일지도 모른다. 당신이 그렇게 운 좋은 사람이길 빈다!

하지만 이 책을 쓰면서(40년 동안 음식을 먹고 내 자녀들을 포함해 다양한 사람들에게 음식을 먹인 경험은 말할 것도 없고) 나는 먹는 것과 화해하는 데 도움을 주는 방법을 몇 가지 배웠다고 생각한다. 여기서 그것들을 당신에게 전하더라도 언짢게 생각하지 않았으면 좋겠다.

- 잘 먹는 것은 기술이다. 우리는 그것을 배운다. 혹은 배우지 않는다. 그것은 나이에 상관없이 언제라도 시도할 수 있다.
- 설탕은 사랑이 아니다. 하지만 사랑처럼 느껴질 수 있다.
- 유전자 때문에 나쁜 식습관을 타고나는 사람은 아무도 없다. 까다로운 식성은 생물학보다는 환경에 더 지배를 받는다.
- 우리는 대개 자신이 좋아하는 것을 먹는다. 먹는 음식을 바꾸기 전에 먼저 자신이 좋아하는 것을 바꿀 필요가 있다. 그리고 새로운 음식을 먹어보려는 시도를 하지 않으면, 새로운 음식이 좋아지는 일은 결코 일어나지 않는다. 지금 어떤 음식을 좋아하지 않는다고 해서 앞으로도 그 음식을 좋아하는 일은 절대로 없을 것이라고는 말할 수 없다.
- 만약 건강에 좋은 음식을 잘 먹길 원한다면, 음식 자체보다는 음식에 대한 자신의 반응에 초점을 맞추도록 노력하라.
- 어떤 음식도 강요받는 기분으로 먹으면 맛이 좋을 리가 없다. 비법은 건강에 좋은 음식과 먹기에 즐거운 음식을 최대한 동일한 것으로 만드는 것이다.

• 음식을 먹을 때 가장 중점을 두어야 할 점은 스스로에게 영양분을 공급하는 것이다.

• 대다수 사람들은 먹는 음식 중 대부분이 집에서 직접 만든 것일 때 건강에 더 좋은 방식으로 먹는다. 하지만 이 원리는 당신이 컵케이크 외에 다른 음식을 최소한 몇 가지 만드는 법을 알 때에만 성립한다.

• 너무 바빠서 요리를 못 하는 사람은 없다.

• 혐오감은 욕구보다 훨씬 강하다. 우리는 이 점을 자신에게 유리하게 활용해야 한다. 음식에 고상한 체하는 사람이 되도록 노력하라. 건강에 좋은 식품을 쇼핑하기에 이상적인 시나리오는 판매대에 진열된 제품 중 대부분을 사지 않는 것인데, 이런 행동이 그러지 말아야 해서 나오는 게 아니라 자연스레 그러기가 싫어서 나와야 한다.

• 칼로리는 도덕과 동의어가 아니다. '나쁘거나' '착한' 음식은 없다. 모든 음식은 그저 음식일 뿐이다.

• 먹는 것을 바꾸기 전에 먹는 방식을 바꾸라. 잘 조직된 식사를 하지 않는다면, 음식과 건강한 관계를 맺는 것은 사실상 불가능하다. 나는 하루에 식사를 몇 번 하는 게 좋은지 말하지 않을 것이다. 넉넉히 먹으면서 두 번만 할 수도 있고, 조금씩 먹으면서 대여섯 번에 나눠 할 수도 있다. 어느 쪽이건, 절대로 식사를 거르지는 마라.

• 수프를 먹어라.

• 식사 시간이 아닌데, '건강에 좋은' 스낵 두 가지 중 어느 것을 사야 할지 망설인다면, 어느 쪽도 사지 않는 것이 정답이다.

• 식사 시간에 두 가지 메인 코스 중에서 어느 것을 선택할지 망설인

다면, 정말로 좋아하는 것을 선택하라. 그리고 배가 부르면, 거기서 멈추도록 한다.

• 쓰레기를 좋아하는 사람은 아무도 없지만, 음식을 남기는 것은 나쁜 식사 예절이라는 생각을 버릴 때가 되었다. 정말로 나쁜 식사 예절은 배가 불러서 음식을 남기는 것을 부끄럽게 여기도록 만드는 태도이다.

• 작은 접시—그리고 작은 도시락과 작은 와인 잔—는 실제로 효과가 있다(그리고 집에서 음식 낭비도 줄일 수 있다). 식사는 작은 접시나 그릇에, 디저트는 받침접시에 담아서 먹어보라. 1~2주일 동안 먹는 음식을 모두 디지털 저울에 달아 무게를 달아보면(실제 칼로리 계산은 하지 않고), 우리가 생각하는 적정량의 음식이 얼마나 비정상적인지 깨닫게 될 것이다.

• 자신이 어떤 것을 메인 코스로 간주하는지 다시 생각해보라. 커다란 피자에 적은 샐러드를 먹는 대신에 많은 샐러드에 작은 피자를 곁들여 먹도록 노력하라. 그래도 상당히 만족스러운 식사가 될 것이다.

• 기쁜 일이 있을 때마다 설탕이 듬뿍 든 대형 케이크로 기념할 필요는 없다. 더 작은 케이크와 체리 바구니와 축하 댄스만으로도 충분히 즐길 수 있다.

• 식단에 작은 변화를 주려고 할 때, 박탈감을 피하도록 노력하라. 나는 얼마 전부터 하루 중 맨 처음 먹는 커피만 빼고 나머지 커피는 모두 우유가 많이 든 라테에서 블랙커피로 바꾸었다. 멋진 거품으로 뒤덮인 라테를 마시지 못해 슬퍼하는 대신에 나는 스스로에게 맹물과 블랙커피 중에서 어떤 걸 마실래 하고 묻는다. 그리고 블랙커피를 선택한다. 그러

식습관의 인문학

면 커피 맛이 훨씬 낫다. 다음 번에 내가 해결하려고 노력해야 할 문제는 분명히 카페인 중독일 것이다.

• 우리는 '슈퍼푸드' 이야기를 많이 듣는다. 이것은 특정 영양소가 과다하게 많이 들어 있는 식품을 가리킨다. 이 이름은 대개 당신에게 고지베리나 개밀처럼 비싸고 진기한 식품에 지갑을 열게 하려고 만든 마케팅 도구이다. 하지만 매일 고지베리를 먹는 사람을 여러분은 몇 명이나 알고 있는가? 진정한 슈퍼푸드는 당신이 즐기면서도 건강에 좋은 식품이다. 예컨대 아삭아삭하고 달콤한 사과나 삶은 달걀에 셀러리 솔트celery salt, 셀러리 씨앗을 갈아서 소금을 섞어 만든 조미료를 곁들인 것 또는 모로코당근과 마늘 샐러드가 그런 것이다. 이런 슈퍼푸드를 개인적 음식 명단에 더 많이 추가할수록 건강에 더 좋은 음식을 먹을 수 있다.

• 규칙적인 운동은 분명히 도움이 되는데, 엔도르핀 분비와 에너지 소비, 먹는 것 외에 뭔가를 한다는 사실 등이 좋은 식습관을 만드는 데 도움이 된다. 하지만 지방을 많이 태우더라도 탈진 상태가 되어 금방 탄수화물에서 위안을 찾게 만드는 운동보다는 개인적으로 아주 좋아해 적극적으로 하고 싶은 마음이 드는 운동을 하는 게 좋다.

• 자녀들이 건강에 좋은 음식을 잘 먹길 원한다면, 어떻게 하라고 말하지 마라. 솔선수범해서 그런 음식을 먹는 모습을 보여주는 게 낫다.

• 아이에게 음식을 먹이려고 우리가 사용하는 방법은 대부분 너무 단기적인 것이다. 앞으로 5년을 생각해야 할 시점에 우리는 다음 5분에 대해서만 염려한다.

• 아이에게 채소 한 접시를 다 먹으라고 압력을 가하면, 아이에게(이

문제에서는 자신에게도) 채소를 싫어하라고 가르치는 거나 다름없다. 만약 아이에게 아주 조금만 맛을 보라고 설득한다면(그러고 나서 내일도 모레도 글피도 계속 그런다면), 아이가 평생 동안 채소를 즐겨 먹는 사람이 될 가능성이 있다.

• 구슬리거나 권하거나 암시하는 방법으로는 다른 사람이 음식을 먹는 방식을 바꿀 수 없다. 어린이에게도 효과가 없고, 어른에게도 효과가 없다.

여자아이들은 음식이 금지된 것이 아닐 때 건강에 좋은 음식을 더 잘 먹는다.

• 남자아이들은 부모가 채소를 먹길 계속 기대하고, 아이가 성장함에 따라 집에서 만드는 식사에 채소를 포함시킬 때 건강에 좋은 음식을 더 잘 먹는다. 더 좋은 방법은 아이에게 식사를 직접 만들게 하는 것이다.

• 프렌치프라이보다는 브로콜리를, 흰 빵 조각보다는 통밀 사워도 sourdough, 빵을 부풀리는 데 사용하는 유산균과 효모의 공생 배양물를 더 원하는 단계에 이르는 것이 정말로 가능하다.

• 배고픔이 항상 공황 상태에 빠져야 하는 신호인 것은 아니다. 배가 약간 고픈 느낌을 두어 번 느끼지 못하는 날은 (알려주기에 좀 슬픈 사실이지만) 너무 많이 먹은 날일 가능성이 높다.

• 어느 누구도 진정한 잡식동물이 아니다. 당신은 어떤 음식에 역겨움을 느낄 수 있다. 방울다다기양배추를 반드시 좋아해야 하는 것은 아니다. 모든 채소를 싫어하거나 많은 채소를 싫어할 때에만 문제가 된다.

• 음식을 먹는 방식을 바꾸는 것은 어렵지만, 불가능한 것은 아니다.

식습관의 인문학

일본의 사례를 생각해보라.

더 읽어볼 만한 책

참고 문헌에는 내가 이 주제를 파고들면서 참고한 자료 목록이 실려 있다. 나는 특히 연구 분야가 심리학과 문화, 신경과학에 걸쳐 있고, 지루한 문장을 쓸 줄 모르는 것처럼 보이는 폴 로진의 다면적인 연구를 언급하고 싶다. 건강에 좋은 음식을 잘 먹는 방법에 관해 더 실용적이고 일상적인 생각들에 관심이 있다면, 다음 책들을 권하고 싶다. 이 책들의 공통점은 어떤 음식을 먹어야 하는지에 대해 일련의 규칙을 제시하는 대신에, 우리가 건강에 좋은 음식을 잘 먹는 방법들을 더 전체론적인 시각에서 살펴본다.

브라이언 완싱크가 쓴 『나는 왜 과식하는가Mindless Eating: Why We Eat

식습관의 인문학

More than We Think』는 음식을 먹는 양에 대해 우리가 얼마나 자신을 속이는 지 보여주며, 과식을 피하는 데 유용한 기술을 제공한다. 뉴욕 타임스의 식품 전문 작가 마크 비트먼이 쓴『VB6: 체중을 줄이고 건강을 회복하 려면 6시 전까지만 채식을 하라 VB6: Eat Vegan Before 6:00 to Lose Weight and Restore Your Health』는 비트먼이 의사에게서 당뇨병 전단계라는 경고를 듣고 나 서 채택한 식이 요법을 소개한다. 비트먼은 이제 저녁 6시까지는 채식 외에는 아무것도 먹지 않고, 그 후에는 원하는 음식을 아무거나 다 먹는 다. 비트먼의 완전한 채식 코스를 따라하고 싶지 않다면(개인적으로는 아침에 버터 없이 토스트를 먹을 생각을 하면 너무 우울하다), 그의 '플렉시 테리언 flexitarian, 채식을 하지만 경우에 따라서는 육류나 생선도 먹는 사람' 방법이 '다이어트' 를 하지 않고도 자신의 식습관을 영구적으로 바꿀 수 있는 실용적인 모 델을 제공한다. 다이애나 헨리가 쓴『식욕 변화 A Change of Appetite』는 영양 에 관한 에세이와 함께 '우연히 건강에 좋은' 레시피를 모아놓은 경이로 운 책으로, 실린 레시피 중에 박탈감을 주는 맛이 나는 것은 하나도 없 다. 나도 모르게 건강에 좋은 음식을 먹도록 도와준 또 하나의 요리책 은 애나 존스 Anna Jones가 쓴『현대적인 요리법 A Modern Way to Cook』으로, 호 화로우면서도 가벼운 채식 레시피를 모아놓았다. 마지막으로 엘린 새 터가 쓴『내 아이: 사랑하는 마음으로 분별 있게 음식 먹이기 Child of Mine: Feeding with Love and Good Sense』에는 식사 시간을 전쟁터로 만들지 않고 어린 이에게 건강한 식습관을 길러주는 방법에 대한 지혜가 가득 담겨 있다. 새터는 음식을 먹이는 목표를 아이에게 특정 '능력'을 마스터하도록 도 와주는 것이라고 주장한다. 그런 능력에는 먹는 것을 좋아하고 식탁에 앉는 것을 즐기기, 배고플 때 몇 분 동안 기다렸다가 먹기, 내부의 단서에 의존해 배부름을 인식하기, 많은 종류의 음식 즐기기, 새로운 음식 맛보기, 집 이외의 다른 장소에서도 편안히 먹기 등이 포함된다. 새터가 언급한 것처럼, 그녀의 책을 읽는 어른들 중에는 "이 모든 능력을 마스터하지 못했다는 생각에 불편한 느낌이 드는" 사람도 있을 것이다. 하지만 아직 시간이 남아 있다.

감사의 말

이 책은 많은 사람들의 지식과 지혜에서 큰 도움을 받았다.

우리가 왜 그리고 어떻게 지금처럼 음식을 먹게 되었는가 하는 문제에 대해 나와 대화를 하면서 자신의 경험이나 지식을 나누어준 사람들에게 큰 감사를 드린다. 그중에는 익명으로 대화를 나눈 사람들도 있다. 신분을 밝혀도 좋다는 조건으로 대화에 응하거나 이메일을 주고받은 사람들 중에서는 특히 다음 사람들에게 고마움을 표시하고 싶다. 호세 루이스 알바레스 모란과 기아대책행동의 모든 사람들, 덩컨 보크와 피프스 센스의 모든 사람들, 폴 브레슬린, 루시 쿡, 헬렌 크롤리, 루이스 지글리오티, 야스민 호스니, 데이비드 주크스, 엡 쾨스터르, 버락 쿠시너, 아리아 뤼티캐이넨, 압둘라만 무사이거, 대니얼 패터슨, 딤프나 피어슨,

에이비 밀러드와 돈 밀러드, 말레나 스필러, 카멜 매코넬과 매직 브렉퍼스트의 모든 사람들, 수전 링우드, 스티븐 스트로스, 클레어 톰프슨, 앨버트 웨스터그렌, 키스 윌리엄스.

음식에 대한 내 생각은 항상 옥스퍼드 음식과 요리 심포지엄Oxford Symposium on Food and Cookery의 친구들에게 큰 신세를 졌다. 나는 이 책에 소개한 개념들의 초기 버전을 장인예술학교The School of Artisan Cookery에서 발표했다. 내가 그곳에서 이야기를 할 수 있게 초대해준 앨리슨 스완 파렌티Alison Swan Parente에게 감사드린다. 감사를 표시하고 싶은 또 한 단체는 음식전문작가협회인데, 무엇보다도 버락 쿠시너의 훌륭한 라멘 워크숍 때문이다.

내가 연구를 많이 한 장소인 케임브리지대학교 도서관 직원들에게 늘 감사하는 마음을 품고 있다. 또, 내가 글을 많이 쓴 장소인 핫넘버스 커피숍 직원들에게도 고마움을 표시하고 싶다.

나는 또한 다양한 사람들과의 대화를 통해 많은 도움을 받았다. 나는 그런 대화를 통해 이것은 모든 사람이 나름의 견해를 가진 주제라는 사실을 발견했다. 누구보다도 맨 먼저 데이비드와 타샤, 레오, 톰 루시먼에게 감사드린다(특히 잔인할 정도로 솔직한 이야기를 해준 톰 루시먼에게 감사드린다). 그 밖에 내게 통찰과 여러 가지 도움을 준 사람들은 다음과 같다(순서는 무작위임). 애비 스콧, 릴리 스콧 터너, 마크 터너, 멜리사 모어와 캐스퍼 헤어, 란지타 로한과 그 가족, 세라 레이와 올리비아 레이, 댄 존스와 소피 해나, 헬렌 콘퍼드, 다이애나 헨리, 제인 크레이머, 캐롤라인 보일로, 캐서린 블리스, 데버러 프리델, 앤 맬컴, 이모건 로스,

프레이아 브래킷과 사이키 브래킷, 에이미 브라이언트, 에드 캐핀, 힐러리 쿠퍼, 시빌 커푸어, 에밀리 가워스, 미셸 흄스, 수전 프리들런드, 개리스 스테드먼 존슨, 로즈 힐더, 애나 혼트, 아틸라 버초, 캐라 아이작, 리지 콜링햄, 섀런 나이츠, 제인 래들로, 앤시아 모리슨, 탬신 오코넬, 시안 풀리, 루스 런시먼과 게리 런시먼, 케이시 런시먼, 곤잘로 길, 리사 런시먼과 레그 리, 루스 스커, 캐서린 카, 이니고 토머스, 앤드루 윌슨과 캐서린 덩컨존스. 그리고 초고를 읽어주고 통찰력 있는 비평을 해준 에밀리 윌슨과 캐롤라인 보일로, 미란다 랜드그래프에게 특별한 감사를 드린다. 내가 처음에 생각했던 개념이 성립하지 않는다고 말해준 실바나 토마셀리에게도 감사드린다. 당신 말이 옳았다.

잡지 〈스텔라Stella〉에 음식에 관해 내가 썼던 칼럼을 담당했던 편집자들, 그중에서도 특히 오랫동안 음식에 관한 내 생각을 인도해준 엘프레다 포널에게 고마움을 표시하고 싶다.

내 에이전트인 조 파그나멘타와 세라 밸러드, 조 로스에게도 큰 감사를 드린다. 이들은 나와 이 프로젝트에 더 이상 바랄 게 없는 지원을 아끼지 않았다.

두번째 책에서 일러스트레이터 애너벨 리Annabel Lee와 함께 일한 것은 큰 즐거움이었다. 그녀는 내가 어린 시절에 꿈꾸던 생일 케이크를 그려주었다. 멋진 표지를 만들어준 디자이너 조 워커에게도 큰 고마움을 표시하고 싶다.

베이식북스의 라라 하이머트와 두 번째로, 그리고 포스이스테이트의 루이즈 헤인스와 처음으로 함께 일하게 된 것은 큰 행운이었다. 경이로운 이 두 편집자는 내가 계속 분발하도록 독려했다. 두 사람은 크고 작은 많은 점에서 이 책을 훨씬 훌륭하게 만들었다. 미국의 케이시 스트렉퍼스와 영국의 모래그 라이올은 아주 훌륭한 교열 담당자이다. 또한 베이식북스의 미셸 웰시호스트, 리아 스트레처, 멜리사 레이먼드, 캐시 넬슨 비롯한 모든 사람들, 그리고 포스이스테이트의 조지아 메이슨, 조 워커, 패트릭 하가돈을 비롯한 모든 사람들에게도 감사드린다. 말할 필요도 없지만, 이 책에서 잘못된 부분이 있다면, 그것은 모두 내 책임이다.

식습관의 인문학

참고문헌

Albala, Ken (2002), *Eating Right in the Renaissance*, Berkeley: University of California Press

Alberts, Hugo, Sandra Mulkens, Maud Smeets et al. (2010), 'Coping with Food Cravings. Investigating the Potential of a Mindfulness-based Intervention', *Appetite*, 55, 160–63

Alderman, Harold, John Hoddinott and Bill Kinsey (2006), 'Long term Consequences of Early Childhood Malnutrition', *Oxford Economic Papers*, 58, 450–74

Ali, E., R. Zachariah, A. Dahmane et al. (2013), 'Peanut-based Ready-to-use Therapeutic Food: Acceptability among Malnourished Children and Community Workers in Bangladesh', *Public Health Action*, 3, 128–35

Anderson, J.W., L. Grant, L. Gotthelf et al. (2007a), 'Weight Loss and Long-Term Follow-Up of Severely Obese Individuals Treated with an Intense Behavioral Program', *International Journal of Obesity*, 31, 488–93

Anderson, J.W., Shannon B. Conley and Amy S. Nicholas (2007b), One Hundred-pound Weight Losses with an Intensive Behavioral Program: Changes in Risk Factors in 118 Patients with Long-term Follow-up, *American Journal of Clinical Nutrition*, 86, 301–7

Añez, E., A. Remington, J. Wardle et al. (2012), 'The Impact of Instrumental Feeding on Children's Responses to Taste Exposure', *Journal of Human Nutrition and Dietetics*, 26, 415–20

Anliker, J.A., L. Bartoshuk, A.M. Ferris et al. (1991), 'Children's Food Preferences and Genetic Sensitivity to the Bitter Taste of 6-n-propylthiouracil (PROP)', *American Journal of Clinical Nutrition* 54, 316–20

Appelhans, Bradley M., Molly E. Waring, Kristen Schneider et al. (2014), 'Food Preparation Supplies Predict Children's Family Meal and Home-prepared Dinner Consumption in Low-income Households', *Appetite*, 76, 1–8

Armstrong, Bridget and David M. Janicke (2012), 'Differentiating the Effects of Maternal and Peer Encouragement to Diet on Child Weight Control Attitudes and Behaviors', *Appetite*, 59, 723–9

Arnold, Carrie (2012), *Decoding Anorexia: How Breakthroughs in Science Offer Hope for Eating Disorders*, New York and London: Routledge

Asmaro, Devar, Fern Jaspers-Fayer and Valery Sramko (2012), 'Spatiotemporal Dynamics of the Hedonic Processing of Chocolate Images in Individuals with and without Trait Chocolate Craving', *Appetite*, 58, 790–99

Bailer, Ursula, Martina de Zwaan,Friedrich Leisch et al. (2004). 'Guided self-help versus cognitive-behavioral group therapy in the treatment of bulimia nervosa' *International Journal of Eating Disorders*, 35, 522-537.

Baron-Cohen, Simon, Tony Jaffa, Sarah Davies et al. (2013), 'Do Girls with Anorexia Nervosa have Elevated Autistic Traits?', *Molecular Autism*, 4, 24

Bartoshuk, Linda (2000), 'Comparing Sensory Experiences Among Individuals: Recent Psychophysical Advances Illuminate Genetic Variation in Taste Perception', *Chemical Senses*, 25: 443–60

Batsell, W. Robert, Alan S. Brown andMatthew E. Ansfield (2002), '"You Will Eat All of That!": A Retrospective Analysis of Forced Consumption Episodes', *Appetite*, 38, 211–19

Bauer, Katherine W., Melissa N. Laska, Jayne A. Fulkerson et al. (2011), 'Longitudinal and Secular Trends in Parental Encouragement for Healthy Eating, Physical Activity, and Dieting Throughout the Adolescent Years', *Journal of Adolescent Health*, 49, 306–11

Baumeister, Roy, Ellen Bratslavsky, Mark Muraven et al. (1998), 'Ego Depletion: Is the Active Self a Limited Resource?' *Journal of Personality and Psychology*, 74, 1252–65

Beauchamp, Gary and Julie A. Mennella (2011), 'Flavor Perception in Human Infants: Development and Functional Significance', *Digestion*, 83, 1–6

Beecher, Jonathan (1986), *Charles Fourier: The Visionary and his World*, Berkeley, London: University of California Press

Benelam, B. (2009), 'Satiation, Satiety, and their Effects on Eating Behaviour', *British Nutrition Foundation Bulletin*, 4, 126–73

Benjamin Murray, Stuart, Chris Thornton and Andrew Wallis (2013), 'Selective Eating in a 9-year-old Boy: Family Therapy as a First-line Treatment', *Clinical Child Psychology and Psychiatry*, 18, 270–75

Bentley, Amy (2006), 'Booming Baby Food: Infant Food and Feeding in Post-World War II America', *Michigan Historical Review*, 32, 63–87

Bentley, Margaret E., Heather Wasser and Hilary M. Creed-Kanashiro (2011), 'Responsive Feeding and Child Under-Nutrition in Low- and Middle-Income Countries',

Journal of Nutrition, 141, 502-7

Berridge, Kent C. (2009), '"Liking" and "Wanting" Food Rewards: Brain Substrates and Roles in Eating Disorders', *Physiology and Behavior*, 97, 537-50

Birch, Leann L. (1998), 'Psychological Influences on the Childhood Diet', *Journal of Nutrition*, 128, 407S-10S

Birch, Leann L. (1999), 'Development of Food Preferences', *Annual Review of Nutrition*, 19,41-62

Birch, Leann and Stephanie L. Anzman (2010), 'Learning to Eat in an Obesogenic Environment: A Developmental Systems Perspective on Child Obesity', *Child Development Perspectives*, 4, 138-43

Birch, Leann L. and Diane-Wolfe Marlin (1982), 'I Don't Like It; I Never Tried It: Effects of Exposure on Two-year-old Children's Food Preferences', *Appetite*, 3, 353-60

Bittman, Mark (2013), 'The Frankfurter Diaries', *New York Times*, 30 April

Blake, Anthony (2001), 'The Language of Flavour: Learning and Memory', in Harlan Walker (ed.), *Food and the Memory: Proceedings of the Oxford Symposium on Food and Cookery*, Totnes: Prospect Books

Blisset, Jacqueline, Caroline Meyer and Emma Haycraft (2006), 'Maternal and Paternal Controlling Feeding Practices with Male and Female Children', *Appetite*, 47, 212-19

Block, Robert W. and Nancy F. Krebs (2005), 'Failure to Thrive as a Manifestation of Child Neglect', *Pediatrics*, 116, 1234-7

Blumenthal, Heston (2009), *The Fat Duck Cookbook*, London: Bloomsbury

Boorstin, Sharon (2001), 'Kids' Menus: Keep 'Em Happy', *Restaurant Hospitality*, 85, 95

Bostic, Jeff Q., Anna C. Muriel, Sabine Hack et al. (1997), 'Anorexia Nervosa in a 7-Year-Old Girl', *Developmental and Behavioral Pediatrics*, 18, 331-3

Botz-Bornstein, Thorsten and Noreen Abdullah-Khan (2014), *The Veil in Kuwait: Gender, Fashion, Identity*, London: Palgrave

Bourdieu, Pierre (1986), *Distinction: A Social Critique of the Judgment of Taste*, trans. Richard Nice, London: Routledge, Kegan & Paul

Bowen, Deborah, Ehret, Carolyn, Pederson, Margaret et al. (2002), 'Results of an Adjunct Dietary Intervention Program in the Women's Health Initiative', *Journal of the American Dietetic Association* 102, 1631-1637.

Breen, Fiona M., Robert Plomin and Jane Wardle (2006), 'Heritability of Food Preferences in Young Children', *Physiology and Behaviour*, 88, 443-7

Brillat-Savarin, Jean-Anthelme (2009), *The Physiology of Taste*, trans. M.F.K. Fisher with introduction by Bill Buford, London: Everyman

Brown, Harriet (2009), *Brave Girl Eating*, New York: William Morrow Brožek, J. Josef (1953), 'Semistarvation and Nutritional Rehabilitation: A Qualitative Case Study with Emphasis on Behavior', *American Journal of Clinical Nutrition*, 1, 107-18

Bruch, Hilde (1974), *Eating Disorders: Obesity, Anorexia Nervosa and the Person Within*, London: Routledge

Bruch, Hilde (1978), *The Golden Cage: The Enigma of Anorexia Nervosa*, London: Open Books

Bryant-Waugh, Rachel (2013), 'Avoidant Restrictive Food Intake Disorder: An Illustrative Case Example', *International Journal of Eating Disorders*, 46, 420–23

Bryant-Waugh, Rachel, Laura Markham, Richard Kreipe et al. (2010), 'Feeding and Eating Disorders in Childhood', *International Journal of Eating Disorders*, 43, 98–111

Burd, Carlye, Araliya Senerat, Earkle Chambers et al. (2013), 'PROP Taster Status Interacts with the Built Environment to Influence Children's Food Acceptance and Body Weight Status', *Obesity*, 21, 786–94

Carafoli, John F. (2001), 'Amarcord: The Flavor of Buried Memories', in Harlan Walker (ed.), *Food and the Memory: Proceedings of the Oxford Symposium on Food and Cookery*, Totnes: Prospect Books

Carlson, Anton J. (1993), 'Contributions to the Physiology of the Stomach. – II. The Relation between the Contractions of the Empty Stomach and the Sensation of Hunger', *Obesity Research*, vol. 1 no. 6, 501–9

Carnell, S., L. Cooke, R. Cheng et al. (2011), 'Parental Feeding Behaviours and Motivations. A Quantitative Study in Mothers of UK Pre-schoolers', *Appetite*, 57, 665–73

Carruth, Betty Ruth, Paula J. Ziegler, Anne Gordon et al. (2004), 'Prevalence of Picky Eaters Among Infants and Toddlers and Their Caregivers' Decisions about Offering a New Food', *Journal American Dietetic Association*, 104, S57–S64

Castonguay, Jessica, Dale Kunkel, Paul Wright (2013), 'Healthy Characters? An Investigation of Marketing Practices in Children's Food Advertising', *Journal of Nutrition and Education Behavior*, 45, 571–7

Castro, D.C. and K.C. Berridge (2014), 'Advances in the Neurobiological Bases for Food "Liking" versus "Wanting"', *Physiology and Behavior*, 136, 22–30

Catanzaro, Diane, Emily C. Chesbro and Andrew J. Velkey (2013), 'Relationship between Food Preferences and PROP Taster Status of College Students', *Appetite*, 68, 124–31

Cathro, Jo and Moira Hilliam (1994), *Children's Eating Habits in Europe*, Leatherhead , Surrey: Leatherhead Food Research

CDC, Centers for Disease Control and Prevention (2010), 'State-Specific Trends in Fruit and Vegetable Consumption Among Adults–United States, 2000–2009', *Morbidity and Mortality Weekly Report*, September

Chapman, Gwen and Heather Maclean (1993), '"Junk Food" and "Healthy Food": Meanings of Food in Adolescent Women's Culture', *Society for Nutrition Education*, 25, 108–13

Chapman, Katarzyna and Jane Ogden (2010), 'The Prevalence of Mechanisms of Dietary Change in a Community Sample', *Appetite*, 55, 447–53

Clark, Georgiana C. 1874, *Economical Cookery*, London: Simpkin, Marshall & Co.

Clifton, Claire and Colin Spencer (1993), *The Faber Book of Food*, London: Faber

Coates, Anne (1996), *Your Only Child*, London: Bloomsbury

Cole, S.Z. and J.S. Lanham (2011), 'Failure to Thrive: An Update', *American Family Physician*, 83, 829–34

Collingham, Lizzie (2011), *The Taste of War: World War II and the Battle for Food*, London: Penguin

식습관의 인문학

Conley, Dalton and Rebecca Glauber (2007), 'Gender, Body Mass and Socioeconomic Status: New Evidence from the PSID', *Advances in Health Economics*, 17, 253–75

Cooke, Lucy, Susan Carnell and Jane Wardle (2006), 'Food Neophobia and Mealtime Food Consumption in 4–5 year old Children', *International Journal of Behavioural Nutrition and Physical Activity*, 3,

Cooke, L.J., L.C. Chambers, E.V. Añez, et al. (2011), 'Eating for Pleasure or Profit: The Effect of Incentives on Children's Enjoyment of Vegetables', *Psychological Science*, 22, 190–96

Cornwell, T. Bettina and Anna R. McAlister (2011), 'Alternative Thinking about Starting Points of Obesity. Development of Child Taste Preferences', *Appetite*, 56, 428–39

Cortes, D.E., A. Millan-Ferro, K. Schneider et al. (2013), 'Food Purchasing Selection among Low-income, Spanish-speaking Latinos', *American Journal of Preventive Medicine*, 44, S267–73

Coulthard, Helen, Gillian Harris and Anna Fogel (2014), 'Exposure to Vegetable Variety in Infants Weaned at Different Ages', *Appetite*, 78C, 89–94

Cowart, B.J. (1981), 'Development of Taste Perception in Humans: Sensitivity and Preference throughout the Life Span', *Psychological Bulletin*, 90, 43–73

Crowley, Ralph H. (1909), *The Hygiene of School Life*, London: Methuen

Cruwys, Tegan, Kirsten E. Bevelander and Roel C.J. Hermans (2015), 'Social Modeling of Eating: A Review of When and Why Social Influence Affects Food Intake and Choice', *Appetite*, 86, 3–18

Culpeper, Nicholas (1662), *Culpeper's Directory for Midwives*, London: Peter Cole

Cutts, Diana Becker, Alan F. Meyers, Maureen Black et al. (2011), 'US Housing Insecurity and the Health of Very Young Children', *American Journal of Public Health*, 101, 1508–14

Cwiertka, Katarzyna J. (2006), *Modern Japanese Cuisine*, London: Reaktion

Cwiertka, Katarzyna J. (2012), *Cuisine, Colonialism and Cold War: Food in Twentieth-century Korea*, London: Reaktion

Dalton, P., N. Doolittle, H. Nagata et al. (2000), 'The Merging of the Senses: Integration of Subthreshold Taste and Smell', *Nature Neuroscience*, 431–2

David, Elizabeth (2000), *Is There a Nutmeg in the House?*, compiled by Jill Norman, London: Michael Joseph

Davis, Clara M. (1928), 'Self Selection of Diet by Newly Weaned Infants', *American Journal of Diseases of Children*, 36, 651–79

Davis, Clara M. (1939), 'Results of the Self-Selection of Diets by Young Children', *Canadian Medical Association Journal*, 41, 257–61

De Graaf, Cees, Wendy Blom, Paul Smeets et al. (2004), 'Biomarkers of Satiation and Satiety', *American Journal of Clinical Nutrition*, 79, 946–61

Delaney, Charlotte B., Kamryn T. Eddy and Andrea Hartmann (2014), 'Pica and Rumination Behavior among Individuals Seeking Treatment for Eating Disorders or Obesity', *International Journal of Eating Disorders*, 48, 238-248

De Sa, Joia et al. (2013), 'Identifying Priorities to Improve Maternal and Child Nutrition among the Khmu Ethnic Group, Laos: A Formative Study', *Maternal and Child Nutri-*

tion, 9, 456–66

Devine, Carol M. (2005), 'A Life Course Perspective: Understanding Food Choices in Time, Social Location, and History', *Journal of Nutrition Education Behavior*, 37, 121–8

Dinehart, M.E., J.E. Hayes, L.M. Bartoshuk et al. (2006), 'Bitter Taste Markers Explain Variability in Vegetable Sweetness, Bitterness and Intake', *Physiology and Behaviour*, 87, 304–13

Dovey, Terence M., Paul A. Staples, E. Leigh Gibson et al. (2008), 'Food Neophobia and "Picky/Fussy" Eating in Children: A Review', *Appetite*, 50, 181–93

Drewnowski, Adam (1997), 'Taste Preferences and Food Intake', *Annual Review of Nutrition*, 17, 237–53

Drewnowski, Adam, Julie Mennella, Susan Johnson et al. (2012), 'Sweetness and Food Preference', *Journal of Nutrition*, 142, 1142S–8S

Druckerman, Pamela (2013), *French Children Don't Throw Food*, London: Black Swan

Duffy, Valerie B., Andrew C. Davidson, Judith R. Kidd et al. (2004), 'Bitter Receptor Gene (TAS2R38), PROP Bitterness and Alcohol Intake', *Alcoholism Clinical and Experimental Research*, 28(11): 1629–37

Duncker, Karl (1938), 'Experimental Modification of Children's Food Preferences Through Social Suggestion', *Journal of Abnormal and Social Psychology*, 33, 489–507

Duncker, Karl (1939), 'The Influence of Past Experience Upon Perceptual Properties', *American Journal of Psychology*, 52, 255–65

Duncker, Karl (1941), 'On Pleasure, Emotion and Striving', *Philosophy and Phenomenological Research* 1, 391–430

Dutton, Thomas (1906), *The Mother's Guide to the Feeding and Rearing of Children*, London: Henry Kimpton, 3rd edn

Eftekhari, M. H., H. Mozaffari-Khosravi, and F. Shidfar (2009), 'The Relationship between BMI and Iron Status in Iron-Deficient Adolescent Iranian Girls', *Public Health Nutrition* 12, 2377–2381.

Elfhag, K. and S. Rössner (2005), 'Who Succeeds in Maintaining Weight Loss? A Conceptual Review of Factors Associated with Weight Loss Maintenance and Regain', *Obesity Reviews*, 6, 67–85

Elliott, Charlene (2008), 'Marketing Fun Foods: A Profile and Analysis of Supermarket Food Messages Targeted at Children', *Canadian Public Policy*, 34, 259–73

Ernsperger, Lori and Tania Stegen-Hanson (2004), *Just Take a Bite: Easy, Effective Answers to Food Aversions and Eating Challenges*, Arlington, Texas: Future Horizons

Evers, Catherine, Marieke Adriaanse et al. (2013), 'Good Mood Food: Positive Emotion as a Neglected Trigger for Food Intake', *Appetite*, 68, 1–7

Faith, Myles S., Robert I. Berkowitz et al. (2006), 'Eating in the Absence of Hunger: A Genetic Marker for Obesity in Prepubertal Boys?', *Obesity*, vol. 14, no. 1, 131–8

Faith, M.S., A. Pietrobelli, M. Heo et al. (2012), 'A Twin Study of Self-regulatory Eating in Early Childhood: Estimates of Genetic and Environmental Influence, and Measurement Considerations', *International Journal of Obesity*, 36, 931–7

Fallani, M., D. Young, J. Scott et al. (2010), 'Intestinal Microbiota of 6-week-old Infants across Europe: Geographic Influence beyond Delivery Mode, Breast-feeding, and

Antibiotics', *Journal of Pediatric Gastroenterology*, 51, 77–84

Fallon, April, Paul Rozin and Patricia Pliner (1984), 'The Child's Conception of Food: The Development of Food Rejections with Special Reference to Disgust and Contamination Sensitivity', *Child Development*, 55, 566–75

Farris, Alisha, Sarah Misyak et al. (2014), 'Nutritional Comparison of Packed and School Lunches in Pre-Kindergarten and Kindergarten Children Following the Implementation of the 2012–2013 National School Lunch Program Standards', *Journal of Nutrition Education and Behaviour*, 46, 621–6

Feeney, Emma L., Sinead A. O'Brien, Amalia G.M. Scannell et al. (2014), 'Genetic and Environmental Influences on Liking and Reported Intakes of Vegetables in Irish Children', *Food Quality and Preference*, 32, 253–63

Ficker, Victor B. and Herbert S. Graves (eds.) (1971), *Deprivation in America*, Beverly Hills: Glencoe Press

Fildes, A., C.H. van Jaarsveld, C.H. Llewellyn et al. (2014), 'Nature and Nurture in Children's Food Preferences', *American Journal of Clinical Nutrition*, 99, 911–17

Fisher, Jennifer Orlet and Leann L. Birch (2002), 'Eating in the Absence of Hunger and Overweight in Girls from 5 to 7 Years of Age', *American Journal of Clinical Nutrition*, 76, 226–31

Fisher, Jennifer O., Guowen Cai et al. (2007), 'Heritability of Hyperphagic Eating Behaviour and Appetite-related Hormones among Hispanic Children', *Obesity*, vol. 15, no. 6, 1484–95

Fisher, Martin M., David S. Rosen and Rollyn M. Ornstein (2014), 'Characteristics of Avoidant/Restrictive Food Intake Disorder in Children and Adolescents: A "New Disorder" in DSM-5', *Journal of Adolesecent Health*, 1–4

Fong, Vanessa (2004), *Only Hope: Coming of Age Under China's One-Child Policy*, Stanford: Stanford University Press

French, Paul and Matthew Crabbe (2010), *Fat China: How Expanding Waistlines are Changing a Nation*, London: Anthem Press

Fuhrer, Dagmar, Stefan Zysset and Michael Stumvoll (2008), 'Brain Activity in Hunger and Satiety: An Exploratory Visually Stimulated fMRI Study', *Obesity*, vol. 16, no. 5, 945–50

Fulkerson, J.A., J. Strauss, D. Neumark-Sztainer et al. (2007), 'Correlates of Psychosocial Well-being among Overweight Adolescents: The Role of the Family', *Journal of Consulting and Clinical Psychology*, 75, 181–6

Galloway, Amy T., Laura M. Fiorito, Lori A. Francis et al. (2006), '"Finish Your Soup": Counterproductive Effects of Pressuring Children to Eat on Intake and Affect', *Appetite*, 46, 318–23

Garcia, Olga P., Kurt Long and Jorge L. Rosado (2009), 'Impact of Micronutrient Deficiencies on Obesity', *Nutrition Reviews*, 67, 559–72

Geier, Andrew B. and Paul Rozin (2003), 'Weighing Discomfort in College Age American Females: Incidence and Causes', *Appetite*, 51, 173–7

Goh, Esther C.L. (2009), 'Grandparents as Childcare Providers: An In-depth Analysis of the Case of Xiamen, China', *Journal of Aging Studies*, 23, 60–68

Gold, Rich (1993), 'Art in the Age of Ubiquitous Computing', *American Art*, 7, 2–11

Goldberg, Joan (1990), '"Wisdom of the Body" May Determine Food Cravings: Nutrition Theory Points to Link Between Obsessive Thoughts for Certain Foods and Biological Needs', *Los Angeles Times*, November 23

Gonzalez, Kristina M., Catherine Peo, Tod Livdahl et al. (2008), 'Experience-Induced Changes in Sugar Taste Discrimination', *Chemical Senses*, 33, 173–9

Gopnik, Adam (2011), *The Table Comes First: Family, France and the Meaning of Food*, London: Quercus

Groves, Angela (2002), *Children's Food: Market Forces and Industry Responses*, Watford: IGD

Gugusheff, J.R., M. Vithayathil, Z.Y. Ong et al. (2013), 'The Effects of Prenatal Exposure to a "Junk Food" Diet on Offspring Food Preferences and Fat Deposition can be Mitigated by Improved Nutrition during Lactation', *Journal of Developmental Origins of Health and Disease*, 4, 348–57

Haase, Lori, Erin Green and Claire Murphy (2011), 'Males and Females Show Differential Brain Activation to Taste When Hungry', *Appetite*, 57, 421–34

Hales, C. Nicholas and David J.P. Barker (2001), 'The Thrifty Phenotype Hypothesis', *British Medical Bulletin*, 60, 5–20

Haller, R., C. Rummel, S. Henneberg et al. (1999), 'The Influence of Early Experience with Vanillin on Food Preference Later in Life', *Chemical Senses*, 24, 465–7

Hammons, Amber J. and Barbara H. Fiese (2011), 'Is Frequency of Shared Family Meals Related to the Nutritional Health of Children and Adolescents?', *Pediatrics*, 127, e1565–74

Hardyment, Christina (1995), *Perfect Parents: baby-care advice past and present*, Oxford: Oxford University Press

Hare, Caspar (2010), 'Take the Sugar', *Analysis*, 70, 237–47

Harris, Gillian (2008), 'Development of Taste and Food Preferences in Children', *Clinical Nutrition and Metabolic Care*, 11, 315–319

Havermans, Remco C. (2011), '"You Say it's Liking, I Say it's Wanting . . .". On the Difficulty of Disentangling Food Reward in Man', *Appetite*, 57, 286–94

Hay, Phillipa J. and Perminder Sachdev (2011), 'Brain Dysfunction in Anorexia Nervosa: Cause or Consequence of Under-nutrition?', *Current Opinion in Psychiatry*, 24, 251–6

He, Meizi and Anita Evans (2007), 'Are Parents Aware that their Children are Overweight or Obese? Do They Care?', *Canadian Family Physician*, 53, 1493–9

Hecht, Charles (ed.) (1912), *Our Children's Health at Home and At School Being the Report of a Conference on Diet and Hygiene in Public Secondary & Private Schools held at the Guildhall*, London, 13 May , London: National Food Reform Association

Hecht, Charles (ed.) (1913), *Rearing an Imperial Race: Containing a Full Report of the Second Guildhall Conference on Diet, Cookery and Hygiene*, London: National Food Reform Association

Hendy, Helen M. and Keith E. Williams (2012), 'Mothers' Feeding Practices for Children 3–10 Years of Age and their Associations with Child Demographics', *Appetite*, 58,

식습관의 인문학

710-16

Henry, Diana (2014), *A Change of Appetite: Where delicious meets healthy*, London: Mitchell Beazley.

Hercberg, Serge, Paul Preziosi and Pilar Galan (2001), 'Iron Deficiency in Europe', *Public Health Nutrition*, 4, 537–45

Herman, C. Peter, Nicola E. Fitzgerald and Janet Polivy (2003), 'The Influence of Social Norms on Hunger Ratings and Eating', *Appetite*, 41, 15–20

Herrin, Marcia and Marcia Larkin (2013), *Nutrition Counseling in the Treatment of Eating Disorders*, New York: Brunner-Routledge

Herzog, David B., David J. Dorer and Pamela Keel (1999), 'Recovery and Relapse in Anorexia and Bulimia Nervosa: A 7.5-Year Follow-up Study', *Journal of the American Academy of Child and Adolescent Psychiatry*, 38, 829–37

Hilliam, Moira (1996), *European Market Opportunities in Children's Food and Drink, Winning Children as Customers*, FT Management Reports, London: Pearson

Hirschmann J.R. and L. Zaphiropoulos (1985), *Solving Your Child's Eating Problems*, New York: Fawcett Columbine

Hoefling, Atilla, Katja Likowski, Michael Hafner et al. (2009), 'When Hunger Finds no Fault with Moldy Corn: Food Deprivation Reduces Food-related Disgust', *Emotion*, 9, 50–58

Hoek, Hans Wijbrand and Daphne van Hoeken (2003), 'Review of the Prevalence and Incidence of Eating Disorders', *International Journal of Eating Disorders*, 34, 383–96

Hoerr, S.L., S.O. Hughes, J.O. Fisher et al. (2009), 'Associations among Parental Feeding Styles and Children's Food Intake in Families with Limited Incomes', *International Journal of Behavioral Nutrition and Physical Activity*, 6, 55–62

Holsten, Joanna E., Janet A. Deatrick, Shiriki Kumanyika et al. (2011), 'Children's Food Choice in the Home Environment. A Qualitative Descriptive Study', *Appetite*, 58, 64–73

Holt, L. Emmet (1923), *The Care and Feeding of Children*, New York: D. Appleton, 8th edn [first edn 1894]

Hormes, Julia and Paul Rozin (2009), 'Perimenstrual Chocolate Craving: What Happens after Menopause?', *Appetite*, 53, 256–9

Howard, Natasha J., Graeme J. Hugo, Anne Taylor et al. (2008), 'On Perception of Weight: Socioeconomic and Sociocultural Explanations', *Obesity Research and Clinical Practice*, 2, 125–31

Huang, Shirley H., Elizabeth P. Parks, Sjiriki K. Kumanyika et al. (2012), 'Child-feeding Practices among Chinese-American and Non-Hispanic White Caregivers', *Appetite* 58, 922-927.

Hubble, Helen and Florence G. Blake (1944), 'Feeding Children in Wartime', *American Journal of Nursing*, 44, 445–8

Hughes, Georgina, Kate M. Bennett and Marion M. Hetherington (2004), 'Old and Alone: Barriers to Healthy Eating in Older Men Living on their Own', *Appetite*, 43, 269–73

Humble, Nicola (2010), *Cake: A Global History*, London: Reaktion

Ishige, Naomiche (2001), *The History and Culture of Japanese Food*, London: Kegan Paul

Itard, Jean-Marc-Gaspard (1932), *The Wild Boy of Aveyron*, translated by George and Muriel Humphrey, New York, London: The Century company

Itoh, Makiko (2011), *The Just Bento Cookbook*, New York: Kodansha USA

Jain, Anjali, Susan N. Sherman, Leigh A. Chamberlin (2001), 'Why Don't Low-Income Mothers Worry About their Preschoolers Being Overweight?', *Pediatrics*, 107, 1138

Jelliffe, Derrick B. (1962), 'Culture, Social Change and Infant Feeding', *American Journal of Clinical Nutrition*, 10, 19–45

Jennings, Lisa (2009), 'Survey says Kids Menus Need Healthier Offerings', *Nation's Restaurant News*, 17 August

Jerzsa-Latta, Margaret, Magdelena Krondl and Patricia Coleman (1990), 'Use and Perceived Attributes of Cruciferous Vegetables in Terms of Genetically-Mediated Taste Sensitivity', *Appetite*, 1990, 15, 127–34

Jingxiong, Jiang, Urban Rosenqvist and Wang Huishan (2007), 'Influence of Grandparents on Eating Behaviors of Young Children in Chinese Three-generation Families', *Appetite*, 48, 377–83

Johnson, S.L. (2000), 'Improving Preschooler's Self-Regulation of Energy Intake', *Pediatrics*, 106, 1429–35

Kaminski, Linda Clancy, Susan Henderson and Adam Drewnowski (2000), 'Young Women's Food Preferences and Taste Responsiveness to 6-n-propylthiouracil (PROP)', *Physiology and Behaviour*, 68, 691–7

Karmel Annabel (1991), *The Complete Baby and Toddler Meal Planner: over 200 Quick, Easy and Healthy Recipes*, London: Ebury

Katz, David (2014), 'Knowing What to Eat, Refusing to Swallow It', *Huffington Post*, posted 7 February

Katz, David and S. Meller (2014), 'Can We Say What Diet is Best for Health?', *Annual Review of Public Health*, 35, 83–103

Kauer, Jane, Marcia, Pelchat Paul Rozin et al. (2015), 'Adult Picky Eating. Phenomenology, Taste Sensitivity and Psychological Correlates', *Appetite*, 90, 219–28

Kawash, Samira (2013), *Candy: A Century of Panic and Pleasure*, London: Faber & Faber

Kayman, Susan, William Bruvold and Judith S. Stern (1990), 'Maintenance and Relapse after Weight Loss in Women: Behavioral Aspects', *American Journal of Clinical Nutrition*, 52, 800–807

Keller, Heather H., Margaret Hedley, Teresa Hadley et al. (2005), 'Food Workshops, Nutrition Education and Older Adults', *Journal of Nutrition for the Elderly*, 24, 5–23

Keys, A., J. Brožek, A. Henschel et al. (1950), *The Biology of Human Starvation*, Oxford, England: University of Minnesota Press, 2 vols.

Kimura, Atsushi, Yuji Wada, Akio Asakawa et al. (2012), 'Dish Influences Implicit Gender-based Food Stereotypes among Young', *Appetite*, 58, 940–45

Kimura, Atsushi, Yuji Wada and Sho-ichi Goto (2009), 'Implicit Gender-based Food Stereotypes. Semantic Priming Experiments on Young Japanese', *Appetite*, 52, 521–8

Kissileff, Harry R., Julie C. Carretta, Allan Geliebter et al. (2003), 'Cholecystokinin and Stomach Distension Combine to Reduce Food Intake in Humans', *American Journal of Physiology – Regulatory, Integrative and Comparative Physiology*, 285, R992–R998

Klump, Kelly L. (2013), 'Puberty as a Critical Risk Period for Eating Disorders: A Review of Human and Animal Studies', *Hormones and Behaviour*, 64, 399–410

Koistinen, Aila and Leena Ruhanen (eds.) (2009), 'To the World of Food with the Aid of the Senses: The Sapere Method as a Support for Children's Food and Nutrition Education in Daycare Centres', Jyväskylä: Sitra (핀란드 사페레 웹사이트에서도 자료를 구할 수 있다. 2014년 8월에 접속)

Komatsu, Sakura (2008), 'Rice and Sushi Craving: A Preliminary Study of Food Craving among Japanese Females', *Appetite*, 50, 353–8

Köster, E.P. (2003), 'The Psychology of Food Choices: Some Often Encountered Fallacies', *Food Quality and Preference*, 14, 359–73

Köster, E.P. (2009), 'Diversity in the Determinants of Food Choice: A Psychological Perspective', *Food Quality and Preference*, 20, 70–82

Köster, E.P. and J. Mojet (2007), 'Boredom and the Reason Why Some New Food Products Fail', in H. MacFie (ed.), *Consumer-Led Food Product Development*, Cambridge: Woodhead

Köster, E.P., C. Rummel, C. Kornelson et al. (2001), 'Stability and Change in Food Liking: Food Preferences in the Two Germany's after the Reunification', in M. Roth (ed.), *Flavour 2000: Perception, Release, Evaluation, Formation, Acceptance, Nutrition and Health*, Bergholz-Rehbrücke, Germany: Rothe

Kotler, Lisa A., Patricia Cohen, Mark Davies et al. (2001), 'Longitudinal Relationships Between Childhood, Adolescent, and Adult Eating Disorders', *Journal of the American Academy of Child and Adolescent Psychiatry*, vol. 40, no. 12, 1434–40

Kovacs, Eva M.R., M.S. Westerterp-Plantenga, W.H.M. Saris et al. (2002), 'Associations between Spontaneous Meal Initiations and Blood Glucose Dynamics in Overweight Men in Negative Energy Balance', *British Journal of Nutrition*, 87, 39–45

Kristensen, S.T., L. Holm, A. Raben et al. (2002), 'Achieving "Proper" Satiety in Different Social Contexts–Qualitative Interpretations from a Cross-Disciplinary Project', *Appetite*, 39, 207–15

Kuchler, F. and J.N. Variyam (2003), 'Mistakes Were Made: Misperception as a Barrier to Reducing Overweight', *International Journal of Obesity and Related Metabolic Disorders*, 7, 856–61

Kuijer, Roeline G. and Jessica A. Boyce (2014), 'Chocolate Cake. Guilt or Celebration? Associations with Healthy Eating', *Appetite*, 74, 48–54

Kushner, Barak (2012), *Slurp! A Social and Culinary History of Ramen – Japan's Favorite Noodle Soup*, Leiden, Boston: Global Oriental

Lask, Bryan and Rachel Bryant-Waugh (eds) (2013), *Eating Disorders in Childhood and Adolescence*, London: Routledge

Laurier, Eric and Sally Wiggins (2011), 'Finishing the Family Meal. The Interactional Organization of Satiety', *Appetite*, 56, 53–64

Laybourn, Ann (1994), *The Only Child: Myths and Reality*, Edinburgh: HMSO

Lehmann, Gilly (2003), *The British Housewife: Cookery Books, Cooking and Society in 18th-Century Britain*, Totnes: Prospect Books

Leigh Gibson, Edward (2001), 'Learning in the Development of Food Craving', in

Marion Hetherington (ed.), *Food Cravings and Addiction*, Leatherhead: Leatherhead Food Publishing

Levin, Kate A. and Joanna Kirby (2012), 'Irregular Breakfast Consumption in Adolescence and the Family Environment: Underlying Causes by Family Structure', *Appetite*, 59, 63–70

Levin Pelchat, Marcia and Fritz Blank (2001), 'A Scientific Approach to Flavours and Olfactory Memory', in Harlan Walker (ed.), *Food and the Memory: Proceedings of the Oxford Symposium on Food and Cookery*, Totnes: Prospect Books

Levin Pelchat, Marcia, Andrea Johnson, Robin Chan et al. (2004), 'Images of Desire: Food-craving Activation during fMRI', *Neuroimage*, 23, 1486–93

Lévy, C.M., A. MacRae and E.P. Köster (2006), 'Perceived Stimulus Complexity and Food Preference Development', *Acta Psychologica*, 123, 394–413

Lim, Stephen S., Theo Vos, Abraham D. Flaxman et al. (2012), 'A Comparative Risk Assessment of Burden of Disease and Injury Attributable to 67 Risk Factors and Risk Factor Clusters in 21 Regions, 1990–2010: A Systematic Analysis for the Global Burden of Disease Study 2010', *Lancet*, 380, 2224–60

Llewellyn, Clare H., Cornelia H.M. van Jaarsveld, Laura Johnson et al. (2010), 'Nature and Nurture in Infant Appetite: Analysis of the Gemini Twin Birth Cohort', *American Journal of Clinical Nutrition*, 91, 1172–9

Lobstein, Tim (1988), *Children's Food: The Good, the Bad and the Useless*, London: Unwin Paperbacks

Lock, James and Daniel LeGrange (2005), *Help Your Teenager Beat an Eating Disorder*, London: The Guilford Press

Lucas, Anna, Esther Murray and Sanjay Kinra (2013), 'Heath Beliefs of UK South Asians Related to Lifestyle Diseases: A Review of Qualitative Literature', *Journal of Obesity*, 1–13

Lustig, Robert (2014), *Fat Chance: The Hidden Truth about Sugar, Obesity and Disease*, London: Fourth Estate

Lustig, Robert, Laura Schmidt and Claire D. Brindis (2012), 'The Toxic Truth About Sugar', *Nature*, 482, 27–9

McMillan, Margaret (1909), *London's Children: How to Feed Them and How Not to Feed Them*, London: Independent Labour Party

Madise, Nyovani J., Zoe Matthews and Barrie Margetts (1999), 'Heterogeneity of Child Nutritional Status between Households: A Comparison of Six Sub-Saharan African Countries', *Population Studies*, vol. 53, no. 3, 331–43

Maier, Andrea, Claire Chabanet, Benoist Schaal et al. (2007), 'Effects of Repeated Exposure on Acceptance of Initially Disliked Vegetables in 7-month-old Infants', *Food Quality and Preference*, 18, 1023–32

Malnic, Bettina, Junzo Hirono, Takaaki Sato et al. (1999), 'Combinatorial Receptor Codes for Odors', *Cell*, 96, 713–23

Marshall, C.F. (1895), 'A Fatal Case of Anorexia Nervosa', *Lancet*, 19 January

Martens, Lydia (1997), 'Gender and the Eating Out Experience', *British Food Journal*, 99, 20–26

식습관의 인문학

Mattes, Richard (1990), 'Hunger Ratings are not a Valid Proxy Measure of Reported Food Intake in Humans', *Appetite*, 15, 103–13

Mattes, Richard (1997), 'The Taste for Salt in Humans', *American Journal of Clinical Nutrition*, 65, 692S–7S

Mattes, Richard (2005), 'Soup and Satiety', *Physiology and Behaviour*, 83, 739-747.

Mattes, Richard (2010), 'Hunger and Thirst: Issues in Measurement and Prediction of Eating and Drinking', *Physiology and Behavior*, 100, 22–32

Mead, Margaret (ed.) (1937), *Cooperation and Competition Among Primitive Peoples*, New York: McGraw-Hill

Mead, Margaret (1943), 'The Factor of Food Habits', *Annals of the American Academy of Political and Social Science*, 225, 136–41

Meiselman, Herbert L. (2006), 'The Role of Context in Food Choice, Food Acceptance and Food Consumption', in Richard Shepherd and Monique Raats (eds), *The Psychology of Food Choice*, Wallingford: CABI, 179–201

Meiselman, Herbert L. and H.J.H. MacFie (1996), *Food Choice, Acceptance and Consumption*, London, New York, Tokyo: Blackie

Mendelson, Charlotte (2013), 'Forty Words of Love in Hungarian', *Guardian*, 10 August

Mennell, Stephen (1985), *All Manners of Food: Eating and Taste in England and France from the Middle Ages to the Present Time*, Oxford: Basil Blackwell

Mennella, J.A. and G.K. Beauchamp (1991), 'Maternal Diet Alters the Sensory Qualities of Human Milk and the Nursling's Behavior', *Pediatrics*, 88, 737–44

Mennella, J.A. and G.K. Beauchamp (1993), 'The Effects of Repeated Exposure to Garlic-flavored Milk on the Nursling's Behavior', *Pediatric Research*, 34, 805–8

Mennella, J.A., Anthony Johnson and Garry Beauchamp (1995), 'Garlic Ingestion by Pregnant Women Alters the Odor of Amniotic Fluid', *Chemical Senses*, 20, 207–9

Mennella, Julie, Yanina Pepino and Danielle Reed (2005), 'Genetic and Environmental Determinants of Bitter Perception and Sweet Preferences', *Pediatrics*, vol. 115, no. 2, February

Miller, William R. and Stephen Rollnick (2013), *Motivational Interviewing: Helping People Change*, New York: Guilford Press

Mirch, Margaret, Jennifer R. McDuffie and Susan Z. Yanovski (2006), 'Effects of Binge Eating on Satiation, Satiety, and Energy Intake of Overweight Children', *American Journal of Clinical Nutrition*, 84, 732–8

Mitrany, Edith (1992), 'Atypical Eating Disorders', *Journal of Adolescent Health*, 13, 400–402

Mojet, J. and E.P. Köster (2005), 'Sensory Memory and Food Texture', *Food Quality and Preference*, 16, 251–66

Mojet, J. and E.P. Köster (2006), 'Theories of Food Choice Development', in L. Frewer and H. van Trijp (eds), *Understanding Consumers of Food Products*, Cambridge: Woodhead Publishing

Møller, Per, Jos Mojet, Egon Peter Köster (2007), 'Incidental and Intentional Flavor Memory in Young and Older Subjects', *Chemical Senses*, 32, 557–67

Monello, Lenore F. and Jean Mayer (1967), 'Hunger and Satiety Sensations in Men,

Women, Boys and Girls', *American Journal of Clinical Nutrition*, vol. 20, no. 3, 253–61

Moore, Anna (2011), 'Life After an Eating Disorder', *Daily Telegraph*, 27 November

Morbidity and Mortality Weekly Report 1994, 'Daily dietary fat and total food-energy in-takes—third National Health Nutrition Examination Survey, Phase I, 1988-91' MMWR 43, 116-23

Moss, Michael (2014), *Salt, Sugar, Fat: How the Food Giants Hooked Us*, London: W.H. Allen

Musaiger, A.O., Mariam Al-Mannai, Reema Tayyem et al. (2012), 'Prevalence of Over-weight and Obesity among Adolescents in Seven Arab Countries: A Cross-Cultural Study', *Journal of Obesity*, 2012, 1-5.

Musaiger, A.O., Mariam Al-Mannai, Reema Tayyem et al. (2013), 'Risk of Disordered Eating Attitudes among Adolescents in Seven Arab Countries', *Appetite*, 60, 162-7

Mustonen, Sari and Hely Tuorila (2010), 'Sensory Education Decreases Food Neopho-bia Score and Encourages Trying Unfamiliar Foods in 8–12-year-old Children', *Food Quality and Preference*, 21, 353–60

Naser, Al-Isa, A., J. Campbell and E. Desapriya (2013), 'Factors Associated with Over-weight and Obesity among Kuwaiti Men', *Asia Pacific Journal of Public Health*, 25, 63

Natow, Annette B. and Jo-Ann Heslin (1982), 'Nutrition Education in Later Years', *Jour-nal of Nutrition for the Elderly*, 1, 101–20

Nelson, M. (1996), 'Anaemia in Adolescent Girls: Effects on Cognitive Function and Activity', *Proceedings of the Nutrition Society*, 55, 359–67

Nestle, Marion (2007), *What to Eat*, New York: North Point Press

Nestle, Marion, Rena Wing, Leann Birch et al. (1998), 'Behavioural and Social Influ-ences on Food Choices', *Nutrition Reviews*, vol. 56, no. 5, S50–S74

Neumark-Sztainer, Dianne, Katherine W. Bauer, Sarah Friend et al. (2010), 'Fam-ily Weight Talk and Dieting: How Much Do They Matter for Body Dissatisfaction and Disordered Eating Behaviors in Adolescent Girls?', *Journal of Adolescent Health*, 47, 270–76

Ng, L.W.C, D.P. Ng and W.P. Wong (2013), 'Is Supervised Exercise Training Safe in Patients with Anorexia Nervosa? A Meta-analysis', *Physiotherapy*, 99, 1–11

Ng, Marie, Tom Fleming, Margaret Robinson et al. (2014), 'Global, Regional, and National Prevalence of Overweight and Obesity in Children and Adults during 1980–2013: A Systematic Analysis for the Global Burden of Disease Study 2013', *Lancet*, May

Nicholls, Dasha, Deborah Christie, Louise Randall et al. (2001), 'Selective Eating: Symptom, Disorder or Normal Variant', *Clinical Child Psychology and Psychiatry*, 6, 260–70

Nicholls, Dasha, Richard Lynn and Russell M. Viner (2011), 'Childhood Eating Disor-ders: British National Surveillance Study', *British Journal of Psychiatry*, 198, 295–301

Nicholls, Dasha and Russell M. Viner (2009), 'Childhood Risk Factors for Lifetime Anorexia Nervosa by Age 30 Years in a National Birth Cohort', *Journal of the American Academy of Child and Adolescent Psychiatry*, 48, 791–9

Niklaus, Sophie, Vincent Boggio, Claire Chabanet et al. (2004), 'A Prospective Study of

Food Preferences', *Food Quality and Preference*, 15, 805–18

Nordin-Bates, Sanna M., Imogen Walker and Emma Redding (2011), 'Correlates of Disordered Eating Attitudes Among Male and Female Young Talented Dancers: Findings From the UK Centres for Advanced Training', *Eating Disorders: The Journal of Treatment & Prevention*, 19:3, 211–33

Northstone, K., P. Emmett and the ALSPAC Study Team (2005), 'Multivariate Analysis of Diet in Children at Four and Seven Years of Age and Associations with Sociodemographic Characteristics', *European Journal of Clinical Nutrition*, 59, 751–60

Onishi, Norimitsu (2008), 'Japan, Seeking Trim Waists, Measures Millions', *New York Times*, 13 June

Osman, Jamie L. and Jeffery Sobal (2006), 'Chocolate Cravings in American and Spanish Individuals: Biological and Cultural Influences', *Appetite*, 47, 290–301

Paltrow, Gwyneth (2013), *It's All Good: Delicious, Easy Recipes that will Make you Look and Feel Great*, London: Sphere

Pande, Rohini (2003), 'Selective Gender Differences in Childhood Nutrition and Immunization in Rural India: The Role of Siblings', *Demography*, 40, 395–418

Park, Min-Hae, Catherine Flaconer, Helen Croker et al. (2014), 'Predictors of Health-related Behaviour Change in Parents of Overweight Children in England', *Preventive Medicine*, 62, 20–24

Patterson, Daniel (2013), *Coi: Stories and Recipes*, London: Phaidon Press

Paul, Candace, Keith E. Williams, Katherine Riegel et al. (2007), 'Combining Repeated Taste Exposure and Escape Prevention: An Intervention for the Treatment of Extreme Food Selectivity', *Appetite*, 49, 708–11

Peeble, Rebecka, Jenny L. Wilson and James D. Lock (2006), 'How do Children with Eating Disorders differ from Adolescents with Eating Disorders at Initial Evaluation?', *Journal of Adolescent Health*, 39, 800–805

Pember Reeves, Maud (1994), *Round About a Pound a Week*, London: Virago, facsimile of edn of 1913

Pitkeathley, Juill and David Emerson (1994), *Only Child: How to Survive Being One*, London: Souvenir Press

Pizzo, Bianca, Keith E. Williams, Candace Paul et al. (2009), 'Jump Start Exit Criterion: Exploring a New Model of Service Delivery for the Treatment of Childhood Feeding Problems', *Behavioral Intentions*, 24, 195–203

Planck, Nina (2007), *Real Food: What to Eat and Why*, London: Bloomsbury

Pliner, Patricia and Marcia Pelchat (1986), 'Similarities in Food Preferences between Children and their Siblings and Parents', *Appetite*, 7, 333–42

Pollan, Michael (2008), *In Defence of Food: The Myth of Nutrition and the Pleasures of Eating*, London: Allen Lane

Poncelet, Johan, Fanny Runck and Fanny Bourgeat (2010), 'The Effect of Early Experience on Odor Perception in Humans: Psychological and Physiological Correlates', *Behavioural Brain Research*, 208, 458–65

Pooley, Siân (2009), 'Parenthood and Child-Rearing in England c. 1860–1910', Ph.D. University of Cambridge

Pooley, Siân (2010), 'All We Want is that Our Children's Health and Lives Should be Regarded: Child Health and Parental Concerns in England, c. 1860–1910', *Social History of Medicine*, 23, 528–48

Popkin, Barry (2006), 'Global Nutrition Dynamics: The World is Shifting Rapidly Toward a Diet Linked with Noncommunicable Diseases', *American Journal of Clinical Nutrition*, 84, 289–98

Popkin, Barry and Kiyah J. Duffey (2010), 'Does Hunger and Satiety Drive Eating Any More? Increasing Eating Occasions and Decreasing Time between Eating Occasions in the United States', *American Journal of Clinical Nutrition*, 91, 1342–7

Prentice, Andrew M. (2001), 'Fires of Life: The Struggles of an Ancient Metabolism in a Modern World', *Nutrition Bulletin*, 26, 13–27

Prescott, John (2012), *Taste Matters: Why We Like the Foods We Do*, Reaktion Books

Pritchard, Eric (1909), *The Physiological Feeding of Infants: A Practical Handbook of Infant Feeding*, London: Henry Kimpton

Puisais, J., and Pierre, C. (1987), *Le Goût et l'Enfant*, Paris: Flammarion.

Rapley, Gill (2008), *Baby-led Weaning: Helping your Baby to Love Good Food*, London: Vermilion

Remington, A., E. Añez, H. Croker et al. (2012), 'Increasing Food Acceptance in the Home Setting: A Randomized Controlled Trial of Parent-administered Taste Exposure with Incentives', *American Journal of Clinical Nutrition*, 95, 72–7

Resnicow, K. and S. Rollnick (2006), 'Motivational Interviewing for Pediatric Obesity: Conceptual Issues and Evidence Review', *Journal of the American Dietetic Association*, 106, 2024–33

Reverdy, C., F. Chesnel, P. Schlich et al. (2008), 'Effect of Sensory Education on Willingness to Taste Novel Food in Children', *Appetite*, 51, 156–65

Reverdy, C., P. Schlich, E.P. Köster et al. (2010), 'Effect of Sensory Education on Food Preferences in Children', *Food Quality and Preference*, 21, 794–804

Rhee, Kyung E., Julie C. Lumeng et al. (2006), 'Parenting Styles and Overweight Status in First Grade', *Pediatrics*, 117, 2047–55

Rice, Andrew (2010), 'The Peanut Solution', *New York Times*, 10 September

Roden, Claudia (1968), *A Book of Middle Eastern Food*, London: Penguin

Rodin, J., L.R. Silberstein and R. Striegel-Moore (1985), 'Women and Weight: A Normative Discontent', in T.B. Sonderegger (ed.), *Nebraska Symposium on Motivation: Vol. 32. Psychology and Gender*, 267–307, Lincoln: University of Nebraska Press

Rolls, Barbara (1986), 'Sensory-specific Satiety', *Nutrition Reviews*, 44, 93–101

Rolls, Barbara J., Elizabeth A. Bell and Bethany A. Waugh (2000a), 'Increasing the Volume of a Food by Incorporating Air Affects Satiety in Men', *American Journal of Clinical Nutrition*, 72, 361–8

Rolls, Barbara, Dianne Engell and Leann Birch (2000b), 'Serving Portion Size Influences 5 year old but not 3 year old Children's Food Intakes', *Journal of the American Dietetic Association*, 100, 232–4

Rolls, Barbara, Sion Kim-Harris and Marian W. Fischman (1994), 'Satiety after Preloads with Different Amounts of Fat and Carbohydrate: Implications for Obesity',

American Journal of Clinical Nutrition, 60, 476–87

Rommel, Nathalie, Anne-Marie de Meyer, Louw Feenstra et al. (2003), 'The Complexity of Feeding Problems in 700 Infants and Young Children Presenting to a Tertiary Care Institution', *Journal of Pediatric Gastroenterology and Nutrition*, 37, 75–84

Rorty, Marcia, Joel Yager and Elizabeth Rossotto (2006), 'Why and How do Women Recover from Bulimia Nervosa? The Subjective Appraisals of Forty Women Recovered for a Year or More', *International Journal of Eating Disorders*, 14, 249–260.

Roth, Michael P., Keith E. Williams and Candace M. Paul (2010), 'Treating Food and Liquid Refusal in an Adolescent with Asperger's Disorder', *Clinical Case Studies*, 9, 260–72

Rowan, Hannah and Cristen Harris (2012), 'Baby-led Weaning and the Family Diet. A Pilot Study', *Appetite*, 58, 1046–9

Rozin, Elizabeth (1994), *The Primal Cheeseburger*, New York: Penguin Books

Rozin, Paul (1969), 'Adaptive Food Sampling Patterns in Vitamin Deficient Rats', *Journal of Comparative and Physiological Psychology*, 69, 126–32

Rozin, Paul (1990), 'Acquisition of Stable Food Preferences', *Nutrition Reviews*, 48, 106–13

Rozin, Paul (1998a), *Towards a Psychology of Food Choice*, Brussels: Institut Danone

Rozin, Paul (2006), 'The Integration of Biological, Social, Cultural and Psychological Influences on Food Choices', in Richard Shepherd and Monique Raats, *The Psychology of Food Choice*, Wallingford: CABI

Rozin, P., R. Bauer and D. Catanese (2003), 'Attitudes to Food and Eating in American College Students in Six Different Regions of the United States', *Journal of Personality and Social Psychology*, 85, 132–41

Rozin, Paul, Sara Dow, Morris Moscovitch et al. (1998b) 'What Causes Humans to Begin and End a Meal? A Role for Memory for What has Been Eaten', *Psychological Science*, 9, 392–6

Rozin, P. and Deborah Schiller (1980), 'The Nature and Acquisition of a Chili Pepper Preference by Humans', *Motivation and Emotion*, 4, 77–101

Rozin, P. and T.A. Vollmecke (1986), 'Food Likes and Dislikes', *Annual Review of Nutrition*, 6, 433–56

Rundell, Maria (1827), *Domestic Economy and Cookery for Rich and Poor*, London: Longman, Rees, Orme, Brown and Green

Russell, Catherine Georgina and Anthony Worsley (2013), 'Why Don't They Like That? And Can I Do Anything about It? The Nature and Correlates of Parents' Attributions and Self-efficacy Beliefs about Preschool Children's Food Preferences', *Appetite*, 66, 34–43

Russell, Sharman Apt (2005), *Hunger: An Unnatural History*, New York: Basic Books

Salen, Arlene (1940), 'Hints on Infant Feeding', *The American Journal of Nursing*, 40, p. 649.

Sandler, Lauren (2013), *One and Only: The Freedom of Having an Only Child and the Joy of Being One*, New York: Simon and Schuster

Savage, Jennifer S., Jennifer O. Fisher, Michele Marini et al. (2012), 'Serving Smaller

Age-appropriate Entrée Portions to Children aged 3–5 yr Increases Fruit and Vegetable Intake and Reduces Energy Density and Energy Intake at Lunch', *American Journal Clinical Nutrition*, 95, 335–41

Schaal, Benoist, Luc Marlier and Robert Soussignan (2000), 'Human Foetuses Learn Odours From Their Pregnant Mother's Diet', *Chemical Senses*, 25, issue 6, 729–37

Scheindlin, Benjamin (2005), '"Take One More Bite for Me": Clara Davis and the Feeding of Young Children', *Gastronomica*, 5, 65–9

Schnall, Simone (2007), 'Life as the Problem: Karl Duncker's Context', in Jaan Valsiner (ed.), *Thinking in Psychological Science: Ideas and Their Makers*, New Brunswick, New Jersey: Transaction Publishers

Schreck, Kimberly A., Keith Williams and Angela F. Smith (2004), 'A Comparison of Eating Behaviours between Children with and without Autism', *Journal of Autism and Developmental Disorders*, 34, 433–8

Seiverling, Laura, Amy Kokitus and Keith Williams (2012), 'A Clinical Demonstration of a Treatment Package for Food Selectivity', *Behaviour Analyst Today*, 13, 1–6

Sela, Lee and Noam Sobel (2010), 'Human Olfaction: A Constant State of Change-blindness', *Experimental Brain Research*, 205, 13–29

Shephard, Sue (2001), 'A Slice of the Moon', in Harlan Walker (ed.), *Food and the Memory: Proceedings of the Oxford Symposium on Food and Cookery*, Totnes: Prospect Books

Shepherd, Gordon (2012), *Neurogastronomy: How the Brain Creates Flavor and Why It Matters*, New York: Columbia University Press

Shepherd, Richard and Monique Raats (2006), *The Psychology of Food Choice*, Wallingford: CABI

Singhal, Atul, I. Farooqi et al. (2002), 'Early Nutrition and Leptin Concentrations in Later Life', *American Journal Clinical Nutrition*, 75, 993–9

Singhal, Atul, Kethy Kennedy et al. (2010), 'Nutrition in Infancy and Long-term Risk of Obesity: Evidence from 2 Randomized Control Trials', *American Journal Clinical Nutrition*, 92, 1133–44

Sirikulchayanonta, C., P. Pavadhgul et al. (2010), 'Participatory Action Project in Reducing Childhood Obesity in Thai Primary Schools', *Asia Pacific Journal of Public Health*, 23, 917

Skinner, Jean D., Betty Carruth et al. (2002), 'Children's Food Preferences: A Longitudinal Analysis', *Journal of the American Dietetic Association*, 102, 11

Slater, Nigel (2004), *Toast: The Story of a Boy's Hunger*, London: Fourth Estate

Small, Dana M., Johannes C. Gerber, Erika Mak et al. (2005), 'Differential Neural Responses Evoked by Orthonasal versus Retronasal Odorant Perception in Humans', *Neuron*, 47, 593–605

Smink, Frédérique R.E., Daphne van Hoeken and Hans W. Hoek (2012), 'Epidemiology of Eating Disorders: Incidence, Prevalence', *Current Psychiatry Reports*, 14, 406–14

Smith, Lindsey, Katharine Conroy, Hongmai Wen et al. (2013), 'Portion Size Variably Affects Food Intake of 6-year old and 4-year old Children in Kunming, China', *Appetite*, 69, 31–8

Smith, Michelle I., Tanya Yatsunenko et al. (2013), 'Gut Microbiomes of Malawian Twin

Pairs Discordant for Kwashiorkor', *Science*, 339, 548-54

Spahn, Joanne M., Rebecca S. Reeves and Kathryn S. Keim (2010), 'State of the Evidence Regarding Behavior Change Theories and Strategies in Nutrition Counseling to Facilitate Health and Food Behavior Change', *Journal of the American Dietetic Association*, 110, 879-91

Spieler, Marlena (2014), 'When a Food Writer Can't Taste', *New York Times*, 11 January

Spock, Benjamin (1946), *The Common Sense Book of Baby and Child Care*, New York: Duell, Sloan and Pearce

Steiner, Hans and James Lock (1998), 'Anorexia Nervosa and Bulimia Nervosa in Children and Adolescents: A Review of the Past 10 Years', *Journal of the American Academy of Child and Adolescent Psychiatry*, 37, 352-9

Steiner, J.E. (1979), 'Human Facial Expressions in Response to Taste and Smell Stimulation', *Advances in Child Development and Behavior*, 13, 257-95

Steinhausen, H.C. (2002), 'The Outcome of Anorexia Nervosa in the 20th Century', *American Journal of Psychiatry*, 159, 1284-93

Steinhausen, H.C. (2009), 'The Outcome of Bulimia Nervosa: Findings from One Quarter-century of Research', *American Journal of Psychiatry*, 166, 1331-41

Steinhausen, H.-Ch, C.R. Rauss-Mason and R. Seidel (1991), 'Follow-up Studies of Anorexia Nervosa: A Review of Four Decades of Outcome Research', *Psychological Medicine*, 21, 447-54

Stephen, Alison M. and Wald, Nicholas J. (1990) 'Trends in Individual Consumption of Dietary Fat in the United States, 1920-1984', *American Journal of Clinical Nutrition* 52, 457-469

Stevens Bryant, Louise (1913), *School Feeding: Its History and Practice at Home and Abroad*, Philadelphia and London: J.B. Lippincott

Strauss, Stephen (2006), 'Clara M. Davis and the Wisdom of Letting Children Choose their own Diets', *Canadian Medical Association Journal*, 175, 1199-1201.,

Sullivan S.A. and L.L. Birch (1990), 'Pass the Sugar, Pass the Salt: Experience Dictates Preference', *Developmental Psychology*, 26, 546-51

Sutton, David (2001), *Remembrance of Repasts: An Anthropology of Food and Memory*, Oxford: Berg

Sweetman, C., L. McGowan, H. Croker et al. (2011), 'Characteristics of Family Mealtimes Affecting Children's Vegetable Consumption and Liking', *Journal American Dietetic Association*, 111, 269-73

Tang, M.J.A. and A.J.A. Verboom (2014), 'Is Motivational Interviewing Effective as Treatment for Childhood Obesity?', *Appetite*, 76, 209

Tapper, Katy, Christine Shaw, Joanne Ilsley et al. (2009), 'Exploratory Randomised Control Trial of a Mindfulness-based Weight Loss Intervention for Women', *Appetite*, 52, 396-404

Tate, Deborah F., Robert W. Jeffery, Nancy E. Sherwood et al. (2007), 'Long-term Weight Losses Associated with Prescription of Higher Physical Activity Goals. Are Higher Levels of Physical Activity Protective against Weight Regain?', *American Journal of Clinical Nutrition*, 85, 954-9

Teicholz, Nina (2014), *The Big Fat Surprise: Why Butter, Meat and Cheese Belong in a Healthy Diet*, London and New York: Simon & Schuster

Tepper, Beverly J. (2008), 'Nutritional Implications of Genetic Taste Variation: The Role of PROP Sensitivity and Other Tastes Phenotypes', *Annual Review of Nutrition*, 28, 367-88

Thompson, Claire, Steven Cummins et al. (2014), 'What Does it Mean to be a "Picky Eater"? A Qualitative Study of Food-related Identities and Practices', *Appetite*, 84, 235-9

Thompson, Jan (2001), 'Prisoners of the Rising Sun: Food Memories of American POWs in the Far East During World War II', in Harlan Walker (ed.), *Food and the Memory: Proceedings of the Oxford Symposium on Food and Cookery*, Totnes: Prospect Books

Topham, Glade L., Laura Hubbs-Tait, Julie M. Rutledge et al. (2011), 'Parenting Styles, Parental Response to Child Emotion, and Family Emotional Responsiveness are Related to Child Emotional Eating', *Appetite*, 56, 261-4

Tovar, A., E. Hennessy, A. Pirie et al. (2012), 'Feeding Styles and Child Weight Status among Recent Immigrant Mother–child Dyads', *International Journal of Behavioral Nutrition & Physical Activity*, 9, 62-81

Ueland, Ø. (2007), 'Gender Differences in Food Choice', in Lynn Frewer,and Hans van Trijp (eds), *Understanding Consumers of Food Products*, Abington: Woodhead Publishing

Ulander, Kerstin (2008), 'Healthier Eating Habits and Increased Food Joy in the Elderly, Evaluation of the Development Effort, Diet, Sensory, 70+', *Clinical Research, 20, Kristianstad University*, 1-32

Unusan, N. (2006), 'University Students' Food Preference and Practice Now and during Childhood', *Food Quality and Preference*, 17, 362-8

Urbick, Bryan (2000), *About Kids: Foods and Beverages*, Leatherhead, Surrey: Leatherhead Food Research

Urbick, Bryan (2011), 'Working with Children and Adolescents for Food Product Development', in David Kilcast and Fiona Angus (eds.), *Developing Children's Food Products*, Cambridge: Woodhead

Valdes, J., F. Rodríguez-Artalejo, L. Aguilar et al. (2012). 'Frequency of Family Meals and Childhood Overweight: A Systematic Review', *Pediatric Obesity*, 8, E1-E13

Visser, Margaret (1991), *The Rituals of Dinner: the origins, evolution, eccentricities and meaning of table manners*, London: Viking

Vollmer, Rachel L. and Amy R. Mobley (2013), 'Parenting Styles, Feeding Styles, and their Influence on Child Obesogenic Behaviors and Body Weight. A Review', *Appetite*, 71, 232-41

Walsh, Bryan (2013), 'Don't Blame Fat', *TIME*, 23 June, 29-35

Wansink, Brian (2004), 'Environmental Factors that Increase the Food Intake and Consumption Volume of Unknowing Consumers', *Annual Review of Nutrition*, 24, 455-79

Wansink, Brian (2011), *Mindless Eating: Why We Eat More Than We Think We Do*, London: Hay House

Wansink, Brian, Matthew M. Cheney and Nina Chan (2003), 'Exploring Comfort Food Preferences across Age and Gender', *Physiology and Behavior*, 79, 739-47

Wansink, Brian, J.E. Painter and J. North (2005), 'Bottomless Bowls: Why Visual Cues of Portion Size may Influence Intake', *Obesity Research*, 13, 93–100

Wardle, J., L.J. Cooke, E.L. Gibson et al. (2003a), 'Increasing Children's Acceptance of Vegetables; A Randomized Trial of Parent-led Exposure', *Appetite*, 40, 155–62

Wardle, J. and L. Cooke (2008), 'Genetic and Environmental Determinants of Children's Food Preferences', *British Journal of Nutrition*, 99, S15–S21

Wardle, Jane and Lucy J. Cooke (2010), 'One Man's Meat is Another Man's Poison', *European Molecular Biology Association*, EMBO reports, 1–6

Wardle, J., M.L. Herrera, L.J. Cooke et al. (2003b), 'Modifying Children's Food Preferences: The Effects of Exposure and Reward on Acceptance of an Unfamiliar Vegetable', *European Journal of Clinical Nutrition*, 57, 341–8

Washington, Booker T. (2008), *Up from Slavery: An Autobiography*, Oxford: Oxford University Press

Webb, Thomas L., Paschal Sheenan and Christopher Armitage (2006), 'Implementation Intentions: Strategic Automization of Food Choice', in Richard Shepherd and Monique Raats (eds.) *The Psychology of Food Choice*, Wallingford:CABI

Weber, Eugen (1981), 'Fairies and Hard Facts: The Reality of Folktales', *Journal of the History of Ideas*, vol. 42, no. 1, 93–113

Weston, Janet A. and Mark Colloton (1993), 'A Legacy of Violence in Nonorganic Failure to Thrive', *Child Abuse and Neglect*, 17, 709–14

Wildes, Jennifer E., Nancy L. Zucker and Marsha D. Marcus (2012), 'Picky Eating in Adults: Results of a Web-Based Survey', *International Journal of Eating Disorders*, 45, 575–82

Wilkinson, Michelle Lynn, Austin Lane Brown, Walker Seward Poston et al. (2014), 'Physician Weight Recommendations for Overweight and Obese Firefighters, United States, 2011–2012', *Preventing Chronic Disease*, 11, 140091

Williams, Keith (2011), 'Increasing Children's Food Choices: Strategies Based upon Research and Practice', in David Kilcast and Fiona Angus (eds.), *Developing Children's Food Products*, Oxford: Woodhead

Williams, Keith, Candace Paul, Bianca Pizzo et al. (2008), 'Practice Does Make Perfect. A Longitudinal Look at Taste Exposure', *Appetite*, 51, 739–42

Wilson, Bee, (2002), 'Dairylea Lunchables' *New Statesman*, December 2 2002·

Wilson, Bee (2005), 'The Weight of the World', *Sunday Telegraph*, 4 December

Wilson, Bee (2009), *Swindled: the Dark History of Food Fraud*, Princeton: Princeton University Press

Wilson, Bee (2012), *Consider the Fork: a History of How we Cook and Eat*, New York: Basic Books

Wing, Rena R. and Suzanne Phelan (2005), 'Long-term Weight Loss Maintenance', *American Journal of Clinical Nutrition*, 82, 222S–5S

Wise, Roy A. (2001), 'The Neurobiology of Food Craving', in Marion Hetherington (ed.) *Food Cravings and Addiction*, Leatherhead: Leatherhead Food Publishing

Wise, Roy A. (2006), 'Role of Brain Dopamine in Food Reward and Reinforcement', *Philosophical Transactions of the Royal Society*, 361, 1149–58

Wright, C.M., K. Cameron, M. Tsiaka et al. (2011), 'Is Baby-Led Weaning Feasible? When do Babies First Reach out for and Eat Finger Foods?' *Maternal and Child Nutrition*, 7, 27–33

Xia, Wei, Xin Zhang, and Jiajia Wang (2012), 'Survey of Anaemia and Helicobacter Pylori Infection in Adolescent Girls in Suihua, China and Enhancement of Iron Intervention Effects by H. Pylori Eradication', *British Journal of Nutrition*, 108, 357–62

Yeomans, Martin and Lucy Chambers (2011), 'Satiety-relevant Sensory Qualities Enhance The Satiating Effects of Mixed Carbohydrate-Protein Preloads', *American Journal of Clinical Nutrition*, 94, 1410-1417

Zajonc, Robert B. (1968), 'Attitudinal Effects of Mere Exposure', *Journal of Personality and Social Psychology*, 9, 1–27

Zajonc, Robert B. (1980), 'Feeling and Thinking: Preferences Need no Inferences', *American Psychologist* 35, 151–75

Zajonc, Robert B. and Hazel Markus (1982), 'Affective and Cognitive Factors in Preferences', *Journal of Consumer Research*, 9, 123–31

Zeinstra, Gertrude, M.A. Koelen, F.J. Kok et al. (2009), 'Children's Hard-wired Aversion to Pure Vegetable Tastes. A "failed" Flavour–Nutrient Learning Study', *Appetite*, 52, 528–30

Zhang, Gen-Hua, Meng-Ling Chen, Si-Si Liu et al. (2011), 'Effects of Mother's Dietary Exposure to Acesulfame-K in Pregnancy or Lactation on the Adult Offspring's Sweet Preference', *Chemical Senses*, 36, 763–70

Zocca, Jaclyn M., Lauren B. Shomaker et al. (2011), 'Links between Mothers' and Children's Disinhibited Eating and Children's Adiposity', *Appetite*, 56, 324–31

Zucker, Nancy L., Kevin S. LaBar et al. (2007), 'Anorexia Nervosa and Autism Spectrum Disorders: Guided Investigation of Social Cognitive Endophenotypes', *Psychological Bulletin*, 133, 976–1006

식습관의 인문학

주

서론

1. Jelliffe (1962).
2. De Sa et al. (2013).
3. Cornwell and McAlister (2010).
4. Lim et al. (2012).
5. Moss (2014).
6. Hoek and Hoeken (2003).
7. Rozin, Bauer and Catanese (2003).
8. Lustig et al. (2012), Lustig (2014), Pollan (2008), Walsh (2013).
9. Teicholz (2014).
10. Nestle et al. (1998), p. S51, Morbidity and Mortality Weekly Report (1994) and Stephen and Wald (1990)
11. Katz and Meller (2014).
12. Katz (2014).
13. Walsh (2014).
14. Köster and Mojet (2007).
15. Pollan (2008).
16. Garcia et al. (2009).
17. Wilkinson et al. (2014).
18. Hare (2010).
19. Wise (2006).
20. Drewnowksi et al. (2012).
21. Lustig et al. (2012).
22. Leigh Gibson (2001).
23. Leigh Gibson (2001), Wise (2006).
24. Wise (2006).
25. Leigh Gibson (2001).
26. Cornwell and McAlister (2011).
27. Unusan (2006).
28. http://www.hopkinsmedicine.org/
   healthlibrary/conditions/digestive_dis-

orders/constipation_85.P00363/2014년
11월 접속

29. Rozin and Schiller (1980).
30. Baumeister et al. (1998).
31. Köster, Rummel et al. (2001).
32. Köster (2009).
33. Gameau (2014).
34. Meiselman (2006), pp. 183–4.

1장 좋아하는 음식과 싫어하는 음식

1. Rozin and Vollmecke (1986), p. 435.
2. Havermans (2011), Berridge (2009) and Castro and Berridge (2014)를 보라.
3. Berridge (2009).
4. 예를 들어 Havermans (2011), Wise (2006)를 보라.
5. Berridge (2009).
6. Wise (2006).
7. Catanzano et al. (2013), Kaminski et al. (2000), Tepper (2008).
8. Llewellyn et al. (2010).
9. Hales and Barker (2001).
10. Strauss (2006).
11. Davis (1939).
12. Davis (1939).
13. Davis (1939).
14. Davis (1928).
15. Strauss (2006).
16. Scheindlin (2005). 스테펀 스트라우스는 도널드의 미망인과 인터뷰를 했는데 도널드는 '항상 잘 먹는 사람'이었다는 걸 확인해줬다.(2014년 7월에 스트라우스가 저자에게 보낸 이메일)
17. 데이비드의 연구가 '몸의 지혜'를 뒷받침한다는 결론에 대한 평판에 대해서는 예를 들어 Goldberg (1990), Planck (2007), Spock (1946)와 더불어 Birch (1999)를 보라.
18. Davis (1939).
19. Scheindlin (2005), 또한 Bentley (2006), pp. 72–4.도 보라.
20. Spock (1946).
21. Hirschmann and Zaphiropoulos (1985).
22. http://www.babyledweaning.com/features/random-stuff/a-modern-take-on-the-clara-m-davis-paper/ 2014년 11월에 접속.
23. Leigh Gibson (2001).
24. Rozin (1969).
25. Leigh Gibson (2001), p. 203.
26. Faith et al. (2006)와 Faith et al. (2012).
27. Prescott (2012) pp. 175–6.
28. Fildes et al. (2014).
29. Breen, Plomin and Wardle (2006).
30. Fallon, Rozin and Pliner (1984).
31. Wardle and Cook (2010).
32. Sullivan and Birch (1990).
33. Rozin and Vollmecke (1986), p. 437.
34. Rozin (2006).
35. 'Sweet Sensations', *Guardian*, Friday, 17 January 2014.
36. Tepper (2008).
37. Bartoshuk (2000), Dinehart et al. (2006), Duffy et al. (2004).
38. Dinehart et al. (2006).
39. 예를 들어 Anliker et al. (1991)을 보라.
40. http://www.jancisrobinson.com/articles/the-prop-test-and-reactions-to-it. 2014년 12월에 접속.
41. Tepper (2008)에 논의되어 있다.
42. Feeney et al. (2014).
43. Catanzaro et al. (2013).
44. Catanzaro et al. (2013).
45. Burd et al. (2013).
46. 2013년 10월에 저자와 한 대화.
47. Zajonc (1968).
48. '단순 노출'이 어떻게 음식 선호를 유발하는지에 대한 논의에 대해서는 Zajonc (1980)와 Zajonc and Markus (1982)를 보라.
49. Birch and Marlin (1982).
50. Skinner et al.(2002).
51. Prescott (2012).
52. Prescott (2012).
53. Russell and Worsley (2013).
54. Añez et al. (2012), Carnell et al. (2011),

식습관의 인문학

Cooke et al. (2011), Wardle et al. (2003 and 2003b), Wardle and Cooke (2008) and (2010).

55. Harris (2008).
56. Maier, Chabanet et al. (2007).
57. Coulthard, Harris et al. (2014).
58. http://www.unicef.org.uk/BabyFriendly/About-Baby-Friendly/Breastfeeding-in-the-UK/UK-Breastfeeding-rates/ 2015년 3월에 접속.
59. http://www.cdc.gov/breastfeeding/pdf-2014breastfeedingreportcard.pdf. 2015년 3월에 접속.
60. Karmel (1991)
61. http://www.weightconcern.org.uk/tinytastes. 2014년 11월에 접속.
62. Ernsperger and Stegen-Hanson (2004).
63. Schreck et al. (2004), Ernsperger and Stegen-Hanson (2004).
64. Paul et al. (2007).
65. Duncker (1941).
66. Duncker (1938).
67. Cruwys et al. (2015).
68. Schnall (2007).
69. Duncker (1938).
70. Duncker (1938).
71. Schnall (2007).
72. Zeinstra et al. (2009).
73. Mojet and Köster (2006), Lévy, MacRae and Köster (2006).

2장 기억

1. Spieler (2014).
2. Small et al. (2005).
3. http://www.anosmiafoundation.com/suffer.shtml. 2015년 3월에 접속.
4. 2014년 1월에 저자와 나눈 대화.
5. http://www.bbc.co.uk/programmes/b01r95hj. 2014년 11월에 접속.
6. Rozin et al. (1998b).
7. Rozin et al. (1998b).
8. Leigh Gibson (2001).
9. Wise (2006).
10. Unusan (2006).
11. Steiner (1979).
12. Schaal et al. (2000).
13. Mennella, Johnson and Beauchamp (1995).
14. Zhang et al. (2011).
15. Gugusheff et al. (2013).
16. Mennella and Beauchamp (1991), (1993), Mennella et al. (1995) and (2005).
17. 'Bad Eating Habits Start in the Womb', *New York Times*, 1 December 2013.
18. 2013년 'Understanding Young Children's Food Preferences'라는 제목으로 NH Live conference에서 한 Lucy Cooke 박사의 발언.
19. Beauchamp and Mennella (2011).
20. Salen (1940).
21. Baby Centre, 'Vanilla Natural Flavoring in babies bottles', http://community.babycentre.co.uk/post/a23870045/vanilla_natural_flavoring_in_babies_bottles. 2015년 6월에 접속.
22. Shen et al 2014.
23. http://abcnews.go.com/Health/Diabetes/mead-johnson-drops-chocolate-flavored-emfagrow-parent-uproar/story?id=10876301. 2014년 11월에 접속.
24. Haller et al. (1999).
25. Lobstein (1988).
26. Sela and Sobel (2010).
27. Levin, Pelchat and Blank (2001).
28. Malnic et al. (1999).
29. Shepherd (2012).
30. Shepherd (2012).
31. Shephard (2001).
32. Thompson (2001).
33. Prescott (2012).
34. Sutton (2001).
35. Sutton (2001).
36. Carafoli (2001).

37. Mendelson (2013).
38. Blumenthal (2009).
39. Blake (2001), Dalton et al. (2000).
40. Patterson (2013).
41. 2014년 2월 저자와 Patterson이 나눈 대화.
42. Sutton (2001).
43. Bittman (2013).
44. Dutton (1906).
45. Global Ice Cream, October 2014, MarketLine Industry Profile.

3장 어린이 음식

1. Elliott (2008)에서 인용.
2. Clifton and Spencer (1993)에서 인용.
3. Hecht (1912) and Hecht (1913).
4. McMillan (1909).
5. Stevens Bryant (1913).
6. Hecht (1912).
7. Hecht (1912), p. 89.
8. McMillan (1909).
9. Crowley (1909).
10. Hecht (1913).
11. *Financial Times*, 6 December 2013.
12. *Evening News*, 14 May 1912.
13. Culpeper (1662).
14. Visser (1991), p. 46.
15. Washington (2008).
16. Crowley (1909).
17. Stevens Bryant (1913).
18. Stevens Bryant (1913).
19. Pember Reeves (1994).
20. Pember Reeves (1994).
21. Pember Reeves (1994).
22. Hecht (1913), p. 310.
23. Pooley (2009) and (2010).
24. Albala (2002).
25. Dutton (1906), p. 15.
26. Dutton (1906), p. 17.
27. Dutton (1906), p. 23.
28. Clark (1874).
29. Holt (1923).
30. Holt (1923).
31. Rundell (1827).
32. Pooley (2009) and (2010).
33. Pritchard (1909).
34. Hecht (1912), pp. 304–5.
35. David (2000).
36. Clifton and Spencer (1993).
37. Hardyment, p. 264에서 인용.
38. Boorstin (2001).
39. Boorstin (2001).
40. Groves (2002).
41. Kawash (2013).
42. Cathro and Hilliam (1994).
43. Castonguay et al. (2013).
44. Groves (2002), p. 119.
45. Elliott (2008).
46. Hilliam (1996).
47. Urbick (2000), p. 65.
48. Wilson (2002).
49. Urbick (2011), p. 219.
50. Urbick (2011), p. 219.
51. Urbick (2000), p. 11.
52. Lobstein (1988), p. 40.
53. Lobstein (1988), p. 48.
54. Williams (2011), p. 135.
55. Jennings (2009).
56. The Associated Press, August 28th 2013, 'Some schools drop out of new healthy federal lunch program, citing small portions and foods kids won't eat' http://www.nydailynews.com/life-style/health/schools-drop-new-healthy-federal-lunch-program-article-1.1439576. 2015년 6월에 접속.
57. http://www.theguardian.com/lifeand-style/2009/jan/30/family1. 2015년 3월에 접속.
58. Wansink (2002)를 보라.
59. Mead (1943).
60. David (2000).
61. Popkin (2006).
62. Skinner (2002).

식습관의 인문학

63. Humble (2010).

4장 음식 먹이기

1. Cole and Lanham (2011).
2. Block and Krebs (2005).
3. Weston and Colloton (1993).
4. Goh (2009).
5. Jiang Jingxiong et al. (2007).
6. Jiang Jingxiong et al. (2007).
7. Hecht (1912), pp. 33-4.
8. Prentice (2001).
9. Prentice (2001).
10. Jiang Jingxiong et al. (2007).
11. Baldeesh Rai, 'Asian Diets and Cardio-vascular Disease'(런던에서 개최된 2013 Nutrition and Health Live conference. 에서 발표한 논문).
12. Ng et al. (2014).
13. French and Crabbe (2010).
14. Pollan (2008).
15. Jiang Jingxiong et al. (2007).
16. Beecher (1986).
17. Beecher (1986).
18. Bentley, Wasser and Creed-Kanashiro (2011).
19. Birch (1998), Birch (1999), Birch and Anzman (2010).
20. Batsell et al. (2002).
21. Holt (1923).
22. Hubble and Blake (1944), p. 447.
23. Clifton and Spencer (1993).
24. Batsell et al. (2002).
25. Carnell, Cooke et al. (2011).
26. Galloway et al. (2006).
27. Galloway et al. (2006).
28. Vollmer and Mobley (2013)에서 논의되었다.
29. Vollmer and Mobley (2013).
30. Tovar et al. (2012).
31. Vollmer and Mobley (2013).
32. Rhee et al. (2006).

33. Vollmer and Mobley (2013).
34. Hoerr et al. (2009).
35. Huang, Parks et al. (2012).
36. Carnell, Cooke et al. (2011).
37. Fisher and Birch (2002).
38. Vollmer and Mobley (2013).
39. Topham et al. (2011).
40. www.ellynsatterinstitute.org, . 2014년 11월에 접속.
41. Rapley and Murkett (2008) and www.rapleyweaning.com. 2014년 11월에 접속.
42. Rapley and Murkett (2008).
43. http://www.rapleyweaning.com/assets/blw_guidelines.pdf. 2016년 3월에 접속.
44. Rowan and Harris (2012).
45. Wright et al. (2011).
46. Gold (1993).
47. http://www.schoolfoodplan.com/wp-content/uploads/2013/07/School_Food_Plan_2013.pdf. 2015년 3월에 접속.
48. Farris et al. (2014).
49. http://www.childrensfoodtrust.org.uk/news-and-events/news/school-meals-help-fussy-children-try-new-foods. 2014년 12월에 접속.
50. Itoh (2011).

5장 형제자매

1. Levin and Kirby (2012).
2. Pliner and Pelchat (1986).
3. De Leeuw et al. (2007).
4. Smith, Yatsunenko et al. (2013). 또한 'Debugging the Problem', *Economist*, 2 February 2013을 보라.
5. http://timesofindia.indiatimes.com/india/India-deadliest-place-in-world-for-girl-child/articleshow/11707102.cms. 2014년 12월에 접속.
6. Pande (2003).

7. Pande (2003).
8. Pande (2003).
9. Pande (2003).
10. Weber (1981).
11. Weber (1981).
12. Fong (2004).
13. Sandler (2013).
14. Laybourn (1994).
15. Sandler (2013).
16. Coates (1996)에서 언급되었다.
17. Pitkeathley and Emerson (1994)에서 인용 했다.
18. Bourdieu (1986).
19. Brillat-Savarin (2009).
20. Bourdieu (1986).
21. Cathro and Hilliam (1994).
22. Conley and Glauber (2007).
23. Blisset et al. (2006). 그러나 또한 Hendy and Williams (2012)은 부모들이 항상 아이들을 성별에 따라 다르게 먹이는 것은 아니라는 것을 제시하고 있다.
24. Bauer et al. (2011).
25. Hammons and Fiese (2011). Valdes et al. (2012).
26. Armstrong and Janicke (2012).
27. Neumark-Sztainer et al. (2010).
28. Bauer et al. (2011).
29. Slater (2004).
30. 'Holding Back Half the Nation', *Economist*, 29 March 2014.
31. http://www.nhs.uk/chq/Pages/how-many-calories-do-teenagers-need.aspx?CategoryID=51&SubCategoryID=165. 2014년 9월에 접속.
32. Köster (2003).
33. Urbick (2011).
34. Ueland (2007)에서 논의되었다.
35. Wansink et al. (2003).
36. 일본에서의 음식에 관한 젠더 스테레오타입에 대해서는 Kimura (2009) & (2012)를 참조하라.
37. Komatsu (2008).
38. Martens (1997).
39. Eftekhari et al.(2009).
40. Hercberg et al. (2001).
41. Xia et al. (2012).
42. http://healthyeating.sfgate.com/should-eat-liver-iron-intake-3367.html. 2014년 9월에 접속.
43. Nelson (1996), p. 362.
44. Eftekhari et al. (2009).
45. Eftekhari et al. (2009).
46. Dr Laura Stewart, 'An Update on Obesity in the U.K. Young', Nutrition and Health Live, London, http://www.nutritionandhealth.co.uk/.
47. Jain et al. (2001).
48. Kuchler and Variyam (2003).
49. Howard et al. (2008).
50. Rozin et al.(2003).
51. Geier and Rozin (2008).
52. Rodin et al. (1985).
53. Ueland (2007).
54. Groves (2002)에서 인용했다.
55. Sirikulchayanonta et al. (2010).
56. Musaiger et al. (2012).
57. http://www.arabtimesonline.com/Default.aspx?TabId=96&smid=414&ArticleID=162009&reftab=36&t=Kuwait-lifestyle-could-lead-to-obesity. 2015년 3월에 접속.
58. Roden (1968).
59. Musaiger at al. (2013).
60. Botz-Bornstein and Abdullah-Khan (2014).
61. Musaiger et al. (2013).
62. Urbick (2011).
63. Hormes and Rozin (2009).
64. Osman and Sobal (2006).
65. Kuijer and Boyce (2014).

6장 배고픔

1. https://www.nokidhungry.org/solution/ending-childhood-hunger. 2014년 12월

에 접속.

2. http://www.feedingamerica.org/
hunger-in-america/impact-of-hunger/
hunger-and-poverty/. 2014년 12월에 접
속.

3. Ficker and Graves (1971), p. 44.

4. http://www.wfp.org/hunger/stats. 2014
년 12월에 접속.

5. Cutts et al. (2011).

6. Stevens Bryant (1913), p. 219.

7. Carlson (1993), p. 6.

8. Mattes (1990) and (2010).

9. Mattes (2010).

10. Mattes (2010).

11. De Graaf et al. (2004).

12. De Graaf et al. (2004).

13. Kovacs et al. (2002).

14. Kissileff et al. (2003).

15. De Graaf et al. (2004).

16. Benelam (2009).

17. Benelam (2009).

18. De Graaf et al. (2004).

19. Carlson (1993).

20. Keys, Brožek et al. (1950).

21. Brožek (1953).

22. Hoefling et al. (2009).

23. Rice (2010).

24. http://futurefood2050.com/peanut-
butter-that-saves-lives/. 2014년 12월에
접속.

25. http://www.unicef.org/bangladesh/
Child_and_Mother_Nutrition_Survey.
pdf. 2015년 3월에 접속.

26. 2014년 3월에 저자와 나눈 대화.

27. Ali et al. (2013).

28. Benelam (2009).

29. Cathro and Hilliam (1994).

30. Paltrow (2013).

31. 예를 들어 Yeomans and Chambers (2011)
를 참조하라.

32. Benelam (2009).

33. Rolls et al. (2000).

34. Rolls et al. (2000).

35. Mattes (2005).

36. Prescott (2012).

37. Mattes (2005).

38. Popkin and Duffy (2010).

39. Lehmann (2003).

40. Evers et al. (2013).

41. Rolls et al. (2000b).

42. Savage, Fisher et al. (2012).

43. Smith, Conroy et al. (2013).

44. Smith, Conroy et al. (2013).

45. Wansink et al. (2005).

46. Nestle (2007).

47. Wansink (2011).

48. Wansink (2011).

49. Benelam (2009)에서 논의되었다.

50. Rolls (1986).

51. Johnson (2000).

52. Johnson (2000).

53. Johnson (2000).

54. Tapper (2009).

55. Alberts et al. (2010).

7장 섭식 장애

1. Thompson et al. (2014).

2. 2014년 11월에 저자와 Claire Thompson이
주고받은 서신.

3. Thompson et al. (2014).

4. Rozin et al. (2003).

5. Zucker et al. (2007).

6. Herzog et al. (1999).

7. Delaney et al. (2014).

8. Bryant-Waugh et al. (2010).

9. Rommel et al. (2003).

10. Kauer et al. (2015).

11. 2014년 3월에 저자와 나눈 대화.

12. Nicholls et al. (2001).

13. 2014년 3월에 저자와 나눈 대화.

14. Bryant-Waugh (2013).

15. Murray et al. (2013).

16. Seiverling, et al. (2012).
17. Seiverling, et al. (2012).
18. Seiverling et al. (2012).
19. Roth et al. (2010).
20. Arnold (2012).
21. Baron-Cohen et al. (2013).
22. Zucker et al. (2007).
23. Baron-Cohen et al. (2013).
24. Hay and Sachdev (2011)에서 논의되었다.
25. Arnold (2012).
26. Nicholls et al. (2011).
27. Marshall (1895).
28. Nordin-Bates et al. (2011).
29. Ng et al. (2013).
30. Klump (2013).
31. 2014년 3월에 저자와 나눈 대화.
32. Steinhausen (1991).
33. Bryant-Waugh and Lask (2013)에서 인용했다.
34. Steinhausen (2002).
35. Lock and Le Grange (2004).
36. Bruch (1978).
37. Lock and Le Grange (2004).
38. Brown (2009).
39. Wilson (2005).
40. Steinhausen (2009).
41. Rorty et al. (2006).
42. Bailer et al. (2004).
43. Moore (2011).
44. Moore (2011).
45. Gopnik (2011).
46. Zucker et al. (2007).

8장 변화

1. Kushner (2012).
2. Ng et al. (2014).
3. Onishi (2008).
4. Kushner (2012).
5. Kushner (2012).
6. 'Slurp! Revealing the History of Ra-men'이라는 제목으로 Barak Kushner가 2013년 7월 18일 런던에서 Guild of Food Writers에게 한 연설.
7. Collingham (2011).
8. Kushner (2012).
9. Collingham (2011).
10. Cwiertka (2006).
11. Collingham (2011).
12. Ishige (2001).
13. Kushner (2012).
14. Ishige (2001).
15. Rozin (1994).
16. Henry (2014).
17. Miller and Rollnick (2013).
18. Miller and Rollnick (2013).
19. Spahn et al. (2010). 또한 Resnicow and Rollnick (2006)를 참조하라.
20. Bowen et al 2002.
21. Tang and Verboom (2014).
22. Miller and Rollnick (2013).
23. Chapman and Ogden (2010).
24. http://www.thetimes.co.uk/tto/health/news/article4425583.ece. 2015년 4월에 접속.
25. Chapman and Ogden (2010).
26. Webb et al. (2006)에 언급되었다.
27. Appelhans et al. (2014).
28. Lucas et al. (2013).
29. 2013년 11월 런던에서 개최된 NHLive에서 Baldeesh Rai가 'Asian Diets and Cardiovascular Disease'라는 제목의 주제 발표 후 한 발언.
30. Wing and Phelan (2005), Elfhag and Rössner (2005).
31. Anderson et al. (2007b).
32. Anderson et al. (2007a).
33. Elfhag and Rössner (2005).
34. Kayman et al. (1990).
35. Kayman (1990).
36. Drewnowski (1997).
37. Shepherd (2012), Gonzalez et al. (2008).
38. Mattes (1997).
39. Mattes (1997).

식습관의 인문학

40. Itard (1932).
41. Puisais and Pierre (1987).
42. Reverdy et al. (2010).
43. Koistinen and Ruhanen (2009).
44. http://www.peda.net/veraja/projekti/saperemenetelma. 2014년 12월에 접속.
45. Koistinen and Ruhanen (2009).
46. 저자에게 2014년 4월에 Arja Lyytikäinen이 보낸 메일.
47. Koistinen and Ruhanen (2009).
48. Reverdy et al. (2008) and (2010), Mustonen and Tuorila (2010).
49. Reverdy et al. (2010).
50. Mustonen and Tuorila (2010).
51. Keller et al. (2005).
52. Hughes et al. (2004).
53. Ulander (2008).
54. 저자에게 2015년 2월에 Albert Westergren이 보낸 메일.
55. Rozin and Schiller (1980).

옮긴이 **이충호**

서울대학교 사범대학 화학교육과를 졸업하고, 현재 과학 전문 번역가로 활동하고 있다. 2001년 『세계를 변화시킨 12명의 과학자』로 우수과학도서 번역상(한국과학문화재단)을, 『신은 왜 우리 곁을 떠나지 않는가』로 제20회 한국과학기술도서 번역상(대한출판문화협회)을 받았다. 옮긴 책으로는 『사라진 스푼』『바이올리니스트의 엄지』『뇌과학자들』『카이사르의 마지막 숨』『원자 스파이』『과학 잔혹사』『미적분의 힘』『차이에 관한 생각』『인간이 되다』『불안 세대』 등 다수가 있다.

식습관의 인문학

1판 1쇄 2017년 12월 4일
1판 3쇄 2025년 7월 21일

지은이 비 윌슨 | 옮긴이 이충호
기획 · 책임편집 강명효
디자인 고은이 이효진 | 저작권 박지영 형소진 오서영 조경은
마케팅 정민호 서지화 한민아 이민경 왕지경 정유진 정경주 김수인 김혜원 김예진 나현후 이서진
브랜딩 함유지 박민재 이송이 김희숙 박다솔 조다현 김하연 이준희
제작 강신은 김동욱 이순호 | 제작처 영신사

펴낸곳 (주)문학동네 | 펴낸이 김소영
출판등록 1993년 10월 22일 제2003-000045호
주소 10881 경기도 파주시 회동길 210
전자우편 editor@munhak.com | 대표전화 031) 955-8888 | 팩스 031) 955-8855
문학동네카페 http://cafe.naver.com/mhdn
인스타그램 @munhakdongne | 트위터 @munhakdongne
북클럽문학동네 http://bookclubmunhak.com

ISBN 978-89-546-4914-8 03900

www.munhak.com